家长老师耐心读 培育贤德报祖国

科学育人

韩满德 著

線裝書局

图书在版编目（CIP）数据

科学育人 / 韩满德著. –– 北京：线装书局,2018.8
ISBN 978-7-5120-3359-7

Ⅰ.①科… Ⅱ.①韩… Ⅲ.①儿童教育－家庭教育
Ⅳ.①G782

中国版本图书馆CIP数据核字（2018）第202374号

科学育人

作　　者：韩满德
责任编辑：曹胜利
出版发行：线装书局
　　　　　地　　址：北京市丰台区方庄日月天地大厦B座17层（100078）
　　　　　电　　话：010-58077126（发行部）010-58076938（总编室）
　　　　　网　　址：www.zgxzsj.com
经　　销：新华书店
印　　制：三河市华东印刷有限公司
开　　本：710mm×1000mm　　1/16
印　　张：28
字　　数：400千字
版　　次：2019年1月第1版第1次印刷
印　　数：0001-3000 册
定　　价：68.00元

线装书局官方微信

科学育人重客观
激励个性促发展
善意启发内潜能
立德树人皆成才

作者书

教育是人才之母

家校乃育人之基

韩沁钰撰书

人生來世上如苗出土壤
性情俱可塑培植育特長
科學培育人全面提素養
緊跟新時代立德樹棟梁

作者 錦沂徙書

科学育人脱贫根
立德树人净灵魂
培育特长人才旺
爱国敬业壮乾坤

沈绪撰书

強國必須先強教
立德樹人憑家校
培養築夢生力軍
科學育人價值高

韓洪德撰書

春風振畫意

激勵鑄人才

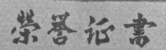

榮譽證書

韩满德同志在1999年教师节教育

教学论文竞赛中,《口语素质教育初探浅谈》

被评为 优秀 奖。

特发此证,以资鼓励。

1999年 9 月 10 日

榮譽証

韩满德同志,

经编委进行资格审查,

确认您符合我处组编

《中国当代语文名师小传》

收录标准,现决定正式收

入小传,特致恭贺!

证书号 007

《中国当代语文名师小传》编委会

一九九四年 八月

荣誉证书

乡村学校从教30年

证书编号:14058100001249

序列号:00204291

韩满德 老师:

您从事乡村教育工作满三十年,为我国乡村教育发展做出积极贡献,特颁此证。

二〇一六年九月

韩满德　男，1943年生，汉族，系山西省高平市人。1961年毕业于山西大同机械工业专科学校。1962年任教师工作。中教一级教师。是全国中小学语文教学研究工作者联谊会会员。现任高平市实验小学副校长。

由于他学生时代就意识到"国家强盛在于教育质量，人生价值在于报效祖国。"所以他工业专科学校毕业后，面临着1962年国家处于困境，主动向教育战线报名，当了一位农村民办教师。一干就

是35年，在艰辛的教育征途上，他努力耕耘。每到一所学校，建造一个舒适优美学习环境。教学成绩名列全县第一，1972年破格转为公办教师。他年复一年，任劳任怨，带领孩子们半工半读，从没有一个失学儿童。

1978年受县教育局表彰，并提升为中学领导，坚持服务型领导形象，并任主课为教师作样板。高考成绩荣获全县一等奖。尤其是他身先士卒组织、指导教学研究成果为全县教育改革，提高教育教学质量树立了新样板。1983年任校长期间，仍教高中语文。1984年10月，由市教委推荐，被城关镇政府聘为中学校长。为扎扎实实推动教改，在全校强化了管理举措，由应试教育转向素质教育。

1991年开始，为整体优化课堂教学的需要，他带头系统地编制电化教学教材，被晋城市教委将他所编辑的电教教材推荐送省。荣获了晋城市编制电教教材一等奖及电化教学优秀教师奖。1992年又荣获高平市电教评优奖和县行进教育工作者奖。学校教育教学总成绩连续6年在全市名列榜首。

他撰写《快乐导学法》、《激趣转差法》、《重点选学法》、《电教教材设计与编制》、《培养创造思维》等26篇论文在有关刊物上发表，或在教改研讨会上交流。《面向未来培养创造能力》等两篇收入《全国语文教学研究新成果全书》一、二卷。1996年元月，他撰写了《面向未来深化教改》编入《中国教育改革论坛精萃》出版发行。

《中国当代名家名师传略》内文404页

世界文化藝術研究中心
WORLD CULTURALAND ARTS RESEARCH CENTRE

邀 請 函

邀字第 25 號

尊敬的韩满德：

　　　　您好！

　　鑒於您在學術方面的個人建樹及專業領域中所取得的突出成果，深得社會各界所重視。由各界人士及有關機構的鼎力舉薦，您的論作《论批改作文》經國際優秀論文評選委員會全體評委的初步篩選、審定，該作品（論文）已正式列入"國際優秀作品（論文）"的評選範圍，特發此邀請函，誠邀您參加本次論文評選。

　　歡迎您投寄該作品原件複印件及提供 200 字論文摘要，也可另寄更佳作品參加評選！有關具體事宜請參閱"論文評選通知"。

　　致

禮！

世界文化藝術研究中心
二〇〇一年·中國香港

养成治学 广育人才

韩满德

在科学发展高度分化又高度综合、人类社会越发瀰漫出整体性、综合化的发展趋势下，必须要求教育全方位地开发学子的潜能，培养具有综合文化素质与创型人才。

一、要实施育人为本，就必须先培养与时俱进的全新型的教师队伍

笔者认为，只有根据错综纵复、主宰者的理念，养成以育人为本、服务的育人观，在教育学实践的前提下，无分诱导学生自主、地展智力，才能达到育人才之目的。在各种拓展教学活动中，把握这些原则，学以用为天，坚持以师之博识学以知识与广阔的文化视野以及全新的人文素养，为师不能只具有红细胞的种种知识精神和养敷树神，有红细胞应具有"根"的拼搏精神和高度的运用能力，同时，教育工作是灵教师在他开发知识结构上不仅仅应做到"专与新"，而且要做到"广"与"博"。既有本学科知识综合能力，又具有跨学科知识的综合能力。只有广纳诸善，对人类文化的各个领域、各个层面而有所涉猎、又通晓、教理、化、音、体、美、熟谙专业、融会旁余，在本科专业数种得心应手，才能在施教中举重若轻，游刃有余，激发学生的科学思想方法，培养学生的科学认识兴趣和创新欲望。

另外、教师还应具有深厚的综合人文素养，因为具有知识并不等于具有相应的文化素养，只有当知识内化为人格特征与人文素现在职业、生活的细节中，知识才能成为与人文和审美素养，所以，教师应注意积累综合文化知识的基础美等综合文化素养，这种老师才能近教育。

教学实践中发挥出深具人文内涵的丰富鲜活的教育内容和艺术水平，在教学方面生动的表现出高度的人文关怀，才能在师生关系上体现出适宜学生的真诚尊重与挚爱，显现在教中体现出适宜学生的施教艺术，不断满足科学知识科学思想方法，激发学生的科学兴趣和创新欲望，培养学生的科学认识和究其中创新的能力。

二、要实施育人为本，就必须培养学生的创新思维和自主能力

教师应授课时必须充分激发学生学识兴发，以培养学生获得独立学习，终身学习能力为目标。教育要在激发学生学习热情和引发出思路，运用知识之艺术，课堂施教不在于教师的传授本领，而应在于教师对学生的激励、唤醒和鼓舞，激发学生学习的热情，促进学生思维发展，激发全体学生主动发展为主以身施教，以身临教育授业——大爱服务，因势利导；育人——因材施教，故励创造，只要坚持全面发展，发挥大特长，脚踏实地问及以身作则，激发全民的广大特长，脚踏实地问及以身作则，激发全民的广大学生健康地向成长，只要将必要面向全体学生，坚持"养成治学，广育学生健康地向全体学生主动发展自己，广育人才"，那么每个学生都能得到理想的发展，学习过程中，必须引诱学子自主学习，积极探学习兴趣，以身临教，激励学学习方法，重直上且过程。在一切教育的首位，确竖上追自究，重视实践能力与发展，并坚持积极传求实采计；解惑——中流入深、举例并药，道——上行下效，以身临教、授业——一台发光导、民主采析；解惑——中流入深、举例并药，管理——大爱服务，因势利导；育人——因材施教，故励创造，只要坚持全面发展，发挥大特长，脚踏实地向成长，只要将必要面向全体学生，坚持"养成治学，广育人才"。

生才有充分实现的机会，才能增长创新能力。如何激活学生创新思维呢？建议采取如下如激励师，表扬激励，竞争激励，榜样激励，激必须激励诸等方式，为了向四十五分钟要质量，上课质量除动科学地做到"寓教学生趣之要义。实现说明，授课先质疑，民主以问题，先学而后教，探究获得欲，所以，为使学生为其成功而自主探的人生意蕴，必须引诱学子自主学习，钱初学生告诉我们，成功励人、成人、成才、成功，钱初学子告诉学习兴趣，叶圣陶先生说：教师亦贵能引路，学子材为能建文法，靠材料方法让其为问题以科学方法、量为教材的为能建文道、量讲解以为问题以科学方法、量为教材为主。

总之，教师应把学生学习放在教育活动的首位，确竖上追过程，重视实践能力与发展，并坚持积极传求实采计，解惑——中流入深、举例并药，道——上行下效，以身临教、授业——一台发光导、民主采析；解惑——中流入深、举例并药，管理——大爱服务，因势利导；育人——因材施教，故励创造，只要坚持全面发展，发挥大特长，脚踏实地向成长，只要将必要面向全体学生，坚持"养成治学，广育人才"，那么每个学生都能得到理想的发展，学思维火花，让学生主动发展自己，培养成功，体验创新，学思维火花，让学生主动发展自己，广育人才。

（作者系教育工作者）

目 录

序 一

梁丽萍（山西省晋城市副市长）

百年大计，教育为本。培养德智体美劳全面发展的社会主义建设者和接班人，事关民族振兴和国家未来，是每个学校和家庭共同承担的神圣而光荣的责任与使命。家庭是社会的细胞，是人生的"第一学校"。良好的家教学风，不仅是社会进步和稳定的基石，而且对一个人成长和成才非常重要，对"系好人生第一粒扣子"起着基础性、关键性的作用。

本书作者是一位从教40多年的老教师，他从自己长期教书育人的经验中感悟到，父母作为子女的"第一老师"，在家庭教育中扮演着重要角色，必须科学教子，方能达到立德树人的目的。所谓科学教子，就是在对子女培育中必须遵循自然、社会、思维、生理、个性发展的客观规律；科学教子的目标必须是为子女的生命质量负责，为子女的终生发展奠基，即培育身心健康、有特长、有理想，敢担当、勇于奉献的社会主义新人。父母在对子女的日常施教过程中，如果坚持主观主义、教条主义、经验主义的做法，不懂得从子女个性与特征去引导、支持与鼓励，就不能发现子女的兴趣、爱好及潜力，就有可能阻碍子女的健康成长及其潜能的发挥。

在本书中，作者谆谆劝导父母要端正心态，做一个热情献爱的好老师，做一个期待子女并相信孩子能成功的好老师。育人是门艺术，其生命是创新；教育是门科学，其本质是求真。要使子女真正成才，就必须从良好的家教做起，对子女要做到关爱、引领与鼓励；要使子女真正成才，就必须从尊重子女出发，因为每个孩子都有自尊心和自信心，父母要充分相信自己的子女，做到先尊重再教育。

为此，作者为父母提供了一些实用的科学教子方略：

实施科学教子，父母要摈弃"父为子纲"的封建思想。父母与子女之间的关系不应该只是单纯的施恩图报，而应该是以爱为基础的；不应该是仅仅停在"养"的肤浅层面上，而是要深层次地挖掘父母教育子女的责任和义务。父母要去唤醒子女的个性与心灵、爱好与特长，并坚持引导、鼓励和支持。

实施科学教子，父母要创造温馨的家庭环境。这就要求父母把家庭组织好，使家庭真正成为和谐和睦、互敬如宾、文明处事、尊重人格、彰显个性的平台，从小培养子女坚持正义、敢说敢为、热情助人等优良品质。

实施科学教子，父母要充分了解子女。要了解子女的个性差异、兴趣爱好、心理变化、性格特点及发展趋势，切实搭建教与学的桥梁。有位哲人说过："每个孩子都是种子，只不过每个人的花期不同，有的花一开始就灿烂绽放，有的花需要漫长的等待。"不要看着别人的花怒放了，自己的那棵还没有动静就着急，应相信是花都有自己的花期，应耐心、细心地呵护自己的花，看着他长大，陪着他沐浴阳光风雨，这何尝不是一种幸福！

实施科学教子，父母在教育子女过程中要做到耐心、爱心和细心。生活中要耐心地倾听子女的意愿，经常与子女沟通；以爱心关爱子女成长，孩子在牙牙学语之后，他们智力的"触角"就要向四面八方延伸，父母要以关爱之心满足孩子的求知欲，使他们在德智体美劳方面得到健康的发展；要细心地关注子女的成长，特别是在孩子的青春期，细心地观察孩子的心理和生理的变化，以积极向上、健康阳光的心态引导孩子，促使其健康地成长。

本书作者已是一位年近八旬的老人，本应在家享受含饴弄孙的闲暇时光，却"老骥伏枥，志在千里"，怀着对教育事业的赤诚之心，笔耕不辍，以顽强的毅力写下了几十万字的教育论文，体现了他一生对教育事业的执着与追求精神。"夕阳有诗情，黄昏有画意"，本书既是作者从事几十年教育工作的经验总结，又是多年潜心研究家庭教育的成果展示，提出的许多中肯的指导建议，对教师与父母颇有启迪，对广大读者也不无裨益。

序 二

李素仙（高平市副市长）

全国名师名家韩满德老先生的又一卓著论《科学育人》即将付梓，托我写跋，吾甚感欣慰。认真拜读后，甚是感动。一位近八十岁的老人，原本该安度晚年，享受天伦之乐，但老人仍心系教育，从教育教学实践中总结出了科学育人精品。他对教育事业的执着，源于他的信念。他为继承父亲遗志，倾心教育，为教育事业奉献毕生精力。故而在古稀之年仍勇攀高峰，锲而不舍地写出了几十万字的经典，为吾辈所敬仰。

在书中，韩满德老先生将几十年积累的教育智慧毫不吝惜地呈现给读者，把他那种对育人的哲理渗透在字里行间，并衷心劝诫天下老师和父母为了孩子的未来，为了家庭的梦想，为了民族的希望，为了培养筑梦生力军，要实施科学育人的方略。

书中处处彰显了他对民族的未来、国家的前途充满阳光般的渴望与信仰。同时，也展现了他一生成长道路的执着与追求，即人生三件事"立言、立行、立德"。

此外，最令人感慨的是，他对党的无限忠诚，对青少年的无私关怀，都渗透在他的诗集中。他多次在外地给老师讲教学真经，给初、高中学生讲"如何践行社会主义核心价值观"，用积蓄支援贫困学生。

夕阳有诗情，黄昏有画意。他不仅发表诗集，还将自己的书法作品送给各类学校轮流展示。

韩满德老先生信念境界高尚，不忘初心，尽管身体不适也从未停笔，奋发两年圆满完成论《科学育人》这本教科书，即将惠及天下父母。

2018 年 1 月

绪　论

古稀岁月初心焕

倾叙育人之胸怀

问渠哪得清如许

为有源头活水来

吾将经历而求索

回顾耕耘之硕果

路漫漫其修远兮

晚节坚持留笔墨

一生施教不懈劲

深化教改勇创新

千淘万漉虽辛苦

吹尽狂沙始得金

家教启蒙奠良基

科学育人循规律

重德善践深受益
培养筑梦生力军
为此育人应早育
以身施教最关紧
注重个性耐心育
育人方略因人宜

实施科教严履行
中华美德世传承
培养个性扬特长
报效祖国奔锦程
民族素质欲提升
科学育人势必行
榜样引领持之恒
中华方可早复兴

科学育人德先行
以德促能为捷径
崇德尚文乃人本
良好习惯须养成
人生命运习惯定
沾染恶习毁人生
教师父母应自省
育人过程须矫正

因材施教重个性

因势利导来引领
诚信友善讲文明
道德法规为准绳
家校育人必履行
家训校纪建新风
勤俭节约度人生
杜绝四风净心灵

为使初心更坚定
育人重任勇担承
唤醒教师与父母
精读此书圆国梦

家校育人重实情
揠苗助长毁心灵
人才成长有规律
千万不可太任性

望子成龙女成凤
父母素质须矫正
因人制宜重引领
理解指导挖潜能
育人必须重感情
启迪思维创造性
践行核心价值观
爱国敬业勇竞争

科学育人重特征

唤醒个性与潜能

培育健康之心灵

筑梦征途当先锋

　　本书是围绕"教育始于家校"为主题探讨家庭家教、家风、家规、家训的建设及学校育人规律。学术观点和实践经验在传统与创新、教育与科技、中国与世界、家庭与学校等不同维度融合、碰撞，达成了家校教育学子之方略便是真正的人生起跑线的共识。

　　历史见证："教育的未来——关注儿童的精神成长，给教育带来了前所未有的挑战。因为中国最高贵的资源是孩子的潜能。"而如何应对大孩的激烈反应与二孩带来的教养难题，成为新一代父母的课题。针对当代孩子对精神成长的四大渴望：渴望父母足够的倾听和认同；渴望获得友谊和学会做人；渴望有参与体验和实践的机会；渴望成为生活和未来的主人，提出建议。

　　从多方面调研所知，孩子在成长的过程中，最重要的教育资源其实是父母自身，教师引领。然而，父母亲职的教养与能力几无，亲属情感抚慰能力高度稀薄的家庭：家庭功能的丧失，学校社会支持的无力，源于人们对家庭价值的无知和漠视。

　　为使教育回归本真，针对当下学校突抓考分，家庭教育失责的现状，作者高声呼吁全社会要重视家庭教育的独特属性和本质特征。的确，家庭教育不是家庭学习，不该沦为学校教育的附庸。必须走出充当老师"助教"和孩子"拐杖"的误区，回归营造良好家庭的本真。发挥潜移默化的功效，给子女持续发展的内在力量，万不可丧失孩子自主、自学的良机。2015年初习总书记在春节团拜会上指出，家庭是社会的基本细胞，是人生的第一所学校。不论时代发生多大变化，不论生活格局发生多大变化，我们都要重视家庭建设、注重家庭、注重家教、注重家风，紧密结合培育和弘扬社会主义核心价值观，发扬光大中华民族传统家庭美德，促进家庭和谐，促进亲人相亲相爱，促进下一代健康成长……

正如 2015 年 5 月热播剧《虎妈猫爸》，再现了不同家庭教育观念和方式的较量，成年人的焦虑和孩子的困惑，再一次引发了我们对"不让孩子输在起跑线上"的反思。从古至今，历史事实证明"起跑线"的真正含义，并从脑科学、社会学、生涯规划等不同角度进行梳理，足以反驳了近些年来家长们的认识误区，再次强调了在孩子的成长过程中，最重要的教育资源与基础是做父母的教养责任。如对子女身心健康质量负责，培养子女从小养成尊重别人、孝敬长辈的美德，使其接近仁德贤人，培养他们热爱劳动、勤俭节约。说实话参与家务劳动正是孩子的精神需求和成长权利，也正是家庭教育的重要途径。

为加强家庭教育指导与如何整合学校育人力量这两个核心问题，提升中国家庭教育水平与效果，给几亿学生健康茁壮地成长带来福音，笔者为家庭教育学科建设陈述一些浅见，促成高效教子的目的。下面就我接触过的部分学生家长的疑问做简要解答。

家长问：为什么我的孩子总是"破罐子破摔"？是因为您总把他称为"破罐"，所以孩子才"破摔"。教育家苏霍姆林斯基说过："有时宽容引起的道德震动比惩罚更强烈。"家长对孩子过失的宽容，绝不是姑息、放纵，而是在严格要求的前提下，对孩子犯错的理解、尊重，给予反思的充分时间，给以改过自新的机会，使孩子最终自觉改正错误。同时，父母对子女的宽容也能唤醒孩子自我教育的意识，家长的教育方式必将在孩子心灵深处留下深刻的印迹，所产生的教育作用是我们"苦口婆心"式教育方式无可比拟的。再说，宽容是一种修养，是一种品质，更是一种美德。宽容也是一种海纳百川的大度，才可从小保护孩子的好奇心和自尊心，让子女能够满怀信心地学习，自信地成长，最后成才。

诚然，从普遍实践中证明了宽容是一种很好的教育方式，它能净化人的心灵，只要我们坚持，家校以宽容激趣的教育方式必将产生相应的教育效果，家长也才能因为尊重和宽容从而赢得子女的信赖。

家长问：为什么我的孩子如此逆反，总和我对着干？这就更需要您深思一句话："逆反有理"，到底是孩子逆反还是家长任性！

家长问：为什么我的孩子总是不听话，我说 100 遍他都记不住？"正是因为您说 100 遍，所以他记不住，说得太多等于没说。"

家长问：很多事情我都是手把手地教，为什么孩子还是不会自己做？"是因为能力不是教出来的，而是通过他自己在实践中练出来的，人生的经验不可间接获得。"

家长问：为什么我的孩子不好好学习，整日不思上进取？"肯定有消磨他意志的东西融入了他的生活，还请家长以交朋友的方式与子女交心沟通，潜移默化地使孩子振作起来！"

家长问：我付出了这么多，孩子为什么不知道感恩？"因为您付出得太多不是孩子需要的，而是您想要的，您想要子女感恩就给他们最需要的爱。"

家长问：孩子淘气好动，管不住怎么办？"除了循循善诱，耐心引导，还有一种方式叫释放。"

家长问：我为孩子的现在和将来设计好了一切，为什么他的表现却总让我失望？"因为教养不是雕刻，孩子是有生命有个性，有爱好有情感，有思想的‘人’"。

家长问：我给孩子报了很多课辅班，但是学习成绩为什么一直没有进步？"您想一辆车如果想启动，首先要解决动力系统的问题，孩子学习没兴趣没动力，您给孩子报再多的补习班也是徒劳无效的。"

衷心希望家长和老师精心研读此书，提高如何科学育人，如何培养学子做人做事和独立自主地求知习惯和善学、愿实践的素养吧！

因为家庭是人生的第一个教养乐园，家长是第一位教师，也是子女健康成长发育最需要阳光雨露的成才基地。父母当然是担当教养子女的主人，是孩子的第一盏引路灯塔，是子女的第一面镜子，也是一面旗帜。孩子从坠地那一刻起，就在父母的关怀下生活，父母不仅给予子女生活的物质，更应对其素质、人格品行给予塑造。孩子从混沌初开的孩童到学会用自己的眼光看世界的成人，这个成长的历程离不开父母的指教与关照，尤其离不开父母和老师的言传身教与榜样作用。俗话讲得好，上行则下效，家规、家风、家训好是子女成长的关键。子女的综合素质是在父母与老师引导鼓励下自主实践提高的。只有父母耐心教养子女养成自我教育的习惯，抓紧抓好这一阶段的价值养成十分重要。因为青少年接受践行社会主义核心价值观是历史使命，也是青少年成长成才的需要！

所以家校育人务必遵循不要灌输，要崇尚唤醒、引导、鼓励、激发孩子的兴趣，培养个性，发挥优势，在快乐的环境中求知、实践。实话告知：穷养、富养都不如科学地教养！

当"穷养儿子富养女"像一首经典诗歌，在许多家长口中传唱的时候，恐怕它也会像流行感冒一样，将孩子的成长和发展引向歧途！

说实话，一个生在富人家的儿子，父母不可能会让孩子像穷人家的孩子一样过着半饥半饱的日子；而一个生在穷人家的女儿，父母也一样不可能让她像富人家的孩子那样，过着披金戴银和要风得风、要雨得雨般的生活。

翻开古今中外的历史，看着那些有作为的伟人和卓越者，并不是穷养与富养的结果，而是教养使然！不管司马光，还是曾国藩，都为中国在对子孙的教养上，点燃了一盏盏的智慧之灯。特别是诸葛亮的教子书，更是写得语重心长，言简意深，"静以修身，俭以养德"。"非淡泊无以明志，非宁静无以致远"。教子书虽有一个"俭"字，但绝不是"穷养"的意识，可以说节俭是体现在一个人身上的永恒美德，不管他是穷人还是富人。

　　科学教养，就是让一个人在年幼之时，一定要明白最基本的"是"与"非"的标准，是必须懂得的事理和常识；科学教养是一个人内在的良心品格修养，取决于外在的优雅从容之美，能让一个人从骨子里飘出芳香来。

　　所以，当一个人拥有了良好教养的时候，他就能举止合范，进退有度，在取舍之间能把握好分寸：在成功之时，他可以喜不自胜，但是不会得意忘形；在失败时，他可以黯然神伤，但不会意气消沉；为官为富为贵，不会泯灭良知，不失恻隐之心；身为布衣匹夫，依然会傲骨凛凛，心清魂净地做人；在犯了错误之后一定会从自身去找症结，而不是怨天尤人，百般推脱责任……

　　科学教养，不是富贵人家的专属，也不是贫穷人家的私藏，而是任何一个家庭或父母或教师都能送给孩子的一笔无价之宝，是为孩子心灵世界打造的一种智慧灯塔。

　　孩子生于贫穷之家，拥有了教养，他知道自己应怎样地立足现实和发展自我；孩子生于富贵之家，拥有了教养，他知道怎么利用自己的优势开拓未来。因此，因势利导、因地制宜、因材施教等科学教养是敦促孩子成人、成才的灵魂，是教养孩子健康成长的基石，是一个让孩子在心身等方面得以全面发展的系统工程。只想通过穷养或富养的捷径，剑走偏锋，看似奇巧，其结果往往事与愿违！

　　为此，忠告教师与父母，育人确实是一门科学。所谓科学，就是反映自然、社会、思维等的客观规律的分科的知识体系。必须将理念、信仰与科学态度相结合。因为教养学子必须献爱，爱的力量是无穷的。其价值是求真，也是门艺术，其使命是创新，应全面关爱，唤醒孩子的心灵，点燃希望的火把，引导鼓励学子创新，在生活中逐步学会做人、做事，建树完美的人格，绝非走"穷养与富养"所能涵盖的。实践证明：育人是一种智慧，亦是做父母与教师的神圣天职，为学子终生健康发展奠定良基，是对父母与教师本身是否具有教养水平与能力的一种考验。

本书实质正是在为苦恼的父母与教师来解读各种育人难题。比如：怎样让孩子在日常生活中、活动中、学习中、劳动中经常能获得成功感，达到从小就确立进取的勇气和意志？对待男孩应采取什么教养方式？对待女儿应使用什么样的教养举措？对待子女来说，最重要的是人格品质，如何教养？什么才应该是孩子的终极目标？当孩子胆小的时候，父母应该怎样引导其壮胆？当孩子犯错误的时候，父母应采取什么方略？当父母与子女间出现隔阂、矛盾时，父母应如何解决？当孩子早恋，父母如何正确引导？怎样实现科学教子？如何与子女成为好朋友？如何培养其情商、智商、财商？如何与子女正确乐观地沟通……书中皆一一解答。

请相信，只要诚读本书便可使当父母的与各位老师了解并掌握各种科学教养子女的原理与心理学知识，会运用各种符合客观规律的有针对性、适应性、可引性的教养策略；便能根据被教育者的个性、爱好、优势及兴趣，因人制宜地制定出一套完整的教养规划，高效地教养出一个优秀孩子，让千万父母将"望子成龙""望女成凤"的梦想变为现实。

总之，本书立足于当代中国教育文化背景与实现伟大中华复兴的梦想的要求，同时结合儿童的特征，介绍最新的符合客观规律个性化教养理念、方式以及国内外优秀家庭教子案例，为广大读者提供极具思想性、科学性、可行性和容易操作并与时代的发展特征相符合的科学育人观念，让家长与教师及时了解受教育者的心声与追愿，为培养成就中国梦的生力军做出新贡献。

第一章

家校科学育人实践之经验

深化教改创新未来，回归本真立德树人，强国先强教，科学育人靠家校。

遵循科学育人规律

习总书记做指示，做党惠民好教师；
办好人民满意校，值得教师皆重视。
理想信念乃师魂，道德情操终生根；
扎实知识施教本，仁爱之心育新人。

办学校长甚关紧，育人教师是核心；
尚德治教为正道，杜绝偏追升学率。
高尚师德应具备，爱国敬业奠良基；
公平公正育人才，个个成才合民意。

做个热情好教师，培育心灵外化行；
引导激励育个性，竞做教改排头兵。
启迪学生新思维，全面培养担重任；
践行核心价值观，培育学生献智慧。

温暖情感注学生，激发学生内潜能；
点燃希望之火把，学生绽放心愿景。
当代少年担国梦，科学育人创新型；
校家社会同步行，确保中华早复兴。

注重德育科学施教

学生素质课堂育，重在培养创造力；
欲奠成功发展基，养成习惯为真谛。
激励学生自主学，挖掘内因潜在力；
启发诱导重过程，开发智商为目的。

培育乐学好习惯，事半功倍出成绩；
创设环境激兴趣，培育特长塑贤杰。
注视学生之差异，引导方法应适宜；
教会学生如何学，学子终生可受益。

激发学生求知欲，学生出错莫生气；
针对出错细分析，循循善诱勤启迪。
教学艺术乃智取，千万不可硬攻击；
伤害学生自尊心，造成师生不和谐。

一旦师生感情裂，为师主动求和解；
关心学生多体贴，学生求知劲头足。
师生协力创新学，先学后教出效益；
多措并举找规律，科学育人是真理。

家校结合科学育人

（一）

华夏教师父母亲

育人箴言惠及您

科学培育接班人

劝君不要忘初心

家教重任父母亲

教师育人勤耕耘

言传身教为表率

时代要求科学育

（二）

本书撰写育人经

中华世代应传承

少年皆是国精英

育人责任特神圣

科学培育创造型

施教过程重环境

发现优势多引领

转差拔优有保证

（三）

立德树人为目标

科学育人重塑造

育人方略书中找

理论实践结合牢
培养素质在家校
社会配合不可少
尊重关爱善指导
茁壮成长把国报

（四）

家校联育素质增
强化实践育心灵
智商情商须双赢
德才兼备惠民生
家教校训须传承
崇德尚文重践行
践行核心价值观
确保中华早复兴

（五）

撰写此书谱华章
中华美德尽弘扬
拜托读者多欣赏
针对难点找良方
书中事例乃实况
科学育人可模仿
育人过程重涵养
施教获得高质量

（六）

科学哲理书中藏
多读勤践智慧长

育人方略须得当
全面脱贫达小康
科学育人高质量
祖国世代人才旺
个个发挥正能量
中华昌盛有希望

第二章

怎样做父母

做有价值的投资

幼苗出土需阳光
浇水施肥需适量
科学栽培选土壤
除草培土促成长
为保青苗发育旺
各种灾害应严防
遵循自然之规律
培育桃李竞芬芳

家教父母同担当
尊重关爱树榜样
唤醒鼓励苗壮长
立德振学永向上
父母引导注欣赏
培育个性扬特长
践行核心价值观

为国圆梦育栋梁

教 子 观

天下父母之夙愿，
教子成才展仁德；
欲望子女成龙凤，
科学教子乃方略。
明白方向与策略，
亲子关系更和谐；
笔者撰文供参考，
加深理解重实践。

复兴中华重教育，
家教育人奠良基；
要为报国育子女，
责任重大须严谨。
科学教子循规律，
塑造灵魂健心理；
尚德教子促智育，
注重沟通激兴趣。

子女个性有差异，
教育方略应适宜；
点滴进步要鼓励，
理解出错找原因。
包容关爱讲道理，
杜绝动火发脾气；

暴力伤子自尊心，
溺爱子女生娇气。

家风家规重家训，
父母身教来指引；
良好习惯耐心育，
潜移默化素质提。
要塑子女好人品，
榜样力量乃前提；
父母处处做表率，
何愁子女没出息。

长辈言行要善义，
孙儿孙女模仿您；
读书活动应规律，
克制一切坏习气。
培养晚辈爱国心，
报国敬业讲诚信；
带领子女守法纪，
团结友善竞创新。

拜托天下父母亲，
努力培养生力军；
长征精神激励您，
为振中华重德育。
发现优势重培育，
与时俱进育子女；
同践核心价值观，

不忘初心勇进取。

家庭教育专家加利斯曾经说过：从子女出生后到入学前的这段岁月，是至关重要的成长阶段，家长在这段时间内扮演着尤为重要的角色；对子女付出的爱心与关怀，可以让孩子拥有一个自信和开朗的性格，有助于子女在应对不同的环境时做出不同的反应。一个尽责的好家长对子女的教育将起到不可代替的作用。古语说："养不教，父之过。"由此可见，家庭教育的重要性、必要性。

父母亲应做子女的监护者，做学习的引导者，做职业的启发者，做运动的教练，做孩子的交友顾问，教育子女接近仁德贤人，尊重周围人。

在生活中，父母必须处处、一言一行为子女树立榜样，不让电子产品中的暴力影响孩子。当孩子在学习如何使用电子产品时，父母要在身边监督，一旦电影和游戏中出现暴力影响或不适合孩子看的东西，就要立即制止。

在生活中用金钱来奖励，或孩子不蛮横无理就给予一定酬金，时间一长，当金钱的报酬没有之后，那孩子的"自制力"也随之消失。

但在培养孩子潜在力量时，一定不能无视父母的爱心，因为缺爱的孩子容易走向犯罪。的确，母爱是伟大的，但也不能代替父爱。因为父爱是独一无二的，是男孩内心最迫切、最渴望得到的爱。在缺乏父爱的情况下，孩子缺乏在纪律上的教育和监督，缺乏学习如何做男人的机会。因为父亲有着比母亲更强的目的性，能够弥补母爱的不足。事实告知：母爱缺乏计划性，由孩子自由发展。从调查中得知，父亲社会接触广，知识面宽，更具有冒险的精神，比母亲胆大，如鼓励子女学骑自行车、爬山、游泳、攀岩、蹦极等运动。是的，由于性别差异，父亲通常比母亲的逻辑思维、创造力、想象力强、社交能力强，能够避免母亲的溺爱，并能纠正母教的极端行为。

总之，父母应统一步伐，把握好嘴巴尺度。

教子女主动奋发

客观地讲，在一些人的身上，总会有些他人不可超越的力量；在另一些人的身上，也会有着勤奋努力占据并起着绝大部分的作用。做父母不要太过注重孩子是不是聪明，够不够机灵，而是应该把重心放在教育子女如何拥有良好的品德与毅力上。一个天生聪明的孩子，如果在后天不注重培养和努力的话，那迟早也会失败的，而一个天生不怎么聪明的孩子，如果在后天好好培养努力的话，那迟早会成为一个成功或有创造力的人。

其方法，父母要说到做到，意见要一致，说过的话一定要用行动表现出来，从而使人信任。如果说到却做不到，那孩子就会效仿这种行为，成为一个投机主义者。当犯了错误时，父母会选择逃避或者其他行为来解决，那孩子在以后的错误中也会这样。

那么如何才能做到说到做到呢？

当子女犯了错误时，不要说"不能有下一次"，这样只会让孩子再一次犯同样的错误……因此，父母要用恰当的方式去教训他，而不是让他存在一丝的侥幸心理。在孩子懂事之后，要给孩子讲一些什么是该做的，什么是不该做的。劝父母一定要记住，说话之前请三思。语气和措辞不同，效果也会有很大差别。比如："你不能这样做！"和"我很爱你，孩子！但是你的行为我不喜欢，也不能接受。"口吻不同，效果相反，虽然父母是比较高的位置，但别忘记了，孩子可不甘心俯首称臣。所以说，父母要提前把生活中的"准则"告诉孩子，从头到尾贯彻到底，说到做到，这样才能在孩子的面前树立起威信和威严。与其大吼大叫，不如时常赞赏孩子。

在教育子女的过程中，不仅要给予正确的引导与交流，还要时不时地赞赏孩子。如果只顾着吼叫，那孩子也会创一套方法对付你。做家长的平常应多给孩子一些鼓励和赞许。比如，在孩子穿上自己洗干净的衣服时，可赞扬他："你真棒！你的衣服看起来整洁极了！同学和老师都会欣赏你！"这样的话，孩子就会知道什么样的行为能得到赞许，什么样的行为要获得批评。

家长们，一定要注意控制好自己的脾气。奖惩得当，着重培养孩子正确的价值观，从培养优良品质入手。比如诚实、尊重他人、宽容、慷慨等，必须从小培养这些品质。为了避免孩子在良莠不齐的社会中迷失了方向，父母应把这些品质排列好一个顺序，一一向子女传递信息，让孩子在慢慢接受的过程中，逐渐演变成自己的价值观。

家长是孩子的启蒙教师，父母应多一些时间陪孩子，给子女多一些提示，提高孩子的语言能力，锻炼孩子的智力。如：搞一些"你说我猜"的游戏。可以将孩子的思维能力与语言能力巧妙地结合起来，让孩子参加演讲、辩论等竞赛，在人多的场合说话，不仅能够锻炼孩子的语言能力，还能锻炼孩子的心理素质。还可用图书丰富孩子的视野。让孩子有顺序地描述事物，让孩子学习一些关联词，在教孩子语言逻辑能力时，可按照从大到小的顺序，让他明白每个大的名称都是由小的一个个汇总而来。让孩子建立时间概念。

在生活中，注意引导孩子主动承认自己的错误，启迪孩子主动认识到自己的错误，不要谎言，让孩子明白：谎言并不能解决任何问题，而只会让错误积累。但不能一味地批评，应宽容孩子的错误。

引导孩子主动反思承认自己的错误，因为"任何改正都是进步"。首先让孩子能认识到自己哪些言行是错误的，但千万预防孩子做错了事就用各种谎言来逃避，让孩子明白：谎言并不能解决任何问题，而是会让错误积累，生硬的语言和暴力行为不仅不会让孩子变得好起来，还会让孩子厌恶父母，并远离，从而导致父（母）子或父（母）女之间有裂痕。而且父母要试着换位思考并根据孩子的理解水平，指出他的错误。

记住，教育子女绝对不能一味地批评，不过当孩子做错事时，父母要及时指出他的错误并及时改正。而不是在孩子犯了错误时，一味地批评、指责孩子，这样容易让孩子产生逆反心理，应宽容孩子的错误。

实施早教，要抓住关键，早教不仅抓智力教育，还有意志、品德和气概的综合教育。因此，父母不要错过孩子智力开发的黄金期和失去孩子成才的机会，对于正在学习期间的孩子来说，赞美和认同是他们建立自信心的基石。家长的催促和不满意，就有可能让子女出现一些负面表现：不专心、不独立、不主动。教育专家林格老师说："教育要给孩子提供一双合脚的鞋。"这个话也是在提醒家长，教子女首先要从子女的角度出发，不要因为羡慕其他孩子的优秀，便让孩子也去效仿，这只会陷入教育的误区。父母要懂得"量体裁衣"，找出孩子的特点，进行针对性的教育，而不是一切以"急"来催促。

不管观点如何，角度如何，只要是不利于孩子身心和发展的，还是防微杜渐，以免酿成大错后再去弥补的好。

为培育子女健康成长，家长应懂营养学和计算机基础。在科技化时代，学生许多作业需要家长帮助来完成，所以父母应掌握一些基础的电脑知识；因此也要掌握教育心理学、手工、艺术、各门学科辅导、公关技巧、理财、体育方面……全面启蒙和辅助子女成长。

总之，如果父母希望子女能够取得优异的学习成绩，那首先就是要给予他们足够的关爱，使他们有个稳定的情绪。有了父母给予的足够的爱，那孩子自然而然不会辜负父母的信任及期待。

做父母必须尽责

特别要注重子女的心理健康：要知道，无论多大的孩子，都渴望得到理解、尊重和关注，而父母的忽略可能对孩子产生毁灭性打击。对于年纪尚小的孩子来说，身体的健康固然重要，而心理上的健全同样不能忽视，尽可能地了解儿童心理特点及心理疾病的知识，对孩子的智力水平有一个全面的分析和了解；根据孩子的性格特点及其优缺点进行不同的培训和教育；把"学会认知，学会共同生活，学会做事，学会生存"作为教育目标，一点一滴渗透到对孩子的教育中，让子女的身心都得到健康成长。

尤其要注重子女的能力培养，在当今家庭教育中，很多父母经常说的一句话就是：只要子女学习成绩优秀，能够考上名牌中学、大学，我什么都愿意去做，可结果却不会令人满意。在父母对学习关心的同时，孩子在其他方面却差了很多，如独立性、动手能力、自理能力、生存能力等，归结原因，就是父母只关心子女的学习成绩，却忽略了其他方面能力的培养。

的确，如今的家庭是独生子女，是父母的掌上明珠，是老人的心肝宝贝。可是，就出现了事事包办的现象。他们认为，只要把什么事情都做好了，那孩子就能把心思都放在学习上。在这样的"呵护"下，就出现了太多的"小皇帝""小公主"，他们从小享受着锦衣玉食的生活，上大学后还会攒一堆脏衣服、脏袜子，带回家。当批评他们一句，孩子却理直气壮地说：我学习那么累！把全部心血都用在学习上，哪会干这些家务呢？

家长们：这样的小皇帝、小公主长大成人后要去择业或者创业，他们经得起社会的考验和激烈的竞争吗？如果没有父母这根拐杖，孩子又能走多快、能走多远？

实践告知：子女的成长和教育都是由诸多方面的影响形成的，如果父母只关心孩子的学习成绩，一定会给孩子在成长的道路上布下陷阱，从而影响到孩子的人格发展。

只关心学习，不关心能力培养危害极大：第一会让孩子产生抵触情绪，如果孩子放学进门家长就问作业、考试进步了吗？这无疑就大大伤及孩子小小的自尊心，时间长了，孩子必然产生抵触情绪：哼！只关心学习，那我就不学习，让你再问。事实上，学习只是一种过程，是孩子成长必经之路，学习成绩并不代表一切！因此，父母在关心孩子成绩的时候，更应该关心孩子的学习习惯、学习态度、学习方法及困难等。同时应注意，在孩子学的时候就学，需要休息时就休息，要做到劳逸结合和给予孩子童年的机会。虽然说，学生的职责就是学习，但这并不等于说，孩子从进入学校那一刻开始，学习就成了他唯一的目标和目的。一个人能够真正地在社会上立足，除了学习，还有很多方面，比如生活习惯、学习习惯、人际交往、道德修养、劳动态度等。因此，父母应该摒弃"一切都是为了学习"的宗旨，而是要给孩子一定的自由空间。

家长应从小培养孩子去关爱别人，杜绝"以自我为中心，万事不能吃亏，不愿帮助别人"这种意识，父母言传身教很重要，父母要以自己的切身行动，给孩子做出一个榜样，让孩子成为有爱心的人，而不是一个自私的人。所以，经常给予孩子爱的机会，为了培养孩子，父母可以教育子女：当家人工作一天回到家，可以主动奉上一杯热茶；可以在家人需要拿某样东西的时候，双手递上；可以在力所能及的范围内，做一些家务活。父母也可以在子女面前"装可怜"，子女才有机会去照顾你、疼爱你。在生活中，有些孩子非常有爱心，如：对人很友善；心中总是先想着别人，有好吃的给别人吃；有好玩的愿给别人玩，乐于帮助别人……千万不可骂孩子傻，应该表彰孩子的爱心。

社会上有仅享受着物质却享受不到爱的孩子，也有想做点什么却又因为"家里没钱"而退却的孩子，着实有点可悲！因为父母把子女看成一个机器，必须按照自己的愿望来，必须上重点中学、重点大学……可是这些用钱买来的东西，却不是子女想要的，这不是有点可笑吗？由于父母自私，认为给孩子最好的物质生活就是对的，但事实上，物质上的保障却买不到精神上的力量和寄托。

诚然，父母不可把子女当成自己的私有财产。每个孩子从一生下来就是一个独立的个体，他不是父母的，而是属于自己的。只有父母认识到这一点，那么在教育中就能避免很多的错误。每个孩子都有自己的想法和意愿，在今后也有可能会离开你们，独自生活。因此要给孩子一个独立的人格，别动不动就说些让孩子不悦、伤害孩子的话——"听我的，我生了你，都是为你好"或者是"我会害你吗？别忘了，你的一切都是我给的"。这些话只会让孩子变得没有主见，甚至会形成自卑的心理。随着长期在父母的所谓保护下，孩子变得胆小怕事，就连心中想探索世界的思想也慢慢限制住了。孩子长大成人变得什么也不敢做，什么也不会做，可想而知，父母的过分保护会让孩子变成什么样子，孩子会没有了自己的意识和自己的想法。慢慢地，孩子变得怯懦、自私、唯唯诺诺、懒惰、自卑、不合群。严重的话，还会导致出现一些心理问题。

总而言之，孩子变成这样完全是出于父母过分保护的结果，在这样家庭中长大的孩子，当家长的还期望孩子能有什么创造性？

为此，教育学专家、心理学专家、社会学专家及医学专家总结了以下三点，以供做父母的参考：只有杜绝父母过分保护，方能使子女茁壮成长，孩子的性格才不会变得任性、自私、胆小怕事；只有父母放弃过分保护，孩子的性格才不会变得自我需求膨胀或养成一种霸道、蛮横不讲理的性格特点，才不会出现逃课、打架斗殴、沉浸在网络虚拟的世界等；只有尊重孩子的人格，子女才会独立自主，敢想敢为，大胆进取向上，走向成才成功之路。

只有家长放弃过分保护，子女才会独立自主地成长发展，才会与人友好相处，懂得谦和忍让，体贴别人和理解别人。

只有父母大胆让子女独自实践和体验生活，才能促进子女的智力发育，使子女智慧能力健康地发展。事实上，每个孩子都有自己不同的性格特点：有的孩子生性活泼，有的天生就文静、听话、乖巧，如果父母不稍加留意的话，很可能扼杀孩子独立的个性和探索能力。

所以，要谨慎对待子女的个性教育和心灵的唤醒，随着年龄的增长和环境的影响，孩子都会具有自己的思想和想要自己解决问题的渴望，如果父母还依旧把他们看成小孩子，要求子女什么都听成人的，那孩子就会发起抗议，甚至会产生逆反心理。

实际上，家长真的想让孩子听话的话，那就学习一些如何教育子女的知识，不仅要懂得孩子的心理成长期，而且要了解孩子的生理成长期，孩子在不同时期的不同心理特征和生理特征等，从而才能了解到孩子的内心世界，鼓励孩子说话，而不是盲目地"听话"。

可是，中国有句古语叫"棍棒底下出孝子"。现如今，还有一些家庭延续这种做法，当孩子一旦犯错之时，父母便张嘴就骂，抬手就打，他们以为这样孩子就不敢再犯错，实际上，这会给孩子造成难以磨灭的阴影。

在生活中，我们也经常目睹：当父母内心有火气的时候，便朝着孩子发泄，而孩子就做了无辜的羔羊；当孩子做错事情的时候，父母那尖锐的、不雅的词语像雨点一样砸来；当父母以命令和暴力对付孩子的时候，有没有想过会对孩子有哪些影响？打骂子女是暴力行为，是违法的，是失人性的。孩子却是有血有肉的，如果只用暴力来对待孩子，那孩子迟早有一天会反抗，走向犯罪的道路。实践证明，父母一边害怕孩子不成材、不成器，却一边压制着孩子，不信任孩子，随意打骂孩子，这样的环境下，再优秀的孩子也会被摧残掉。

总之，父母的棍棒教育即使是出于对孩子的爱，但这样的教育方式也可能只会让孩子变得心理扭曲、性格怪僻、冷漠。严重的话，孩子还会交上坏朋友，从而误入歧途。世界上没有十全十美的人，更何况是年幼的孩子。因此，当孩子犯错误的时候，父母都应站在孩子的角度上，用孩子的眼光去审视和理解事物，而非使用暴力手段。

春风细雨润物无声

不急不火教子女，每个孩子都争气；他们皆有生命力，内心懂得争上进。因为每个孩子都是上帝派来的天使，而身为父母只能做孩子走向辉煌生命之路的向导。所以父母只有用不急不火的心态，冷静的方略，因人制宜，以春风化雨的方式，因势利导帮助孩子找到自己心灵的方向，让孩子自主地描绘展示出自己的生命画卷。笔者劝君与孩子交流时放下家长的高势态，平心静气地和孩子相处。以下与读者做如下交流，如何更好地培育孩子从这样几方面来做为适宜：

第一，应注意耐心倾听孩子的表达。这时父母一定要放下家长姿态，平等地与子女交流，静心倾听孩子说的一切，即使此时再忙、再累也要尊重孩子，专心致志地倾听完，也可不时地询问孩子："在校有什么有趣的事吗？上课时你对自己的表现满意吗？今天你高兴吗？"有这样一则小故事：一次母亲与女儿聊天，妈妈问孩子："你长大想做什么？"女儿歪着脑袋沉思了片刻，然后有点害羞地低着头，告诉妈妈："我想做个小偷！"当时，母亲准备训斥她，但看她低着头的样子，内心突然产生了一种强烈的好奇心，想知道孩子产生这种想法的原因。于是她压抑了自己的不满情绪，语气温和地问女儿："能告诉我你为什么想做小偷吗？"孩子不好意思地说：

"我，我想偷一片光明给盲人，让他们感受世界的多姿多彩。"听到后，母亲的眼里含着泪水，情不自禁地为女儿鼓起掌来。我们说这是位幸运的妈妈，因为她有这样一位懂事、体贴、善良的乖女儿；她也是一位有善心、耐心的母亲。她在激情时能按捺住火气，耐心倾听女儿的诉说。千万不要打断他们的说话，认真投入耐心地倾听，这在平等沟通过程中非常重要。所以劝聪明的家长与其做一个高明的说教者，不如做一个文明的倾听者。作为父母应该每天问问自己，今天，耐心倾听孩子的诉说了吗?

第二，不要一味地在孩子面前唠叨。因为在孩子的成长过程中，独立意识越来越强，孩子会要求更多的自主权，但面对未成熟的孩子，家长不懂如何满足孩子的要求，唯有强迫孩子去顺从自己的意愿，同样的话会一遍又一遍地对孩子说。可是父母越唠叨，孩子越腻烦，于是父母就更唠叨，成了恶性循环。这样不仅无助于孩子的成长，反而使孩子的心灵受到伤害。所以，笔者劝家长应该把这样唠叨变成建议性指导，让孩子觉得父母尊重他们，确实是为他们考虑，只有这样才能增进家长同子女的感情。这种爱的力量是无穷的。

第三，父母不说伤害子女的话，因为教育孩子的"教"是先"孝"后"文"。所以父母欲教子女，就必须遵循在教育时首先做到尊重孩子再以"文"育人。因为孩子都有自尊心，但当家长生气动怒时往往会口无遮拦。只认为是对自己的子女总觉得有资格批评和责骂，所以无意中经常说出伤害孩子的话来。有的甚至是在孩子失意之时，还用尖刻的话语来刺激，这样只会让孩子产生自卑的心理，他会觉得自己什么都做不好，有的甚至产生极端的行为，这样的后果会让人不堪设想。

第四，应该坚持做乐观的父母，因为父母在孩子的心中位子很重要，对孩子的成长发展有着巨大的影响。开朗的家长可以让孩子变得快乐，悲观的家长可让孩子变得忧郁和懦弱。很多时候父母的心理健康状况对孩子的影响非常之大。所以，父母在教育孩子的过程中，首先自己要乐观、开朗、积极向上。乐观开朗的父母感染着孩子，影响着孩子；乐观开朗的家长让孩子更加自信、更有信心走向成功。

第五，当孩子有过失可让他们自己负责纠正，培养子女责任心的需要。负责任的心灵是学会做人、成人的基础。所以，在孩子犯了错误时，家长不可包揽，聪明的家长应该学会让孩子自己承担做事的后果，从而逐渐培养孩子的责任感。

俗话说"心动不如行动"，这里笔者劝家长多多学习家庭教育方面的知识，指导你用科学的健康的育人方法去培养子女，为后一代终生发展奠定良基。虽说家长都不是雕塑家，但承担着雕刻着世界上最优美的艺术品的重任。为此衷心地祝家长们成为善良的使者、挚爱的化身。为了让我们手中的艺术品有健康的心灵和健全的人格，来严格要求自己担当这一重任，确实任重而道远！

对子女生存能力的训练

父母应当从孩子会走路时就教养生存能力，如：教子女走路要小心，假如摔倒了，不要哭，站起来拍拍身上的土，继续往前走，使孩子学会坚持和坚强，也为日后的发展和学习奠定良好的基础。但生活中到处可见这种现象：当孩子摔倒了，父母立即跑过去，关切地问："疼不疼？""哎呀，宝贝，心疼死了！"在这样连哄又关爱的情况下，原本没有哭的孩子哇的一声哭了起来，还哄不好。

除此之外，父母一味关心孩子的生活和学习，满足孩子的所有需求，让孩子过着衣来伸手、饭来张口的日子，子女就过着缺乏独立性、缺乏主见性的"寄生"生活。当父母过分呵护孩子的时候，却忘记了：孩子终究要离开父母，独自面对社会上的一切难题，而父母也不能陪伴孩子左右。可以说，父母的溺爱方式只会让子女的人生逐渐走向病态。因为不直接去面对外界的难题，不独自去面对外界的人际关系，那孩子会有强大的生存力吗？多少孩子因困难大点难于生存下去。这难道不是失败在人生起跑线上吗？所以父母教养质量好子女才不会输在人生起跑线上。

那么又该怎样教养锻炼孩子的生存能力呢？实际上，生活中的实践是孩子的成功之母，也是最好的老师。锻炼孩子的生存能力是一种真实的演练，是一种切实体会。很多父母亲也经常有这样的体会，同样一个动作或操作技能，听别人说了十遍也不及自己实际操作一遍印象深刻。对待只知学习而生存能力较差的孩子，父母亲可以这样试着来改变自己：

经常会有男孩做这样的幻想：穿上冲锋衣，带上小气炉、军刀、绳索，来到大山深处——攀岩、野餐、欣赏大山的壮丽和溪水的清澈……现如今，这样幻想已经不再是幻想，某大学体育课的期终考试，内容就是野外生存。只有通过野外生存的考试，才能拿到这个学期体育课学分。事实上，把野外生存及户外运动引入课堂，目的只有一个，就是：锻炼和增强孩子的生存能力。平时那些养尊处优的孩子，在参加工作考验录取时就要大大吃亏了！

除了野外生存外，还有其他生存能力，其中包括：

正确的判断能力

由于网络传播的迅速和信息量大，孩子或多或少会接触到一些不良的信息，比如：暴力、消极面、黄色网络等，从而影响孩子的价值观和道德观。在这种情况下，父母没有办法盯在身边看，也不能把所有的东西都拿来过滤一遍。因此，做父母能做的就是在生活中，在孩子很小的时候，就教养孩子的价值观念，让孩子掌握选择和判断事物的能力。

对制度价值接纳的能力

在社会适应中，接纳制度价值的能力是一个很重要的方面。所以要求父母要努力地对子女进行爱国、敬业、诚信、友善的教育与法治的教养。应将社会主义核心价值观贯穿到孩子成长发展之中。让孩子明白，在社会环境中生活，那就必须接受国家制度、法规、政策等价值教养，如果孩子能舒心接受就生活得快乐，否则其生活中就必然受到阻碍，从而生活得不快乐。因此，父母必须对孩子从小就注重这方面的教养。让孩子认同制度价值——对社会主义社会制度与核心价值观的适应和认同是一个人发展的前提和基础。

适应和应对规则的能力

生活中常听到父母亲跟孩子说："你一定要勤俭节约,你一定要诚实守信……"但是,孩子真的就变成一个勤俭节约的和诚实守信的人吗?要知道,道德是一种能适应社会的能力,是一种适应社会的规则能力。

当看到有人在大街上随地吐痰或在禁烟区抽烟等不良行为时,我们不会说他不讲卫生,而是会说他没有社会道德,从而将他的行为和基本身体素质联系起来。

在社会当中,道德也是一种适应能力,即在社会中,能不能积极主动地去适应社会规则的能力。因此,父母不要认为教养子女遵守规则是严厉的要求,这样的做法是在帮助孩子具备适应社会的能力,强化他的生存能力。

交际能力

许多家长反映,孩子不善交际,甚至害怕交际。这多么可怕呀!人生就是要与人打交道才能生存的。因此,父母必须从小教养子女的交际能力。如:鼓励孩子参加体育活动。很多体育活动都是以多人参加,讲究团队合作。而且在体育活动中,还需要智慧和胆量,正是人际交往所必须的一种要求。就如与孩子做伴外出旅游。在周末或节假日的时候,父母可以带子女走出家门,走向大自然,在增长见识的过程中,多结识一些朋友。其实,在旅游中需要很多交际能力,如买车票、住旅馆、进饭店、购门票,等等。如果父母有意识地培养孩子去做这些事,那么孩子就会在交际能力方面得到锻炼。在孩子去购买东西时,父母应根据孩子的年龄大小,有意识地培养他们独立购买东西的行为。年龄较大的孩子,可以让他买油盐酱醋;年龄稍大的,可以叫他去买鱼、肉、米等。也可以让他们为自己购置衣物、鞋袜等东西。如果家中有旧报纸、旧衣服或空酒瓶等,可以让孩子去收购站卖。在交易的过程中,孩子自然就会接触到各种各样的人,从而锻炼和提高自己的交际能力。

又如:

训练孩子的说话能力

口语是社会生活的入场券，这句话说得非常好。如果连话都不会说的话，又怎么能谈得上是会交际呢？因此，父母应该有意识地培养孩子的说话能力。在家里来客人时，可让孩子参与到谈话中；平时多鼓励孩子参加演讲赛，鼓励孩子上课或开班会时积极发言等。

竞争能力

在生活中，我们会经常听到父亲对孩子说："宝贝，来爸爸这里，这样小朋友不敢欺负你！""宝贝，不要着急，做不了就别做了！""宝贝，没必要和他们抢，爸爸会经常给你买最好的！"实际上，做父亲这样的做法是不对的。如果有人抢了孩子的东西，选择逃避和再抢回来的方式，那孩子就会变得怯懦或在父亲的支持下变得蛮横。

在孩子两岁左右，就会出现拥有和占有的意识，这是一个发展的阶段过程。这个时候，父母应该正确引导孩子：自己的东西要自己做主，别人的东西应该由别人做主。就算是被抢了东西，一是一定先要让孩子懂得好东西要与别人分享，而不是一味地忍让；二是要让孩子自己解决孩子间的纠纷，不要参与其中。

在孩子三岁左右，就进入了竞争的非常敏感时期，而这一时期也是孩子建立自尊和自信的关键时期。如果父母过分地强调竞争结果，比如凡事要做第一名、排队要站最前面……如果孩子过于自信的话，则会出现飘飘然、骄傲的状态；如果是对处于劣势的孩子来说，那就会让孩子产生挫败感，从而对今后的人生产生负面影响。

所以，父母应该给孩子一个"非竞争性"环境，让孩子充分地发挥自身的潜能。当然了，"非竞争性"并不是没有任何原则和纪律，而是让孩子知道一些规则和底线。

生活中，锻炼孩子生存能力的机会无处不在，只要求父母在教养子女的过程中也要勤于动脑，相信一分耕耘就会有一分收获，付出的心血与努力总会有回报的。

第三章

当好"隔代家长"

随着时代的发展，越来越多的年轻父母忙于工作，几乎无暇顾及孩子，于是，家庭教养孩子的重担就不可避免地落在了爷爷奶奶、外公外婆的肩上，这种由祖辈们对孙辈们施行抚养与教育的现象称之为"隔代教养"。我国是世界上为数不多的普遍存在"隔代教养"的国家。从社会现实显示，在我国城镇有近五成的孩子跟着爷爷奶奶、外公外婆长大。农村近些年来青年夫妇在外打工，也有大半是爷爷奶奶负责孩子的生活与教养，孩子的年龄越小，与祖辈家长在一起生活的比例就越高。"隔代教养"作为一种客观存在的家庭教养子女方式，对孩子的个性发展有着极大的影响，所以，老年人要当好"隔代家长"势在必行。

由于"隔代教养"与父母亲抚养教育各有利弊。要解决好这些问题，需要两代家长的共同努力。祖辈与父辈在教养孩子的问题上应当多沟通，相互学习，取长补短。为此特建议：

一、祖辈家长和孩子的父母对孩子的教育的思想认识应统一。两代人往往对教育子女存在认识上的差异，如年轻一代比较注重孩子的智力培养和个性发展，而祖辈家长则看重做人的道德和艰苦奋斗精神的教育（然而祖辈家长对孙辈有溺爱娇惯的毛病），这就需要两代人相互沟通，统一认识，择善施教，还应该注意不要在孩子面前暴露教养方面的分歧，维护孩子父母的威信。

二、祖辈家长要注意接受新思想，学习新知识，尽量用现代科学知识抚养教育孩子。

三、两代人协商建立必要可行的家规，同时也要给孩子一定的自由度和独立性。

四、祖辈家长要学会以理智控制感情，分清爱和溺爱的界限。还应积极创造机会让孩子和其父母多接触，沟通感情，两代人共同努力营造一个有利于家庭教养的、和谐温馨的家庭氛围。

五、年轻的父母首先要端正态度，不管多么忙，都要抽时间与子女在一起，不要把对子女的教育权、抚养义务完全交给祖辈家长。

实践告知，"隔代教育"是一门学问。由于时代不同，老人的知识和教养观念相对比较保守。对于"隔代家长"来说，无论有无机会专门学习，确实都应该自觉学习新的知识，特别是应学会科学教养子女的知识，在教养子女的理念上，老年人一定要跟上时代的步伐。

"隔代教养"需要父母和祖辈相互配合，也是老年人自身保持生命活力、永葆青春、努力学习和自我完善的一个过程。老年人要当好"隔代家长"，就必须不断接触和学习新知识、新事物，尤其应接受科学育人的方略。

事实上，怎样与子女相处已成为世界很多国家公民素质教育的一部分，这种教育在社区教育中完成，有很多老年大学、老年课堂或社区学院，社会提供的支援类型如：社会科学研究人员，社会工作者、志愿者等通过各种途径向政策制定者发出呼吁，为"隔代教养"中的祖孙争取政策性的福利和支援。并由慈善机构以实际行动从多方面帮助处于"隔代教养"中的人，免费为祖孙提供心理咨询、教养技能、交往技能的训练等，甚至提供探视亲人的交通工具等。

中国科学院心理学研究所博士生导师王极盛认为：做家长的，特别是隔代家长的素质远远落后于时代发展和孩子成长的要求。王极盛在数万人中做的一项调查表明，95%以上的家长没有学习过如何教养子女这门学问。所以，我们要注重要积极地帮助更多的祖辈家长成为与时俱进的合格家长，让隔代教养成为"特色教育",实现学校、社会与家庭相互配合,合力打造培育实现中国梦的生力军的科学的新式的、可行的"隔代教养"。

当今,"隔代教育"在我国之所以这么普遍,既有中国传统家庭教育模式的历史原因,也有现代家庭结构现实必然,还与当前经济社会的发展状况有很大关系。竞争压力越来越大的年轻人,尽管对独生子女的期望值很高,也还是心有余而力不足,不得不把孩子交给自己的父母来带。再一方面,祖父母对儿女的关心和对孙辈的喜爱,也是"隔代教养"现象日渐增多的另一个原因。再加上许多幼儿园、小学大都在下午 4 点半左右放学,而一般年轻父母则要到 6 点下班。更不用说进城打拼的农民工,他们多不具备带子女进城的基本条件,只得把子女留在农村老家,把教养子女的任务交给自己的父母。随着社会竞争的日趋激烈,"隔代教养"更加扩大了影响。

当然,不管是年轻父母,还是爷爷奶奶、外公外婆,他们都是希望子女能更好。但由于年龄差距大,老人与子女的生活习惯、思维模式、教养理念等都有很大的差异,在教养子女的态度、要求和方法上经常出现不一致的情形。比如子女犯了错误,父母想对孩子严格管教,老人多以说服、安抚为主。老人对孙辈疼爱过度,处处迁就,造成子女任性、依赖性强和生活自理能力低下。他们还因过度疼爱而对孩子"护短",致使子女的弱点长期得不到"矫正"。

由此,孩子本来能自己做的,祖辈家长却呵护备至,代为其劳,子女本来在正常环境下能锻炼自己的能力,结果让祖辈家长取消了。

这样祖辈家长对孙辈的溺爱,造成孩子很难接受其父母的严格要求和批评,很容易形成感情隔阂与情绪对立,使正常和必要的教育难于进行。

但是,"隔代教养"并非全无可取之处,甚至还有诸多好处。不可否认,祖辈家长在接受现代教养思想、掌握新的教育手段等方面不如年轻父母,但祖辈教养家庭的子女不怕困难,且竞争性强。美国总统奥巴马就是由外婆带大的,所以,若抚养得当,祖辈家长也可带出好孩子。

实事求是地说,一些弊端来自教育冲突未有效解决,而非"隔代教养"

本身之错。

总之，爷爷奶奶、外公外婆应该清楚地认识到"隔代教养"的利与弊，在发挥其教养优势的同时，努力克服种种负面影响，使现有的家庭教育状况得以改进。同时，年轻父母也应端正态度，不要一味地把"隔代教养"出现的问题全归到老人们的头上。

祖辈、父辈皆应学会科学教养，首先应注意"上行下效"。大人们今天的不是将会影响子女的成长和未来。

在孩子童年时代，不要威胁和恐吓，这样并不能达到让子女听话的目的。有的父母说，孩子的年龄小，解释多了也没用，因为孩子听不懂。请问，你解释过吗？不解释怎么知道效果呢？因此，在孩子提出不太合理的要求时，不论是祖辈、父辈在场时都最好蹲下来，平视孩子的眼睛，然后对他说：孩子，你今天已经吃过了，再吃的话就会肚子疼，生病，然后打针、吃药，甚至住院输液……你不是最怕打针吗？如果孩子还是拒绝大人建议，那就可以说你今天已经吃过了，再吃就会不舒服的。不过你可以吃点其他的水果。以转移视线的方式结束这件事，不是比对孩子施行暴力更好吗？

家庭教养中流传着这样一句话："始终如一，说到做到。"记住，别看孩子小，他们的思维方式和心思是家长们所想象不到的成熟。当父母提出任何要求时，孩子会想：你都没有做到，干吗要求我做到。如果以强制的方法对待子女的话，只能让孩子口服心不服，长期下去，孩子会出现逆反心理。因此，家长在日常生活中应规范自己的言行。如果规范好自己的行为，那就不必再费口舌给孩子讲道理了。

毋庸置疑，请遵循子女的发展规律，每个孩子有不同的敏感期，有的孩子小的时候成绩很差，初中高中的时候突然崛起一跃成了前几名，有的孩子初中成绩很好，高中却因为压抑太久突然变得异常叛逆。我们的焦虑常常会代替孩子正常的焦虑，常常听到这样的话："马上就考试了，你怎么就不着急啊？"我们过度担心和关心也会不同程度地阻碍子女的成长。输在起跑线上不可怕，可怕的是倒在路上。考不考得到一百分不要紧，要紧的是考上了一所好的院校，最后因抑郁而自杀了。每个孩子都有自我成长的能力，该说话的时候他会说话，该走路的时候他会走路，该识字的时候他会识字。揠苗助长或者过度的恨铁不成钢只会让孩子丧失自己成长的能力，要么崩溃，要么逃避，要么叛逆。作为家长我们应该去觉察我们的焦虑，为什么我们会有这样的担心？为什么我们一定要让子女考一百分？是由于我们的虚荣心还是因为我们未达成的愿望？

诚然，不遵循科学教养子女，只能适得其反，事与愿违。当我们当长辈的长期处于这种焦虑淹没的时候，我们常常看不到孩子的能力，只会去逼孩子，训斥孩子，希望他成为可以达成我们愿望的载体。殊不知，孩子也是一个普通人，过多的焦虑他也承受不起。

担心子女不如他人，当家长把自己的焦虑转嫁到子女身上时，孩子幼小的心灵又怎能承受起这样的焦虑？于是便转化成了身心的症状。

现在，不让孩子输在起跑线的广告铺天盖地袭来，还搭配着各种高价的课辅班，让不少孩子与家长压力倍增。

企图培养"完美人"与"高分机器"，整天对子女唠叨是最笨的教养方式。

对于长辈们的唠叨，孩子都会心情不好，有的会进行反抗，不再尊重父母；也有的学会了阳奉阴违，"你说你的，我做我的，根本不当一回事"。

长期以来，"爱唠叨的家长"一直是亲子关系中矛盾冲突的主要原因，听多了重复单调的话，孩子首先会产生心理疲怠感，进而产生厌倦感，接着就是满不在乎。可以说"唠叨"的正面效果微乎其微，而负面效果却可能是几倍数增长。

家长爱唠叨的原因很多，最常见的原因主要是：其一是不自信也不相信子女；其二是急于求成；其三是不懂得倾听和不善于与孩子沟通。

那么，做祖辈、父辈的该怎样避免对子女唠叨呢？

1. 相信孩子，尊重孩子，引导孩子，唤醒并鼓励孩子，适当督促，少批评指责；相信子女喜欢美好的东西，渴望成功；相信孩子有向上之心并能自己要求和管理自己，适时适度地启迪引领孩子，响鼓无须重槌。孩子做得好，要多表扬多鼓励，不要求全责弊，不要动辄批评孩子。子女的事业让他自己做主，尊重孩子用自己的方式对待生活。

2. 不信口开河，不强行命令，不事事叮嘱，多和孩子讲悄悄话。

3. 就事论事，抓大放小，直接面对当下的问题，用尽可能简明的话语来表达，孩子忘记了什么事，我们就提醒他；孩子做错了什么事，我们就告诉他错在何处，可说不可说的就不说；同时有几件事要说的，就拣一件最重要的说，其他的事情等这件事结束后再说。

4. 适时放手，从小培养子女的自我管理能力，不包办代替，不监督孩子，与孩子建立信任关系，让子女管好自己，主动学习，主动做自己的事。

但不能做"冷漠"的长辈，因为在"冷漠"祖辈与父辈的教养下，子女也会出现两种情况：一种是从被否认、贬低、讥讽的环境中，丧失了自尊，认为自己没有价值和能力，从而产生一种强烈的自卑感。即使到了社会上，也会缺乏勇气与人相处，并出现彷徨、犹疑或者退却的表现；一种是"独立自主型"，反正家人不管，那就想怎么样就怎么样了。

在社会上曾有许多父母打着"我才是家长"的口号来教育子女。实际上，父母的权威并不是靠命令和强制的力度形成的。这种强制性的教育方式，只能让子女在小的时候服从，在长大后叛逆和反驳。用专制方式教养子女并没有什么效果，而是引起了子女不满并开始顶嘴。子女的顶嘴行为是一种抗争和反抗，是对父母不合理要求的不满的宣泄。大多数父母都喜欢听话的乖孩子，而"顶嘴""拗性"的孩子往往会遭到大人们的训斥，甚至被剥夺辩解的权利，这绝对给子女的健康成长带来危害。

其一，产生逆反心理。在家庭教养中，如果父母只采取打击和专制的方式，那孩子就会觉得父母不相信自己，甚至觉得家长蛮横无理。当这种不满形成一定量时，那孩子就会"爆发"，让祖辈父辈大吃一惊。

其二，形成认识障碍。家长的专制行为，会让孩子没有机会来"辨明是非"。在一片混乱的争论中，根本性的问题无法解决。长期在这样的家庭教养中，孩子的认识就会逐渐产生偏差。

其三，扼杀新思维。实际上，一个会顶嘴和辩解的孩子，往往是一个懂得是非、权衡利弊的孩子，是一个不盲目听从别人，有主见的孩子。可在父母与长辈们的专制中，孩子的这些好的品质却得不到发挥，而是一点点被家长磨去，从而缺少创造性和处理问题的主动性。

要知道，语言交流才是人与人之间最普遍的、最有影响力的沟通手段。如果沟通失败的话，那么家庭教养也就失败了。"我才是家长"并不是谁赋予父母的专制权力，也不是在育儿过程中自然而然形成的，而是父母在行使并履行自己的义务和职责的过程中，靠父母做出模范性的行动来获得的。

因此，父母一定要摒弃"我才是家长"的错误观念，以免影响子女的身心健康。

在家庭中，也有一种"暴君"父亲或母亲，独揽家庭大权，高高在上，有意操纵家人的一切，对子女经常发号施令，让子女绝对服从。如果子女不遵从的话，就针对子女以"暴力"的形式否定和打压孩子的想法与行为。在"暴君"的字典里，绝对不能有"不"这个词。

在这样家庭中，父辈与子女的性格、观念差异太大，就会造成两个比较极端的反应：当一方强势、霸道的时候，另外一方就会变得弱势、胆小；强势的一方，会以弱势的一方为代价；而弱势的一方，就会以强势的一方为"标杆"。

随着时间的变化，强势的一方就会变得越来越强，弱势的一方就会变得越来越弱。慢慢地，就会形成家庭内部关系的病态平衡——强势的一方会将自己的控制看作一种光荣与成功，弱势的一方就会因为被压迫的时间太久，从而出现不利于身心健康的不良因素。

因此，有"暴君"倾向的父母亲需要改变自己的教养方式，多给子女一点自由，不要过分强迫孩子，尊重他们自己的选择。要让孩子生活在轻松之中，感受幸福和快乐。

但也应杜绝用名利诱惑子女。不要因原本一个很简单的小事情，孩子却拿金钱来衡量。如果到了社会上，还以这种方式来与他人相处，那么没有人会愿意和他做朋友的。因为在别人的眼里，他是一个非常功利、斤斤计较、见利忘义的自私鬼。

　　著名心理学家经过研究，得出这样一个结论：表扬奖励与批评惩罚最好控制在 3:1，如果超过这个比例，那么父母的表扬已经有了夸大其词的成分，变得不太真诚；如果低于这个比例，那么父母就有点过分挑剔，给子女造成情绪上的不安，从而破坏孩子的自然成长，使其变成一个神经质、怯懦、不诚实的人，严重的话还会让孩子变得特别"暴力"。

　　借此，笔者向家长介绍几种关于金钱教育的方法：

　　其一，要明确奖惩使用的范围。

　　家长在对孩子进行奖惩前，要明确孩子的行为对错。哪些行为是应该奖惩的，哪些行为是不该奖惩的。只有明确这些，孩子才能够明白奖惩的真正含义。

　　比如：当孩子认识到错误的所在，并有悔改的意思时，父母就不应该再惩罚孩子。因为惩罚的目的是要让孩子知错并且改正错误；当子女因为由探索欲望而损坏物品时，家长不要给予惩罚。不然的话，孩子就会丧失探索求知的欲望，不利于培养子女的探索精神。

　　当孩子好心做坏事的时候，父母更不可惩罚，因为这会丧失或挫伤孩子的敢想敢干的积极性。

　　再比如：当子女完成了具有挑战性的任务的时候，家长应该给予表扬奖励，让子女增强进取心和自信心；当孩子以一种独特而有效的方式完成任务时，父母应该鼓励他们，并为他们创造空间，让他们的创造性得到发挥。

　　其二，以表扬奖励为主，惩罚为辅。

　　无论是在生活中或学习中，家长都要主动去发现孩子的优点，给予孩子肯定式的评价。这样的做法，有利于孩子不断进步。如果父母只盯着孩子的缺点不放，那孩子就会变得自卑、胆小，不利于子女的身心健康与成长。

　　其三，奖惩不宜过多。

　　过多的惩罚，会使孩子自卑，从而对惩罚产生"免疫力"，失去其应有的教育效果；过多的奖励，会让子女变得对奖励"上瘾"，并对奖励产生依赖心理。著名心理学家经过研究得出结论：过多奖励与惩罚，会让子女变得缺乏主见；善于察言观色，过分在意他人的评价，从而失去自我。

在现实生活中，为什么孩子会把父亲当成"透明人"？原因是无论在生活中还是学习中，孩子很少看到父亲的身影——得不到父亲的关心、照顾，慢慢地，孩子自然就把父亲当成透明人，当成可有可无的一个人了。

有研究表明：缺乏父教的子女，在言行中会更具攻击性。在孩子的心目中，父亲的形象有一种威慑的作用，能够对自己的言行进行监督，从而受到约束。如果父亲因为工作繁忙，就忽视对子女的教养，很容易让子女形成一个不健全的身心，并且容易让孩子产生一些心理疾病。

因此，父亲不要以"忙"为借口，忽略对子女的教养责任，而是多挤出一点时间，用来关爱和教育孩子。虽然工作很重要，但孩子的人生和身心健康同样很重要。为了不让子女把父亲当成"透明人"，笔者向父亲提出以下建议：

1. 成为孩子心灵上的依靠。在孩子的心目中，父亲才是最值得依靠的肩膀。因此，父亲要让子女感受到父亲的强大，产生安全感，而不是要缺失在子女的教养中，成为一个"透明人"。

2. 要将孩子放在第一位。如果当父亲把子女放在第一位，那子女就会感受到父亲的关爱和重视，从而回报父亲的牵挂和依赖，促进家庭和谐。

3. 给予子女鼓励和关注。在一个家庭教养中，做父亲的必须给予孩子更多的鼓励和关注，不要让子女感到被忽视。当父亲对孩子的事保持关注并积极参与的话，孩子就会有前进的动力。

4. 多花时间陪孩子。因为父亲只有多花时间陪伴孩子，才能增进对子女的了解，在陪孩子的过程中，父亲要给予正确的指导和教育。

但要引起父亲注意的是，做父亲的抽烟酗酒，孩子最爱学。可在生活中，有很多父母和祖辈认为饮酒习惯对家庭不会有什么影响，他们以为，只要孩子吃得饱，穿得暖，乖乖上学，就是尽到了父母的责任。但事实上并非如此，抽烟、喝酒只会阻碍他们成为好父母。如果父母亲抽烟，饮酒频率较大，那么孩子也必然受到影响，从而一点点加大抽烟、喝酒的频率。由此可见，父母抽烟对子女的危害和影响有多大。因此，喜欢抽烟、、喝酒的父母就要当心了，这不仅会影响到自身健康，还会影响到子女的身心健康。当父母发现孩子有抽烟、喝酒的行为时，就要去帮助他摆脱这种恶习了。

父母和祖辈都要经常与子女沟通，处理好与子女之间的关系，并且让孩子放心大胆地说出自己的忧愁与困惑，以免孩子以抽烟喝酒来排解情绪。

如果不是节日或重大事情时，父亲最好不要在孩子面前吸烟、酗酒。

在孩子很小的时候，就锻炼孩子的意志力，这样孩子才能够抵抗住诱惑，做坚强和具有主见性的自己。

好好做父亲，父亲是男人最重要的事业。父母今天的不是，必然影响的是子女的未来。

在日常生活中，进门之前，把坏脾气丢在家门外。不要用大人的情绪去影响子女的健康成长。教育专家认为：父母与祖辈们的不良情绪不仅会影响子女的心理，还会影响子女的性格塑造和心理发育。

在生活中，我们每个人都经受着这样那样的压力。可是这种压力只能我们自己来承担，来找一些释放的方法，而不是把这种情绪转嫁到别人的身上。如果做长辈的都把自己的不良情绪带回家向子女发泄，那当子女有了不良情绪，又向谁发泄呢？

由此可见，父母亲必须控制好自己的情绪，不把坏脾气带回家中，实际上，喜怒哀乐是一个人发泄情绪的一种表现。如果是好的情绪当然是对身心有好处的，如果是不好的情绪，那我们就要懂得释放了。

常言道：忧伤胃，恨伤肺，生气伤肝。虽然我们都懂这个道理，但不懂如何发泄情绪。这里介绍几种技巧，不妨学一学。转移法：当因为某种事生气了，就把这件事放下，去干点别的事情，让这种坏情绪通过转移来减小，消除。拖延法：当自己有情绪需发泄时，可在心中默默地数数，从一到十，让情绪有个缓冲的空间，不至于一时冲动酿下大错。

如果长辈们能把自己的坏情绪控制好，不把坏脾气带回家，那么家庭总会是和谐和温暖的，子女也会成为幸福的。

另外，别在孩子的面前脏话连篇，小心子女也会出口成"脏"！

当人们发泄情绪时，最常用的一种就是说脏话。在很多人的眼里，说脏话并非是什么大问题，也不会危害到别人什么。但实际上，说脏话的危害很大，尤其是对子女，当一些父母亲生气了就会脏话连连，好像说脏话才能发泄出自己的坏情绪。经过"水滴石穿"的演变过程，子女就会受到影响，也变得爱说脏话了。此时，父母一定要注意自己的言行。如果发现孩子不小心说了脏话，就要严厉制止。

虽然说没有修养和不懂得文明礼貌不会伤害到别人的肉体，但是会伤害到别人的心，也是在毁坏自己的形象。而这样的人，不仅没有办法获得别人的尊重和认可，还会引起大家的反感。

实际上，家人之间的以礼相待也是一种生活质量的指标。如果子女生活在一个"相敬如宾"的家庭氛围中，那么他在和别人相处的时候，就会懂得如何相待了，还会让别人觉得很有礼貌。当孩子上学以后，他们所接触的东西就多了，遇到的人多了，接着，他就会沾染一些不良的社会习气回来，比如说脏话……

因为在日常生活中，有些父母亲不太检点自己的言行，子女自然会受到影响，一切不良习气皆会染上子女。因此，父辈祖辈与子孙之间要使用文明用语，把说"谢谢""对不起""请"等当成是一件自然而然的事情。如果父母偶尔在子女面前说了脏话，就应该坦诚地自我检讨："刚才是一时冲动，才说出来那句话，这是不对的行为。以后，我一定会注意的。"

为了子女今后的幸福，把子女教育成一个有教养、有礼貌的人是非常重要的。当然了，如果子女主动叫人或使用文明语的话，父母亲就要及时给予表扬，让他知道人们喜欢懂礼貌的孩子。

俗话说得好，"榜样的作用是无穷的"。如果父母不孝就是为子女埋下不孝的种子。所以，做父母必须为子女做好"孝"的样板。百善孝为先，从这句话中我们就可以看出"孝"的重要性。孝顺是我国传统美德，是一种爱心，是现代社会最基本的文明要求。

有人说，由于现在独生子女的关系，父母总想和孩子做好朋友，建立一种平等的关系。但是在这样观念的灌溉下，子女变得越没大没小。有的孩子连对父母起码的尊重都没有，大呼小叫的，甚至还故意惹父母生气。

有人说，孝顺？要是放在几十年前还可以探讨这个问题，现在的孩子都太自私了！总想着为自己，还大胆地说：等父母老了，送去养老院……真是不孝顺。

为杜绝这种悲剧发生，就必须告诫现在的年轻父母，在家庭教养中，为自己的子女做出孝顺的榜样。因为父母的行为就是子女学习的指南和拐杖，一旦父母亲对祖辈不孝，那自然也会影响到下一代子女。当我们不孝顺的时候，想一想：当我们呱呱坠地的时候，是谁容忍我们的错误，无条件关心和照顾我们；当我们遇到难题时，是谁一点点指引我们，并帮助我们解决困难；当我们吃不饱、穿不暖的时候，是谁扛起了家庭的重任，赚钱给我们吃喝，供你上学，成家就业……

而当父母老了、父母遇到困难了，我们又是怎样做的；父母生病了，我们做到请医治疗服侍到位喂饭递水；当我们埋怨这事那事，无病呻吟的时候，父母又在那里辛苦着……

因此，为了让子女学会感恩，懂得孝顺，关爱他人，倡导孝德永彰，当今做父母的应该做出表率，及早地向孩子灌输一些感恩和孝顺的观念，并培养孩子养成一个良好的人格和品德。比如：家中有老人，做父母的应把好吃的留给老人，逢年过节的时候，给老人买些礼品或礼物；如果老人离得较远的话，就可以经常给老人打打电话，询问一番老人的生活与身体状况。只有在这样的熏陶下，子女就会仿效，孝敬长辈、关心长辈，从而也关心自己的父母亲。这就是上行下效，身教的力量远远大于言教。

无论在哪个地方，家庭都是孩子成长的重要环境，父母的言传身教可能会伴随子女的一生。著名的加拿大心理学家阿尔伯特·班杜拉认为，儿童可以通过观察、阅读，听他人讲述来学习模仿人类的行为。由此可以看出：孩子的可塑性极高，他们有着较高的模仿性，作为孩子人生第一任老师的父母，一定要时刻注意自己的言行。

在这里，我们要郑重地告诫父母：在子女面前，说话时要讲究避讳，时刻注意分寸，表达方式一定要妥帖。否则，在无形之中可能为孩子树立不好的"榜样"。

不过有些父母会说：有时候的谎言并不是谎言，而是用来吓唬孩子或者是一句玩笑话呀！一点儿恶意都没有的。但是年幼的孩子不懂得分辨呀！要知道，孩子的想象力是丰富的，他们经常会缠着父母问：我是从哪儿来的啊？有些父母觉得难以回答，便撒谎说道：你是从商店买来的。孩子眨着无辜的眼睛，深信不疑。可随着时间的增长，孩子有了一定辨别是非的能力，便会想：父母为什么撒谎呢？为什么骗我？是因为不爱我吗？

当然不是了！父母是爱孩子的，但有的问题确实不好回答。父母须选择以轻松的"小谎话"来躲过孩子的追问，也不是给孩子带来了不好的影响。

为了给孩子做个好的榜样，父母应做一个真诚、不说谎的人。那么如何要做到真诚、不说谎呢？那就要从生活中的小事做起。

千万不能在外表上下功夫。人都说：眼睛是心灵的窗户。一个人真诚不真诚，从面部表情就能看出来。如果你的表面上诚恳，但内心不诚实的话，只会给人留下巧言令色的印象。

更不能用欺骗的手段。欺骗也许能得到一时之利，却不能维持长久。当别人知道你欺骗过自己，日后很难再信任你。因此，一定要用实际行动来表现自己的真诚。

也不要小瞧孩子的能力。一些父母总是认为：小孩子懂什么？但其实，孩子要比父母想象中懂得多。只要父母稍微有些异样，孩子立即就能察觉。所以说，不要忽略孩子明辨是非的能力。

很多时候，父母会对子女撒一些善意的谎言，可孩子却不管到底是不是善意的，他们只知道：父母亲撒谎了。这样的行为会给孩子造成两种影响：一是说谎并不是什么大错，自己也可以拥有这种"品质"；二是对父母的认识产生偏差。因此，不论在何时何地，子女在场不在场，作为父母亲都应该做一个诚实守信的人，不撒谎的人。只有这样，子女才会信任自己，从而建立起良好的家庭关系与父子关系。

第四章

做好无愧父母的事业

天下父母教养子女成人成才是最神圣的事业，是民族兴旺、社会进步的奠基工程。

那么，如何做好无愧父母的事业？下面介绍几个年轻大师的教养子女的典范：

一、诺贝尔之父，是一位细节型父亲的楷模。

一个人的起点不重要，它的前进方向才重要。这句话用在诺贝尔的身上是最合适不过的了。说起来，我们对诺贝尔这个名字并不陌生，像中国作家莫言所获得的诺贝尔奖就是根据诺贝尔的名字创立的。

诺贝尔是瑞典的一名化学家、工程师、发明家，最大的成就是发明了炸药。不论他的成就有多大，都少不了父亲的教养。

诺贝尔的父亲叫墨纽·诺贝尔，没有受过高等教育，在后天不断努力下，成为一名机械兼化学家。诺贝尔的母亲是一个普通的家庭妇女，生了八个孩子，可惜有五个相继夭折了。诺贝尔刚出生的时候，面色苍白，浑身没有一点儿力气。在父母的百般呵护下，体质虚弱的诺贝尔还是顽强地活了下来。很快，诺贝尔就到了上学的年龄，但因身体的问题，他只能待在家里，看看书、画画等。加上家里的条件太差了，诺贝尔经常遭到别人的冷落和歧视，还有邻居小声议论："这孩子永远不会有出息！"

不过，他们的预言是不准确的，诺贝尔变得比任何人都有出息。在闲暇的时候，父亲总是给诺贝尔讲一些科学家的故事，还激励诺贝尔做一个有理想、有抱负的人。接下来的日子里，诺贝尔常常在一旁观看父亲做炸药实验，还不时地问这问那。

某天，年幼的诺贝尔问父亲："爸爸，炸药能伤人，是个可怕的东西，你为什么要制造它呢？"

听到儿子的提问，父亲一本正经地对他说："点燃炸药很危险，但是它可以用来开矿、修路发展工业啊！这是多大的贡献啊！"

年幼的诺贝尔似懂非懂，不过他很崇拜父亲，所以十分相信父亲的话："等我长大了，也要像爸爸一样制造炸药！"

父亲听后，先是微微一笑，然后拍拍他的肩膀说："不过，造炸药需要很多知识呢！所以你一定要学会知识，用功学习才可以。"

为了培养诺贝尔，父亲想：如果要让诺贝尔有献身科学的坚定理想，那就必须让他体会到科学研究对社会的作用和意义！不能总让他待在家里，而是要让他走出去，去接触世界先进科学，了解工业革命在各国的发展情况。

就这样，17岁的诺贝尔第一次离家，他漂洋过海来到美国，并在十分有名的艾利逊工程师的工厂里学习科学技术。后又去德国、意大利、法国和英国学习。

在短短的四年里，他不仅掌握了大量科技知识，还学习了英、法、德、俄等国文字，深入地了解了各国的发展情况与炸药的应用前景。

再加上由于诺贝尔父亲对他的影响和鼓励，使他终于研制和发明了雷汞炸药、安全炸药、无烟炸药等多种炸药，为人类做出了巨大贡献。

现如今，也有很多父母都会选择送孩子出国。但出国的目的并不是旅游、去玩乐，而是带着目的、带着目标去的。除此之外，做父母的还应注重培养子女从小立下大志向，以实际行动告诉出国的子女：一定要有崇高的志向和事业心，使儿女真正成为实现中国梦的生力军。

可如今的家庭中，父母都舍不得让孩子独自一人出行，更不舍得让孩子吃苦，许多家长为子女离家做饭……你们想过没有，如果没有生活的磨砺，孩子怎么能长大，能离开父母的羽翼呢？因此，家长应该理智点，不能这样去教养子女！

二、叶圣陶说：孩子，分数不重要。

我们经常听到："下次，你必须考到90分以上！""成绩这么差，怎么上大学？"这样的言论，在这些父母的眼里：分数，比什么都重要。可是叶圣陶先生却有着不一样的见解，他曾经对孩子说：分数并不是最重要的！

叶圣陶的儿子叫叶至善，确实是一个学习成绩较差的孩子。小学留过级，初中还是差生。

对于儿子的成绩，叶圣陶从来不说什么。他认为，一门功课的好坏，得看是不是能把学到的知识消化，能够一辈子受用，而不是只看一次考试的结果。社会实践告知：学而不会用等于没学，知而不行等于无知。

因为叶圣陶儿子叶至善最不喜欢的就是死记硬背，特别是国文和英文。在考试的时候，考卷上要求默写整段甚至整篇课文……所以，成绩不及格也是情理之中的，而且他不及格不是因为笨，而是不愿意去背。

叶圣陶经常与儿子聊天，他发现儿子的语言表达能力并不弱，知识面也不窄。也因此，他从来没有责备过儿子，而是说：不要哭，不要思想上背包袱。后来，在叶圣陶的建议下，叶至善从公办学校转到了一所私立中学。

由于私立中学与公立中学教育方式不同，叶至善从转学后，性格上就有了明显的转变，不仅对学习有了兴趣，还学会了唱歌、吹口琴。在课余的时间，他还主动看一些书。

看到儿子的变化，叶圣陶很高兴："这很好。以后还要多读没有字的书。"其实，"没有字的书"就是通过观察、实验、思考来学习一些技能和生存的能力。对于他来说，课堂上的知识不一定就能全部运用得上，而社会上的东西却能够一生受用。

后来，叶至善不仅变得爱读书了，还会问叶圣陶一些问题，从而锻炼了自己的表达能力。

就这样，在父亲的耐心教养和鼓励和影响下，叶至善这个分数差的孩子，终于成为一名作家，后来担任全国政协副秘书长和中国青年出版社、中国少儿出版社编审委员会副主任等职。

毋庸置疑，叶圣陶先生教养儿子的观念是科学的，结果是成功的。他并没有把儿子死死拴在分数的牢笼里，而是注重孩子的其他方面的教育。在放松中，孩子渐渐懂得了学习，并产生了极大的兴趣与求知欲，取得了良好的成果。

的确，针对如何进行家庭教育，在几十年前鲁迅先生就曾经大声呼吁"救救孩子"。不可否认的是，现如今的教育仍然存在着一些缺陷和遗憾——孩子过早失去了天真活泼的笑脸，过早失去了独特的个性。

在家庭教养方面，陶行知也给出了自己的意见："发现你的孩子，了解你的孩子，解放你的孩子，信仰你的孩子，信仰你的小孩，变成了一个小孩。"

这些，父母做到了吗？随着社会的发展和进步，做父母和祖辈的更应该深刻认识到：在孩子年幼的时候的错误教育，可能会影响孩子的一生。因此，我们要保护孩子，顺应孩子自身发展，重视孩子思想道德素质的教养，而不是以分数来衡量孩子的好坏，孩子的一生。

如果把父爱母爱看作一种"投资"的话，那么这种回报是漫长的。当孩子还年幼的时候，父母亲会尽心尽力地付出，等到父母年迈的时候就会收获子女给予的"回报"。相反，如果在子女年幼的时候，父母没有给予关爱和付出的话，那么子女就在父母年迈时"缺席"。而对于家庭中的"投资"和"回报"，自古到今历史早已证明一切。

由此，我们可以得出一个结论：父母与孩子的关系取决于——在孩子年幼的时候是不是付出了。如果父母拒绝情感投入，那孩子到赡养老人的阶段肯定也不会投入感情。

你希望子女如何对待你，那你就得如何对待子女。记住：平时，父母及祖辈皆应该和孩子进行情感沟通，奠定双方深厚的情感基础。

　　在家庭教养中，父母不要只看到子女的缺点，而是要发扬孩子的优点。如果一发现孩子的缺点，便实施打压和强行改正的话，有可能扼杀了世界上第二个"比尔·盖茨"。（比尔·盖茨是一个世界首富）

　　这里笔者介绍一个大家皆知的名人——潘长江（他是位小个子大智慧的父亲）。

　　潘长江用了近 30 年的时间，成长为从一个小人物到春晚的小个子"巨人"。在舞台上，他为博观众一笑，使尽全身法力；在别人误解时，他委曲求全，隐藏自身的锋芒。在事业上，他是一个好演员、好导演；在家庭中，他是一个好男人、好父亲。

　　潘长江曾经说过这样的一句话："我们无法改天换地，但是没有人能阻止我们为改天换地贡献一分力量，那就是教养我们的子女。每一个孩子出生时都是天使，有的父母却以爱为名，残酷地将子女的翅膀折断，而只有那些真正具有大智慧的父母，才会不放弃理想，努力地给孩子勇气，终将他们送上云天。"

　　在潘长江的支持和鼓励下，女儿潘阳 2003 年考入了解放军艺术学院声乐专业。对于一脚已经迈入演艺圈的女儿，潘长江对她约法三章：念书期间不许谈恋爱；不准出专辑、接拍电视电影；不准弃学。对于父亲的要求，潘阳一一接受。

　　潘长江还语重心长地对潘阳说："师傅领进门，修行靠个人，以后就看你自己了！"他希望女儿能够吃些苦头，变得能坚强点。不过他始终在背后给予女儿支持和引导。就这样，在父亲的托举之下，一个冉冉之星正在升起。别看潘长江个子小，但在教养女儿方面，可是有着自己的大智慧。

　　在生活中，有很多父母不愿意过多地表扬孩子，害怕孩子翘尾巴，过于骄傲，其实，这种担心是不必要的。孩子虽然小，但有自己的是非观念。切忌不能打击和盲目批评，以免打击孩子的自信心和自尊心。

　　确实，在家庭教养中，父母起着至关重要的作用。父母希望让儿女树立坚强、积极向上等正确的人生观，以免他们在生活中经不起挫折。不过，无论是在哪个家庭中，父母都应该给予子女一些自由，并鼓励和引导孩子多读书，这样才能积累渊博的学识，在竞争激烈的社会谋得一席之地。

因为一个人只有做让自己感兴趣的事，才能够把全部精力投入进去。所以父母在教养子女过程中，应发现子女爱好和优势、遵循孩子的发展成长的规律，投其所好、因势利导，让孩子成为一个远近闻名的伟大人物。

建议天下父母：实施潜移默化的家庭教育。每个父母都是爱孩子的，希望孩子跟着自己规划好的道路来走。但是，父母也要尊重子女的意愿，体贴他们，理解他们，总有一天，孩子会懂得父母的爱。

生活中关于如何奖励孩子问题，大多数的家庭都显得比较随便。他们认为，只要自己的子女能考得好、做得好，对于孩子提出的要求几乎是有求必应。这些奖励大多是以物质享受为主，例如子女爱吃的食物，喜欢了很久的玩具或者是一些高端的电子产品等。

确实，这种做法可以让孩子看到自己努力的成果。为了得到更多自己想要的，有些孩子会加倍努力。但是，这样做也存在一些弊端，那就是——琳琅满目的物质很有可能将孩子的目标引导到享受方面。其实，给孩子精神奖励才是最好的、最有益处的教育方式，比如：学习用品，尤其是书籍，这才是最好的奖品。

给孩子物质奖励和鼓励，孩子吃过、用过之后，可能就会忘了。唯有这精神层面的奖励，将会让子女受益终生。

因为阅读，能帮助孩子养成好的学习习惯。无论孩子在什么方面取得进步时，做父母亲的送给孩子一本不错的书，远比一个玩具要深刻、有用得多。或者，用写信的方式，和孩子交流最近的心情，进步的喜悦，分享些自己年轻时候励志的故事，这些精神的奖励，比物质的奖励更能触动子女的心田。许多父母为自己的子女做很多事情，但是，都恰恰少了给孩子精神上的奖励，这是我们每个父母亲应该学习和确实做到的地方。

第五章

先改变自己再教育孩子

　　针对科学教子这个主题，著名教育专家经过分析和研究，得出一个共同结论：父母有三种类型：一种是非常有责任心，也懂得教育之道。他们既有"望子成龙、望女成凤"的强烈愿望，也遵循着子女的成长规律。这一种父母亲一般都会教育出比较优秀的人才。第二种父母亲缺乏责任心，也不懂教育。虽然这类父母亲没有办法给孩子一些科学的教养和支持，但也不会做违反人性的事情。最起码，他们不会强迫孩子。当然，也会有一部分孩子成长得很好。第三种父母有责任心，但不懂教育。他们总是以一种"自以为"的态度，指挥孩子，影响孩子健康生长。这类父母亲在不知不觉中摧残着子女的心灵，而"问题孩子""少年犯"等也就随之增多。

　　从这项研究中，告诉了我们：原来我们需要拯救的不是孩子，而是第三类父母。实际上，第三类父母是最常见的。他们总是说："这孩子完了！唉！我已经放弃了！"我告诉你："如果你再不努力一下，你的人生就完了！"

　　从这短短的几句话中，我们不难看出父母的失望，可是父母真的会放弃教养孩子吗？答案是否定的。没有父母会放弃自己的子女，他们能做的就是在孩子一点点变差的时候，通过各种各样的方式来教育，比如强制性的打压，可是在这样的教育下，孩子真的能变好吗？

的确，教育是门艺术，其使命是创新。教育中的学问可大了。在很多家庭中，父母都犯过一些错误，他们对子女的顽皮、荒废学业，总会批评教育或暴力教育。可实际上，这些方式对孩子来说一点儿用处都没有。

孩子毕竟是孩子，也是有点小脾气的，他们可是"吃软不吃硬"。面对父母的错误教育，他们当然是不能接受和反抗了。但是面对父母的正确教育，面对父母对他们的尊重时，他们就不得不缴械投降了。

由此可见，我们需要拯救的不是孩子，而是父母，父母进步是孩子进步的前提。没有一个孩子会追求堕落，也没有一个孩子喜欢跟父母亲唱对台戏。

既然父母选择了养育子女，那就必须做足功课。比如，要经过深思熟虑，清醒地认识到：虽然养育孩子有无尽的烦恼，但最终所收获的就是成功的喜悦。从自己的观念深处改变自己，深刻认识自己的问题，才能更好地教养自己的子女。

一位心理学家曾说："生性懒惰的人不会成为一个成功的人，生性懒惰的人只会成为一个失败者。成功只会降落在那些辛勤劳动的人身上。"有一位哲学家说过："世界上能登上金字塔顶的生物只有两种：一种是鹰，一种是蜗牛。资质低下的蜗牛能登上塔尖离不开两个字——努力。"行动迟缓的蜗牛一旦缺少勤奋的精神，那它也只能停滞不前。同样，懒惰的孩子也很难振翅高飞。试问，哪位父母不希望子女将来能成就一番事业呢？所以说，父母不仅要让孩子克服懒惰，还要让子女知道：天下没有免费的午餐。

也有很多父母过于勤快，以自己的思想来代替孩子的思想。这不仅让子女失去独立思考的机会，不敢大胆说出自己的想法，而且还让子女没有了自主自强的意识，遇事只会逃避、畏缩，不愿参加各种集体劳动等。

其实，做父母也不用"太勤快"，而是应该适当"懒一点"，给孩子更多的自由空间，让他自由飞翔。子女虽然小，但也有自己做决定的权利。当孩子能自己做决定的时候，父母就要告诉他：要对自己的行为负责任。一个能对自己负责任的孩子，就算是走出校门、走向社会，他也能够独当一面，保护自己的合法权益以及争取自己的权利。因此，父母不妨做一个"懒"父母。

你们要知道，做父母的责任绝不仅仅是保护子女不受到外界的伤害，还要帮助和引导子女认识世界，使他们学会应对各种困境的方法。因此，父母要学会理性地爱孩子，把对子女的爱"藏"起来，才能让子女拥有健全的人格，也才能培养出健康、独立、自信的孩子。

在我们身边，总不乏这样的一些父母，工作中他们接到任务，总是拖上十天、半月才会把工作做完；生活中他们今天能做到的事情，非要留到明天去做。这些父母做事总是喜欢拖拖拉拉的，一点时间观念都没有。在这样的环境熏陶下，子女也会学到这种坏毛病，变成"小蜗牛"，从而导致不守时、迟到之类的事情发生。因此，做父母的要从小给孩子灌输时间观，时间就是财富，时间就是生命，让子女了解到时间的重要性。不管在学习中还是生活中，都一定要按计划进行，严格按规定的时间完成，不要总是"来日方长"，说着"明天、明天，还有明天"。要知道，"明天"这个词不会变，但时间总是在不停地走着。

有这样一首诗，不知父母有没有听过："今日复今日，今日何其少！今日又不为，此事何时了！"这首诗告诉我们，一个人每天都在拖拖拉拉将事情推到明天，那么今天的事情将永远完不成。如果子女也养成这样的坏习惯，那么无论他们做任何事情都将一事无成。

其实，我们都知道拖拖拉拉是不好的行为习惯，但就是不自觉地去拖延。那么究竟是什么原因让人们去拖拉呢？导致人们去拖延事情的原因有很多，比如：对解决的事情感到盲目或者害怕失败，还有一些做事完美主义，等等，但最常见的原因恐怕是懒惰吧！

从实际生活中列举数条拖延的原因，看看拖拉的"小蜗牛""身中几枪"？

有一种是缺乏紧迫感。有些孩子经常觉得事情很简单，没必要现在立刻做，只要很短的时间就可以完成。有时候是希望能够借这种紧迫感促使自己很快进入做事的状态。

分不清主次。有些孩子常常被许多琐碎的事干扰得分不清哪个是重要的和不重要的，也不知道哪个紧急哪个不紧急，而时间就在那些琐碎的事中慢慢溜走，到头来丢了西瓜捡芝麻。

缺乏自信。一些孩子起先不知道这件事情从何做起，然后又觉得很枯燥无味，最后迟迟不想动手。还有一个原因是，之前做事的时候很多没有达到预期的效果，而让自己觉得很挫败。

还有的是，缺乏一定的自制力，无法静下心来做一件事，不能在规定的时间里做完事情，总是被其他情绪所影响。

简而言之，这些原因都反映出一个结果——找借口。想想拖拉者是不是经常有这样的借口："啊！我不知道怎么做呢？""今天比较累，明天吧！""我从来没有做过这事啊！""唉，要是做不好怎么办？"如果有这些借口，那么我们就要反思了。

其实，要克服拖拉毛病最重要的就是：要有坚强的意志。不管事情大还是小，都要用坚韧的意志力去控制自己按时完成一件事情。但是我们大多数性格还未定型的孩子，在性格里缺乏这种意志。所以，他们做事时才会离目标和计划越来越远。作为父母亲面对这种情况，不要灰心丧气，下面提供几种方法可帮孩子去克服拖拉，最终让他们能够独立地完成该完成的任务。要医治拖拉的习惯，唯一的方法就是在事务当前时，立刻动手去做。"要做立刻去做"，这是人们成功的格言。

其一，没有"必须做"，只有"想要做"。

如果有什么事情让孩子感觉到是"必须"做的，那么他就会不由自主地产生一种抵触的情绪，孩子也是个独立的个体，需要尊重，当他感到"被迫"去做时，自然会产生这种情绪，于是就会出现拖拉问题。

解决这个问题的办法很简单，那就是父母亲将"必须做"的思想通过语言让子女感觉到是他自己"想要做"。例如，当需要子女每天跑步锻炼身体时，父母切不可说："每天必须坚持跑半个小时，否则减少看电视的时间。"这样做，只会适得其反，让孩子反感。

其实很简单，父母只要问孩子是否想要一个健康身体去玩耍，如果想要身体健康，那么就要坚持锻炼。如何锻炼呢？可以选择跑步。在告诉孩子不是只跑一天就可以身体好的，要每天坚持，这样身体好了才可以有力气去玩耍。孩子明白了跑步是为了能够拥有好的身体去玩耍。这种从被迫变为主动的方式很容易被孩子所接受，父母何乐而不为呢？

其二，给孩子规定事情完成的时间。

很多孩子拖拉的原因是因为他们有太多的时间，所以就把事情推到一边先玩才做。首先父母应该告诉孩子做什么的时候给他规定一个时间，如设定在 10 分钟，30 分钟或其他。你觉得他能够完成事情的时间。比如，打扫屋子需要 15 分钟，就告诉他这件事情你可以 15 分钟做完，当然如果你 13 ~ 14 分钟做完的话，就会有一个小奖励——棒棒糖。棒棒糖可以激发孩子去迅速打扫，更能帮助孩子集中注意力去做这件事。

其三，清除外界干扰。

让子女完成作业或做事的时候，父母应先关掉电视、电脑、音响以及任何细小的干扰，清除任何能影响孩子注意力的事。这些外界的干扰会中断孩子现有的活动，孩子被其他事情所吸引，这样就产生了拖拉。因此，父母在孩子完成一件事情的时候，最好消除或解决任何有可能影响孩子的外界因素。

那么，如何才能帮助孩子改掉拖拉的坏毛病呢？

只有让孩子知道"拖得了一时，拖延不了一世"。孩子之所以在家里、在学校表现得不一样，那是因为他在学校有约束性、有对比性。如果他不做的话，老师会批评他，同学会小看他，甚至会远离他。而在家中不一样，父母不会去惩罚他，更不会给他制定一些死规定，非得让他做到。

实际上，孩子会有拖拖拉拉、慢慢吞吞的坏毛病，是一种心理逃避。他们认为，以后的事情就以后做吧，只要今天舒服就行。慢慢地他的这个"坏毛病"也就越来越严重。著名心理学家、教育学家经过研究发现：男孩拖延时间，有三分之一的原因是自我欺骗，另三分之二的原因是逃避现实。他们之所以坚持这样的拖延行为，是因为他自己从中得到了一些"好处"。比如：通过拖延的方法，他可以不去做那些让自己头疼的事。他们认为，有些事情自己肯定不做，就算是做了也不会做好。与其有这种顾忌，那不如把这个念头丢掉，从而变得轻松起来。

逃避的行为让孩子觉得心安理得，除了拖延时间，他们会觉得自己还是个实干家，或许就称得上是慢一点的实干家。虽然他们会这样想，但他们一点儿也没想过去改变。

实际上，人的本质都是懦弱的。要是从这一点上来说，拖拖拉拉和犹豫是最合乎人性的弱点，但是正因为它合乎人性，没有什么明显的危害。所以，孩子在无形中耽误了很多事情。因此，父母才会有那么多的烦恼。

父母要让孩子知道："生活中没有信念的人，犹如一个没有罗盘的水手，在浩瀚的大海里随波逐流。"时间是世界上一切成就的土壤。时间给空想者痛苦，给创作者幸福。"一寸光阴一寸金，寸金难买寸光阴""拖得了一时，拖延不过一世"。孩子今天用"拖延"躲避了一些困难，时间白流，但在明天呢？孩子这种拖延的方式又能达到什么目的呢？所以说，父母要让孩子克服这种恶习，这种坏毛病。

从小引导孩子确认目标。在生活中，很多孩子都因为拖拖拉拉而搁置了很多想法，比如梦想、计划。这一切都源于孩子没有坚持下去，而他又为自己的拖延找到很多借口。

比如：这件事可以放一放，"我今天已经做了很多事情，可以奖励自己放松一下子"，"明天什么事也没有，不如明天做""今天天气不错，不能只待在屋里"，等等。

所以，父母要让子女懂得，要想实现自己的梦想以及计划，那就不要拖延，要今日事情今日毕。比如，善用时间，拟订计划表。父母引导孩子制订一个计划表，然后把计划表中不必要的东西删除掉。再让孩子严格按照计划表去做；给孩子选择的机会，比如：你准备花5分钟去做还是10分钟呢？强制性。当父母让子女做什么事情而孩子说"等等"的时候，这时父母要严肃地告诉孩子：现在就要去做，做好了叫我，我要检查。然后等着孩子开始行动。

培养子女"自食其果"

让孩子感受一下"自食其果"。比如：孩子的家庭作业本来可以半个小时就做完的，但是他已经磨了两个小时都没有做完。这时，父母要明确地告诉孩子：9点钟之前必须做完，如果你做不完的话，就不要再做了。如果9点钟，孩子还没有做完，父母就要严格执行规定，不让他写，孩子完不成作业，肯定会受到老师和同学的批评。只有让孩子了解到这个后果，孩子就会乖乖地完成作业，从而摆脱这个拖拖拉拉的毛病。

劝天下父母亲不可采取"自以为对"的方式教育孩子。实践证明，在家庭教育中，很多父母亲总会站在自己的角度上，以此要求对方，要求孩子。可是他们这样的做法，真的对了吗？他们的这种做法，对孩子的教育有帮助吗？我们暂且不说谁对谁错，而是先要明确一点：为了对孩子的教育，我们应该尝试改变自己。如果父母亲采取一种"自以为对"的教育方式，那孩子总会在"对"中错下去。

由于"父母掌握着子女的命运"。试想，如果每个人都因为自己的争强好胜，去证明"我才是做对了的那个人"，那最终的结果只能是感情破裂、家庭破裂。可在这个时候，谁才是吃大亏的人呢？无疑是孩子！在家庭破碎的时候，子女才是牺牲品。当孩子的心四处流浪的时候，会遇到各种各样的诱惑和引导，即使这种引导是错误的，孩子也会走下去。因为他这样做，一是为了报复父母的不负责任，一是自暴自弃，因为他们认为"没有人会在意我"。

所以，当父母在为"谁对谁错"争吵的时候，想一想当初为什么两个人会相爱？会结婚？会生孩子？不就是为了能够幸福地生活在一起吗？当时，彼此都能看到彼此的优点，彼此吸引人的地方，为什么在争吵的时候都被冲动蒙蔽了双眼呢？

在这时，我们不妨想想自己的行为有什么后果，会带来什么伤害——子女整日想着破碎的家庭，无法静下心来；孩子厌学、逃课……孩子缺乏安全感，才会破罐子破摔，自暴自弃；孩子会因此怀疑一切，甚至仇视一切，从而沾染上不良习气。

因此，为了让孩子有一个完整的家庭，为能好好教养孩子，父母亲不要在家里坚持"我才是对的"。这样的结果，只能是伤害孩子和家庭。

事实证明：家，不是讲理的地方。有句话叫"有理走遍天下"，意思就是说，只要你有理，走到哪里都能理直气壮，都能够令人信服。可是，在家庭中这句话却没有什么作用。

对于这个观念，家庭教育研究人员进行了一份《家里需不需要讲理》的问卷调查，调查的结果是：每个人都有些道理。但父母应该明白：家并不需要谁对谁错，而应当互相理解、宽容、包容、互相迁就、互相尊重、互相爱护。不论是对待妻子、对待老公，还是对待孩子，都要记住咱是一家人。

因为"家"应该是温暖的，充满爱意的，不要让琐碎、一句口舌、一件家务，让一时的冲动变成敲碎情感的锤子，也不要把"讲理"变成伤害亲人的尖刀。只有做父母亲的都做到这一点，孩子才能被潜移默化，从而懂得这个道理。

在现实生活中，做父母对子女少一点挑剔多一分理解，少一点指责，多一分包容。这里劝一些说话刻薄的父母亲应该多反省。往往有这样的父母，在陌生人面前，也不断地指责"不争气的东西"，"真是后悔生了你"，"我这是造了什么孽了，会有你这样的孩子"……

殊不知，在这样的打击和怒骂下，孩子小小的自信和自尊心就被父母亲摧毁了。不仅如此，还会严重影响到父母与子女的关系，严重的话，还会影响子女的今后成长。

实际上，生活中只看到子女的缺点，忽视优点的教养方式，不仅对孩子走向正确的道路没有任何帮助，还会影响子女今后的人生。比如：毁掉子女的自信，扑灭孩子的热情，让孩子变得越来越糟。

如果父母亲要想孩子得到全面发展的话，那首先要改掉自己的态度，学会原谅，不要对子女太刻薄，而是要正确地看待孩子。只有端正了自己的态度，树立起科学教养观念，父母才不至于使得家庭教养偏离正确的方向。

　　下面，罗列出三点，以供做父母亲的参考。

　　其一，父母亲不仅要懂得人是独一无二的，各有个性，同时要知道人非圣贤孰能无过，还应知道人在逐步完美，但不是十全十美的。每个人都有优点和缺点，也会犯这样那样的错误。对于这种情况，成人都无法避免，更何况是孩子了。因此，在子女成长的过程中，做父母的应正确对待子女身上的缺点，并对他们做出准确而全面的评价，从而引导孩子不断改进，不断走向成熟。

　　其二，如果子女身上的缺点比较多的话，那父母亲就更应该给予孩子更多的关心和爱护，要更加悉心教养和积极而耐心地引导。比如：当父母亲意识到孩子缺点，可以多想想孩子的优点；在批评孩子的时候，父母千万不要忘记对其良好的表现进行表扬和鼓励；父母在任何时候都要注意对孩子全面而合理地评价，要学会管好自己的嘴巴，千万不要说一些"你根本就没有优点""你彻底没救了"之类的话语，这样只会严重伤害子女的感情。

　　其三，学会正确看待和评估子女的行为。要知道，这种做法是保证父母与子女之间的沟通顺畅进行的前提。像那些戴着有色眼镜看孩子的父母亲，一定多检讨和反思自己的言行，从而及时改正。

　　俗话说得好：父母是子女最好的老师。一个好老师对孩子的影响是至关重要的，一对好父母的心态决定着子女的状态。

　　与母亲相比，父亲对子女的影响更大，无论在生活、交际，还是个性方面都离不开父亲的良好心态的影响。即使非常小的孩子也能细微地察觉到父母内心一些阴暗的部分，这会让他们感到恐慌，无所适从，严重者甚至会引发子女的心理问题。归根结底都是父母的心态决定子女的状态问题。

　　在家庭生活中，有很多父母亲都会因为子女在学校的表现，加以干预和批评。其实，子女的行为和反应都是有原因的。因此，在子女发生了什么不好的行为时，父母亲一定要先弄清楚缘由，切记要以良好的情绪和理性的态度，如果父母亲不用良好的情感和理性态度来对待子女的话，那子女的反应总会让父母大吃一惊的。劝做父母亲的千万不要将从老师那得来的坏情绪撒到子女身上，并以暴力的形式教训子女，这种粗鲁的教育下，子女的学习成绩不仅进步不了，反而更差。

劝天下父母的成长，要保持一颗平静的心，找子女好好沟通，并努力找到一种适合子女个性，可以接受的教育方式或者根据子女的自身情况，与老师一起商谈关于"拯救"子女的问题。因势利导，激发子女兴趣，逐步提高。

做父母要想保持一个良好心态，父母首先要不断地加强学习，从而了解子女的发展规律，通过沟通了解子女的内心想法。如果父母能够控制好自己的情绪和心态，那么在对待子女曾经的"错误"时，心态就会平和很多。只有父母保持自己的心态平和，才能给予孩子积极向上的影响。

其实，不仅仅是学习中，生活、交际、个性等方面塑造和教养，都离不开父母亲良好心态的影响。因此，做父母亲的很必要对自己进行不断的心理自我调适。

首先，请父母亲先问问自己："我的心理有什么问题吗？"大家在看到这个问题的时候，都不要紧张，更不要担心。要知道，父母亲也都是普通人，普通人在面对社会的生活矛盾，工作、生活的压力，人与人之间的交往等问题时，并不是能够一帆风顺地解决。如果我们的心理先产生了变化，那么就势必会潜移默化地影响子女。因此，作为父母亲，"每日三省吾身"是非常重要的。

其次，做父母亲必须具备一个好的心态，这样才能够在面对一切事物的时候，始终保持一颗平常心，能在为人处世方面拥有一种平稳的心态，真诚地对待每一个人，建立起良好的人际关系，就可以克服性格上的孤僻与粗暴，从而让自己拥有一个良好的个性，而这些良好个性又会自然而然地被我们的子女所模仿，潜移默化地对孩子产生好的影响。

因此，希望父母亲要从自身做起，从点滴做起，不断地完善自我，让自己良好的心态，成为子女好状态的基石，为子女健康苗壮地成长营造一个良好的家庭氛围。

只有这样，父母亲在各方面才能不断地完善自我，成为子女喜爱和尊敬的"全能爸爸妈妈"。

说实在的话，当今家庭是最好的学校。父母亲的教养对子女的一生都有着非常重要的影响。可以说，家庭教养是子女接受学校与社会教育的基石。

父母是子女第一任老师，尤其是父亲。父亲在家庭教养中起着非常重要的作用。父亲的思想观念及言行将会直接影响到子女的发展。

在生活中，有些家长认为子女到了学校，那教育就是老师负责的事，就不再花更多的心思在孩子的教育问题上，殊不知一个班有五六十之多的学生，老师怎么可能兼顾每一个学生呢？与其这样，倒不如家长努力提升自己，学习一些心理学和教育学知识，让家庭成为最好的学校。因为，在人的一生中，有着很多不同形态的竞争。无论是在学校还是其他地方，都想做"第一名"，但是"第一名"只有一个，所以在竞争的过程中，有很多人都会沦为失败者。

那么，怎样教子女真正认识到自己，并快速找出自己的优势，从而得到有效的发挥，就显得尤为重要了。

父母在教会子女学会认输的同时，要教养子女对失败的抵抗能力，提升他们在逆境中的抗压能力和心理承受能力。子女在必要的时候要懂得认输。这也就证明他们有了一定的抗压能力。这对子女的良好发展有着很重要的铺垫作用。

毋庸置疑，教育子女也是一门学问，要想自己的子女健康茁壮地成长，父母必须转变自己的观念，势必采取科学教子方式。

第六章

做好幼儿启智教养

　　在现代快节奏的生活中，大多数的父母都忙于工作，往往忽视早期教育的重要性，这对宝宝的健康成长产生极大的影响。一些家长只认为刚出生一两个月的宝宝太小，什么也不懂，智力的开发不用太着急！可实际早已证明，父母对宝宝的早期智力开发越早越好。宝宝 0～3 岁时，脑部处于一个快速发育的时期，其可塑性极强，对来自外界的刺激极为敏感，宝宝容易受外界影响而学会某种能力。

　　在这个时期里，宝宝的脑部发育显著，在外界的刺激下容易激发出内在的潜能。如果宝宝 4 岁的时候再开发智力，那么已经晚了，因为宝宝的大脑颞叶的发育已经基本完成。因此，父母应充分地意识到早期的智商开发和教育的重要性，充分利用宝宝脑部发育的关键时期，倾注自己全部的爱心与耐心早日对宝宝进行智力开发和培育，从而使宝宝能够赢在起跑线上。

　　的确，早期智力的开发和培育十分重要，但年轻的父母也不能盲目培育，而是要做一个未雨绸缪、准备充分的好老师，先了解并学习所需要的早教知识，再循序渐进地、有目的、有计划、有步骤地为宝宝制定早教方案，开展早教，切忌不可盲目引导。

下面提供几条育儿妙招，请年轻的父母亲不妨试一试：

瞧瞧我是谁

在做这个游戏的时候，父亲首先要选一张尺寸大一些的照片（可以是父母的照片），然后把宝宝抱在怀里，吸引他的注意力。当你成功吸引到宝宝时，那就可以对宝宝做一些伸伸舌头、眨眨眼睛等逗引的动作表情，看宝宝有什么反应。

这个游戏可以反复进行几次，等宝宝把注意力放在你的面部表情时，可以把事先准备好的大照片放在宝宝的面前，观察他有什么反应，然后撤掉照片，重新让宝宝看你的脸，再观察宝宝有什么反应。

如果在这个时候，宝宝表现出非常兴奋或微笑的表情，说明宝宝已经认出照片上的人是谁了。这样的游戏，可以增强宝宝的认知能力。

抬头看看玩具

先做一些准备工作，在床上铺一层棉被，让宝宝可以舒服地趴在棉被上，两手心向下两臂弯曲支撑身体。做好准备工作后，父母需要拿一些会发声音的玩具，边摇边和宝宝说话，同时叫他的名字，逗引他抬起头来。这时可以说些"宝宝真乖，贝贝做得很好"等。当然了，这个游戏过程不宜过长，以免宝宝出现疲劳的情况。此游戏的目的，在于锻炼宝宝背部的肌肉、手臂、颈椎等，同时也让宝宝开始熟悉自己的名字。

以上两个小游戏，让我们的宝宝成功迈出了运动的第一步。今后无论做什么，都要边做边对宝宝说话，说话的时候语调要轻柔，表示出你对宝宝的喜爱。长时间下去，你会慢慢地发现宝宝好像能听懂你的话了，这也是父母早教的第一步。

父母亲对孩子的照顾很是周到，但有时候年轻的父母亲由于没有经验，总是会走进一些误区。

1. 宝宝的年龄太小，比较适宜待在屋子里，既最安全，又避免了被阳光晒伤。专家提出：到室外呼吸新鲜空气，对宝宝的身心都有定的帮助。新鲜空气中含氧量高，能促进宝宝新陈代谢。再者，一般情况下，冬季室外的空气温度都低于室内，宝宝常到室外感受一些冷空气，可以促进皮肤和呼吸黏膜锻炼，增强宝宝的抗疾病的能力。

对于冬季出生的宝宝，满月后即可抱到户外呼吸新鲜空气，而且要选择中午外界气温较高的时候，衣服不宜过多。对于夏季出生的宝宝，一周后就可以抱到室外，最好选择早晚到户外去，以避免强烈的日光，在时间上，可以每日 1～2 次，每次 3～5 分钟。

切记一点，一般宝宝抵抗力差，当室外温度达到 10℃以下或风很大时，禁止抱宝宝出去，以免宝宝受凉而感冒。

2. 宝宝的皮肤那么娇嫩，为避免宝宝受伤害，平时还是尽量不去碰他或动他。专家指出：宝宝的身子骨很娇弱，但并非摸不得、碰不得的。如果长期不让宝宝活动，那么他的生长发育就会受到一定的影响，很有可能会低于那些经常活动的宝宝。

宝宝刚出生后，他们的胳膊和腿都处于自然弯曲状态，因此，父母亲平时在帮宝宝洗澡或换尿布的时候，记住一定要帮宝宝适度伸展身体，在这个时期，宝宝的四肢是十分娇嫩的。年轻的父母亲在为宝宝伸展四肢的时候，不能用力拉他的小手与小脚，以免真的对宝宝造成伤害。

3. 宝宝年龄过小，不懂得什么是玩具，也不会玩玩具，因此，不用过早地给宝宝买玩具。专家指出：这种想法是不科学的！宝宝一生下来就具有良好的视听觉、触觉能力，他们也需要玩具，父母亲仔细观察就会发现，那些才出生没几天的宝宝，听到一些动静或看到人物晃动就会做出一些相应的反应。

不仅如此，宝宝有着惊人的模仿能力。通过细心观察，你会发现，当你和宝宝对视时，你做出伸舌头的动作，他也会尝试伸出舌头，而且宝宝喜欢看鲜艳的颜色，譬如红色。此外宝宝对声音的感触也很敏感，一些宝宝在听到和谐或激情的音乐时，往往会有一些惊人的"小动作"。因此，年轻的父母亲可以为自己的宝宝购置一些颜色鲜艳、能够发声音的简单玩具，放在宝宝的床边或身边，吸引他的注意或让他触摸。

刚出生的宝宝就好像是一张白纸，经过外界的环境影响会让自己的颜色丰富起来。外界的刺激越多，宝宝的大脑也就越发达。而此时父母亲对宝宝进行启蒙教育便能为孩子的今后成长打下良好的基础。

一般来说，刚出生的宝宝喜欢柔和、缓慢醇厚的声音，当他们听到这样的声音时，就会马上安静下来，脸部流露出温暖和微笑的表情；当他们听到尖锐或刺耳的声音时，宝宝就会烦躁不安，还会哇哇直哭。

在家庭中，刚刚成为父母的人会担心刺耳的声音吓着宝宝，便给宝宝营造一个安静、舒适，甚至与外界隔绝的环境。不过，教育专家说：父母不要给孩子营造一个过于安静、舒适的环境，这样不利于刺激孩子的听觉和认知水平。

慢慢地，宝宝就会从各种声音中开始认知，比如：父母走路的声音，开门关门的声音，忙碌的声音，说话的声音，还有来自室外的汽车声……虽然两个月大的宝宝不是很了解这种声响，但他们会随着这种响声，去探索、去学习。

因此，为了刺激孩子的听觉和认知水平，父母亲可以从方方面面来启发和教导。当然了，父母也要注意：声音的分贝不要过高，这样会对宝宝产生不好的影响。为了让宝宝能够很好地学说话，下面有几点希望父母亲能够学习：

1. 有意识地制造声音，当宝宝睁着眼睛躺在床上的时候，你可以在他身边轻轻呼唤他。在呼唤宝宝名字时，可以从左耳朵和右耳朵分别叫，这样可以让孩子适当地进行头部转动。

在日常生活中，你可以从宝宝的吃、喝、拉、撒、睡入手，把自己看到的、听到的告诉宝宝，同时让宝宝来学习。也可以有意识地制造有声音刺激的环境，比如：触动周围带有声响的东西，引起宝宝的注意——挂上一串风铃，风一吹就会发出清脆的声音；拿有声响的玩具给宝宝，让宝宝嘴里发出声音。

2. 要有正确的语音。在生活中，父母亲与宝宝说话时，总会说一些"小猫猫""小狗狗""喝水水""吃饭饭""小车车"等叠音字，但是这种方式并不利宝宝的学习，而会让宝宝学习到不正确的发音方式。

3. 别让宝宝刻板枯燥地学。在生活中，做父母的不要刻意营造学习氛围，而是随机教宝宝说话。比如通过一首儿歌，讲一个巧妙吸引人的故事，玩游戏等，通过这样的方式来教宝宝。如果过于刻板和枯燥的话，宝宝很容易丧失学说话的兴趣。

4. 鼓励宝宝说话。作为父母亲，你要知道不管多大的宝宝，都有自己的需求，但稍小一点的宝宝会因为不懂得表达自己的需求，哇哇直哭或者是胡乱地用手势表达。作为父母亲就要帮助宝宝来解决需求，并鼓励孩子学习说话。

只有在鼓励中，宝宝才会从错误的表达方式中一点点走向正确。在这时期，父亲的帮助不可小觑。

5. 父母亲一定要对宝宝有耐心。在宝宝说话的时候，虽会出现语言不清、表达不完整（蹦出个别词汇），父母亲不要急于抢宝宝的话，而是要耐心、专注地听宝宝说话，直到他表达完整或清晰地表达自己的话。不做宝宝的"代言人"也是让宝宝更快学说话的方法之一。

宝宝不会说话的时候，也是一个在积累的过程。因此，父母亲要有意识地与宝宝进行交流，讲一些很简单的东西，便于孩子吸收。

那么，父母亲应该怎样让自己的宝宝更加全面地"动起来"呢？下面我们来讲述几种方法。

1. 训练抵抗的能力。著名的育儿专家指出：活动手指可以刺激脑部活动，通过大脑思维的不断运转，手指的控制能力会不断加强。因此，我们知道，有意识地让宝宝练习手脑并用，是一种能够极大地促进宝宝智力发展的方法。活动手指可以刺激大脑的广大区域，在这个过程中，宝宝通过大脑思考加上眼睛的视察就可以不断改进手指抓握东西的精细程度，脑、眼、手的配合协调能够极大地促进宝宝的智力发展。所以，父母亲应多让宝宝练习动动手指，有目的地训练孩子的抓握能力。

2. 训练俯卧抬头能力。首先在床上铺一层褥子，让宝宝俯卧在床上比较舒服些，妈妈或者爸爸取出一些有声音而且色彩艳丽的玩具，逗引宝宝，让孩子听到声音或者看到这些色彩鲜艳的玩具，就会努力地抬起头来寻找声音的来源。宝宝运动具有一定的连贯性，当宝宝俯卧抬头45度，他的双臂会用力撑起上身，进而他的颈部肌肉的力量随之增强，慢慢地就可高高地抬起头来，渐渐达到与床面垂直，这时候头也会转向张望。父母在慢慢地移动玩具，通过左右移动，宝宝俯卧抬头的持久力和颈部的灵活性都可锻炼好。

3. 锻炼腿部肌肉。训练宝宝要使他手脚并用，不但要加强其头部技巧的训练，还要加强腿部肌肉运动能力，同时锻炼腰腹部的力量。平时可抱起孩子在大人的腿上站起，让他小腿自然绷直，然后用柔和的力量扶着宝宝上下跳动。腿部每日练5次，慢慢适应了，可逐步加大练习量。其目的可以有效锻炼宝宝的腿部肌肉群，以及脊柱还有腰腹部肌肉力量。

4. 俯卧支撑及拉坐训练。俯卧抬头训练是俯卧支撑的基础，俯卧时头部能够稳定地与床面垂直时，大人就需要在距宝宝一米左右的地方，拿着一些一捏就响的玩具来逗引宝宝。宝宝受声音的吸引，就会努力用前臂和胳膊肘支撑头部和上半身体重，头部尽可能抬高，每天坚持数次，目的是为了活动宝宝的颈部、腹部和臀部的肌肉，让宝宝运动得更灵活。

5. 让宝宝学习翻身。在一开始学翻身时，大人需用手轻推宝宝的背部，让宝宝能拿到玩具，让他意会到只有翻身成功才能得到想要的玩具。然后大人轻轻地摇晃，吸引宝宝注意力，让他慢慢翻身。

6. 让宝宝听听自然的声音。当宝宝4～5个月大的时候，可进行听觉训练时，最好使用自然的声音。比如：亲人的话语、小鸟的叫声、河水的流淌声等，而不是电子产品的声音。只有自然的声音才可以帮助宝宝分辨出声音的差别和体会不同的情感；如果声音中少了感情，无论它的音质有多么优美，对于宝宝来说都是残缺的。在培养宝宝的过程中，一定要避免这种错误，不要认为宝宝小就感受不到这种美好。实践证明，宝宝的感受能力比大人更强。

7. 教宝宝认识外界事物。宝宝的语言能力发育的规律是：先听懂后才能说。因此，在宝宝4～5个月的时候，父母就要教宝宝认识外界事物了。

比如：你可以给宝宝准备一些比较大的画报，让宝宝认识画报上面的常见事物，如：小猫、小狗、小鱼、小蚂蚁等动物；西瓜、苹果、梨、橘子、桃子等水果。在多次重复之后，宝宝就会慢慢地将这些东西记忆下来。记住画报上的颜色一定要鲜艳。但不要让宝宝一次认识太多的东西，而是要一点一点地让他学。当每件物品在经过反复确认以后，才能记得更加牢固和准确。

8. 让宝宝舔食物。在宝宝4～5个月大的时候，宝宝会见到什么东西就舔什么，就连自己的小袜子、小鞋子也不放过，一点儿都不讲卫生。在遇到这种情况时，父母不要过于担心，也不要去阻挡宝宝。因为宝宝两个月大的时候，就已经试着认识世界了。只不过是他们的神经系统发育是从中心向外围开始的，口比手的神经发育更早。因此，对于宝宝来说，嘴巴是探索世界的工具，并不是不讲卫生，而是学习的过程。此外，4～5个月的孩子的乳牙也开始长出来，由于牙龈痛痒，所以宝宝才用舔东西来转移注意力。这个阶段父母可为孩子准备一些安全玩具，比如咬咬牙、磨牙环等，这样不仅可以满足宝宝嘴巴的需求，还帮助了宝宝乳牙萌出，从而为今后自己独立吃饭打下良好的基础。

9. 给宝宝做一本滚动的书。为帮助宝宝记忆和提高认识能力，父母可以为宝宝做一本滚动的书。什么是滚动的书呢？首先，要先从杂志上或报纸上找到一些有趣的图片，然后剪下来；其次，找一个圆形的容器，比如奶粉罐等；最后，把杂志上的图片贴到罐子上，方便孩子观看。就这样一本会滚动的书就做好了。要注意的是图片颜色要鲜艳，内容更要是宝宝平时熟悉的事物。

那么这本书怎样读呢？比如：父母可以问："宝宝，小狗在哪里？"然后让宝宝自己用手指去找。如果宝宝找到了，应给予鼓励，如找不到，那大人也不要灰心，而是要耐心地启示宝宝，让宝宝反思后再指出。这样不仅可以提高宝宝的思维能力，还提高了认知能力和语言的反应能力。

10. 充分利用宝宝的好奇心。在这个阶段里的宝宝，手眼协调能力也开始变强，对外界充满了好奇心，因此，大人们可以利用宝宝的好奇心，对孩子进行认知能力的训练。

比如：父母可把一个颜色鲜艳或带有声音的玩具在宝宝眼前晃，或者藏在某个地方。当宝宝听到玩具的声音时，就会跟着声音寻找。记住，不要为了让宝宝找不到，藏在一个隐蔽的地方，这样不仅会打击宝宝的积极性，也会伤害到宝宝的小小自尊心。

随着宝宝手部的动作能力提高，父母可以把一个能拆装的玩具放在他面前。先让宝宝玩一会儿，当宝宝对玩具有了一定熟悉后，大人就可以把玩具拆开，再装好，再拆开，再装好。重复几次之后，再把玩具交到宝宝手里。这时的宝宝就会学着父母的样子，把玩具拆了再去安装。如果宝宝很难装好的话，那父母可手把手地帮他把玩具装好。记住：要找一些简单的拆装玩具。等宝宝再大一些的时候再玩那些复杂玩具吧！还有一点应注意的是，不要让宝宝吞食玩具的小零件。

教宝宝认识家庭环境

父母在教养宝宝这个阶段要注意，宝宝的颈部力量已经增强，头也可以竖得很稳。在此时，父母就应该教他认识一下家庭的环境了。当孩子对家庭环境有了一定的了解的时候，宝宝就会产生安全感，心态也会变得更加平和一点。

在头脑清醒的时候，父母可以抱着宝宝在房间里面转转，让他了解家中的结构和构造。还可以对孩子讲解一些日常用品。如：当宝宝对灯产生兴趣时，就可以把灯打开，然后关闭，并告诉孩子这是"灯"。注意：不能让宝宝离灯太近，伤害他的眼睛。当孩子对灯有了一定的认识之后，就可以抱他到别的房间，看看其他的具有特色的东西，扩大宝宝的知识面。

在生活中，当宝宝接触到什么东西的时候，父母可以用语言加以强调，比如："奶瓶""水""电视机"等。随着孩子年龄的增长，父母一说什么的时候，宝宝就能立即将词和物联系起来。只有充分调动宝宝的各种器官，孩子的认知能力才会越来越好。

宝宝开始坐起来

5～6个月大的宝宝能坐起来非常重要，这不仅有利于宝宝的身体完成第二个生理弯曲，而且还能够让他接触到曾经没有接触过的东西。此时，父母可以帮助宝宝坐起来。当孩子坐得稳了，那就说明他的骨骼、神经系统、肌肉协调能力等发育得都很好。这也为完成第三个生理弯曲做铺垫。如何帮助宝宝进行第二个生理弯曲呢？可做如下训练：

首先让宝宝仰卧在床上，父母可以把双手放在宝宝的腋下，然后再轻轻地将宝宝拉坐起来，再轻轻地放下去。你可以一边做一边说"宝宝坐坐，宝宝能干"。多次重复练习之后，大人只需要稍稍一用力，宝宝就能独立地坐起来了。父母可以逐渐减少用力，让宝宝只需要借住一指拉力就能坐起来了。宝宝5个月大的时候，可以帮助他练习靠坐。将宝宝放在有扶手的沙发上或小椅子上，再往身后放个垫子靠着玩。慢慢地将身后东西拿走，让宝宝自己坐一会儿。当6个月大的时候，就可以独坐了。6个月末期的时候，在宝宝的腹上围一条毛巾，拉紧帮助孩子坐直。

当宝宝能够坐得非常稳当的时候，父母也可以在他的四周都放上玩具，引导他坐着转身。在开始训练时，大人要陪在身边，时刻注意安全，最好把宝宝放在比较软的垫子上进行，即使摔倒了也不会造成危险。

满足宝宝的好奇心

从呱呱落地到牙牙学语，宝宝内心充满了无限的好奇心。随着环境的改变和年龄的增长，宝宝的好奇心也与日俱增。好奇心能为宝宝创造主动探索未知事物的机会，但很多父母都在不经意间把宝宝的好奇心扼杀在了摇篮里。其实，在生活中，有许多方式都可以满足宝宝的好奇心。

比如：我们会经常听到有宝宝好奇地问自己的父亲或母亲。"我是从哪里来的？"父母通常也会说："外面的小河边抱回来的。""垃圾堆里捡来的。"

直到有一天，宝宝看到一个大肚子的阿姨的时候，好奇地问父母："为什么这位阿姨的肚子这么大？"在这个时候，父母就要告诉宝宝："因为里面有一个小弟弟或小妹妹啊！等小弟弟小妹妹长大了，就会从妈妈肚子里跑出来啦。"

下面介绍一些关于如何对待"宝宝好奇心"的方法。

亲子学习法

在宝宝成长的过程中，父母不可避免地会遇到很多突发状况和不知所措的问题。父母就要给宝宝一个独立思考的空间，让他尽情地满足自己的好奇心和探索精神。大多数父母亲总是在宝宝遇到问题时，为宝宝做得太多；遇到未知问题时，急切地想给宝宝正确的解答。但这时他们却忘记了很重要的一点，那就是：宝宝也需要从这些困难和未知事物中学习思考，培养自己的判知能力和解决问题的能力。

因此，当宝宝兴致勃勃地提问和询问为什么时，请父母亲保持足够的耐心，先别着急告诉宝宝答案，而是让他们自己去探索。当然了，大人也不能敷衍了事。这时候，父母可根据当时的情景扮演不同的角色然后跟宝宝有个沟通过程："你自己认为是什么呢？""为什么会这样呢？"多为宝宝制造独立思考的机会，让他试着自己解决问题，根据记忆规律，自己探索得到的答案远比别人直接给出答案在脑海中留下得深刻。这就是父母以共同学习的态度告诉宝宝：爸妈跟你一样好奇，不如我们一起看书，来寻找答案。通过沟通对话的方式让宝宝拥有独立思考的空间，同时也有助于亲子关系的培养和发展。

观察与模仿

2岁以下的宝宝虽然还没有学习的意识，但却会和同伴一起学习，模仿他人，这也是源于宝宝的好奇心理。他们通常会通过一定的观察和五官的感受，然后开始扭动身躯，跟着其他人开始唱歌、跳舞和律动。有时，他们还会观察别人的行为，自己纠正自己的错误行为呢！就算观察的对象年龄和自己并不相仿，宝宝也会根据个人的能力来调整步调，做出适当的取舍。一开始的时候，是父母都是要求自己的宝宝模仿自己说话、吃饭，等等，但因为好奇心的存在，宝宝自己就会开始学习观察并模仿。

在这期间，通过好奇心所引发的观察和模仿，是宝宝学习的最佳动力之一。

营造刺激性学习环境

父母可以通过刺激宝宝的感官、听觉、触觉、嗅觉等，来教育宝宝在感官刺激的条件下，会情不自禁地萌发出好奇心。当然了，环境的刺激不要是单一的，而是尽量营造出一种"多样化的内容"和"开放性的空间"以供孩子学习。

除此之外，父母可以多带宝宝到公共场合或者是人群较多的地方，多为宝宝创造机会，比如带宝宝去公园，当宝宝看到别人跳舞和听音乐时，说不定会随着节奏舞动起来。

通过这样的刺激，不仅增加了宝宝好奇的机会，还有效刺激了宝宝的感官，增加了他们探索和认识外界的机会。在这样的环境中，我们相信对于宝宝的语言能力和思维模式也有潜移默化的影响和作用。

应适时提出建议。宝宝的成长是一个全方面的过程，父母应多多观察宝宝的行为，以便能够随时了解宝宝究竟有什么样奇怪的行为和需求出现，并对宝宝解决问题的能力有一个持续准确的把握与引导。我希望家长不要过分干涉宝宝的思考和决策过程。

在宝宝面对困难的时候，父母不要否认宝宝的行为，而是要以积极鼓励的方式去对待宝宝的行为，并用委婉的方式向宝宝提出建议。

在这个时候，父母只能作为辅导者，站在客观的角度上给宝宝给予引导、启发、鼓励建议："你要不要用这个方法试试看？"这样做的话，宝宝会感受到父母对自己的尊重与理解。

总之，孩子的健康成长是父母和孩子共同探索和努力的过程。父母亲一定要好好善待孩子的"好奇心"。要知道，"好奇心"是子女在未知的情况下做出的反应，是再正常不过的了。如果父母在宝宝还小的时候，能够给宝宝适当的引导，那孩子就会有一种探索精神，对今后的成长、发展大有帮助。

应让宝宝多接触外界，现如今，独生子女越来越多了，高楼越来越高了，防盗门、防盗网越来越坚固了……可是，孩子却很少出门了，很少与外界交流了。孩子习惯了三点一线的生活，上学——放学——回家。造成这样的结果，就使孩子缺失了结交朋友的机会。

在很多家庭教育中，父母都会这样劝告孩子"不要和陌生人说话"，他们是怕孩子受伤害，怕被骗……但实际上，这样只能让孩子不懂得与他人交流，从而变得语言障碍。因此，父母要从小培养孩子的语言和沟通能力，让他们长大后能够适应这个社会。

那么在孩子多小的时候就进行培养呢？答案是：最好在孩子好奇心最强、接受能力最快的时候——孩子六七个月大的时候。

鼓励宝宝去接触陌生人

在这个阶段的宝宝，在各方面都有着不同程度的发育与进步，比如在动作能力方面有进步，与他人交往的能力上也有了新的表现。

父母应该带着他多去接触一些外面的世界，来提高孩子的交往能力。

实际上，6 ~ 7个月大的宝宝已经能够清楚地分辨出亲人和陌生人了。当他们接触到亲人的时候，就会很有安全感、很舒适。一旦接触和陌生人的时候，他们就会变得恐惧，甚至被吓哭。比如：当陌生人抚摸或逗宝宝的时候，宝宝就会大声哭闹，甚至反抗；当父母带宝宝到陌生的地方时，宝宝往往会躲在父母怀里，一副担惊受怕和恐惧的样子。

或许，有的父母会认为是宝宝胆小，对陌生环境恐惧。但其实，这是宝宝在发育过程中常见的现象，也是正常的现象。有些宝宝在六七个月的时候，就会表现出来对陌生人的抗拒，到一岁之后就会渐渐消失，而有些宝宝可能要到2 ~ 3岁时，才不会认生。

为什么宝宝会出现认生的现象呢？这其实和心理发育有关。6 ~ 7个月的宝宝，已经对家庭和周围的亲人熟识了，并且能闻出每个人身上气味的差别。这么大的宝宝，会特别依赖家人，时时刻刻都要和家人在一起，如果稍微一离开父母，就会到处寻找，出现苦恼的情况。

为了解决宝宝认生的情况，父母应该在一旁帮助和引导宝宝。比如，父亲可以带孩子去邻居或者亲友家去串门、做客；在周末的时候，父母可以带着宝宝到街上或广场上去散散步，让宝宝接触更多的陌生人；也可以让孩子尝试与同龄人接触，逐渐让他们不再那么抗拒陌生人。

当然了，当孩子出现认生的情况，大人不要急躁，也不要说宝宝"没出息"之类的话，而是要反省自己：是不是给了宝宝足够的安全感和如何帮助宝宝解决这个难题。

给宝宝创造与亲人交往的机会

在长期的家庭生活中，宝宝已经对父母产生了一种依赖的感觉。平时，父母可以稍微离开宝宝一会儿，让他有和其他亲人接触的机会。刚开始的时候，宝宝可能会不适应，会哭着找父母。但此时，父母不要立即出现，也不要去哄孩子，让孩子有一个对陌生环境的适应。只有依恋关系正常而健康，宝宝的内心才会形成安全感，才能在未来的生活中能够相信他人，形成良好的人际关系。

注意户外活动的安全

随着宝宝的年纪成长，大多父母都会选择带他到户外进行活动，但由于宝宝的运动能力有限，父母一定要注意宝宝的行为安全。

首先，要注意交通安全，尤其是路上的机动车辆，不要让宝宝单独接近公路，必须抱着或者牵着他避过危险的地段。马路上的空气污染严重，不如公园、小区等地，汽车排放尾气里含大量的铅，对人体有害处，会影响宝宝生长发育与智力。

在户外活动的时候，时刻注意宝宝动向与行为，不能让宝宝随意抓东西入口，更不要接触脏东西，防止受感染，千万不能远离宝宝，以免孩子感到恐惧和不安。

学爬爬出聪明的好宝宝

爬行是探索世界的第一步。在宝宝爬行的过程中，他的四肢不仅会得到很好的锻炼，而且身体的平衡能力、四肢的协调性、身体的触觉感、感知能力和方向感都会得到良好的锻炼。

同时，还能增强宝宝脑细胞的活跃性，有助于脑部的发育。随着宝宝年龄的增加，到了 8 ~ 9 个月的时候，宝宝就已经产生了爬行的欲望。在 9 个月底的时候，运动能力较强的宝宝已经慢慢向前爬行了。实际上，要想真正地学会爬行，父母要教宝宝的手臂和双腿协调一致，只有这样才能完成爬行这个动作。

在爬行时，头必须抬起，胸腹离地，用双脚和双膝支撑起身体的重量，使得宝宝的手、脚、背部及腹部的肌肉得到锻炼，还加强了四肢的协调能力，为以后站立行走打下了基础。

当会爬行后，他的视野和接触的范围也就扩大了。随之，通过范围的扩大，使得视觉能力、听觉能力和触觉能力都能得到很大进步，并促进各方面的协调，对大脑发育、智力开发有十分重要的意义。

通过爬行运动不仅可以提高宝宝的新陈代谢水平，还有助于身体发育。的确，爬行是一种剧烈的运动，当他身体的消耗能力较大的时候，就会吃得多，睡得香，从而长得更快、更健康。

所以，父母应多用唱歌的玩偶、电动汽车、不倒翁等玩具吸引宝宝一点点跟着玩具移动向前爬，爬行场地应宽敞。（较大的床或木质地板，但不能过硬或过软。）在爬行过程中，宝宝经过摸索之后，手和膝盖就会变得更加协调，从而让胸腹部离开地面或床，只用手与膝盖向前爬行了。

还可做亲子游戏，大人和宝宝一起玩时——大人和孩子一起爬行，一边爬一边做示范，这样更能增加亲子的快乐与交流。

和宝宝做游戏。把玩具用物件或纸张遮盖起来，然后鼓励宝宝去找玩具。在宝宝寻找过程中，父母要检查一下地面上是否有危险物品，当宝宝能顺利找到玩具之后，还可以将玩具再放远一点，促使宝宝继续爬行。

如何培养宝宝更多本领

9～10个月的宝宝手指的灵活性提高了，学会了双手分工，在不需要帮助的情况下，能够快速爬行并站起来，甚至依靠学步车走几步。这个阶段宝宝还有一个"嗜好"——乱扔东西，会用小手准确地抓起玩具扔出去，发出喊叫，让父母捡回来。这个时期宝宝大多已学会叫妈妈，且明白这个词的含义，还会模仿父母发出的声音，与别人交流的能力也大大增强。学会察言观色，对大人的表情有了一定的了解，此阶段宝宝已有了超强的自我意识，什么事都喜欢照自己的想法做……

培养宝宝自己动手吃饭

在宝宝7个月的时候，有意识地训练宝宝拿个小勺，经过练习和模仿，宝宝可拿着小勺在碗里搅动了，将食物放进勺子送到嘴里。

育儿专家建议：在宝宝7个月的时候，就让孩子开始接触勺子，把勺子当作玩具，8个月时，让他学习拿勺子，到一周岁时就自己拿勺子吃饭。

教宝宝学会独自站立与练习走路

可以扶着学步车或父母的手进行站立，有效锻炼宝宝的平衡能力，培养他独自站立。

要说明的一点是，这个时期的训练，不推荐使用学步车！父母的手或床栏杆才是最好的选择。训练时，先让宝宝的后背和屁股紧贴墙，把两腿分开，脚后跟稍微离开墙面。

训练强度要掌握好，每次不超5分钟。专家指出：这个时期，孩子的下肢力量还不能支撑他站立太久，过多站立会影响下肢的发育。

在被放在墙跟前，张开双臂试图向前的时候，就已经产生了向前迈步的欲望，此时，大人就可以开始训练孩子走路了。

父母手里可拿着玩具站在床的一边，让宝宝扶着床站在另一边，父母晃动手中的玩具来逗引宝宝，并给予鼓励。让宝宝站着不要动，然后蹲下，向宝宝张开双臂，做出要抱他的动作。这时宝宝身体向前倾，做出迈步的动作，此时，大人及时抱住宝宝，并给予夸奖。

这样训练 5 ~ 6 分钟，每天 2 ~ 3 次。要适应宝宝发育情况，不可操之过急。

通过敲敲鼓锻炼宝宝手的灵活度，用一根筷子敲打空盒子，使手鼓或盒子发出响亮的声音，然后让孩子去敲打。

在晚上睡觉前给宝宝讲小故事是帮助宝宝发展语言和提高理解能力的最好办法。故事不要过长，要配有色彩鲜明的画面，情节简单，用一两句话就可以讲完。要根据角色的不同发出声音和语调，边说边抓着小手指向图中的事物，坚持几次会发现宝宝的表情随故事情节而变化。但故事不必太多，一个故事可反复讲，且不用每天晚上都讲，讲多了超出宝宝承受范围，会让他感到烦躁。

训练宝宝配合父母穿衣服，培养宝宝的探索能力。父母给宝宝穿的时候，让宝宝配合。在穿的时候，要告诉清楚宝宝穿衣服的步骤，提醒他"来宝宝抬头""接下来伸手""抬起脚丫子"等。每天坚持一段时间后，宝宝自然会明白穿衣服的程序。这样做的目的是为了及早帮助宝宝提高生活的自理能力。在这个阶段，宝宝的逻辑思维能了有了初步发展。在这个基础上，给予一定的培养和帮助，提高宝宝的探索能力。

父母可提供一个培养探索能力的游戏：用一个有颜色的皮球和一条舒服的小毛巾，球不要过大，以宝宝举手抓住为准，让宝宝抱住皮球摸索一番，再让皮球在宝宝身上来回滚动，从而让宝宝感到皮球带来的乐趣，这时，大人可将皮球扔到地上让其任意滚动，再让宝宝去追回皮球。当追到之后，应给孩子表扬，之后在宝宝面前用毛巾将皮球盖住，引导宝宝自己去寻找。宝宝如果揭开了毛巾找到皮球，则在脑中形成了一种客体永久性的观念；如一次没成功，可以多次重复这个游戏，多次之后，宝宝就会明白，看不见的东西并没有消失，而是被遮住了。捉迷藏也有同样的效果。这不仅可以锻炼宝宝的视觉，还可以锻炼他的动作的协调性和视觉与思维能力。

在生活中，还应不断引导宝宝形成最初的是非观。年轻的父母总认为，年幼的宝宝分不清好坏，所以无论宝宝做错了什么，都不去制止。如吃饭时，宝宝会把勺子故意扔在地上，让父母去捡。捡给他又再次扔到地上，让大人弯腰去捡。实际上，宝宝的做法是在试探父母的底线。面对试探，父母应当给他一点"颜色"看看，让他明白：其行为已经引起父母不满。因为这个时期，讲道理没任何用处，只能用脸部表情告诉宝宝：什么能做，什么不能做。

在培育是非观时，也需要点技巧。如父母制止的表情不够严肃，就会起反作用，过于严厉又会使宝宝惧怕父母。因此，大人与孩子相处的过程中，仔细体会，摸清宝宝性格特点，适当地对孩子不良行为给一些"颜色"，让他们适可而止。

如何培养宝宝学走路是一个小心谨慎的事，也就是宝宝的"安全"。在宝宝10～11个月大的时候，已经能独自坐在地板上玩耍了，还可以从地上移动到稍矮的椅子上，可以扶着东西慢慢行走了。当然行程很短，但运动能力已大有进步。这时期，宝宝可能会发现更多有趣的东西，也因此总是会想尽一切办法移动自己的身体，如：向前爬行或坐着挪动屁股。还有的只需要拉住父母的一只手，就能向前走了。但行走还不太熟练，也不太协调，可要小心自己绊倒！

10～11个月是让宝宝学走路的好时期，要看宝宝能否开始迈步走。先试看能不能一只手扶家具或其他东西往前走。若可做到的话，就说明宝宝身体平衡能力达到学走路的阶段，便可引导宝宝学走路了。如果还不能依靠外界的力量行走的话，那就说明发育较慢，暂不适合学走路。

让宝宝做巩固体能的训练，帮助孩子身体协调发展，巩固和提高体能，训练爬行，行走站立，弯腰以及提腿等训练。

训练时，大人在前方呼唤他的名字，或用他喜欢的玩具来吸引他注意，同时也可稍微提高宝宝爬行的难度。让宝宝爬得快一些，在爬行过程设置一些小障碍（放一个枕头）等。这样训练每天可做1～2次，每次5～10分钟。

在帮助宝宝站立时，可让借助外部力量，扶着栏杆或桌子站一会儿，然后再慢慢撤去外部的东西，当宝宝站稳后，就可以为宝宝的站立增加一点难度了。如让宝宝一手扶栏杆或桌子站立，一手扶着站，另一只手弯腰去捡脚边的玩具。应尽量拿孩子喜欢的玩具，放到他够不到的地方，从而引诱他鼓励他站起来伸手去取。

在训练行走时，也可以拉着宝宝的双手引导他向前迈步，配合扶着床、栏杆走几步后，就可以为他增加一些难度，鼓励他向前去拿那个喜欢的东西。注意训练时一定要撤去尿布，衣服要穿得舒适，方便宝宝行走。特别在练习弯腰时，要让宝宝身体先直立，然后再从后面一手扶住宝宝的腹部，一手扶住膝盖，让他弯下腰去捡玩具。这个训练可多做几次。

在帮助提腿训练时，先让宝宝仰卧，两手放在胸前，再用双手握住孩子的脚踝，轻轻拉他的双腿，然后放下双腿，为行走顺畅做铺垫。

当宝宝能够站起来时，让宝宝学着改变体位。如：在稍微高一点的地方放上宝宝喜欢的玩具，让他去拿；在地下放上他喜欢的玩具让他慢慢蹲下去拿，在孩子借助外力站起来时，在他背后摇铃铛或叫他名字，让他回头。有助于学习改变体位，让宝宝产生自信。

在锻炼孩子行走过程中，不要过早使用学步车。学会扶着站立还不到一岁，骨骼还没发育完全，过早使用学步车练习走路，对孩子发育成长大有负面影响。不仅会导致肌张力高、屈髋、下肢运动模式出现异常等后果，最终会影响孩子将来走路的姿势。

不仅如此，借用学步车还剥夺了他原本就应该有的锻炼机会，还会给孩子的成长埋下不少安全隐患，为确保孩子今后的健康成长和走路姿势，一定要谨记：不要过早使用学步车。

父母应高度重视培养宝宝主动探索能力，快满一岁的宝宝，不仅学会了站立，还慢慢地走路了，也会自己摆弄玩具，还喜欢搞破坏；可以说一些简单词汇；在认知能力方面，也知道了很多物品的功能……在这个阶段宝宝对什么都是好奇的，想要去探索的，甚至愿意与更多的人游戏。因此，父母应主动培养宝宝探索的精神和学习精神，那么用什么方法来培养孩子主动探索的精神呢？

先教宝宝认识大和小：一周岁左右的孩子，逻辑思维能力已经有所提高了。因此，父母亲可以教孩子大与小的概念。先准备形状颜色都相同，但大小不同的工具，如：大杯小杯、大球小球，要相差大一些，以便于宝宝能够识别。接着拿两个物品告诉他哪个是大哪个是小，这时可以配上一些节奏活泼的儿歌："你的杯小，我的杯大；你的玩具小，我的玩具大。"

当宝宝已经明白了大小的概念后，可以提供不同大小的图片或物品让孩子来玩，如：不一样大小的盘子、碟子或盒子，让孩子把比较小一点的东西，放进大一点的物品中。等到宝宝能够熟练掌握后，父母就可以将物品大小差减小一点儿，然后再对宝宝进行练习。

让宝宝辨认颜色，先使用鲜艳的颜色，比如红色或柠檬黄等。在开始的时候，父母可拿一个红色的球或手绢给孩子看，并告诉他：这是红色。并进行反复的训练，加深印象，宝宝会明确了什么是颜色，都有什么颜色，并能顺利地指出颜色在哪里等。当记住一种颜色，再教他学习一些别的颜色。

指认图画书中的物体，在这个阶段的宝宝已经具备了认识物体的基本能力，可准备一些简单的书本，让孩子认识图片、颜色。在耐心引导下，宝宝就把能够根据书本中的颜色和物品，准确地指出是什么颜色，是什么东西。

也可和宝宝一起跳舞，在孩子能够听懂父母话就可以与同龄小朋友进行交流，提高宝宝的社会交往能力。还可以给孩子播放一些舒缓的儿歌或是节奏强的儿歌。在听的过程中，鼓励宝宝大声说话，教宝宝舞动自己的身体，一边唱一边跳，父母可以做示范，让宝宝跟着学。当熟悉这种节奏时，可以邀请家人来观看给予孩子一些鼓励。当孩子走出家门，面对陌生的小朋友时，也会活泼一点，不会胆小。

还可选择有助于智力开发的玩具。在这个阶段的宝宝，已经产生了独立意识和自我意识。比如：希望很多事情都由自己去做，不需要父母帮助。这个时候，应满足宝宝的需求，为孩子准备一些需要动手操作的玩具。这不仅满足了孩子的探索精神，也能开发智力。

开发智力积木是最好的玩具之一。积木不仅能够帮助宝宝清晰地认识到形状、颜色和大小，还能帮助提高想象力，做一些组合、排列的游戏。在玩积木时，可以帮助和引导宝宝按照不同的颜色、大小和形状进行分类。引导用积木拼成"木楼房"、建造"大桥"，等等。

除积木外，魔方类的玩具也可以帮助宝宝提高动手的灵活性和独立做某种事的需求。父母应做示范，宝宝学会后，可让孩子独立玩。玩具不一定买贵的，自己做一些小玩具，如小筐、小篮子等。让孩子排列分类大小等。

在平时不要制止宝宝的撕书行为。当宝宝开始撕纸或撕坏别的东西时，父母不要着急，更不要打骂孩子，实际上，这是提高手指灵活性的好方法，也是宝宝大脑正在高速运转的标志。

此时，可以给孩子准备一些废报纸，让宝宝撕。培养宝宝耐心地撕出形状不同的纸片来，并提高他手指的灵活性，为宝宝后期更加精细的动作打下基础，借此机会提高宝宝的自理能力。比如，等宝宝撕完后和他共同将被撕碎的纸收集和整理起来，便能培养宝宝收拾玩具的良好习惯。

允许宝宝乱涂乱画，让他开始对笔和纸张产生兴趣。不要怕弄脏墙壁，就拒绝给孩子准备画笔，应抓住这个机会，让孩子学会如何握笔和培养绘画的艺术细胞，为后期学习书写打下良好的基础。给孩子准备蜡笔和纸张，耐心指导孩子，告诉他：右手握住蜡笔，左手压住纸才能开始"画画"。当孩子只会画一些弯弯曲曲的线的痕迹时，他会很兴奋，不停地在纸上涂抹。随着孩子对笔和纸越来越熟悉，他的"作品"中会出现圆圈等图案，会画出一些其他形状的图案，他们就能学会写数字或简单字了。

在指导画画时，如怕弄脏墙壁，可专门为孩子设置一块墙板或墙上贴上纸，让他"作画"。

第七章

重感情理智地培育子女

在宝宝成长过程中，父母常带孩子出去玩，肯用闲暇的时光多陪陪孩子，了解到孩子的兴趣和长处；读书给他听，让他有足够的空间去发挥想象力；当孩子不良行为出现时，帮助他纠正，让他有明辨是非的能力；当他有良好行为的时候，去及时夸奖他，增强他的自信心。只有大人经常以启迪、引导、发现、唤醒和鼓励，不断地自由主动地提高智力，而千万不可"揠苗助长"。

实践告知：对孩子唠叨是最笨的教育方式，特别是对于母亲的唠叨，有的孩子会心情不好；有的会进行反抗，不再尊重父母；也有的学会了阳奉阴违："你说你的，我做我的，根本不当一回事。"

长期以来，"爱唠叨的父母"一直是亲子关系矛盾冲突的主要原因。听多了重复单调的话，孩子首先会产生心理疲惫感，进而产生厌倦感，接着就是满不在乎。可以说，"唠叨"的正面效果微乎其微，而负面效果却可能是几何倍数增长。

父母爱唠叨的原因很多，最常见的原因主要有：其一是不自信也不相信孩子；其二是急于求成；其三是不懂得倾听和善于与孩子沟通。

那么，父母该怎样避免对孩子唠叨呢？

1.相信孩子，尊重孩子，鼓励孩子，适当督促，少批评指责；相信孩子喜欢美好的东西，渴望成功；相信孩子有向上之心并能够自己要求和管理自己，适时适度地引导孩子，响鼓无须重槌。孩子做得好，要多表扬多鼓励，不要动辄批评孩子。孩子的事让孩子做主，尊重孩子用自己的方式对待生活。

2.不信口开河，不强行命令，不事事叮嘱，多和孩子讲悄悄话。

3.就事论事，抓大放小，直接面对当下的问题，用尽可能简明的话语来表达，孩子忘记了什么事，就提醒他；孩子做错了事，我们就亲切地心平气和地告诉他错在何处，可说可不说的就不说；同时有好几件事要说的，就拣一件最重要的说，其他的事情等这件事结束后再说。

4.适时放手，从小培养孩子的自我管理能力，不包办代替，不监督孩子，与孩子建立信任关系，让孩子管好自己，主动学习，主动做好自己的事，主动上进……

现在，不让孩子输在起跑线上的广告铺天盖地袭来，还搭配着各种高价的课辅班，所谓"优质学习班"让不少孩子和家长压力倍增，甚至让孩子去进行"一对一"补习，但孩子每分钟都像是在煎熬。没有一点空间，剥夺了自主学习权利。

特别普遍存在一种家长老担心自己孩子不如他人。当家长把自己的焦虑转嫁到孩子身上时，而仅仅刚入学的孩子又怎能承受起这样的焦虑？于是便转化成了身体的症状。

说实话，笔者做了半个世纪的教育工作。其宝贵经验是：请遵循孩子的发展规律，每个孩子有不同的敏感期，有的孩子小的时候成绩很差，初中高中的时候突然崛起一跃成了前几名，有的孩子初中成绩很好，高中因为压抑太久，突然变得异常叛逆。我们的焦虑常常会代替孩子正常的焦虑，常常听到这样的话："马上就考试了，你怎么就不着急啊？"大人过度担心和关心也会不同程度地阻碍孩子的成长。输在起跑线上不可怕，可怕的是倒在路上。考不考得到一百分不要紧，要紧的是考上了一所好的院校，最后因抑郁而自杀了。

郑重地劝天下父母：每个孩子都有自我成长的能力，要相信孩子该说话的时候他会说话，该走跑的时候他会走跑，该识字的时候他会主动识字，揠苗助长或者过度的恨铁不成钢只会让孩子丧失自己成长的能力，要么崩溃，要么逃避，要么叛逆。作为家长我们应该去觉察我们的焦虑，为什么我们会有这样的担心？为什么我们一定要让孩子考最高分？是由于我们的虚荣心还是因为我们未达成的愿望？当孩子恳求父母："请不要天天逼我好吗？"想想孩子怯声怯气的声音，你们心头是什么滋味？难道不心疼？

当父母被这种焦虑淹没的时候，我们常常看不到孩子的能力，只会去逼孩子，训斥孩子，希望他成为可以达成我们家长愿望的载体，殊不知，孩子也是一个普通的人，过多的焦虑他也承受不起呀！

如果父母不用良好的情绪和理性的态度和科学的方法来对待孩子的话，那孩子的反应总会让父母大吃一惊的。

劝家长们保持一颗平静的心，在日常生活中，做好表率，并养成与儿女心平气和地沟通的好习惯，努力找到一种适合孩子的教育方法与策略，或者根据子女的自身情况、本人个性与老师一起商谈关于"拯救"子女的问题。可是，很多家长任性地用一种粗暴野蛮的形式去"教育"子女。结果，造成子女反抗，子女渐渐学会了撒谎，学会了一些不良习惯……

那么，请求做父母的一定要修养自身，保持一个良好心态，首先要不断地自我加强学习，从而了解孩子的发展规律，通过沟通了解孩子的内心想法。如果父母能够控制好自己的情绪和心态，那么在对待孩子曾经的"错误"时，心态就会平和好多。只有父母保持自己的心态平和，才能给予孩子积极向上的影响。

其实，不仅仅是学习中，子女生活、交际、个性等方面塑造和培养，都离不开父母亲良好心态的影响。因此，父母很有必要对自己进行不断的心理自我调适。

下面列举几点，以供参照：

首先，请父母自问："我的心理有什么问题吗？"大家在看到这个问题时，都不要紧张，更莫须担心。要知道，父母亲都是普通人，在面对社会的生活矛盾、工作、生活的压力，人与人之间的交往等问题时，并不是能够一帆风顺地解决。如果我们的心理先产生了变化，那么就势必会潜移默化地影响孩子。因此，作为父母亲"每日三省吾身"是非常重要的。

其次，父母应有一个好心态，这样才能在面对一切事物的时候，始终保持一颗平常心，能在为人处世方面拥有一种平稳的心态，真诚地对待每一个人，建立起良好的人际关系，就可以克服性格上的孤僻与粗暴，从而让自己拥有良好的个性，而这些良好的个性又会自然而然地被子女所模仿，潜移默化地对孩子产生好的影响。

因此，父母应从自己做起，长辈们都应如此，从点滴做起，不断地完善自我，让自己拥有良好的心态，成为子女好状态的基石，为他们健康茁壮地成长营造一个良好的氛围与家庭修身养性的环境。

只有这样，父母亲在各方面才能不断地完善自我，成为子女喜欢、爱戴的好父母。

应懂得家是最好的学校，家长是最好的老师。因为家是子女发育成长的第一所学校。父母的教育对子女的一生都有着非常重要的影响。可以说，家庭教育是孩子接受学校和社会教育的基石。

父母是孩子的第一任老师。父母在家庭教育当中，起着非常重要的作用。父母的人生观、价值观及言行将会直接影响到子女的成长发展。

在日常生活中，有些家长认为孩子到了学校，那教育就是老师负责的事了，就不再花更多的心思在孩子的教育问题上，殊不知一个班有五六十个学生，老师怎么可能兼顾到每一个学生呢？与其这样，倒不如父母与祖辈努力提升自己，学习一些心理学和教育学知识，让家成为最好的学校。

在人的一生中，有着很多不同形态的竞争。无论是在学校还是其他地方，每个人都想做"第一名"，但是"第一名"只有一个，所以在竞争过程中，有很多人都会沦为失败者。

那么，怎样教子女学会真正认识到自己，并快速找出自己的优势，从而得到有效的发挥，就显得尤为重要了。

在父母教会孩子学会认输的同时，要培养孩子对失败的抵抗能力，提升子女在逆境中的抗压能力和心理承受能力。孩子在必要的时候，应懂得认输。这也就证明他们有了一定的抗压能力，这对孩子的良好发展有着重要的铺垫作用。

教育孩子确实也是一门学问，要想自己的子女健康地发育成长，父母必须转变自己的观念，采用科学的教育方式。

实践证明：在日常生活中，父母经常与子女交流，把父母的阳光洒在子女生活的每个角落，肯用闲暇的时光多陪陪孩子，了解孩子的兴趣、爱好、特征和长处；常引导孩子阅读好书，也可以读给孩子听，让他有足够的空间去发挥想象力；当孩子不良行为出现时，帮助他认识改正，让他有明辨是非的能力；当他有良好行为的时候，一定要夸奖他，增强他的自信心。只有在这样的教育下，子女才能愉快地生长，自由主动地提高智力，而不是被"揠苗助长"。

孩子上学后父母如何施教

在子女入学后，父母最关心的、最看重的认为能够决定子女一生的就是学习成绩。如果孩子的成绩名列前茅，那么父母的脸上永远都是笑口常开。向别人说起的时候都是骄傲的，好像腰杆都挺直了；如果成绩在班上排不到名次，那么父母的脸永远都是天气预报的"阴天、下雨、多云"。当别人问起孩子的学习时，大多父母会吞吞吐吐，转换话题，等等。

由此可见，学习成绩对父母来说是多么的重要！有很多父母反映：孩子已经努力了！早上早早起床背诵英语、语文，晚上学习到半夜。可是，每次考试成绩总是那么不理想，这是为什么？

的确，"孩子一直算是蛮勤奋的，从来不需要家长提醒，不管他有多困，每天晚上都坚持学习到11点多。后来，一放学回家就说困，很想睡觉。直到九点多再爬起来做功课，做着做着就又睡着了！作业没办法完成，精神不好，学习成绩也没有什么起色！"这个家长很苦恼。

这里建议家长别心烦。要知道，即使是同等智商的人，智力结构也是不同的——有的人擅长文科；有的擅长数理思维；有的擅长艺术。父母应注意发现和唤醒孩子的个性与心灵。让孩子找到他的优势特长和兴趣，确定自己的发展方向，才能够对号入座，对症下药，从而解决孩子"整天都学习，但是成绩总是上不去"的问题。

著名教育家曾经说过：影响学生成绩的原因主要有行为习惯、学习动机、学习方法和学习环境。虽然不知道是不是每个孩子都是这样，但这是科学的预测，供父母参考。

行为习惯不好

一放学回家，很多孩子都喜欢挑自己喜欢的科目、容易做的课程来做。很快，他们就把容易做的做完了，可当遇到难做的科目时，他们会挑选一部分来做，剩下的一部分会放着不做。他们想，这太难了！老师会理解的。

除此之外，孩子很少把复习功课放在一个重要的位置上。在平时，有90%以上的孩子都是一边写作业，一边翻找答案的。还有些孩子，在寒暑假快要结束的时候，才慌忙找同学去抄作业，完全是为应付老师而交。如果孩子没有掌握好老师教的知识，就急于做作业的话，那不仅不会做好，而且会浪费时间。如果每天孩子都有20%的知识没有掌握，那么一个月、两个月、一年下来呢？正是因为孩子的这些不良习惯，才使得写作业的效率不仅低，而且错误概率高。也因此，孩子的学习成绩始终上不去。如果孩子养成课前预习，找出疑点，课堂注意听讲，下课主动复习，不偏科的好习惯，把每天的单词、语法、公式等都牢牢掌握，那么就不需要去抄别人作业或翻出资料找答案了。

学习动机不足

学习动机不足有三种：一种是对学习没有足够大的兴趣型，这种类型的孩子只做一些老师布置的内容；一种是学习被动型，这种类型的孩子总是被父母撵着、逼着；一种安于现状型，这种类型的孩子对目前成绩已经满意，不愿意继续努力、进步，失去上进自信力。

不管是哪种类型，总是免不了父母嘟囔："我为你花费了多少心血呀！从你一出生起，我就尽心尽力，供你好吃好穿！为了你的学习，我真是托了多少人，找了多少辅导老师啊；为了你，我甚至不敢升职，就是怕没时间监督和指引你。我对你的要求高吗？当然不高！我只要求你一点，就是学习成绩好点！你怎么就不明白我的苦心哪？！"

实际上，父母的"苦心"孩子都能理解，但是，因为自身的原因，孩子不愿意做出改变。如果父母能够明确孩子的动机，从而加以引导的话，相信孩子会一点点进步。不要用"苦肉计""强逼"等手段，这不仅会引起孩子的反感，更会影响孩子心灵发展和学习的兴趣和自信。

学习方法不当

在日常生活中，总会见到这种现象：有些孩子不是很用功，但学习成绩总是能名列前茅；有些孩子埋头苦读，但学习成绩总是停滞不前；有些孩子说复习过的内容一个都没有考到，而没有复习到的内容却都考到了；有的孩子说上课的时候，都能听懂老师讲的内容，但一到做题时就不会了；有的孩子说，别人用了××辅导书学习成绩提高了不少，但我用怎么就没有效果呢；还有的说，我小学的成绩可比现在优秀多了……

实际上，出现这样的问题的主要原因就在于：没有找到良好的学习方法！在学习中，不是每一种学习方法都适合自己。

事实早已证明：教学是门艺术，而学习是一门技术，是研究学习方法的。如果没有学习方法的话，孩子就只能死记硬背，不能够举一反三。如果有了适合自己的学习方法后，那么孩子学习起来就如虎添翼了。那么方法从何而来呢？它是由学习过程与学习内容决定的，也就是怎么学、学什么的问题。在学习的过程中，孩子要掌握文章的重点、难点和疑点，而不是什么都记，什么都学不精、学不全。如果上课时没有解决的问题，一定要在课后主动找老师提出疑问，或者为什么，请老师启迪，自己学会分析、判断，达到全面解决，增进学习信心，进一步改进学法。只有在学习过程中不断提高自学能力，掌握学法，才能举一反三，触类旁通，轻松地学习。

学习环境差，学风氛围不好

学习环境是指社会环境、学校环境、班级环境、家庭环境、周围朋友和考场环境。在学习成绩方面，有的父母认为子女的成绩也就这样了，便不管不问了；有的父母一边愿意尽所有的力量支持孩子，但却没有发现孩子在学习中所存在的毛病；在朋友方面，上学后的孩子都喜欢"广交"朋友，但有句话叫"物以类聚，人以群分"，身边的朋友的学习和行为会直接影响到自己；在家庭方面，父母的关系差，总会三天一大吵，两天一小吵的，更是影响到自己孩子的情绪，从而使孩子无法进入到学习中……

如果父母想要改变子女的学习成绩，那首先是改变孩子的学习行为习惯，纠正学习动机、学习方法与学习环境，让孩子把心思和精力都用到学习中，并注意激发其学习兴趣，有点进步就要及时鼓励，从而提高自学能力与学习成绩。

因势利导顺其自然科学育子

现如今，大多数家庭都是独生子女，父母不遗余力地对这棵"独苗苗"严格地进行栽培，无论家庭经济情况如何，很多父母都想尽办法送孩子去参加奥数班、才艺班、堪高班。中国也被称为是继韩国之后补习最盛的国家。人们不禁要问：补得越多，孩子就会越优秀吗？

如果孩子每天上完八小时课后，接着上补习班，这相当于让孩子继续学习相同的东西，身体疲惫不说，神经上也相当疲劳，根本学不进去。

学校课程的安排就是一个例子，经教育专家的研究，每一科目达到40～50分钟，之后换另一科目，怕的就是造成孩子学习上的饱和；且一天之内不宜学得太多，要劳逸结合，但是很明显父母都忘记了这一点。

实践证明：顺其自然才是最好也是科学有道、唯一正确的"教育真经"。

父母平和的心态，顺其自然的教育，没有太大的压力，尊重孩子的兴趣与选择的专业，鼓励孩子特长与优势，方可使子女成才。

老舍先生主张培育子女要求应顺其自然，在孩子成长道路上，对孩子的要求紧紧只是身体健康，将来学一门手艺可以谋生就行了，不一定非得考上大学。正是这种顺其自然的教育，后来孩子才能成为著名的教授、翻译作者。可见顺其自然才是子女成长最为正确的科学育人方式。

确实，孩子在求学道路上已经很累、很辛苦了。他们上完课后，回家还要做作业，巩固每天所学的知识和预习明日的新课。因此，父母不要对孩子要求太多，更不必给他们设立太多的规矩和目标，要让他们去自由探索。

从研究结果表明：孩童时，喜欢探索的孩子，长大后往往很聪明。因为他们的思维没有受到限制，自由发挥。他们在外面世界到处跑，到处玩的同时，大脑在不停地运转、思考。而这种"顺其自然"的方式才是父母教养孩子最科学的方式。

因此，只要父母做到顺其自然，孩子自然就会将自己天生的优势、特长发挥出来，很自然地就会选择去做他们擅长的事，做好了会使他更喜欢去做，因为他有了成功感、胜利感！这种良好的循环使孩子天生的长处很自然地显现出来。孩子建立了自信，才会有勇气去面对未知的未来。

个性与能力的培育。实验证明：先天基因与后天教育的影响大约各占50%。基因决定着孩子大脑的结构，而后天的经验和养成习惯决定着脑中神经回路的连接，决定着对事物的看法。

的确，人的大脑和智慧当然有一定关系，不过，它们之间的关系并没有多大。它们的相关系数只有 0.34。这句话还可以这么说，只有 34% 的智商可以归因到脑体积的大小。它们之间的相关性太低了，还不足以预测一个人智慧的表现。更何况，一个成功的人并不一定就是一个聪明的人。

在生活中，或是在历史上都有许多成功的人，他们并非是最聪明的人。比如：《三国演义》中的刘备，他是个性格软弱、很"窝囊"的人。有很多人说，他的天下是"哭"出来的。不过，他的做法确实让关公和张飞为他卖命打天下。刘备能知人善任，用诸葛亮为他治蜀，在诸多人才的帮助下，刘备终于三分天下有其一。

我们再来看看曹操，他的聪明才智远不及杨修，连曹操本人都曾经说过这样的一句话："吾智商不及汝，乃觉三十里。"不过，最后杨修还是死在了他的手里。

诚然，成功的人并不一定是最聪明的！科学家们将爱因斯坦的大脑特别分离出来保存，想要从他的大脑上找出脑与智慧的关系。可结果竟然令人大吃一惊！因为爱因斯坦的大脑竟然没有科学家们想的那么大，那样神奇，而是比一般男性的大脑还少了 170 克……为了验证天才是后天的还是天生的，研究人员还比较了林肯与贝多芬的大脑，可结果依然令我们为之震惊！因为他们的大脑并不比一般人大多少。

由此可见，脑容量的大小跟聪明才智真的没有多大关系。实际上，人的"聪明才智"就像是一块布，要裁剪成什么样子，必须靠后天的努力。所以说，父母不应该太注重孩子有多聪明、有多智慧，而是应该把注意重心放在孩子的品德和毅力上。如果一个孩子能够在后天努力成才，那么到最后他一定能够成才，让父母大吃一惊。

弗洛伊德曾经这样说过：在世界上，没有绝对的正常人！所有的人都介于正常与病患之间的灰色地带。当然了，虽然人有很多行为是要有生理的机制才能得以展现，但是这个展现还需要环境的影响才能真正启动，而人的语言就是非常好的例子。

虽然每个人天生就具有说话的能力，但是在年幼的时候还需要有人引导和环境的影响，这样才能够发挥出说话的能力。如果让一个人离开了人群，独自一人生活的话，那他就会丧失说话的机会。

总而言之，人的能力、个性一部分来源于父母的遗传，一部分来源于后天的环境影响。虽然孩子在一出生的时候，他的手纹和脚纹已经俱全，但是他的个性还没有形成，也因此，我们不能判断孩子以后会是什么样的。如果父母亲能依靠这些就能判定孩子的将来的话，那么就不必煞费周章地去培养孩子了。一句话：人的成长还是养成为径。

听长辈们言传：贵人语迟是正常现象。是的，在生活中，有些孩子直到两岁后才开始讲话，有的只能说些词语，或者只有动作，虽然父母能意会其意思，但孩子就是说不出来，守口如瓶，任你怎么逗就是不开"尊口"。对此，一些老人安慰道："贵人语迟"嘛，这是好现象，不用过分担心，这是聪明和富贵的象征！但是，如果同样年龄，自家孩子发音不清晰、不吱声儿，别人家的孩子都可以完整地说出一句话来，这就让不少年轻父母提心吊胆了。

著名的儿科专家分析：孩子的发育时间根据基因、环境的影响会有个别差异，大部分孩子晚说话属于正常范畴，可能因为孩子语言发育稍晚，也与父母的先天遗传，以及周围环境和父母语言行为等都有关，所以父母不必过于担心。晚说话没有关系，只要孩子的智力发展正常就行。著名发明家爱迪生三岁才学会说话，物理学家爱因斯坦甚至四岁多才会说话，但是他们的成就无疑对人类的文明产生了巨大的影响。

因此，父母在教孩子说话的这个阶段，遇到晚说话的，不要操之过急。父母更要有耐心，还要给予孩子极大的帮助，通过讲故事、交流、教儿歌等方式，尽可能多地给孩子创造一种语言环境，促使他模仿，学习发言。

在这个过程中，父母容易犯以下错误，希望父母亲注意。

过分满足孩子

"宝贝，要喝水吗？来我给你拿。"很多父母为了满足孩子的要求，让孩子高兴，孩子刚指着水瓶，父母立刻"意会"，这是孩子想喝水了，赶紧把水瓶递到手里。

这样过度满足的方式会使得孩子学说话极为缓慢。因为孩子会养成只要他一指，不用说话，大人就会把东西拿给他的坏习惯，久而久之，他就懒得说话，进而失去了学习说话的机会。

那么怎么来帮助孩子呢？当父母亲从孩子的行为中发觉孩子想喝水时，先拿出一个空水瓶递给他。孩子想要水时，他的大脑就会运转，回想平时大人需要水时怎么说话，于是就会非常努力地说出"水"。尝试几次后，孩子就慢慢地学会了怎么用语言把想法表达出来。

在生活中，父母尽量不要过多使用叠词。

儿童有一个时期在说某个词时，习惯用叠词，例如，孩子想说花朵时，会发出"花花"这个词来，想喝水了，就发出"水水"。一些父母也随着孩子说起了儿话。如"宝贝，吃饭饭了！""来宝贝看，那是小狗狗……"

这个时期的孩子用儿语是比较正常的，因为语言的发展限制了他们能够用准确的话来表达自己，有的家长却误以为孩子听到这些儿语会很有趣，也用同样的方式和孩子说话，这种方式只会拖延孩子学说话的速度。

在这个阶段里，大人应当用正确的语言来引导孩子说话，使他们能够尽快地脱离儿语阶段。当孩子伸出手说"爸爸抱抱"时，爸爸要给孩子一个热情的拥抱，同时说"爸爸来抱宝宝了"，正确教育说话，及时纠正叠词和儿语。

还要注意，不要模仿孩子可笑的发音。

一开始孩子在学说话的阶段，经常会有一些不准确的发音，例如把"吃"念成"七"，把"苹果"念成"苹朵"等，一些父母亲觉得孩子很可爱，于是重复错误语音，来逗孩子发笑。

孩子发音不准的这种现象，是因为孩子生长发育中他的发音器官发育得不够完善，不能完全正确说出来某些字的发音。如果大人不加以纠正，还去模仿，那孩子就认为自己的发音是对的。只有在正确发音指导下，孩子的发音才会自然，才能正确。

在子女入学后，如发现子女被老师说成"差生"时，不管他有什么优点，都会被一一否决。"差生"是怎么来的呢？大多是老师赋予的称号，或者是被学习成绩好的优秀人才所对比，从而形成的。

实际上，每个孩子都不是十全十美的，在他们身上都存在这样那样的缺点。父母千万不要忽略了孩子的优点，而且"学习成绩"并非是衡量孩子好坏的唯一标准。比如：孩子学习成绩差，但是他的人际关系好；孩子的学习成绩差，他为人很守信用，懂事；他会画画，写文章……

当我们在面对所谓"差生"的时候，父母一定要有耐心，了解好情况，不要让孩子有对立情绪，等等。具体方法如下，以供父母亲参考，希望能及早摘掉孩子头顶上的"差生"称号。

一定要抓住孩子的闪光点

无论是在生活中还是在学习中，父母亲应学会宽容，因为有时宽容引起的道德震动比惩罚更强烈。家长对孩子过失的宽容，绝不是姑息、放纵，而是在严格要求的前提下，对犯错误的孩子理解、尊重，给予反思的充分时间，给以改正自新的机会，使孩子最终改正错误。同时，家长的宽容也能唤醒孩子自我教育的意识。宽容是一种修养，是一种品质，更是一种美德，也是一种海纳百川的大度。只有如此，才能从小保护孩子的好奇心和自尊心，只有这样，才能让孩子能够满怀信心地学习成长，最后成才。

宽容是一种很好的教育方式，它能净化人的心灵，只要对孩子坚持尊重、引导、宽容，培养子女兴趣的教育方式，必然会产生相应的教育效果，这样就能赢得子女的信赖。

在与孩子友好交流中，父母应以独特的眼光，去挖掘孩子身上的优点，善于从平凡中找出不平凡。对于孩子的每一次的表现和细小的进步，都要及时地捕捉到，并且给予他适当的表扬和鼓励。比如，孩子认真地完成了作业；孩子作业中没有错字，没有算错的方程式；孩子主动预习或阅读一些课外好书……父母都应及时表扬与适当奖励，让孩子感受到被重视和赏识的喜悦，获得成就感，从而在学习上取得更快的提高。

还可以当众表扬孩子。因为每个孩子都有自尊心和上进心，有着争强好胜的个性。他们不仅想得到别人的肯定，更想得到亲人的夸奖。因此，父母要扔掉"你看看人家的孩子""要是××是我的孩子就好了""真是白生你了"等不好的话语，这只会引起孩子的反感，打击掉孩子的自信心与上进心。

当然，鼓励孩子也应注意适度。在家庭生活与学习中，父母在鼓励和表扬子女的时候，要有一个度。如果有一点点小小的进步，就夸大其词，并告诉孩子"太棒了"，那孩子就会变得飘飘然。如果下次孩子有了进步，而父母没有看到的话，那孩子就会产生一种落差感，从而不再信任父母亲。

在教养子女方面，别让孩子踩着你的脚印前行。有的父母亲认为，孩子是我的，我让他怎么样就怎么样；有的父母亲认为，我非常爱孩子，所以我要为孩子规划好以后的路，避免让他吃更多的亏……但实际上，让孩子踩着自己的脚印前行，并不是一个聪明的做法，而是一个扼杀孩子天性和自主选择的做法。

著名教育专家说过：虽然子女通过父母来到世上，但子女并不是我们的化身。因此，父母不要用自己的观念去限制子女的发展，更不应该把子女当成圆自己梦的人。要知道，子女也是独立的个体，他是属于他自己的。

历史告知：在人的一生中，孩子会面临这样那样的选择，父母没办法每一件事都替子女选择。因此，应该把选择权交给孩子。只要孩子做的是正确的，那做父母的就应该支持，而不是由父母决定孩子的人生。

在很多时候，父母为子女做得太多了；保护得太好了；抱着的时间太久了；接着，父母提前为子女铺路了——托关系、加分等。当孩子知道自己有了后路有了依靠，就不会有紧迫感，也不会想着努力了。一旦孩子在人生的道路上变得轻松，那父母就会变得辛苦。

其实，"父母的辛苦换来孩子的轻松"是错误的教育方式。父母要知道，在人生的道路上，只有孩子去走那条充满荆棘的路，才会变得坚强，才会在摔倒之后自己爬起来。

因此，笔者劝天下父母要教会子女学会"一心两用"。

一般来说，大家都信奉"一心一意去做事"或"一心一意学习"。的确，这句话非常有道理，只有专一的人才能够在某种领域中取得成功。但随着时代的进步、社会的变迁，就连这些观念都在一点点变化。

前不久，心理学家与教育专家进行了一项调查研究，结果表明：一个孩子可以把注意力集中在2～3种事情上，成年人可以把注意力集中在4～6种事情上。即便刚出生不久的婴儿，也可以在父母的指导之下一边吃饭一边游戏，等等。

从调查得知：对一个头脑身体均正常的人来说，"一心两用"是非常轻松的事情，甚至可以"一心多用"。

实际上，在生活中有很多活动或工作本身就需要一个人注意好几个方面，特别是比较复杂或比较富有创造性的工作，比如：驾驶员。在驾驶飞机的同时，驾驶员还需要注意地形、气候的变化，认真观察各种仪表。除此之外，飞行员还得注意在飞行的过程中可能出现的意外情况。再比如：钢琴家。当钢琴家在弹奏的时候，他的眼睛还要看看琴谱，耳朵听着琴音，大脑还要分析判断音乐的节奏和轻重。

当然了，一个不能有效分配注意力的人，在从事这些活动或工作时，就不能游刃有余，而是手忙脚乱了。

值得一提的是，"一心两用"或"一心多用"的能力，就像其他能力一样需要后天培养，而在婴幼儿时期，效果是最为明显的。

教育专家建议：对待不同年龄的孩子，父母应该由浅入深地进行"一心两用"或"一心多用"的训练。比如：在孩子一周岁的时候，父母可以让他们一边听音乐一边听说话；一边学说话一边拍手；练习在注视某种东西的时候并做出举手动作；一边摇动红旗一边发出呀呀的喊声；一边学步一边听歌，等等。

在孩子 2～3 周岁的时候，父母就可以给他们一边讲简单的故事，一边做出脸部表情来；一边背诵儿歌，一边根据内容扭动身体；一边摇动铃铛，一边说出铃声的次数；一边注视眼前的图片，一边留意别人轻击自己背部的次数，等等。

在孩子 3 周岁以上的时候，父母亲就可以根据他们的兴趣爱好、表现能力、智力水平、体力等综合水平因材施教，比如：一边看电视，一边背诵诗歌，一边讲故事，一边表演魔术；一边背诵英语字词，一边用笔画出字母的形状，等等。如果孩子的水平还没有那么高的话，那就根据 2～3 岁的孩子来练习。

教育专家经研究表明：只要能够轻松完成"一心两用"训练的孩子，

在注意力集中的时候，坚持的时间比较长，大脑的反应也会比较快，记忆力比较强，更富创造性。除此之外，孩子身体各个部位的动作也比较协调。

不过，在培养孩子学会"一心两用"或"一心多用"的同时，父母也应该明白：并不是所有的活动或工作都是可以同时进行的！如果把不能同时进行的活动同时进行的话，那么后果是比较严重的。比如：一边用餐，一边讲故事。这样的"一心两用"就不提倡，因为这种做法不仅会抑制孩子唾液的分泌，还会影响孩子的正常消化。当然了，父母或长辈照看孩子时必须特别提醒"多动"的孩子：在上课的时候，不要看漫画书和做小动作。不然的话，那就是"丢了西瓜捡了芝麻"，得不偿失啦！

上帝是公平的，他赋予了人们一样的时间，每日给我们 24 小时，给我们空气、水、氧气和阳光等。虽是这样，但上帝是挑剔的，他只让那些勤奋的、能将 24 小时变成 48 小时的人获得成功。

第八章

智商发展的基础

尽早培育子女的语言表达能力

从长期调查研究得知：越早学汉语和练习口语，对子女的智商培养起到了良好的作用，尤其是从婴幼儿时期就得重视。因为婴幼儿时期，是人的语言能力发展的关键期和最好的时期，也是孩子能够学会语言、学好语言，发展智力，发展口头、书面表达能力和理解能力奠基的好时期。

爱因斯坦曾经说过这样一句话：在很大程度上，一个人的智力发展和形成概念的方法取决于语言。在日本东京，有一所幼儿识字教学研究机构对一批孩子进行了一项研究，研究结果表明：5 岁开始学汉语的孩子智商可达到 95；4 岁开始学汉字的孩子智商可达 120；3 岁开始学汉字的孩子智商可高达 130。

从调查研究结果中可得知：越早学汉语和练习口语，对孩子的智商培养起到了良好的作用。

应注意：在帮助孩子学习语言的时候，父母亲还要预防孩子口吃。在孩子 2 ~ 3 岁的时候，最容易发生口吃了。父母千万不要讥笑孩子，更不要责备孩子。不然，孩子可能会在受到刺激后着急，说话结结巴巴，有的时候孩子会不再开口说话。

这个时候，父母应鼓励孩子慢点说，把话说清楚，或者是换一句话，从而改变孩子的语言习惯，促使孩子动脑筋去想，想好了再说。

实践证明，一个人的语言能力就要从咿呀学语阶段开始，贯穿整个孩童期。那么，作为父母亲应该怎样培养孩子的语言能力呢？下面来为父母介绍一些方法：

一、要用规范的普通话，不能用方言。

在上学的时候，学校都会贴上一条标语"请使用普通话"，因为普通话是课堂上和人交往中能够让人清晰了解对方意思的语言。如果用方言的话，那么有些人就会觉得语言难懂。

二、用丰富的词汇，避免语言单调贫乏。

在教育孩子学语言的时候，父母一定要有意识地做到丰富多样。比如：与"奇怪"相近的词有——惊奇、莫名其妙、诧异，等等；形容"灯"的词有——五彩缤纷、多彩多姿、灯火辉煌、五颜六色、五光十色，等等。有助于孩子掌握大量的词汇。

三、多说重复词语，巩固强化记忆。

在教孩子学语言的时候，父母一定要有意识地重复一些新词语，并把这些词语放在句子中来说，不断强化巩固语言，从而帮助孩子加深记忆。除此之外，父母亲还可以给孩子反复播放故事录音带，这样的方法既省下了时间，又学会了很多新词汇。

在这样的学习中，孩子不仅加强了记忆力，又提高了语言表达能力，可谓是一举两得的事情。

四、多做语言游戏，玩出语言趣味。

如果要进一步发展孩子的语言能力，仅靠日常生活中的交谈是远远不够的。因此，父母可利用散步的时间、睡觉前的时间、玩耍的时间和孩子玩语言游戏。比如，反义词、说一组词组句、词语接龙、同义词和词语修饰；可以把某个句子伸缩，"伸"就是我们常说的"短话长说"，比如："他走了"可以说成"他高高兴兴地走了""他背着书包高高兴兴地走了""今天他背着书包高高兴兴地走了""今天上午他背着书包高高兴兴地走了"……"缩"就是我们常说的"长话短说"，比如用"花、灯光和高兴"造句子，可以造成："小红在柔和的灯光下高兴地捧着一束鲜花。""灯光下的小红头上戴着花在高兴地跳舞。"除此以外，我们可以打破常规来造句，如"灯光下的花高兴地笑了"。

当然了，父母一定要在孩子心情愉悦的时候来教授。如果孩子的心情不够愉悦的话，那他只会觉得压力和吃力。在孩子心情愉悦时授课，不仅锻炼了孩子的记忆能力、应变能力、想象能力、扩散思维能力、概括能力等，还培养了孩子对语言的敏感、兴趣。

五、鼓励用语言描述，提高口头表达水平。

在教育孩子的过程中，父母亲要鼓励孩子讲故事、编故事；与孩子玩故事接龙、续尾的小游戏；让孩子多开口，想什么就说什么，学会让孩子把心中的想法与看法表达出来。

除此之外，还可以带孩子到户外游玩，扩大孩子的眼界，从而增长孩子的知识。回来之后，大人可以让孩子把看到的、听到的用语言描述出来。比如，孩子喜欢看喷泉，就要有意识地引导孩子通过"听""看""触"，认真地观察喷泉的颜色、大小、形状和喷射的方向、速度，水的湿度以及周围的景色，让孩子慢慢地、有条理地描述出来。

像这种类似于口头的作文训练，能帮助孩子养成细心观察的好习惯，为将来写书面作文有一个牢固的基础和素材。

六、尽早向阅读过渡，提高书面写作水平。

中华文化博大精深，汉语言的词汇是非常丰富和具有深度的。在汉语言中，有的字有多种释义，有近义词、同义词和反义词等。但是如何来掌握这些汉语言呢？那最好的办法就是阅读了。

可以说，阅读是发展和增强孩子语言能力的加速器，是提高孩子书面写作能力和语言词汇的重要途径。因此，父母亲要在孩子很小的时候，就要帮助孩子来阅读。在帮助孩子的过程中要经历四个阶段：父母自己坚持读；和孩子同时读；与孩子各读一段；父母不读，让孩子自己读。而在选择图书的时候也需要经过四个阶段：字少画多的书；字多画少的书；无画的拼音书；无画无拼音的书。

只有经过这种循序渐进的阅读方式，孩子才能在有趣中增加词汇量，积累不少知识，还能够为自己的语言知识打下良好的基础。

七、要给孩子适度的语言刺激。

不少父母亲都会认为：婴儿时期的孩子什么都不懂，给他们讲的东西相当于白讲。其实不然，从孩子一出生的时候，甚至孩子在胎儿的状态时，就会不断地接受着各种各样的信息。当父母亲给他们念诗歌，跟他们说话的时候，他们看似不理会，没有什么反应，但其实他们都在一点点地接收。

八、鼓励孩子的语言表达。

对于刚刚学会说话的孩子来说，是非常想说话的。虽然他们说话的方式和内容会有点幼稚，但是父母亲一定要多听孩子说话，不要急于告诉孩子：那是错的。等孩子稍微大一些的时候，他们听讲的话就是对这个世界最初的认识。在这个时候，大人应该多鼓励他们用语言表达，从而开发他们的言语智商。

对于孩子幼年时期的"错误认识"，那是他们的思维特点，父母不要去刻意修正，而是要加以引导。

总之，在孩子处于幼儿时期，父母一定要把握好这个时候，抓住一个"勤"字，孩子多听、多看、多读、多写，从而培养和训练孩子的语言表达能力。

少儿精学语言才能入脑

从调查获知：学习语言最好的、最先进的方法在中国：第一，书读百遍，其义自见。第二，熟读唐诗三百首，不会作诗也会吟。第三，读书破万卷，下笔如有神。第四，一回生，二回熟！这些名言众所周知，但可惜的是，没有几个人能做到！实际上，学习语言必须从小做起。在孩子处于婴幼儿时期的时候，是学习语言最佳时期。但是，这并不意味着教授他们的东西越多，他们学得就越快、越好。知名教育专家曾经说过：学习语言要少而精，才能加深孩子的记忆，让知识在孩子脑子里根深蒂固。

对初学语言的宝宝来说，最有意思的玩具不是语言本身，而是自己对语言的探索——在这个过程中，要引导子女循序渐进地掌握学习语言本领，这绝对是费时费力的学习任务，过多语言学习反而占用了孩子的宝贵时光。

在记忆学研究中，有个著名的现象叫前向抑制中的主动释放，它指的是当人类做同样性质的事情记忆时间过长时，记忆中的各类事物会发生相互干扰。

举个例子，一个人记忆树的种类，每次记十种树的名字，当他看完第三个单子时，提问他哪种树在哪张单子里，这个人已经记不清了。

因此，父母亲教子女学习语言，不能贪多图广，少而精才会有所得，不杂乱地学，才能深刻领会，让孩子更好地掌握学习语言的钥匙。

总之，干什么事也不能过分，过分了就要犯错。应适可而止，有度有格、循序渐进、因势利导、由浅到深，按规律行事，才为科学发展。

提早入学害处多

当今社会发展迅速，社会竞争激烈，人类生存的压力与日俱增，导致很多独生子女父母都存在不同程度的养育焦虑，婴幼儿基础教育就显得尤为重要。

为了让自己的孩子在"起跑线"上比别的孩子强，一些有"心机"的父母开始让幼小的孩子学习知识，这些父母试图以孩子的童年付出来换取未来好的学习成绩，换取将来的前程。他们热衷于通过一些专业的机构，借助外力来教导自己的孩子，于是早教班渐渐进入父母的眼帘。

短短几年间，早教班如雨后春笋般出现在各地。一开始的早教只对 2 岁半至 6 岁的幼儿开放，现在都逐渐发展 0～3 岁的孩子也能教。早教班收费标准高不说，广告打得更是夸张得离谱，什么"据美国著名科学家研究表明，孩子的大脑发育，3 岁前就将完成"，"不要等到孩子长大后才悔恨为什么没对孩子进行早教……"

这些形形色色的广告，铺天盖地充斥在电视屏幕上，让不少家长都为之怦然心动。调查显示，学前教育早教班几乎都是天价学费，如果按一周两节课来计算，一年下来，上 100 节课最贵大约要近 2 万元，最便宜的也近 7000 多元，这个费用远远超过大学学费，简直是"没有最贵，只有更贵"。有的早教班在课程宣传上花心思，打着各种旗号的"幼儿精英教育"逐渐流行起来，一两岁的孩子就学习双语交流，连儿童高尔夫、幼儿瑜伽、儿童美式橄榄球等"舶来品"也开始现身国内早教领域。

尽管如此，仍旧有许多父母趋之若鹜。按他们来说就是，社会竞争这么激烈，现在不让孩子早点开发智力，多掌握知识，如何能有好的未来呢？甚至一些母亲一边喂奶一边上课。正是这种对早教课程的追捧，使得各种形形色色的早教机构越来越多。

在这种"未来竞争"的焦虑影响下，孩子的"起跑线"便不断地被往前推，因为越来越多的父母在孩子一出生就投入到早教的行列中了，孩子早教逐渐呈现"初生儿化"。

不少教育专家指出，即便是课程花样繁多，这也吸引不了孩子的注意力。上课过程中，陪同来的家长听得认真起劲，但大部分孩子都已经睡着了。我们可以理解为，这是对幼小孩子身心健康的摧残。一些家长发现，在学习过程中主要是老师和家长之间的交流，孩子真正参与的机会少之又少。

且不说让孩子参加早教班是否正确，但就早教班的"质量"也令人十分堪忧。深圳市一家早教机构教师招聘信息上的要求是这样的：中专以上学历；学前教育，音乐教育；会弹唱、跳舞、绘画等；有耐心和爱心。

而在另外一家收费标准更高的早教机构，则要求教师大学本科或以上学历，英语专业八级或者以上，后者的费用高可能是进行双语教学。但不管费用是便宜还是贵，招聘信息上都没有提出教师是否是幼师或师范专业毕业。

调查表明，全国各大中专院校中，目前还没有设立相关对 0～3 岁孩子成长阶段早期教育培养的这类学科专业。

现在很多父母由于对早教的无知，让自己的孩子深受其害，更让人担心的是，错误的早教无法让孩子在人格方面以及情感、心智、精神方面有深刻的感受。

资深教育专家告诫道：父母对孩子的早期教育，主要在生活中进行，形式应当是父母与孩子多进行一些互动，而不只是父母单方面地讲述知识，要引导孩子在互动游戏中去有意识地模仿，这样才能有效地促进孩子的身心健康，子女才能快乐地成长。因为生活就是在教育，让孩子在能玩的时候尽情地玩，让孩子在适当的年龄再迈向学校吧。

不要给子女定标准答案

想象力是人类的一种天赋，是发明和创造的源泉。如果一个人没有了想象力，是不会有探索、创新精神的。想象力能够增强人类学习的主动性和创造性，能够促使人类在学习中迸发灵感，发现捷径，相反，如果一个人缺乏想象力，没有想象力，那他失去的东西就不仅仅是创造性了……

孩子没有了想象力严重吗？知识（标准答案）和想象力哪个更重要？其实早在几十年以前，世纪伟人爱因斯坦就已经回答了我们这个问题：想象力比知识更重要，因为知识是有限的，而想象力概括着世界上的一切，推动着进步，而且是知识进化的源泉。

为此笔者大胆地告诉父母：比起时间、精力、金钱，保护孩子的想象力更为重要。

马克思曾说过："想象是促进人类发展的伟大天赋。"在教育子女的时候，父母更应当不时地鼓励孩子并且欣赏他们的想象与创意，拒绝用"标准答案"来捆绑孩子的想象力，运用各种手段为子女创造想象的空间，解放他们的头脑，放开他们的手脚，为他们插上想象的翅膀，任他们自由去翱翔。

大目标应从小事情做起

古人说："合抱之木，生于毫末；百尺之台，起于垒土；千里之行，始于足下。"从中不难看出"大"与"小"的关系。别看"大"与"小"如此的简单，但其中也富含了许多富有哲理性的论述。比如：大事里面包含着许多小事，而许多小事集聚起来也就变成了大事。

以教育子女为例，在他们还小的时候，做父母的就应该具有长远的目标和计划，当在实现这些目标和计划上，就要从小处着手，不忽视细微，从而培养出孩子的道德和高尚情操。

在关于如何从小事教育子女的这方面，有着很多小故事，比如郑板桥和叶圣陶的故事。

"扬州八怪"之一郑板桥 52 岁才有了自己的孩子，十分激动和幸福。可能是得到个孩子不容易，他对孩子的要求很是严格。虽然他长期在外做官，但也会经常通过写家信来教子。

在信中，他要求孩子对邻里乡亲"无一不爱，无一不尊重"，"凡长者来家，寒冬要送上小火炉，以温暖手脚，夏日要捧上凉茶，以祛暑解渴"等细节教育。

除了郑板桥，著名教育家叶圣陶先生在教育子女上也有着自己的独特方式。一次，他的大儿子把一支笔递给父亲，没想到却将笔尖递到父亲手里。见大儿子如此不注意细节，叶圣陶便严肃地批评大儿子说："当你递一样东西给人家时，要想着人家接到手里方便不方便……不管是刀子还是剪子，不能拿刀尖对着人家，如果把人家的手戳破了怎么办？"此后，大儿子便养成了好习惯。

还有一次，是个冬天，大儿子走出屋子没有把门关上。叶圣陶告诫他：开门关门都要想到屋里还有别人，应轻开轻关。要懂得你是生活在人们中间的，自己以外还有他人，要时时处处替他人着想，学会与人相处。

的确，两位先生在教子方面并没有什么高深的东西，他们只是从细小的方面来改变孩子的坏习惯，培养子女的好习惯和好品德。但也正是这种平常，才体现出了教育家有远见卓识的高明。

没有一个人的活动是脱离群体，是脱离社会实践的。也因此，人的思想品德和行为习惯，都要顾及他人，而不是活在自己的世界中。不管是普通人还是伟人，他们都是从大处着眼，小处着手的。这也就应了列宁先生曾经说过的一句话：不要把自己看成一个光想做大事的空想家，而是要想着做一个善于把细节结合起来的、实事求是的实干家。

在日常生活中，有些父母虽然在口头上懂得"小"与"大"的辩证关系，但在对子女进行教育时，却又忽略了从小事抓起和点滴的养成教育。有的父母亲急功近利，舍本求末，抓小放大；有的父母亲知道某些东西对子女有害，都不对孩子加以管教，还去纵容孩子学坏；还有的父母故意把子女"教坏"，比如，上小学的时候，就让孩子带手机；小小年纪，就给孩子灌输一些"非名牌不买"的思想；让孩子与"各种各样的人"做朋友，美其名曰"搞好人际关系"……

除此之外，有的父母亲为了让孩子学习好，都忽略了培养道德品质；当孩子说了一句脏话、浪费了粮食、做了不文明的举动时，有的父母亲或视而不见，或见而不教；当孩子过于善良被别人欺负的时候，父母就灌输"人若犯我，我必犯人"，让子女变得自私自利，不会化解矛盾……

事实上，父母的这种教育方式不仅会给孩子心头添上阴影，还会影响孩子的良好习惯和道德品质的养成。

当父母亲有了这种错误的行为时，一定要赶紧改正，反思一下自己的行为。当父母的应从宏观方面把握孩子的成长方向，在微观方面从小事做起，抓好子女的教育和习惯养成，培养子女的好品德、好习惯。

俗话说得好"三岁看老，从小看大"。这句话强调的就是：要从小培养孩子的善心与善行。如果从小不注意培育子女的孝顺之心，那么当子女长大成人的时候，在纠正就很难了。因此，做父母的在培育子女方面，一定要在子女还小的时候，就注意细节。在孩子小的时候，就要教孩子讲究卫生，不能随便扔东西；不能随便骂人；不能说脏话；不能无理取闹……并且告诉子女为什么不能这么做。

等子女长大以后，就会把那些坏习惯一一丢去。为从各个方面来教育好一个孩子，父母不仅要多加引导和监督，还应该教子女学习做一些生活中的小事和一些及所能力的劳动活。并讲雷锋故事，启发子女向模范、英雄人物学习。如学习系鞋带、学习游泳，鼓励孩子学习新技巧。参加集体文体活动或到社会上做好事，写日记，提高思想觉悟。

什么时候让子女学习外语

随着社会的进步，生活水平的提高，尤其为适应当今人才竞争的形势，父母越来越重视子女的外语学习，特别是英语这一国际通用语言的学习。父母认为：学好外语，走到哪里都不怕！

那么从啥时起学习？应选用什么样的儿童英语教材？该不该送孩子参加英语培训班？送孩子去双语幼儿园好吗？

关于这个问题，很多父母认为越早越好，就是害怕子女错过学外语的关键期，以后说英语有口音。有些父母亲虽然不赞同这个做法，但是看到别的父母亲都这样做了，就仿照了，因为怕子女输在起跑线上。

经教育专家研究调研：一般来说第一语言都用在左脑处理，第二语言就会转到右脑，而且左脑活化的强度比右脑弱。如今的研究全部显示：第二语言的大脑处理位置，不是与他学习的年龄有关，而是与他使用这个语言的精纯度有一定关系。

以目前的调查研究来看，母语的学习是有敏感期的，就算是技能的学习也是有着一定敏感期的。比如运动、乐器、舞蹈等也有敏感期。虽然敏感期的早晚，并不能在这里下结论，但大部分人都会认为敏感期处于青春之前。而对于第二语言就会慢慢运作。当然了，这其中也有着学得好不好、学得认不认真的问题了。

实践证明，如果想要把第二语言学得很好的话，那就要付出加倍的努力了。亚都饭店的总裁严长寿，没有读过大学，也没有在专门的机构和学校学习过英语，不过在后来的努力和工作中，他慢慢学会了一口流利的英语。

由此可见，人的第二语言和年龄是没有多大关系的，只要肯付出一定的努力，那么对第二语言是手到擒来的。也因此，劝父母亲不要过早地送孩子去学习第二语言，一个连认知能力还不齐全的孩子，又怎么能灵活地学习第二语言呢？

因此，在子女年幼的时候，父母还是多给予他们一些时间，让他们充分享受到这个年龄应该做的事情吧。

说得好才能写得好

对于大部分人来说，"说"是最简单不过的了，只要把嘴巴张开，发出声音，那就是"说"。可是"会说""说得好"那就是一门技术活儿了。

在社会上，有很多专门训练人"说话"的培训机构，它们会教一些技巧，比如在不同的场合说不同的话；在什么样的年龄说什么样的话；如何把想说的写成一篇讲稿，一般来说，在重要的场合，人们都会事先准备好一篇稿子，这样说起来就有条理、有顺序了。但无论怎么写得好，都要先会说。

在美国的学校里，老师会让学生从小学就锻炼"说"。每周一堂课叫"show and tell"，也就是用来展示并介绍带来的物品的课堂。老师会让学生从家中带一个奇特的东西来学校，无论是什么东西，只要自己觉得很特别就行，接着，再用这个东西编出一则故事来。学生都很喜欢这堂课，他们有的带宠物，有的带玩具，有的带父亲来，或者带母亲来，因为父母亲本身就有一段又一段的故事。

在讲故事时，学生还要接受其他学生的提问。除此之外，老师也要认真听，要从学生的提问中给予一些意见和帮助，让孩子把完整的故事讲下来。

讲故事不仅要有人物、时间、事件、地点，还需要有因果关系。只有一个具备这些条件的故事，才会是一段好的故事。

如果在讲故事的过程中，丢掉了其中一点，那这个故事就不完整，也会让听的人一头雾水。也因此，训练说话是很重要的，这不仅是在训练逻辑思维，还是在锻炼组织能力，而这两种能力恰恰就是学作文的基本能力。

可以说，说话和写作文其实并不难，只要多多练习就可以了。在写作文的过程中，你可以想象在跟同学说故事，要说一件完整的事，要说到同学听得懂。当然了，在说的过程中，一定要流畅，要有起伏，这样才能够吸引人。不要故意说一些晦涩难懂的话，这样别人以为你是在卖弄。

因此，父母必须注意对孩子的口语和写作能力的培养，争取让孩子早早适应这个社会，而不是在激烈的竞争中被淘汰。

下面为做父母的介绍一下训练口才的方式方法：

对着镜子训练

在周末或闲暇时，父母可以叫子女对着镜子训练，训练自己的眼神，训练自己的表情，训练自己的肢体语言，这样效果更好。

自我录音摄像

在这样的方式方法中，父母和孩子能够清晰地看出哪儿的手势没到位，哪儿的表情不自然，声音怎么样等缺点，从而加以纠正。

躺下来朗读

当人躺下来的时候，就是腹式呼吸了，而腹式呼吸是最好的练声练气的方法。坚持一段时间，你就会发现自己的声音变洪亮了，音质变动听了。

写日记，养成写日记的习惯

每天写上几百字的感想和身边发生的事情，然后在增加字数。这样的方法方式，不仅梳理了自己的情绪，而且学会了遣词造句。慢慢地纸上的字就能够脱口而出了。

模仿法

在闲暇时，父母亲可以引导孩子模仿电视上那些讲解、主持、口才辩证之类的。又或者将他们的讲话的内容用视频和录音记录下来，从而分析他们说话的技巧、手势及语气等，以改进自己的不足。

讲故事法

父母亲可以让孩子把书上的故事讲出来，要讲得有声有色，给人身临其境的感觉。

分数并不能代表孩子的一切

在民间流传这样的一个说法："考，考，考，老师的法宝，分，分，分，学生的命根。"用这来形容现如今的教育，真是一点儿也不为过。不管是在家庭中，还是在学校、社会中，人们一致认为：分数就是衡量一切的标准！

在家庭教育中，父母亲与祖辈对孩子说得最多的就是：要好好学习，将来考上一个好大学。随着孩子年龄的增长，父母和孩子之间的说话内容越来越单一，似乎除了学习之外就没有别的了。

当子女的学习出现了什么困难的时候，父母不是积极鼓励和引导孩子，而是拿别人的孩子与之相比，如："你看你李阿姨家的孩子……都是一个老师教的，怎么就你不如人家呢？""这么笨，我都不好意思给别人说！"

有的父母亲为了维护自己的尊严和权威，往往对子女实行命令主义，摆出一副高高在上的架子，对子女说一些比如"必须考进前三名""如果你不考到95分以上，就不准吃饭"之类的话。当孩子想要反驳，说些什么的时候，父母立即打断，并且指责，甚至用一些暴力行为来压制孩子。

我们经常会听到某些父母说：你只要好好学习就行了，其他的事情不用你操心。似乎只要孩子学习成绩好，就能保证孩子在激烈的竞争中赢得一席之地。其实，分数只是孩子健康成长过程中的一个方面。不过在日常生活中，总会有一些父母将子女的学习成绩看得高于一切。即便是在一次无关紧要的考试上，孩子的成绩没考好，那父母轻则批评教育，重则拳脚相加，并会为孩子报一些培训班或辅导班。

要知道，学习成绩并不是代表一切，父母没有必要只追求子女的分数，一个只有分数而没有实际能力的孩子是不可能会适应社会发展的。作者这里公平地说一声：每个孩子都具备多种能力，只是他们的突出点不同而已。学习成绩好的子女，只能说明他学习能力、记忆能力、理解能力和执行力比较强一些，但这些能力只是个人能力的一部分；学习成绩差的学生，或许在其他方面表现得比较好一些，比如：领导能力、管理能力、组织能力、创意能力、策划能力、交际能力等。

因此，作为父母要充分认识孩子的优势，了解子女的强项，从而进行发挥和培养，而不是揪着一点，让孩子来培养。如果父母拿子女弱项强要求子女，那孩子肯定会感到吃力，并且会做不好。如果你借子女的强项来要求孩子，相信孩子能够手到擒来。

父母亲都想让子女的学习成绩好，将来成为一个栋梁之材，但每个人的兴趣、爱好是不同的，能力也是不同的。不管子女的基础和兴趣爱好怎么样，作为父母都应该支持他们，鼓励他们。

这里作者衷心地再劝做父母的，千万不可以用考试分数去衡量孩子是否优秀，更不能让孩子产生"以成绩来论英雄"的意识。父母应当注重子女思维能力、学习方法的培养，努力发现发掘子女的个性兴趣爱好与好奇心，而不应只注重分数。

因为分数本身是教师通过考试对孩子某个学习阶段的学习情况的一种检验成果。老师、父母和孩子通过分数来了解这段时期学习的成果。这也只是一个参考，并不是说明分数高的孩子就一定优秀。父母应该关心子女是否掌握了学习方法和技能，这才是最重要的。

在日趋激烈的考试竞争下，分数很容易成为子女升级、升学的唯一标准，更是子女、家长、老师追求的最终目标，有些父母将学习成绩作为评价子女的唯一标准。比如：当孩子考了好成绩时，父母就会满脸笑容，不停地赞扬孩子，大把大把地给"奖金"，而一旦孩子考砸了时，他们马上就会板着脸，开始严厉的批评，更有甚者还带点"暴力"不说，还折腾得孩子苦不堪言。

其实，考试就是考查孩子学习情况的一种手段，分数代表的只是一个指标，算是对孩子学到的课本知识的抽查。分数永远只是衡量孩子某阶段的知识，而不是决定孩子命运的尺子。

爱因斯坦在 4 岁时候还不会说话，大了不还是个聪明的孩子？一方面是因为他不怎么会说，另一方面则是因为他总会提出一些古里古怪的问题，人们回答不上来的同时，便觉得他低能、无知，一些老师甚至怀疑他的智商有问题。与他的小伙伴儿相比，爱因斯坦依然显得瘦小又木讷，动作迟缓呆笨。尤其在学校里，他的学习成绩非常糟糕，老师提问课堂问题，他总是呆头呆脑一句也答不上来，同学们私下里都嘲笑他，称他为"弱智儿""笨狗熊""笨蛋"。

爱因斯坦在成长过程中，对数学还是比较喜欢的。记得有一回，爱因斯坦的叔叔将他带到花园里，然后在他面前的纸上画了一个直角三角形，并在旁边写出勾股定理，充满神秘色彩地对爱因斯坦说："这就是著名的毕达哥拉斯定理，早在 2000 多年前就被人类证明出来了，你要不也试一试？"

在这个时候，爱因斯坦并不懂得什么是几何，但他却被这个勾股定理所迷住了。他努力寻找证明方法，一个多月，爱因斯坦竟然成功地证明出来这个定理。从此他体会到创造的快乐。从此，他的创造力被成功开启了。

尽管这样，他在学校的成绩还是很差。班主任老师向他家长说过这样的话："您的儿子将来无论做什么都没有关系，反正他将一事无成。"之后这个班主任竟然勒令爱因斯坦退学。就这样 15 岁的爱因斯坦就失学了，甚至连毕业证都没有拿到，但是这并没影响爱因斯坦爱钻研的能力，随后，他靠着自学能力，学完了对《大众物理科学丛书》这本书的理解和学习。

也正是因为这本书，让爱因斯坦立下了探索自然奥秘的伟大志向。就是这样一个被人称作"弱智儿""差生""一事无成"的人，最终成为现代物理学的开创者、奠基人。

世界上其实有很多的大科学家、大物理学家小的时候都显得非常平庸，有的甚至还被认为是低能，就如爱因斯坦一样，在学校成绩差不说，还不被老师和同学喜欢。但是，这都不影响他们对周围事物的发现与仔细观察研究。所以说成绩只是一种表象，它无法显示出一个人所有的能力，所以，只通过分数来决定一个人能否成才，显然是不客观的。

放眼当今社会，有实力的人有多少是上过大学、学习成绩名列前茅的？有多少事业蒸蒸日上的人是在父母的"严格看管"下成长的？有多少"高考状元"在日后还能大放光彩？

因此，作者再度劝天下父母，不要把学习成绩看作衡量一切的标准，也不要扼杀那些"不听话的孩子""让人头痛的孩子""差生"等。而是要先了解他们的需求和目标，从而慢慢地引导，让他们走出一条属于自己的大道。父母关心子女的学业，当然是没错的！但是我们要知道，教育的责任就是让孩子在学习中获得知识和快乐的，而不是要对子女施以高压，更不是让父母亲打着"分数"的借口剥夺了孩子的娱乐、休息、自由，扼杀了子女的兴趣和爱好。

因为教育并非是对子女的思想、行为的管制，而是对子女从个性与心灵的唤醒，发现子女的优势、爱好、特长后去支持、鼓励、启发、引导，使子女在自尊、自信中健康成长、成才、成功。

学习，走错道白费劲

在家庭教育中，父母最担心、最操心的就是孩子的学习成绩。他们抱着"望子成龙、望女成凤"的信念，想要子女学有所成。但是，由于子女在儿童期学习习惯没有形成，自主性弱，他们做的总是不能如父母的愿。

实际上，孩子的学习成绩无法提高，除了自主性弱，没有良好的学习习惯外，还有很多原因。我们只有弄清楚原因，才能够让子女的学习成绩更上一层楼。不然的话，孩子的"盲目努力"只会在错误的道路上狂奔，白费工夫。

不懂大脑规律

学习要用巧劲，不能死记硬背，也不能光说不练。要知道，大脑有它的运作模式，如果孩子能够熟练掌握这个模式，就能事半功倍；如果不顾大脑的规律，那就相当于是逆水行舟。因此，不会有什么大的进步。

缺少激励

在父母亲的鼓励下，孩子总是会用尽全力去拼搏，不管结果是怎么样的，至少他能够问心无愧。如果缺少父母与亲人们的鼓励，那么子女就会在意志薄弱的时候松懈下来。

在日常生活中，父母与大人们应该偶尔鼓励一下孩子。当然了，也并非是把鼓励挂在嘴上天天说，那样就达不到激励的效果了。

人际关系更有压力

有的孩子很聪明，也十分努力，但是他的学习情绪就不高。在这个时候，父母就需要留意，孩子为什么会出现这样的情况。比如：在学校遇到什么不愉快的事情；有可能是和同学闹矛盾了；有可能是被老师误解了。

总之，父母与长辈们应注意一些小小的问题，任何的小问题都有可能打垮孩子，甚至会影响到孩子将来参与到社会中的道路。因此，父母亲要引导和帮助子女解决人际问题。

缺少方法

在日常生活中，无论我们做什么事情，都需要有效的方法，学习更是如此。因此，父母亲一定要教给孩子一些比较好的学习方法，帮助和引导孩子，让孩子取得学习上的进步。

缺乏兴趣

大家都知道兴趣是最好的老师，只要孩子对某一门功课产生一定的兴趣，那么他就会不由自主地学习。在这个时候，父母就要靠自己的智慧，将孩子喜欢的和不喜欢的科目结合在一起，从而提高孩子的学习兴趣和能力。

消极情绪

如果父母亲总是说"你真笨""你要是考了前三名，我的姓就倒过来写"之类的话，那孩子肯定就没了兴趣，甚至产生一种消极的情绪。在孩子眼里认为反正父母对自己不抱什么希望，他就不会去努力，而是"顺其自然"。

因此，在生活中，父母亲一定要给孩子灌输一些乐观的、积极向上的观念，让孩子丢掉消极情绪。

懒惰

懒惰是很多人的通病！如果父母懒惰的话那么孩子也很可能是懒惰的。如果父母是勤快的，会影响子女同样是勤快的。

在子女年幼的时候，特别喜欢玩。如果父母总是限制他、制止他的话，那孩子就会在其他方面来偷懒，以"报复"父母的行为。在这个时候，防止孩子懒惰最好的方法，就是激发他的兴趣，让他觉得闲着没意思，动起来才有趣。

思维导图是使分数翻番的秘密武器

当我们看到思维导图的时候，会忍不住问道：什么是思维导图呢？难道思维导图能够让子女的学习成绩翻番？有没有这么神啊？现在作者来向父母一一解答。

思维导图是著名英国学者，在 1970 年发明的一种表达发散性图形的思维工具。一般来说，人类思考问题时运用左脑理性思考，而思维导图充分调动了大脑的线条色彩图形空间，等等，来进行形象思考，让人类的大脑，左脑和右脑在同一时间运作，它就像一把钥匙一样，开启了大脑无限潜能。

可是孩子能运用思维导图吗？当父母亲看到这几个大字，一定会感觉到枯燥。研究结果显示：孩子的思维特点是具体形象思维，是要借助具体事物，从而得到思考答案。比如，孩子喜欢用绘画来表达自己丰富的内心世界，而我们的思维导图就是把孩子大脑中的想法画在纸上，可以说是将孩子大脑中抽象的信息变成了具体的、生动形象的图画。

世界大脑先生、思维导图创始人东尼博赞曾经说过思维导图就是人类大脑的使用说明书，它运作的范围很广，上至九十岁老人，下至五岁的孩子都可以使用。这就像一个学习和思维的管理工具。

那么，思维导图在子女的教育中可以起到怎样的作用呢？为什么它可以做到这一点呢？相信很多父母亲都会产生这样的疑问。

从孩子的成长阶段来看，年幼的孩子好动，他们喜欢通过动手尝试来了解和认识这个世界。他们对周围的世界有了初步的认识，总想通过一些独特的方式，来表达自己对这个世界的理解和看法。在他们的内心深处，涂涂抹抹就是他们的首选。

因此，我们会经常看到有很多孩子天生就像个绘画大师、一个艺术家，比如他们对线条颜色空间的利用有着自己独到的见解。如果从大脑的发展来说，这个阶段的孩子的右脑正在处于一个高速发展的阶段，他们在通过更多的感官接触来探索未知的世界。也可以说在这个阶段的孩子他们的学习能力非常的活跃。

下面我们就来了解一下思维导图对孩子有什么作用吧。

1. 让孩子通过涂鸦、绘画更充分地表达出自己的内心世界，并让他的创造力和想象力得到进一步的启发和提高。这样的做法有利于促进孩子大脑更完整地发育。

2. 思维导图的独特结构，让孩子在绘画的过程中，不但培养自己的放射性思维，还训练了自己的逻辑思维能力。

3. 对于子女来说，思维导图不但是一个工具，同时也是一种思维习惯的培养方式。在绘画的过程中，孩子就会潜移默化地养成了一种放射性从整体到局部的思考习惯。

4. 思维导图是一个瑞士军刀式的多用途工具，它可以用在孩子的日常生活安排，还可以用在孩子的学习成长记录、家庭计划等多个方面，要把它作为一种处理事务的思维习惯来培养。

5. 思维导图不但对孩子的成长教育有帮助，同时还对大人的工作和生活也有着十分重要的引导作用，因此学习思维导图，不仅是孩子的事情，还是父母亲的事情。

6. 学习思维导图可以帮助子女激发快乐学习兴趣；可以帮助孩子发散思维广度；可以帮助孩子养成计划做事的习惯；可以帮助建立孩子的自我

认知。

总而言之，父母亲应该引导子女抱着探索的精神，去不断尝试。这样的话孩子和父母亲都会收获更多的奇迹。

作业签字先紧后松

现如今，"检查孩子作业并签字"已经是很多父母要做的工作。近年来，有不少家长开始抱怨：朝九晚五的工作已经很辛苦，回到家中要处理好家庭的各项事，还要再多一门兼职——给孩子签字……有的时候，这份兼职少则二十分钟，多则一个小时，还要跟孩子"交流"，真是累死人了。

针对于父母的抱怨，一个有关教育的网站论坛里发起了这样的一个话题：父母有必要给孩子的作业天天签字吗？

一名初中教师说："我带的班级是普通班，大多数学生都懒散，不好好写作业。后来实在没办法，就叫学生把每天有哪些作业抄在本子上，回到家后让父母检查，再签上字就可以了。可是没想到，这个方法实行了一个学期，没有一点儿效果。有些父母对孩子所学根本不懂，又忙于工作，所以不负责任现象是普遍存在，感到让父母每日签字的形式主义，真是无可奈何。

有的父母说：反对家长签字！孩子才上小学，每天回家都让父母改正错误并让签字。可是我们一天上班就已经够累了！哪有那个闲心？有时候没有签字，老师就会打电话，还要批评孩子……这样的教育方式谁受得了啊！这不仅会让父母反感，还会让孩子厌学！后来，就给孩子转学了。转学以后，学校不仅没有要家长签字，还会对孩子管教得松一些。就是孩子忘记写作业，也不会罚孩子，没想到，孩子在这样的乐学环境下，学习有了主动性，自主学习能力提高了，学习习惯也正常了，成绩越来越好了！

有的父母说：签字还是有必要的！最起码孩子能感受到父母是很重视他的学习的。他们赞成让父母检查并签名。要知道，老师面对的是一个班的学生，而不是一个学生，他们能做的肯定不是面面俱到的，如果父母配合，老师再加以辅导，那孩子的学习成绩肯定会进步。

看，"签名的事"竟然成了论坛中唇枪舌剑的一个热点。在这里，父母和老师都喊冤，都说自己需要理解和支持。可是，父母签字真的有必要吗？

实际上，老师要求父母在孩子作业本上签名，不仅造成了一部分子女的依赖性，还让孩子没有承担力，推卸掉自己的责任。孩子认为：作业做错了，还有父母垫底呢！也因此，子女就会出现上课不专心听老师讲解，做作业也马马虎虎，根本养不成自己要仔细反思和认真检查的自主学习的良好学风，甚至缺乏责任心。

在父母签名的作业上，老师在作业后面龙飞凤舞地打对勾钩，但是，老师都忽略了，在这对钩后面，掩盖了老师讲课的真实效果与每个学生存在的问题……要知道，短短的几十分钟老师不可能把每篇教材的重点、难点都讲得非常清楚，加上学生的理解水平有差异。面对这清一色的对钩，老师怎会看到自己在教学上的缺陷和失策？又如何改进教学方法呢？

在日常生活中，孩子拿着作业本与教材凑上来："让父母亲给他报后面的生字，等孩子默写完，父母检查后再签个字。"于是，无奈和听话的父母亲不得不按照老师的布置作业，给孩子默写一遍生字，监督孩子检查。等到签完字之后，又要帮助孩子读课文、背诵、记单词……当然了，虽然对于年长的父母来说，这并非难事。但每天都是一模一样地重复，那父母怎么会一直有耐性呢？有的父母在碰上慢吞吞的孩子，教过的东西还会错的时候，父母就会埋怨孩子太笨了。

实际上，父母的评价对孩子十分关键和重要。如果父母说孩子很棒的话，那么孩子就真的以为自己很棒；如果父母说孩子不行的话，那么孩子也会对自己没有信心。

因此，在孩子上低年级的时候，父母可不能偷懒，要每天检查孩子的各科作业，看着孩子认真地完成作业。当发现孩子错误后，父母不要马上说"你这样错了"之类的话，而是扩大范围让孩子检查。直到孩子找到错误后，父母再来把关。这不仅省下了父母的时间，也让孩子学会了"做完作业后自己认真检查"的好习惯。

如果孩子养成了这种习惯的时候，父母就应该对子女说："你现在有了独立学习的能力，我们也省心了，真是个好孩子。"在这样的言语中，孩子既能感受到爸妈的关爱，也能找到做作业的成就感，今后学习的劲头就会更足了。

在学习中，其实孩子是有自觉性的。当你给了孩子一些信任，孩子就会珍惜这份信任，从而把自己该做的事做好。像"签字"这种事情，并不是需要父母作为一个长期的任务来完成，而是起到了监督孩子的作用。表面上来看，签字是给老师看，但实质上是给孩子看的。如果孩子的学习状态还不错的话，还可以对老师说："我们对孩子的成绩很满意，谢谢老师对孩子的关心与爱。""孩子在家学习自觉性较高，我们很省心，感谢老师的教导与关怀……"

在考试的时候，如果孩子还不错，父母就可以对孩子说："我们在心里为你感到自豪！"与此同时，父母记住要拍拍孩子的肩膀，用行动告诉他你为他骄傲；如果孩子考得不好的话，那么应该与孩子一起分析原因，在签字的时候，也要很明确地告诉孩子："你已经正在努力了，我相信你成绩很快会提高的。"

当然了，到了高年级以后，父母就可以不用天天签字，而是要放手，让孩子为自己的学习承担其责任了。别看小小的签字，里面可蕴含了父母、学校和孩子之间互动的过程，以及与孩子谈心交流的机会。

写作能力全靠培养

在生活中，有很多学生最怕写作文了！一说写作文，很多学生都会忍不住叹一声"唉"！还有的学生抱头愁泣，大呼：写作文太难了！不仅没有素材，没有想说的话，好不容易写出一点想说的内容，但老师不是说"语言不够优美""词汇量太少"就是"没有新意"……

在这样的挫败中，把稍微的一点儿热情都给磨光了。也因此，学生不爱写作文。孩子的这种状况，可急坏了父母！要知道，在语文中，作文可占了很大的分值，如果作文写不好的话，那语文成绩就不会高；语文成绩不高就会拉低总的分数；总分数低了，那么考高校就没有希望了……为了提高子女的写作能力，还有的父母为孩子报一些写作班、辅导班等。可是这样就真的能提高孩子的写作能力，能让孩子感兴趣吗？

实际上，这些孩子都并非是真的不喜欢作文，而是在父母或者其他的外界因素影响下，才变得不喜欢作文，从而得不到高分。其实写作是有一定方法的。

曾有些父母这样说，现在跟以前可不一样，如今的生活丰富多彩，多么有滋有味啊，怎么会没有话讲呢？再说了，现在的孩子可不像以前的孩子好学，先进的高科技会帮助孩子很多，不会的题上网一搜就能找到答案……这可不好！

是啊，父母的这些疑虑是可以理解的，那么如何培养孩子的写作能力呢？下面为大家提供两点建议：

多让孩子阅读

俗话说得好：巧妇难为无米之炊。诗人杜甫说"读书破万卷，下笔如有神"说的就是这个道理。如果不看书，肚子里没有点墨水的话，即使是学会再多的技巧也写不出好文章。因此，父母要先引导孩子多读书，读好书，培养阅读的好习惯。

在鼓励子女多阅读的时候，首先对图书进行筛选。适合孩子的，能够帮助写作的就去选择，千万不能说是书就行了。现在市面上的书很是繁杂，有的书籍没有多少文字，反倒是图画占了很大的篇幅。几十元买一本这样的书真是不值得！

有的父母给孩子买了很多作文书，可是一个学期过去了，孩子并没有什么进步，依旧是没有文采，没有创新……

因为，这样的教育方式是错误的！试想，如果孩子看一本插画很多、文字简单的图画书，别说一天五六本了，即使一天十来本也没什么问题的。

在金钱的诱惑下，孩子不仅会学不到东西，还会歪曲了孩子的学习目的。

让孩子放慢阅读，细细体会

在生活中，有很多值得孩子写进作文的素材，比如家庭中有趣的事、同学间有趣的事、学校的事情、师生之间的事情、社会上的热点等生活中的典型事例，这都是写作素材。

只有放慢脚步，细细体会周围及身边或自己经历的事情，那就不难积累写作的素材，如果只图孩子多阅读，不引导反思、回忆，并联系生活实际去收集，那一到写作文时，他们脑袋里仍是空的。

阅读，先要悦读

大家都知道，阅读能培养一个人的逻辑性，增加他的词汇量，并且能够让他在写作和演讲的时候，清楚地表达出自己想说的话，也就是说，阅读对一个人的学习和生活有着很重要的影响。但是要想通过阅读受益，那就一定要"悦读"。

曾经听一位老师说，暑假早上天还没有亮的时候，有个小学生就翻山越岭来到学校，直接去敲老师寝室的玻璃窗，叫老师快点起来开图书馆的门，因为他想进去看书。从这位老师的话中，我们便可知道：人是喜欢阅读的！但现在有很多孩子不喜欢阅读。为什么会这样呢？难道是我们教育出了什么问题？实际上不是的！只有想读书的人才会读书，才会仔细阅读，而那些不想读的孩子肯定不会去阅读。就算是强逼孩子的话，孩子也不会感兴趣。也就是说，要先学会阅读，懂得阅读，首先要让孩子"悦读"。

要让孩子喜欢书籍

告诉孩子书中什么都有，书中存黄金，看你取不取！要启迪子女对书籍充满好奇，对书产生敬意，初读书时应找适宜孩子的故事书，让孩子入迷，感到书本里有趣，有指导生活与做人的方法和做事的技巧。

引导孩子提前认识字

为了尽快让孩子能够阅读，父母就应该让孩子提前识字，比如：认识一些简单字、背唐诗之类的。只有孩子产生了疑问，懂得了一些知识，才会去寻找答案。当然了，如果孩子不想学，想玩的话，不要制止他，不要去强迫他，父母可以找吸引他会玩耍的故事书来引诱他。

在不同的阶段让孩子做不同的事

在子女还小的时候，父母就应当培养他们的阅读兴趣，当然大人就必须养成良好的读书习惯。在孩子生日或节日的时候，送给孩子一些适宜他读的书。如：儿童期刊合订本、卡通书、科普读物和一些古典名著的改编本等。在周末的时候，带孩子去逛图书馆。当然了，逛图书馆不一定带着很强的目的性。哪怕随便翻翻，也可以培养孩子的兴趣。

给孩子一个读书的氛围

如果孩子生活在一个没有阅读氛围的家庭，那么父母怎样威逼利诱，怎么努力让孩子看书，孩子都不会喜欢。因为在孩子眼里，父母让他们读书带着强烈的功利目的，比如是为了让他们考试的时候取得更好的成绩；为了让他们写作文的时候有更丰富的素材；为了他们能够在别人面前显得有文化、有水平……

虽然父母是为了孩子好，但孩子还是有一种被威逼的感觉。要知道，孩子没有真正体验到阅读的乐趣，就不可能爱上阅读。就算是孩子勉强读了，也不可能有多么浓厚的兴趣。

父母有表情地读让孩子听

在孩子还年幼的时候，识字量很少，理解能力也比较差。孩子也不会对读书有兴趣，因为他根本看不懂。在这个时候，父母不如让孩子学会听书。这样听书可以让孩子毫不费力地了解书中的世界，当明白了什么意思的时候孩子就会很有成就感。

实际上，读书的过程就是一个传授阅读方法的过程。父母亲可以把有关的背景知识穿插进去，也可以故意提出一些问题让孩子思考。在孩子听书时，父母也可以与孩子一起讨论。在这样的过程中，孩子就会有所领悟，心灵会越来越灵敏。

因此，在家庭教育中，父母亲对子女的影响特别巨大。父母培育子女，那孩子从小就打下被教育的好基础，因为良好的生活与学习、思维习惯都是父母培养的。当孩子对阅读有兴趣的时候，父母一定要针对孩子的兴趣去引导、鼓励发展孩子的爱好与兴趣，从而达到科学教育的目的。总而言之，在假期生活中，父母要想让孩子喜欢阅读，就要在平素的日常生活中培养孩子"悦读"。要知道，只有孩子从内心喜欢阅读，才会有阅读的欲望，养成主动读书的良好习惯，给孩子一生成长铺下走向成功的道路。

第九章

好习惯的培养

好习惯是人生最宝贵的财富

中国有句俗语"三岁看大，七岁看老"，它所包含的深层次的含义是：在人一生的成长过程中，先天遗传因素起定向作用，而后天习惯的养成则起重要作用。

与遗传相比较，习惯是人类在日常生活中长时间逐渐形成的一种不易改变的态度与行为，是在人类一再重复的思想行为下形成的，它具有很强的惯性。可以说，一个人一天之中做的很多事情有90%都出自于习惯。习惯决定一个人的命运，好的习惯是人类一生的宝贵财富，是一个人成功与幸福的助力；而坏习惯是人生的阻力，它制约着人类发展，阻止人类走向成功。英国著名的教育家曾说过：习惯一旦养成不用借助记忆，就可以很自然地发生作用。的确，习惯就好像火车轨道，它使人类不由自主地在这个轨道上运行。所以，习惯成为决定人生成败的重要因素。我国著名青少年教育家孙云晓先生曾说过："习惯决定孩子的命运。"一个好的习惯甚至可以主宰孩子发展的命运，成为他延伸成功的轨道，确实是其一生的最宝贵的财富。

毋庸置疑，儿时养成的良好习惯对人一生具有决定性意义。相反坏的习惯会使孩子身心疲惫，比如：晚睡晚起、玩耍无度、不注意卫生、不善待别人、口出脏语、不注意饮食，等等，而适度运动、饮食健康、生活规律、按时睡眠、说话友善、经常学习、严以律己、热爱集体等，这些好习惯则让子女身心愉悦，健康成长。

俗话说"江山易改，本性难移"。一个人如果养成一些坏的习惯，就会在这个错误的习惯中不自觉地走下去，他的言谈举止及综合素质就会显露出来，并在成长过程中长时间地影响着他的判断和评价。如果一个孩子养成许多坏的习惯而不被众人所接纳，那么带有这种不良行为习惯的孩子将终生贴有不被接纳的"标签"。

所以，劝做父母亲的应该在孩子小的时候就花时间培养孩子做好人的习惯。

下面是几种培养子女养成好习惯的方式：

做事情注意力集中

不论在生活中还是在做事的时候，一个好的习惯可以极大地节约时间，节省精力。要训练孩子把注意力集中到重要的事情上，不被其他的事情占用时间，进而能够专心地做自己感兴趣的事情。

例如，孩子喜欢玩游戏，并且能对自己感兴趣的事情探究很长时间。但是，如果一开始没有收拾整理的好习惯，孩子就会因为找不到所需要的东西而着急。等到花了很多时间到处找时，孩子很可能已经累了或者想要探索的兴趣也没有了。

因此，父母亲不能只是关注开发孩子的潜能，还要努力让孩子在探索上的时间能够多一些，如果孩子的兴趣被其他的不相干的事情磨没了，孩子的"专注"也就随之没有了。

生活习惯

一个人的生活习惯好坏，可以展现出孩子的综合素质。生活习惯包括吃饭、起居、新陈代谢、卫生等，最简单的好习惯就是按时睡眠、起床、不挑食、不偏食，吃饭细嚼慢咽，遵循生活规律，饭前便后要洗手、早晚刷牙等。父母要根据孩子的年龄特点，来培养孩子良好的生活习惯，让孩子养成懂规矩、识礼体。如：自己个人卫生、爱惜书籍、看完书必须放回原处、自己每天要整理自己用的东西、吃完饭收拾碗筷、打扫送垃圾等好习惯。

讲文明、懂礼貌的习惯

礼貌是指人与人之间和谐相处的规范，是一种社会道德，对别人表示尊重的友好表现。尽管这只是一种外在表现，但它反映的是人的涵养，体现出一个人的自尊和尊重他人的素养。

父母必须教育子女，学会使用文明礼貌用语，如"请"、"你好"、"不好意思""谢谢""对不起""请原谅"等。同时，要注意孩子平时生活中的言行，教育他们遇见人要热情打招呼问候，别人问话时要先倾听，思考后再有礼貌地回答，要保持衣帽整洁，行为举止要大方。

道德习惯

道德是一种社会意识形态。孩子作为社会一分子，一定要从小养成良好的道德习惯，这样与别人才能和谐友好地相处。当孩子拥有这种正面的价值取向后，才能用积极的心态去面对生活，自觉地遵守社会准则。这样孩子才能慢慢形成高度责任感，将来才能被社会所接纳，成为可敬可爱的人。

牢记，道德是做人根本，有德走遍天下。道德包括各种行为规则，大到爱国、敬业、诚信友善、一生为祖国做贡献，小到尊老爱幼、爱集体、爱劳动、爱公物、团结助人。

学习习惯

孩子良好的学习习惯与他们的学习兴趣和学习方法以及学习成绩息息相关，对孩子一生的学习产生正面影响。

良好的学习习惯包括：主动学习、自主探讨，及时完成规定的学习任务，听课注意力集中，边听边独立思考，善于提出问题，等等。学习勤奋的孩子的学习习惯都比较好，而导致大多孩子学习差并不是智力因素，而是没有浓厚的兴趣，没有培养好学习方法和良好的学习习惯。例如：上课分神，不注意听，长时间地看电视，不按时完成复习任务与作业等。因此，父母一定要引导和督促孩子学会上课专心认真，并能及时发问可疑点，坚持经常进行广泛阅读、自觉地完成学习任务。

思维习惯

良好的思维习惯是孩子必备的能力，有利于孩子以正确的思维方式考虑问题，锻炼他们获取知识以及运用所学知识灵活解决问题的能力的同时，开动脑筋，遇到问题后能够独立思考并解决问题。

劳动习惯

劳动与人生息息相关，因为要生活就得劳动。父母亲要努力培养子女自己多动手，自己的事尽量由孩子自己做，并让孩子多参加一些力所能及的劳动，为的是培养他们良好的劳动习惯。平时生活中一定要求孩子：自己动手清扫整理自己卧室与书房，从小就培养孩子自己穿脱衣、铺床叠被。还应培养子女帮助长辈与家长做些简单家务活，例如：摆碗筷、饭后擦桌子、摆凳子、扫地倒垃圾等。

的确，好的习惯是孩子终生的财富。另外还需要注意的是，父母在培养子女养成良好习惯的时候，先要提高自身素质，为子女做出榜样。教导的时候还要讲究方式方法，不要用命令的口气，一定要循循善诱，坚持不懈，严格要求自己与孩子。

总而言之，播种思想，可收获行动，收获一种习惯；行成习惯，收获好的命运。父母今天培养子女的好习惯，将来孩子就会收获美好的明天，因为好习惯成就一个人的命运。

根除孩子的小恶习

习惯无论是在家庭教育中，还是学习中，都是非常重要的。孩子的年龄越小，其可塑性就越大，各种好习惯就越容易形成。在这个培养习惯的最佳时期，如果父母不适时地改掉孩子的一些"小恶习"，将会对孩子的身心健康造成一定的伤害，影响孩子正常发育与成长。

您的孩子喜欢挖鼻孔吗？他总是在洗澡的时候悄悄地喝洗澡水吗？……年龄小的孩子都或多或少有一些让人忍俊不禁，却又让人头痛的坏习惯，这些小恶习的形成是因为孩子不像父母那样了解健康知识，他们往往意识不到不洗手就吃东西\边洗澡边偷偷地喝水会造成细菌感染，会给自己的健康带来危害。

当然了，这种现象在孩子身上非常普遍，也因此，父母必须提高警惕，努力改正他们的不良习惯。下面提供家长克服子女恶习及应对方法：

1. 看着孩子抠完鼻孔再吮吸手指，还过来摸你的脸，真是让人无法接受的一种恶习。尽管孩子吃了鼻涕不一定都会生病，但是抠鼻子却会引起鼻黏膜遭受细菌的感染，导致疾病。

遇到这种情况，父母可以通过转移孩子的注意力来改掉恶习。当他的手伸向鼻子的时候，给他一件玩具、一本书，总之一定要让他的双手闲不住。事后，还应给孩子解释抠鼻孔会让鼻子感染。

在日常生活中，父母应尽量保持室内空气湿润，这样孩子鼻孔就不会经常发痒，他抠鼻子的机会也会随之减少。此外，要准备一些滴鼻剂，遇到孩子鼻孔发干的时候，按照说明给孩子使用。

洗澡的时候，让孩子先喝点水或饮料，防止口干，怕孩子洗澡时喝水可给孩子的浴盆里放些塑料玩具，引起他的注意力。同时告诉孩子浴盆里的水是不卫生的，喝了会有"小动物"在肚子里捣乱，肚子要很疼的，这样孩子也就不敢再喝着玩了。

教育孩子打喷嚏的时候要捂着嘴。作为父母应为孩子做个榜样，一定要在生活中不厌其烦地提醒孩子：怎样做才是正确的，怎样做是不对的。如没来得及制止孩子用手捂嘴，那么随后一定要监督他把手洗干净，记住咳嗽或打喷嚏是一定要捂嘴。

有些孩子在伤疤快好时喜欢去抠。由于身体会长新的皮肤，孩子就会觉得痒，然后用小脏手去抠伤疤。这会导致伤口细菌感染，严重的话还会留下疤痕。

父母要先清洗孩子伤口周围的皮肤，然后在创伤处涂抹消炎杀菌的药膏，最后贴上创可贴。目前，市面上出现一些带有卡通图案的创可贴，父母可让孩子选择自己喜欢的图案，这样孩子就不舍得把它抠下来了。如果看到孩子正在挠伤口，一定要制止，然后和他说话或玩游戏能够转移他的注意力。

孩子在很小的时候，都有"洗手健忘症"。父母需要耐心地给孩子讲道理，并不时地提醒他饭前便后一定要洗手；参加户外活动回家要记得先洗手……

父母还可以开动脑筋做一些视觉提醒，比如：画一些有趣的色彩艳丽的图片，然后把这些画片贴在洗手池周围、鞋柜等醒目的地方。参加户外运动的父母要随身携带消毒湿巾，为孩子提供清洁的保障。

很多小孩子喜欢咬指甲或抠指甲，这样做会把手上的细菌带到口腔中，有的孩子还会咬伤指甲两边的表皮，常会引起细菌感染。其实，大多数孩子咬指甲是觉得无聊，这时父母可以让孩子听听音乐或者与孩子一起做游戏来打发无聊的时间。要注意的一点就是，父母要及时给孩子修剪指甲，避免更多的细菌滋生。

生活中有些孩子捡起地上的食物就吃，父母一定要给孩子讲清，地面的细菌比空气中的更多更繁杂，如果有动物经过的话，地面还会残留一些寄生虫或者其他有害的细菌，所以要制止孩子捡地上食物吃。要知道，孩子的抵抗力与成人比起来要相差很多，要为孩子健康着想平时要保持地面干净和干燥，让孩子生活在一个绿色的、健康的环境中。

在孩子还年幼的时候，父母最好帮助孩子来处理上洗手间等事宜，帮助孩子擦干净屁股，即使孩子大了一些，能够自行处理的话，父母也最好在一旁监督和检查。

养成好习惯必须注意细节

在日常生活中，一个具有好习惯的人是招人喜欢和受人尊重敬仰的，而一个具有不良习惯的人是令人厌恶和讨厌的。可以说，好习惯是人身上的一种道德资本，并且是一种可以持续增长和有利可图的资本。在人的一生中，人们都会享受到好习惯的利息。反之，如果养成坏习惯，只能品尝着道德上无法偿清的债务，悔恨不已。

实践证明：孩子不是用规则教育就可以教育好的，他们总会把规则忘掉。因此，父母认为孩子有什么必须做的事，就应该去利用一切时机，让孩子去练习，并使得他们养成一身的好习惯。

好习惯塑造好人生。好习惯会让孩子成为受欢迎的人，会让孩子在未来发展中脱颖而出。也因此，如何教育孩子养成一个好的习惯，就成了天下父母的一个热点话题和重要课题。孩子的习惯是在生活和学习过程中一点点形成的，而不是一蹴而就的。

在帮助子女培养好习惯的时候，父母一定要讲求方法，必须明确在教育孩子的过程中应该担当的角色，必须明确应该在什么时候用什么方法……除此之外，父母还要抓住关键时期，注重科学方法，以此有针对性地培养孩子的好习惯。

在日常生活中，父母通常会忽略孩子好习惯的作用，常常"教育"孩子说："你得有规则意识，要懂得礼让别人。"

但事实上，这些所谓的"教育"并没有收到什么效果。对很多孩子来说，这些"习惯"不过是父母嘴边唠叨的家常话。在自己的成长过程中，会遇到很多事情，都需要自己来处理，而不是靠父母唠叨。父母一定要纠正这种错误的教育方式。要知道，如果孩子没有良好的习惯，那么他的处理方式也会是错误的。

比如，在生活中有很多孩子，总会遇到这样的问题：考试不细心，总是考不好；一边玩一边写作业，时间浪费得不少，但作业却没有完成……像这种坏习惯都是孩子的小马虎和注意力不集中所造成的。

如果父母不及时地帮助孩子改掉这些小毛病的话，那孩子就会把这些坏毛病带到学校，带到长大后，带到工作中……别看小小的坏习惯，这有可能会影响孩子的一生。比如：考试马虎那可能会让自己丢掉很多分，从而与名校失之交臂；注意力不集中、拖拉的毛病，可能会导致某件事的失败，如果是在工作中就会影响工作进度，被领导批评，甚至丢掉工作……当遇到孩子的这些毛病时，有的父母亲对孩子讲道理说："你吃饭要快，做作业要认真……"可惜的是，这种讲道理的方式并没有对孩子有任何的效果。而且，孩子会养成一种习惯，在遇到特定的情况，就会条件反射般地去做。所以说，孩子身上的坏习惯直接影响到孩子的身心健康和今后的发展。

我们都知道，过马路时要遵守交通规则；行人应该走人行横道……这不仅是一种规则，也是一种道德。如果没有这种习惯的话，人们有可能会因为不遵守交通规则而失去生命，或者是付出代价。

针对于好习惯与坏习惯的问题，俄国著名的教育家乌申斯基这样说过：好习惯就像是一种持续增长的资本，而坏习惯却是一种倒退的、会导致破产的东西。教育家叶圣陶先生也曾经说过：什么是教育？简单一句话，就是养成良好的习惯。

由此可见，良好的习惯可以让孩子受益一生，会影响孩子的生活方式和自己今后的成长道路。对孩子来说，好习惯非常重要，好习惯塑造好人生，从某种意义上说，只有好习惯才是人生最重要的指导。因此，为了帮助子女养成良好的习惯，做父母的一定要在生活中、学习中、交际中……为子女做样板并下足功夫。

所谓养成良好习惯就是不断地强化一种行为，让一种良好的行为从陌生变成熟悉，直到根深蒂固。那么如何培养子女良好的行为习惯呢？劝父母从以下四个细节开始做起：

首先要重视经常言传身教

无论是在生活中学习中，父母都是子女的启蒙老师，可以说，父母的一言一行对孩子有着很强的影响。在孩子心智发育尚不成熟的时候，模仿几乎成为所有孩子的天性。因此，父亲和母亲都应当以身作则，处处成为子女的榜样，不要让自己的坏习惯感染到孩子。

了解子女

在教育子女的过程中，父母亲一定要了解孩子愿意做什么，能做什么，怎样做，这样做的影响是什么……只有及时了解到孩子的心理变化，询问孩子对各种好、坏习惯的看法，才能够一点一点让孩子学习到好的习惯。

从小灌输和规范子女的行为

在孩子还很小的时候，父母就应该巧妙地告诉孩子什么是好习惯，什么是坏习惯，使孩子头脑中对"习惯"有明确辨析。当孩子一旦做错事情时，父母要及时地通过启迪帮助孩子改正，不可放任不管，以免孩子形成恶习。

与孩子一起制定家庭行为规范

在家庭生活中，父母应与子女共同制定行为规则，用条文的形式列出好习惯与坏习惯，然后互相监督执行。还可以和孩子一起设立奖惩制度，以督促孩子养成良好的生活、学习、劳动等习惯。

科学地克服孩子的懒惰情绪

在生活中，有不少父母说："这孩子太懒了……"实际上，懒惰这种坏习惯是一种心理上的厌倦情绪。懒惰的表现形式有很多种，主要包括：不能愉快地和亲人或他人交谈；不能从事自己喜爱做的事，不爱从事体育活动；整天对周围的事情漠不关心；由于焦虑而不能入睡，睡眠质量较差；每天的作息没有规律；不爱讲卫生；上学的时候经常迟到、逃学；上课不能专心听讲，不能按要求完成作业；书包里不是缺少书本，就是缺少文具……

像有的孩子在学校里，上课听不进去，听不懂，但每天还要"坚持"坐在那里。即使是"被补课"，还是"一点变化都没有"。而这种长期超负荷的"形式"的劳动得不到回报。这种没有意义的上课对孩子来说，就是一种致命的摧残。再加上父母的批评，非打即骂，孩子的心里就有了负担。子女的成长是一个非常漫长的过程，孩子从咿呀学语，到蹒跚学步，哪一步都离不开父母的陪伴。因此在关于如何教育孩子的问题上，做父母的不能急躁，而是要耐下心来，分析研究，有针对性地科学地采取方法与方式。

著名的教育家曾经说过：孩子的学习和其他问题并不是智力因素所导致的，而是因为情绪的变化导致的，比如懒惰的情绪状态对人的认知水平有直接影响。如果能够把这些情绪给解决了，那么孩子的学习成绩自然就能够得到改观了。那么如何解决这种懒惰的坏习惯呢？教育专家总结了如下几点，劝父母学习一下：

对孩子必须循循善诱

为了能够让孩子扔掉懒惰的坏习惯，养成勤奋的好习惯，做父母的不妨采用循循善诱的办法——就是有步骤地引导子女去学习。要知道，孩子的可塑性是很强的，只要父母亲的方法用到位了，那么孩子迟早会改变的。如何对孩子进行循循善诱呢？希望父母亲注意几个问题：

首先，要注意培养孩子在学习方面的基本功，比如多让孩子读书，扩大孩子的知识面；其次，要适当地引导孩子勤奋学习，抓住孩子萌发学习欲望的时期；在帮助孩子的时候，父母要特别注意不能用成人的标准去要求孩子，学习的内容也不要超过孩子所能承受的范围；除此之外，父母的态度一定要平和，更不能急躁猛攻，耐心引导孩子确立一颗勤奋爱学的平常心，如果太急躁的话，可能会引起孩子的反感，导致事与愿违。

多给孩子讲关于勤奋的故事

在生活中，我们经常听到"天道酬勤""几分耕耘，几分收获"之类的良言，这些话语都说明了养成勤奋刻苦好习惯的重要性。确实，它是人生走向成功的财富，因此，父母亲应经常给子女讲一些道理，比如：古时"头悬梁，锥刺股"的故事，让孩子明白关于勤奋的道理。

当我们看到电视里那些奥运会、亚运会或全国运动会上的金牌得主，为他们欢呼的时候，我们就应该想到他们的刻苦和拼搏的顽强。俗话说得好"台上一分钟，台下十年功"，如果没有台下的勤奋、刻苦，又怎么能换得一枚又一枚金牌呢！

所以，天下为父母的要让的你子女明白：世界上没有一件事情是可以不劳而获的，"付出才会收获"。这就要求父母应以身作则，言传身教地为孩子处处事事做出榜样。让孩子知道，只要能克服懒惰的坏习惯，养成勤奋好学的良好习惯，就能够一步步地走向成功。不过，要想克服坏习惯，养成好习惯可是件不容易的事。这是需要有极大的耐力和意志力，还需要有足够的毅力。但只要能够坚持下来，孩子的"懒惰情绪"迟早会消失不见。

要科学地改变子女的说谎习惯

据国内一项调查结果显示：从孩子三岁起有50%的孩子有撒谎的陋习；在九岁的孩子中，有70%以上的孩子撒过谎。而一项美国调查结果显示：在七岁的孩子中，98%的孩子都有过撒谎经历。当然了，这些撒谎中分为有意的和无意的。

在家庭教育中，无论是哪个国家的父母，都会担心子女撒谎。这是一种令人头痛的病症。实际上，父母不要过分担心孩子撒谎的问题。有一项心理学调查表示：会撒谎的孩子具有很高的创造力，比那些不会说谎话的孩子更聪明。

要知道，说谎是一种说出假想经历的能力，是一种能把语言和行为分开的能力。孩子的撒谎与"无中生有"的创造力有着密不可分的关系。比如：某天，孩子对父母说"我今天看见马和牛打架了"。当父母听到此话后，第一反应就是"撒谎"！但仔细想想，孩子的创造力还真值得父母庆幸。

可以看出，孩子将马和牛拟人化，说它们打架了，这种创造性是成人所不能做到的。如果父母把撒谎的孩子称之为"坏孩子"，那其实是剥夺了孩子创造性的思考力。

在家庭教育中，每个父母都会遇到孩子说谎的时候，但父母有没有想过：孩子为什么会说谎？

对子女的这类"谎言"，父母亲不要认为是孩子在骗自己，而是应当弄清楚孩子说谎的原因，了解孩子，引导孩子，而不是一味地批评孩子。

下面，教育和心理专家罗列出了孩子撒谎的原因：

说谎比说真话更容易

在生活中，有些孩子是被父母"逼出来的"。比如：有人来找家里的大人，但大人为了避而不见，都教孩子说谎，称自己不在。这时候孩子就会产生疑问：爸爸明明在家啊！为什么骗人？

慢慢地，孩子就学习这种谎言，反正是无伤大雅的事情。接着，孩子就会从小谎话到大谎话，直到让父母头疼不已。

为了讨父母的欢心

著名心理学家皮亚杰博士经过研究后，表示：年幼的孩子还不懂得分辨言行的对错，因此他们找了一个好方法，就是——从父母的脸上找到答案。

在平时，孩子就会做一些让父母高兴的事情，即使是错的，他们也会照做。还有的时候他们做错事了，但为了不让父母生气，便撒了"善意的谎言"。

为了赢得父母的注意

六岁以前的孩子，在他们的世界里除了自己就是父母，因此，在与父母互动的过程中，孩子十分清楚自己做了哪些行为，会得到父母的注意。紧接着，孩子就会不停地重复这种行为，达到自己的"目的"。

为了满足自己

无论在生活中还是在学习中，孩子都渴望得到父母的赞扬。如果孩子得到父母的鼓励和赞扬，就会有一种满足感；如果孩子得不到父母的鼓励与赞扬，就会有一种失望。因此，孩子为了得到父母的赞扬，就会撒谎，比如：有的孩子考试成绩不好，回到家后却撒谎说自己考得好，还受到了老师的表扬。但他内心知愧，又赶紧暗下苦功，争取下次不再说谎。当然也有孩子养成常说谎，这就需要父母帮助纠正。

孩子的想象力丰富

年幼的孩子正处于学习语言的阶段，尤其是在游戏之中，当他们进行角色扮演的活动时，便会运用假设性的语言，比如自己被偷、被抢，而不知情的父母常会被孩子的"惊人语言"所吓倒。父母应该分清楚，孩子到底是在玩游戏的时候说出的无意识的话还是内心的想象语言。

在有些时候，孩子的想象力会超过父母所能理解的，父母不要过分紧张。

孩子的自我保护或逃避责任

有的时候，孩子为了自我保护才说了谎话，但孩子狡辩的行为反而会让父母产生错觉，会认为：孩子缺乏罪恶感及羞耻心。事实上，正是孩子有了强烈的羞耻心才会产生害怕的心理，从而不敢承认自己做的错事。在他们的认识中，认为自己做错事就会受到严厉的处罚，从而产生一种害怕的心理。在处理这类问题时，父母要能保持一种冷静的态度，缓和孩子的害怕心理，那么孩子也就不会用谎言来保护自己了。

孩子虚构的谎言

在孩子年幼的时候，他的想象与现实还不是分得很清楚，头脑中经常会产生许多生动的、逼真的想象，从而把这种假象当成现实，导致孩子说了谎话。比如：有的小孩子十分渴望得到某种玩具，但是父母并没有满足他，他就会延伸出一种想象，想象自己已经得到了那种玩具，甚至在别的孩子面前吹嘘；又或者向别人撒谎自己去了哪些地方，但实际上那是他的想象和愿望。

这些情况的发生就是因为孩子的记忆不够完善，不够精确，才"虚构"出这样的一些事情。对于上述这两种情况，孩子不是真的在说谎，父母不要过于担心，也不要强加制止。随着孩子的年龄增长，对事物的辨别力逐渐增强，记忆力逐步完善之后，他们就会停止说这类"谎话"。

孩子为实现某种愿望而产生的"迫不得已"的谎言

孩子还有一种是为了实现某种愿望时，才"迫不得已"说的谎言。比如说孩子想吃到巧克力，就会"撒谎"说"胃不舒服"，为了不去幼儿园，就会"撒谎"说"肚子疼"。他们的这种表现令父母感到头痛。教育专家表示：学龄前后的孩子由于道德观和认识能力尚浅，还不是很清楚"真的"与"假的"、"对的"与"错的"之间的差别。在他们的世界里，认为只要能够让自己高兴的事就是"对的"，能够轻松避免父母生气与责备的事就是"好的"。

事实上，孩子说谎大多是没有恶意的，那么，父母如何正确对待孩子的说谎，培养孩子做一个诚实的人呢？

下面有几种做法：

父母要为子女做出榜样

在日常生活中，父母亲千万不要在孩子面前说谎，这样会让辨别是非能力不高的孩子模仿。比如：在家的时候，爸爸接到一个电话，可爸爸都说自己不在家……当孩子听到这个谎言时，先是一愣，然后会觉的好玩，接着模仿这种不好的行为。俗话说得好"言教不如身教"，父母的一言一行都是孩子学习和模仿的对象。

用适当的方式引导和鼓励孩子发展想象力

根据一项调查结果显示：孩子的"谎言"越多说明孩子的想象力越丰富。

在孩子五岁以前，父母不妨让孩子自由地发挥自己的想象力。比如：孩子说昨天去了月球，父母不妨引导说："哦？那你怎么去的呢？""月球上最好玩的是什么呢？""你们在月球上吃的是什么呢？"

这时，父母要耐心地听听孩子的"月亮之行"。当孩子把这些想象组合起来，就构成了一个关于"月亮之行"的故事。最后，父母再善意地侧面地告诉孩子这是幻想的东西，以后会实现的。对于那些喜欢幻想，有着丰富想象力的孩子，父母还可以给他们出一些题目，让孩子去编故事。

要鼓励孩子的诚实

当孩子有了说谎的行为，并且意识到自己的错误后，父母也要控制好自己的情绪，不要以"你就是说谎"的态度来对待孩子，而是要鼓励和表扬孩子的诚实行为。

要知道，父母的批评或鼓励行为，都是为了让孩子不说谎，做一个诚实的人。所以，父母不如用一种鼓励的手段，来让孩子更能接受。

进行适当的惩戒

如果孩子在撒谎以后，没有及时承认，那么父母就要给予一定的惩罚。当然了，这种惩罚并不是身体上的折磨。

在生活中，有很多孩子撒谎后却不承认自己的错误。面对这样的孩子，有的父母就会睁一只眼闭一只眼，忽略孩子的"撒谎行为"。实际上，父母首先可以给孩子一个反省时间，写出检查或"口头认识"：撒谎的危害性。以"狼来了！"的谎言欺骗人后，真的狼来了，无人去救！……促使孩子反复认识，表示以后杜绝撒谎为止。

当然了，养成诚实做人的习惯才是最重要的目的，因此，如果孩子重犯，一定要严格要求，逐步培养孩子的良好诚实做人做事的行为。

不要急着责备孩子

有的父母在遇到孩子说谎时，会非常自责，并认为自己的管教方式是不对的；有的父母在遇到孩子说谎的时候，反应激烈，好像孩子是犯下了滔天大罪一样。

教育专家经过调查研究表示：解决这个问题最好的方式，就是父母与孩子一起面对。这样的话，那孩子就不会害怕。因此，父母应该控制好自己的情绪，不要立即发火或是大声责备，从而让孩子受到惊吓或是感到害怕。

首先，父母先要弄清楚孩子说谎的动机和目的是什么；其次，要表明自己的态度，如果真的错了，那就要适当地指出这样做的坏处，让孩子明白错在哪里。如果是父母冤枉了孩子，那就要向孩子道歉，并且告诉他："说谎不是一个好的行为，养成习惯就不是好人。"

在这样的方式下，孩子就会明白原来父母不是不爱自己，而是自己做错了，是欺骗行为让父母感到生气了。慢慢地，孩子就会改掉这种不负责任的毛病。

教育专家也表示：虽然孩子的说谎让父母很头痛，但是他们的教育方式总会有些不恰当。有些父母不管孩子对错，只要是说谎了，就会以处罚的方式矫正孩子的行为。要知道，"暴力"行为只会引起负面的效果，破坏亲子之间的感情，让孩子不愿意与父母敞开心扉沟通。

总而言之，在孩子说谎的时候，一定要弄清楚原因，不要冤枉了孩子，然后针对孩子的说谎行为，进行引导和监督，早日帮孩子改正说谎的不良习惯。

养成不挑食、不偏食的习惯

现在的家庭生活条件比以前好很多，相应地出现了很多孩子存在挑食、偏食的恶习，但是将孩子送入幼儿园后很少有这种现象出现。专家分析原因有两点：一是因为可能父母自身的一些挑食、偏食的习惯影响到了孩子。二是因为父母亲纵容自己的孩子挑食、偏食，不加以正确引导，反而听之任之。几乎在每个家庭里，孩子都被视为"小皇帝""小公主"，他们想吃什么就吃什么，不想吃什么就可以少吃甚至不吃，有的父母担心孩子的营养不够，于是追着喂饭，变着法儿地哄孩子多吃一点算一点。可问题是，这样的孩子到了幼儿园，难道父母也追到幼儿园去喂吗？

一般正规的幼儿园中给孩子的饭菜，是按照他们生长发育的需要和规律制作的，自然包含各个品种口味的营养饭菜。如果自己的孩子到了幼儿园仍然存在"挑三拣四"的习惯，而老师就会因为忙于其他的工作，很难有充足的时间和精力来照顾每个孩子的吃饭。这个时候，那些挑食的孩子很有可能会吃不饱。而且很多幼儿园都有一个针对孩子的规章制度，那就是不允许吃零食；那些平时在家中爱吃零食的孩子到幼儿园也会觉得很不适应。

很多营养师调查研究得出：一般，孩子生长发育的黄金时期是 1 ~ 7 岁，同时这也是偏食的高发期。例如很多孩子不喜欢吃蔬菜，就是最典型的表现。一项调查研究显示，目前我国有 40% ~ 60% 的孩子有挑食、偏食的不良习惯。不爱吃蔬菜的孩子，身体会缺乏各种健康成长所需要的微量营养和维生素。这种营养不均衡，很有可能会导致孩子营养不良、生长发育缓慢，不利于身体和脑部的健康发育。

父母会问，那么孩子为什么会挑食、偏食呢？专家分析主要原因有：孩子饮食不规律，尤其是饭前由于吃太多零食，影响了对正餐的摄入量；给孩子的食物过于单调、重复，让孩子提不起兴趣；长期缺锌、铁、钙或者贫血、胃痛、消化不良等疾病会引起孩子消化功能降低，从而影响孩子的食欲；有些父母无原则地溺爱孩子，想吃什么就吃什么，助长了他们挑食的坏习惯；父母自身挑食的坏毛病影响了自己的孩子等。

所以，建议父母一定要仔细观察孩子的吃饭习惯，找出孩子偏食的原因，从而有针对性地采取一些有效的方法加以纠正，这里仅提供给父母一个方法，叫作"教育医疗相结合"——教育为主医疗为辅的原则。

教育方面，父母平时对食物做出的评论能够吸引孩子的注意力，注意要用生动形象的语气给他们讲述各类食物所包含的营养，以及食物的重要性。例如：对男孩说，要像大力水手一样吃菠菜，这样才长得快、力气大；对女孩说，要像白雪公主那样聪明、漂亮、皮肤白白嫩嫩，那么一定要吃西红柿、红萝卜和豆角等蔬菜。

医疗方面，指的是对症治疗。父母首先要查清楚孩子挑食的原因是什么？是因为缺乏一些微量元素，还是某种疾病引起的，然后再"对症下药"。

例如，如果孩子缺乏 B 族维生素，就会导致食欲不佳，形成偏食的恶性循环，可以让孩子口服复合维生素 B 族营养片，或多吃一些蔬菜。生活中，可以多喝牛奶，吃一些坚果类、奶酪、鸡蛋等。它们都是含有丰富的 B 族维生素的食物。但是，如果消化不良、胃病或贫血，这就需要找专科医生来对症治疗了。

那些因饭菜单调而引起挑食孩子的家庭，就需父母亲好好练练厨艺。还有一些父母必须以身作则先把自己挑食的坏毛病改掉，给子女树立一个好样板。

另外，不愉快的情绪也会降低孩子的食欲，影响消化。因此，父母亲不可用强制或粗暴的方式逼孩子吃东西，否则他们会产生逆反心理，很有可能会形成故意挑食的习惯。

在平时生活中，父母应注意以下一些事项：

1. 在吃正餐前，尽可能少让孩子吃一些甜味剂调味重的零食或点心，以免孩子以甜点或零食为正餐。

2. 为孩子提供规律的饮食，创造一个美好轻松的就餐环境，引导孩子把注意力集中到食物上。

3. 遇到孩子不喜欢吃的东西时，一定要花些心思在这个食物上。例如，将这种食物切成丁儿混合到孩子喜欢吃的食物里调制成新的口味，这样他们可能就会喜欢吃。

主动帮孩子克服坏习惯

在家庭教育中，很多孩子言行都存在不同的坏习惯，他们把这种习惯带到学校、社会，影响着他人。

因此，父母一定要主动耐心地帮助孩子克服身上的那些坏习惯。不过在帮助孩子克服坏习惯之前，首先要了解一下孩子养成坏习惯的原因，只有这样才能够对症下药。那么，孩子的坏习惯是怎么形成的呢？

孩子的坏习惯是受家庭小环境与社会大环境共同影响而形成的。那么父母亲应该如何帮助孩子改变不良习惯呢？

鼓励孩子改正不良习惯

在生活中，对于孩子的一些不良习惯，很多父母都会采取一味批评的态度。实际上，这种做法是不科学的！因为一味批评只会助长孩子的叛逆心理。如果换一个角度，采取宽容和鼓励的方式，那么孩子就不会出现抵抗的心理。

在帮助孩子改正不良习惯的同时，父母看到孩子取得了一点的进步，即使进步是微不足道的，也不要吝啬赞美之声。要知道，父母的一个赞许的微笑，一个会意的眼神，那会让孩子受到莫大的鼓舞。

善于抓住时机

事实上，很多孩子的不良习惯是一种无意识的行为，并不知道自己的习惯是一种不好的、对别人会有不良影响的行为。父母就要善于观察孩子的行为了，一旦发现孩子的不良行为时，父母应给予及时纠正，在孩子还没有养成坏习惯时，就将坏习惯的苗头掐掉。比如：当发现孩子躺在床上看书的时候，当父母的就应该及时地给他讲解：躺着看书最毁眼睛，眼坏了还能干什么？……当发现孩子不洗手就吃东西的时候，父母应及时讲解"病从口入"的道理，并督促和监督他把手洗净；当发现孩子生气摔玩具的时候，应该告诉他："玩具会很疼的。""你这样对玩具，玩具会不喜欢你的。""损坏玩具是不道德的。"

发挥榜样的作用

俗话说得好，榜样的力量是无穷的。对于那些"屡教不改"的孩子，父母的一味批评与唠叨已经没有任何作用了。劝父母不妨为孩子树立一个好榜样来，让孩子一点点地学，并逐步改正自己的不良习惯，来证明言教不如身教这个真谛。

对子女的要求应适当

要想纠正孩子已经养成的不良习惯，父母一定要制订个好计划，要根据子女的个性与孩子自身的素质，进行引导和改正，而不是抱以过高的希望。在帮助孩子改正的时候，一定要耐心，不要指望孩子在很短的时间，就将所有的坏习惯都改过来，更不能"立竿见影"。有的孩子改正后，会一不小心又拾起之前的不良习惯，父母要明白这也是非常正常的行为，并且要有一颗宽容和理解的心，不能操之过急，更不能紧盯着孩子的缺点。

给孩子改正的机会

在帮助孩子改正不良习惯的时候，父母会对孩子有一些"成见"，认为孩子"不可教也"。实际上，父母亲的这种态度只会严重地伤害孩子的自尊心，并且深化孩子养成不良习惯的动机。

这样的话，孩子的不良习惯得不到改正，还会影响其他方面的发展和成长。因此，不管在什么时候，孩子做了哪些不好的行为，父母都要给孩子改的机会，不要让孩子"破罐子破摔"，有失落的情绪。

善用小故事

在孩子年幼时，孩子的自我认识能力还没有完善，父母给予他的批评教育，并不能立即让孩子明白什么是对的，什么是错的。父母不妨通过给孩子讲故事、念儿歌等形式，让孩子意识到自己身上的缺点，从而产生改正的念头和做法。

此外，父母应明白孩子的不良习惯是一件不容易改的事情，因此要给予孩子一定的鼓励，从而取得更好的效果。

适当转移孩子的注意力

劝父母可以根据孩子的特点和喜好，适时转移他的注意力，让其忘掉刚才的不良行为；父母还可以在家里比较显眼的地方，贴上简单明了的提示图画，每时每刻地提醒孩子改正坏习惯。在这种环境和氛围的熏陶下，相信孩子会变得自觉一点。

总而言之，父母亲纠正子女的不良习惯，并不是一朝一夕就能完成的，而是需要父母耐心地、热情地、细心地去坚持配合。父母也要反省自己，要监督和修正自己的不良习惯，以免影响到孩子。

"斤斤计较"与"溺儿族"都是极端

在家庭教育中，有两种比较极端的父母爱：一种是严厉的"斤斤计较"型，一种是温柔的"溺儿族"。

前不久，网上出现了这样的一个新闻：三岁半宝宝可以在夜晚独自上厕所；四岁可以独自洗澡，可以在8分钟内完成一系列动作……这位"斤斤计较"型父母亲晒出自己的成果后，却招来了"宠儿族"的强烈"炮轰"，认为这些教育方式缺乏人情味。

"斤斤计较"型父母却说，虽然孩子才四岁，但他已经会说几句英文了，而且在家里的小事都是由自己做的。

在培养孩子良好习惯的时候，"斤斤计较"型父母确实花费了不少的心思。比如：为了培养孩子的时间观念，每次玩耍前，都会让孩子看时钟的长针的数字的那个部位。如果孩子说了想玩到什么时候，就要兑现自己的诺言，不能说话不算数；为了让孩子学会收纳，"斤斤计较"型父母亲和孩子玩起了"玩具回家"的游戏；玩好一样玩具就要送"玩具宝宝"回家，否则，"玩具宝宝"就会迷路……

除了学习到良好的习惯，"斤斤计较"型父母亲认为：让孩子体验到来自父母的爱也十分重要。为了让孩子体验平等，每当有家庭聚会或饭局，都会带上他，并且会郑重地把他介绍给自己的朋友，从而让他感受被重视和被认可。

由于"斤斤计较"型父母教育子女的方式"独特"，引来了不少父母的"炮轰"。有的父母说，培养孩子自理能力的想法是没错，但做法过于苛刻，对一个 4 岁孩子来说，太没有人情味了。孩子的年龄还小，怎么可以用成人的方式来对待呢？有的父母说，这些父母亲过于严格和自私，把孩子关进一个设定好的牢笼里，让孩子无法自己做抉择。

当然，任何事情都是两面性的，有人反对，就有人赞同。有的父母认为：真羡慕这两位统一做法的父母的教育方式，也羡慕这么小的孩子就有了如此强的自理能力。有的父母心疼地说，也曾经严格要求过孩子，但是后来实在是不忍心……

一位家庭教育专家认为：先不说这对父母亲的育儿经是不是科学的、合理的，但他们能够有这样的"不宠爱"意识，就很难能可贵。从育儿角度来说，6 岁之前养成的良好习惯对孩子的一生都有很大的帮助和影响，因为其方法能拓展孩子素质。

而"溺儿族"的教育方式是什么样的呢？

与"斤斤计较"型相比，缺点就太多了，不仅自理能力差，还懒散，不懂得为他人着想……

你想由于一大家子就这么一个孩子，所以，大家就捧在手心怕摔了，含在嘴里怕化了。也因为这样，孩子在家庭中地位总是高人一等，处处有特殊的照顾，比如：吃"独食"，什么好东西都让他一人享用；家里的大人可以不过生日，孩子就必须过生日，买大蛋糕，送礼物……

每逢过年过节的时候，家里就会来很多亲戚朋友。接着，他们就会把孩子围在中心，一再欢迎孩子表演节目，掌声接连不断。慢慢地孩子就养成了"人来疯"的习惯，不管家里来了谁，都以自己为中心，想干什么就干什么。

可能是家里什么都为孩子准备好了，孩子也变得不珍惜物品，讲究物质享受，而且在生活起居上很差劲；想睡时就睡，想吃的时候就吃……有的时候，非得要几个大人求着他吃饭，他才会开尊口。如果大人们各顾各的，他就会生气，摔碗筷，觉得没人注意他、关心他……

等他稍大一些的时候，别说主动做家务了，就是自己的小袜子都不洗。每次想要冲他发火的时候，他就会找家中的老人"求助"。

慢慢地，孩子变得胆小爱哭了——怕水、怕黑、怕摔跤、怕病痛。摔跤以后自己不会爬起来，非得要大人抱、哄才可以。

事实告知，"溺儿"型父母做得还是比较差的。当然了，父母都是爱孩子的，尤其是现在的家庭中，独生子女很多。但即便是这样，父母也不要过于宠爱子女，从小让孩子养成懒惰，坏脾气，目中无人等习惯，这绝对不是爱，而是在害孩子。

孩子养成什么样的习惯并不是简简单单的习惯而已，而是迈向社会的一种生存手段和能力。当然了，总体来说，我们做父母的需要一个折中的方法，既不可像"斤斤计较"型父母那样，让孩子失去了童年应有的快乐，也不能像"溺儿"型父母，把孩子的所有都包起来，都安排好了，让孩子享福，让自己代替子女。

毋庸置疑，好习惯让孩子受益一生，养成好习惯是人生最大的财富，好习惯则能走向成功，好习惯可确保每个生命成为最好的自己。

因此，请天下父母要科学育儿，从小培养子女养成好的生活习惯，如：按时作息，均衡饮食，清洁身体，健身、运动，防病习惯。还有在生活中从小养成节粮、勤俭、爱读书、爱劳动、宽待他人、尊敬老人等。到了社会上做个爱国、敬业、诚信、友善的人。只有这样，人生才有价值。

第十章

能力教育重中之重

注重培养孩子的创造力

在创造性竞争的时代里，必须挖掘孩子的内在潜能。创造力是孩子智力和能力的标志，也是决定能否成才的重要因素之一。有的父母认为只要孩子聪明、智商高就一定有创造力。有的孩子智商很高，但在长大以后却没有任何创造性，一生都是平平淡淡的。

实际上，创造力是可以后天培养的。如果孩子生活在一个民主的、宽容的家庭里，那么他就会健康成长、思维活跃、想象力丰富，如果一个孩子生活在"专制型"家庭中，那么他就会处处谨小慎微，思维受到压抑，即使孩子在小学阶段是一个好学生，但随着年龄增长，由于思想上长期的禁锢，他会在今后考大学或是步入社会之后，受到一些阻碍，取得不了什么大成就，要知道，竞争如此激烈的社会需要的是有创新精神的人。

你想，如果孩子具有"跟随者"的习惯，喜欢跟随着别人走，那么他们今后的学习和发展也会受到影响。只有那些不囿于条条框框，充满好奇心的孩子，敢于向书本叫板的孩子，才有可能取得胜利，因为他们乐于寻找自己感兴趣的新事物，勤于思考，敢于质疑，勇于创新。下面我来给做父母亲的介绍一下具体做法，以达到培养子女创造力的目的。

培养孩子的逆向思维

有这样一个实验：在对孩子进行数学教学时，有的父母会问"1+4=？2+3=？ 3+2=？……他们只注重孩子是不是能做对，强调每道题的结果；而有的父母会在孩子做完题的时候，再进一步引导孩子，比如"5 等于几加几呢？"

这样的话，孩子就会通过动脑筋想到 5=1+4=2+3=3+2，从而培养了自己的逆向思维。而这种逆向思维的培养，也对孩子的创造思维和学习能力有着十分重要的作用和影响。

善于启发孩子

有个学生，由于在中考中文科发挥失常，所以只考取了一所普通高中。不过，在几次全省数、理、化竞赛中，这位学生都取得了十分好的成绩。对此，很多人都感到很惊奇，觉得不可思议。要知道，他所在的只是所普通高中，在竞赛之前，老师根本没有对他进行过任何的单独辅导，而且他做的数、理、化课外题也非常少。可就是在这样的情况下，他却能在竞赛中脱颖而出，最终取得胜利。为了寻求真相，人们纷纷问这个学生是怎么做到的。这位学生说，每次做完作业后，都得把作业给爸妈看。当然父母只是初中文化的农民，但他们在教孩子上面有着自己的一套方法。

在家庭教育中，他们属于"既管又不管型的"。为什么会这样说呢？其实，他们很少检查孩子的作业，而是当孩子做完作业的时候，他们会一边干活，一边要求孩子把做题的思路讲给自己听，前提是必须让他们听明白。这时父母还可说："你要是真的会了，就一定能给我讲明白，如果讲不明白，证明你还是不会！"

就这样，孩子做的每一道题，不光认真地做，还必须把每一个细节弄清楚。等把思路捋顺之后，孩子就会把这些题讲给爸妈听，并且要回答父或母的任何疑问。

从小到大，虽然很少做课外题，但他上课时候非常认真。不仅要听懂老师讲的每一道题，更注意老师解题的思路、讲解的方法等。也因此，他的理科成绩十分优秀，并能在竞赛中脱颖而出。

从故事中，可看到一个富有创造力的孩子，他的创造力是在父母的启发和疑问中得来的。在这样的家教中，子女的创造力自然会得到发展，并在曰后的学习中取得好成绩。

培养孩子的想象力

著名心理学家经过研究表明：一般人只用了大脑想象区的 15%，要开发其他处于"冬眠"状态的地方，可以从培养孩子想象能力入手。比如："会飞的房子、会改错的铅笔、会吐铁轨的火车"，等等。要允许孩子异想天开，父母也要有一颗"童心"，引导孩子对一个问题寻找多种答案，从多方面考虑问题，防止定向思维的形成。

比如：父母可引导孩子说出"砖头的用途"，答案越多越好：造房子、砌院墙、铺路、刹住停在斜坡的车辆、压东西、当锤子用、搏斗的武器……再比如：当家里买了一条鱼，父母就可以问孩子：这条鱼叫什么？除了这种能吃的鱼，还知道哪些种类的鱼？等等。

实际上，生活中的每一件东西，都可以启发孩子的想象力，从而进行多角度思维的训练，从而培养出孩子的创新性思维。

培养孩子的兴趣

当孩子对某项活动产生了浓厚的兴趣时，他会积极地参加这项活动。在活动中，孩子就会不断地开动脑筋，获得相关的知识技能，从而进一步改进活动的内容和方法。

培养孩子的独立性

在家庭教育中，很多父母亲认为：听话、顺从，不调皮捣蛋的孩子才是乖孩子、好孩子。有的父母娇惯、溺爱子女、怕添乱，不鼓励孩子做力所能及的事。

实践证明，做父母的应该相信孩子，让孩子动手做一些力所能及的事。当孩子遇到困难时，就要鼓励和启发孩子努力克服和解决，绝对不要包办代替。

珍惜孩子的好奇心

可以说，好奇心是孩子的特点之一，是探索知识奥妙的动力。孩子的好奇心愈强，他的想象力就愈丰富，创造性就愈高。

在生活中，孩子对很多事情都感到好奇，凡事都想弄个明白。比如：孩子想知道为什么电筒会发光；为什么不倒翁推不倒；为什么一按按钮，电视就出现人像，等等。于是，他们就会把手电筒、不倒翁拆开，捣鼓电视。

而孩子的这些做法都是出于好奇心，而这也是探索和创造的动力源。要知道，牛顿也是从苹果落地得到启发，后来发现了"万有引力"；瓦特在年少的时候，也曾经为壶盖被水蒸气顶起而产生好奇心，从而发明了蒸汽机。因此，父母要引导孩子大胆去想，允许他们创造性地尝试。

培养孩子良好的个性品质

从古至今，凡是能够做出巨大贡献的，富于创造的人都具有一些良好的个性品质，比如：热爱事业、兴趣广、态度乐观、自信、有忍耐力、持之以恒、坚强等。

因此，父母在重视和开发孩子的智力的时候，不能忽视对孩子非智力因素的培养，而是应该放手让孩子多做力所能及的事，给他满足好奇心的一些自由。即便孩子做错了，父母也应该因势利导，让孩子不怕失败，勇于进取。

在这里，作者就"听话"才是个好孩子做一解释：孩子的成长发育的过程，必须科学地引教。

儿童心理专家做过研究，过于听话的孩子，依靠别人安排自己。自己的思维能力、沟通能力、理解能力、创新能力都会受到抑制。而且过于听话的孩子经常压抑自己的情绪，不仅心理会出现一些问题，还可能出现逆反心态。

再说，家庭成员之间，教育子女观念不一致，孩子容易产生困惑和迷茫。在听话教育上，家庭成员要保持观念不仅正确而要一致，让孩子明白该听谁的。

其次，孩子要不要听话，关键看听什么话。家长认为好的、对的，未必适宜孩子。如果我们不断用成人的思维方式对子女进行粗暴的干涉教育，就会扼杀他们的想象力和创造力（有时他们的想象也可能是正确的），有时还会适得其反。家长可以给孩子定规章制度，要求孩子在行为准则上必须听话。比如：有礼貌、不打架、不骂人等。

最后，父母在孩子不听话时，一定要弄清楚原因，不能简单地采取开口骂、动手打、罚站罚跪等简单办法。要采取摆事实、讲道理、循循善诱的方式教育子女。到子女长大上了初中、高中，有些道理他们也会懂得和理解。如果孩子还是不听话，在保证孩子平安不违法的情况下，可让他们去尝试自己的想法。有时失败和错误的教训，对孩子的成长也未尝不是好事。

总之，教育子女应当采取科学的方式，使孩子从小养成自立、自尊、自强、自理的独立能力，以适应现代社会的需求。

提升孩子的学习能力

早在20世纪70年代，彼得·德鲁克在著作中就大胆地预言"未来将会出现一个首先必须学会学习的知识型社会"，教育家罗伯特·M.赫钦斯和托尔斯顿·胡森也提出未来社会将是一个"学习型社会"。学习型社会进入世界的词汇圈，它向我们展示了一种新型社会：知识的获取既不限于教育机构中，也不限于初始培训的结束。

所谓的学习能力，就是一个人、一个企业、一个组织的学习能力。学习能力首先表现为对待学习的态度和意识。对子女来说，学习是他们赖以生存的本领和手段。学习不仅要恐后，还要争先。其次是一个人的学习方法和学习效率。当今，会不会学习已经变得尤为重要。在日趋激烈的竞争环境里，学习不仅要跟自己的过去比，还要跟竞争对手比；学习不仅要超越自己，还要超过对手。

作为子女的父母亲，不应只把眼睛放在他的分数上，而应该更多地放在他的学习能力上。通过科学的引导让子女明白学习的意义，形成良好的学习习惯。

那么，父母该如何培养孩子的学习能力呢？

为孩子创造良好的学习环境

家庭是子女的第一学校，良好的家庭氛围是孩子安心学习的舒适环境。首先父母要让自己安静下来，尤其在孩子学习的时候，尽量不要分散孩子的注意力，做到不看电视，不大声说话，可以选择比较安静的活动，最好是看书读写，让孩子在这种安静稳定的环境中专心致志地学习。

还需要注意一点是，平时在孩子做作业的时候，不要让孩子把玩具放在书桌周围，这样容易分散孩子的注意力，还有就是不要在写作业的时候接待朋友、客人等。

激发孩子主动学习的动机

拿破仑说过："除非你说出目的地，否则你无法成功。"学习也是一样，如果孩子没有明确的学习目标，那么他的学习过程就会漫无目的，无法达到学习的效果。所以说，合适的学习目标，能够指引孩子学习的方向，给予他学习的动力，同时激发出孩子主动发掘自身潜能的能力。所以，孩子在父母的帮助下，制定合适的学习目标，具有重要的意义。所谓合适的学习目标就是不能够过高，也不能太低，而要根据孩子自身的实际情况来定。不要违背孩子的意愿和要求，不然只会适得其反。

教给孩子科学的学习方法

学习的成功，不仅靠能力和勤奋，也要靠有效的符合客观规律的学习方法。如今的社会，知识更新速度迅速，孩子只有具备良好的学习态度和能力，加上科学的学习方法，才能灵活地掌握各种信息，然后不断完善和充实自己。

好的科学的学习方法有：认真观察、积极思考、制订合理的学习计划等。

让孩子养成良好的学习习惯

良好的学习习惯，有利于激发孩子学习的积极性和主动性；有利于孩子向好的方向发展和变化，使孩子终身受益。有一箴言"学而不思则罔，思而不学则殆"。

所以，在学习上父母要培养孩子会学的能力。培养孩子学习时先预习质疑，提出问题，自己或与同学探索，最后再请教老师；按时完成作业，上课时疑点要听清讲解的思路，并勇于主动回答课堂上的问题，有疑问绝对不放过，打破砂锅问到底……

提高孩子的自学能力

学校里学的知识是有限的，生活中的知识是无限的。只要孩子具备了良好的自学能力，那么无论孩子在哪儿，都可以随着时代和社会的发展不断地进行学习，这样才不会被这个社会所淘汰。

平时学习生活中，父母可以教导孩子学会利用工具书来查阅自己所不知道的内容，学会自己探索；还要帮助孩子变被动学习为主动学习，克服懒惰，让孩子体会到主动学习带来的乐趣。

培养孩子的语言表达能力

在生活中，有些孩子学习成绩很好，对知识的理解也很到位，可是他们却不能很好地把观点表达出来，归根结底，这是由于他们的语言表达能力不强引起的。

其实，孩子在语言方面或多或少地都有乐于表现的一面，作为父母亲，应该激发孩子的潜能，锻炼他们的口才，不要让他们的知识和见解埋没了。歌德是18世纪中叶到19世纪初德国乃至欧洲最有名的剧作家、诗人、思想家，他除了在文学方面的造诣之外，在哲学、历史学、造型设计等诸多方面都取得了卓越的成就，备受世人的尊敬。他8岁就能阅读多种语言的书籍，14岁便开始学剧本，25岁的时候用了一个月即完成了风靡全球的小说《少年维特之烦恼》。他是举世公认的天才，这与他从小所受的教育有特大的关系。

歌德对于父母的教育非常赞成和感激，他曾感慨道：从父母那里，我得到了强壮的体魄和正直的人生观，继承了父母乐观的性格和对于语言的表达能力。

不得不说，歌德父母的一些教育方式直到今天仍然是有效的，劝做父母的可借鉴一二，比如给孩子举办一场小型的诗歌朗诵会，让他面对着不多的观众，敢于展示自己。如果父母引导得多的话，孩子就会逐渐乐在其中，久而久之，面对更多的观众时，他们也能毫不胆怯大胆地表达自己的观点了。

培养孩子的语言表达能力是一个长期的过程，父母的教育必须贯穿孩子成长的各个阶段，从出生到长大成人，每个时期孩子都会表现出不同的特点，作为父母亲就要针对不同的情况，寓教于乐，耐心地引导孩子，开发孩子的能力。具体地来说，主要有以下几个阶段：

学前阶段要激发孩子的语言天赋

三岁前，孩子一般还没有进入学校，但是这段时期，恰恰是最重要的启蒙教育阶段。所以父母作为孩子第一任老师，学前教育的关键性不言自明。这个时期也是孩子大脑发育的最关键时期。

小学时期，父母应该着重培养孩子的记忆力。

这时，孩子都已经步入了小学阶段。他们会面临一些学习上的任务，包括背诵、记忆等，这就对他们的记忆力提出了更高的要求。

因此，父母应着重培养孩子的记忆力，充分利用这种优势，去引导孩子发挥天赋，比如鼓励他们背诵诗词等，努力开发他们的能力。

小学高年级，要善于开发孩子的艺术细胞。

孩子年龄较大的时候，如果开始学习一种新的乐器，就会非常吃力，这主要是由于他们错过了最佳的时期。大脑颞叶是大脑中控制思维、想象和语言创造能力的部分，10岁左右，孩子的大脑颞叶会飞速发展。这个时期对于他们来说，是一个关键的时期。如过了这个阶段他们大脑颞叶的发展速度就会减缓，大脑中未经开发的区域也就会自动缩减，因此，在这个时期，父母一定要善于开发孩子的艺术细胞，培养他们对艺术的兴趣。

父母要为子女创造机会，完善他们语言能力。

为提升子女的语言能力和表演能力，平时的积累不能少。父母平时要多为他们创造机会，要有针对性地组织一些活动，来开发孩子的天赋。相信每个父母都希望自己的孩子能说会道，那么，就从现在开始，每周给他们办一场小型的诗歌朗诵会，当他们最忠实的观众吧！

培养孩子竞争能力

从人类文明产生的时候，竞争就出现了。比如：我们要与别的物种竞争食物；与大自然竞争主动权；与生命竞争时间……到了现在，我们还要与别人竞争工作、上升空间、竞争学业、竞争获奖资格，等等。即便你不想竞争，竞争的人潮也会推动你前进。如果你站在原地的话，只会被竞争的人潮踩在脚底，无法翻身。

在生活中，有很多父母亲出于对子女的爱，而忽视了鼓励孩子去竞争，提高子女的竞争意识与能力。在遇到一些竞争的事情时，很多孩子都会用"我不行"之类的话来逃避。虽然竞争能让人处于紧张的状态中，但正是这种紧张激发了孩子的潜能。实际上，孩子害怕竞争是非常自然的事情，父母不可强迫孩子去参加一些比赛或竞赛，而是要让孩子认为参与到其中会很有趣。比如参与文艺晚会表演节目……

因为每个孩子都是有表演欲的。如果让他们成为某一个表演中的主角的话，他们是不会拒绝的。如果父母加以支持鼓励，孩子更有勇气。

在准备参与时，父母要耐心地热情地给孩子一些建议，让孩子更有信心，稍有进步，就要夸奖，使孩子感受到成就感。当活动结束后还应帮助孩子共同总结，尤其是在孩子没有获得任何奖项的时候，多与他说一些过程中的事情。只有让孩子把心态放平，才不会害怕活动。

为了培育出一个健康的、积极向上的、有能力的孩子，父母必须学会培养子女的竞争意识，让孩子知道：竞争是生命中的常态，竞争是生存教育中的一剂强心针。可是，在这个时候，父母就开始发愁了：在孩子衣食无忧的年纪，如何培养孩子的竞争意识呢？如何保证他不会因为竞争的压力产生一些负面情绪呢？

在生活中，父母要教给子女一些道理。比如：在面对竞争的时候，我们要使尽全力。即便是失败了，也要从容面对，并且在下一次的竞争中做得更好。在这里，父母用自己的行动来告诉孩子：什么是"胜不骄、败不馁"，也通过自己的态度来告诉孩子：只要自己尽全力了，就不要在意结果如何。当别人赢了自己的时候，要肯定对方，这样自己才能学到新的东西。

在孩子还没有成年之前，他们所面临的竞争多是学业上的，虽然很激烈，但这种竞争却不会产生实质上的利益冲突。等到孩子成年之后走向社会，就将面临着利益博弈的竞争。学业和社会上的竞争有很大的不同。也因此，很多孩子在一走出校门的时候，很快打退堂鼓了。其实，这就是孩子在年幼的时候，没有什么竞争意识所导致的。

有些一贯争强好胜的孩子，在几次打击之后就开始抱怨了，他们抱怨社会这不好，那不好；抱怨竞争不透明，抱怨不平……事实上，这是最无能的反应。

竞争，是一种促使孩子能力提高的形式，通过竞争锻炼了孩子的心理素质，提高了综合素质。为了让孩子在未来的社会中占有一席之地，父母必须将培养孩子的竞争意识重视起来。从小就培养孩子的竞争力，这样不仅能促进他们积极成长，更能决定他以后的命运走势。因此，父母应该在孩子踏入社会之前，就教会他：敢于竞争，并适应社会优胜劣汰的法则。鼓励孩子尽可能多地参与多种形式的竞争活动，让孩子能够在竞争中感受挫折，经历失败，鼓励他在哪儿跌倒了就在哪儿爬起来继续前进。

那么父母该如何提高子女的竞争力呢？

培养孩子的竞争意识

历史证明，每个人的心里都有一种愿望，那就是渴望成功，超越其他人。如果我们善于运用这种心理，就可以成为我们鼓励自己不断前进的动力，孩子也不例外。因此，父母要树立孩子拼搏向上的竞争意识，在学习当中要力争上游，将来在人生道路上，要敢于做"出头鸟"。

帮助子女找到竞争的优势

首先帮孩子树立自信、自尊、自强，让孩子从小具有自我竞争意识。孩子如果连自己都不相信，更别说与他人竞争，连自己都不敢相信的孩子，必然不是那种朝气蓬勃，乐观向上的人，他们做任何事情都体验不到那种成就感。

每个人的兴趣和才能是不尽相同的，要懂得发现自己的长处，这样就能增加成功的机会，减少挫败。既然有竞争，就会有胜败，当孩子处于劣势时，父母一定要鼓励孩子继续保持积极进取的态度，不要贬低或破坏对方，也不心生嫉妒，更不必就此灰心丧气。

在此时，父母应引导子女扬长避短，发挥自己的优点，开发自己的优势，让孩子远离自卑，变得更加自信起来。

引导孩子向竞争对手学习

孔子曰："三人行，必有我师焉。"能够低下头观察并学习对手的优点，是一种超越自己、自我竞争精神。

在学校和社会活动中，很多孩子都有竞争对手。当他们面对竞争对手时，往往把对方看作敌人，害怕对方超过自己，有的时候甚至采取一些不光彩的方式打击对方。出现这种情况，父母亲应该及时地引导孩子端正态度，应该多观察对手，发现对手的优势，并视为自己学习的榜样。竞争虽然激烈，但是可以从中学习到竞争对手的优点，主动向对手请教问题，同时发现自己的不足之处，修正之后不断进步。

引导孩子进行良性竞争

培养孩子的竞争意识，并不意味着让孩子处处争先，斤斤计较。父母需要给孩子引导大的方向，告诫孩子要分清哪些是值得全力以赴去竞争的，而哪些又是鸡毛蒜皮的小事。这样做，不仅可以让孩子体会竞争的价值与意义，还可以引导孩子以良性竞争为出发点，教育孩子懂得良性竞争的原则，那就是公平、公正、公开、公心。

培养孩子健康的竞争心态

实践证明，父母作为子女的第一任老师，在孩子竞争意识的培养上起着非常重要的作用，尤其是健康的竞争心态。

需要注意的一点就是：父母在教会孩子竞争的同时，要让他们明白，竞争不是狭隘的、自私的，阴险、狡诈、暗算别人这都不是竞争。真正健康的竞争，应该是并肩前进的，通过各自的实力来超越；当然，在竞争当中也可以进行合作，没有良好的合作精神和集体观念，孩子单独一个人向前是孤独的，不易成功的。

如果过于追求打败对手，容易造成人际关系紧张，这会让孩子脱离了集体，形成一种狭隘的竞争意识。而且，无论在哪儿都是强中更有强中手，竞争当中难免经历失败。如果孩子承受不了，慢慢地就会影响孩子心理健康的发展。所以，父母应该多引导孩子与自己竞争，从自身的实际情况出发，在目前的基础上，不断地超越自己取得进步，与自己的不良习惯做斗争，与困难做斗争。

教孩子看清竞争的得与失

竞争中，有人成功必然有人失败，不是每个人都会一直是常胜将军的。所以做父母的，还需要教育子女能够正确看待竞争中的得与失。当子女面临失败的时候，通常都会心情不好，有时甚至自暴自弃，父母此时一定要及时疏导孩子这种不良的心理，给孩子讲明存在这种不良心理的危害，重新给孩子树立信心，帮助孩子提高在竞争中承受挫折的抗性，培养孩子拥有真正的竞争实力。而当孩子取得成功的时候，父母一定要告诉孩子，不骄不躁，保持现在的成绩，继续迎接新的竞争。

注意培养孩子的交往能力

著名的心理学家曾说过，人际关系作为心理健康的一个重要标志，它表现出一个人的心理适应水平。而造成心理疾病的主要原因，就是因为没有良好的人际关系。如果一个人的人际关系较差或者是不会进行正常的人际交往，就会表现在行为拘谨、胆小害羞、孤僻不合群、任性攻击等行为。

著名专家指出，只有相互尊重、懂得分享、善于合作、主动关心别人等这些良好的人际交往才能预防和治疗这类心理问题。美国总统罗斯福曾说过：在成功的公式中，最重要的一项因素就是能够与人和睦相处。良好的人际关系能够促进人类心理的健康发展，预防各种心理疾病。

孩子基本上都是从小在家中接受教育的，其中大部分都是独生子女，他们从小就被娇生惯养，许多事情根本不用自己去操心，父母早已代替他们全办好，这样一来，许多孩子就失去了与人交往的机会。而当孩子长大，需要与其他小朋友或同学接触时，就会出现这样那样的障碍了。

良好的人际交往是一个人成功的必要条件之一。如何让孩子学会与人相处，就成为父母很重要的一个课题。

那么到底如何培养孩子的人际交往能力呢？以下几方面可供父母参考。

教孩子学会分享

孩子在上幼儿园或上学之前很大一部分时间都是在家中度过，孩子常常会以"自我为中心"，看到什么新鲜事物都想先自己尝试，根本不会想到其他小朋友也同样想要尝试，即使知道，也不愿意让给其他人，为此经常和其他小朋友吵架，甚至大打出手的都有。这种现象，是人的天性表现，并不是孩子品质不好，只要父母正确地引导，就可以避免。

因此，父母在面对孩子的自私时，要多讲一些分享的故事，"孔融让梨"就是一个非常典型的故事，父母也要以身作则。不管是物质还是荣誉，都要与孩子一起分享，教导他们远离自我为中心，懂得公平、分享、礼让、合作等。这是父母培养孩子良好人际关系的第一课！

为孩子创设良好的家庭交往环境

家庭是孩子的第一学校，也是最好的学校，所以，营造一种民主平等、和谐交往的美好氛围是父母必须做到的。在家中，父母要把孩子当成朋友，鼓励孩子敢说、爱说、有机会说话。无论家中大小事，在孩子理解的前提下，都应该让他知道。尤其是关于孩子的事情，都应该让他知道。尤其是关于孩子的事情，适当地让他参与讨论，让孩子敢于和大人说话，多听听孩子的意见，关注一下孩子的想法，不可一味地让家长做决断。这样，当孩子走出家庭时，才能够大胆地与人交往。

给孩子提供更多的交往机会

父母应鼓励子女走出家门，去别的小朋友家串门，找小朋友玩耍。同时，也要允许自己的孩子主动邀请别的小朋友来家里做客。不要怕孩子把家里弄乱，玩耍是孩子的天性。例如：家里买了新的玩具，父母可以提醒孩子邀请邻里家的小朋友过来一起玩。当邻居家的小朋友上门来时，父母一定要表示欢迎，消除孩子的恐惧心理，这时可以让自己的孩子拿出好吃的零食招待小朋友，拿出新玩具给他玩。这才能让孩子有充分的时间和小朋友交往，得到更多的交往机会，体验与同伴分享和交往的乐趣。

教导孩子要有礼貌

培养孩子拥有文明礼貌的行为习惯。比如，与人说话时，使用文明用语，"请""您好""谢谢""对不起"等。当孩子能够在别的小朋友或者其他人面前很好地运用礼貌用语的时候，通常都会得到对方的良好反馈，这在无形之中增加了孩子主动交往的信心，孩子会更愿意主动去交往。

尊重孩子的交往个性

父母请不要过分地干涉孩子与人交往的方式。其实，每个人的个性都不尽相同，交往能力的提高不能只看孩子交友的数量。一个人独处，也可以成为一种很好的生活方式。如果孩子愿意用他自己的方式与人交往，那就请尊重他的选择。可以从旁引导，但不要强迫。

矫正孩子交往中的不当行为

无论大人还是小孩儿，都很有可能在交往过程中出现违背自己意愿的事。例如，一群孩子在一起商量玩什么游戏好，其他人都说玩丢手绢，而自己的孩子却想玩跳房子，这时，父母就需要站出来告诉自己的孩子，要克制自己的愿望，和其他小朋友一起开心地玩丢手绢的游戏。父母应该告诉孩子：只有你愿意分享的时候，别的小朋友有好东西才会愿意分享给你。只有让孩子学会忍让，与小朋友友好合作，暂时克制自己的愿望，服从大多数人的意见，这样才能获得友谊。

当今社会，父母培养子女良好的人际交往能力愿望迫切，但要同时注意不要走入误区，否则会对孩子的性格形成产生极大的不良影响。下面就来看看有哪些误区是父母应注意避免的。

孩子大声说话就表示会交往

孩子能够大声说话并不代表不怕与陌生的小朋友交往。父母应正确引导孩子，告诉他用温和的口吻说话比大声嚷嚷更具说服力，这样才能保持友谊的长久。

孩子小，礼貌不周全没关系

一个孩子是否有礼貌，决定着他能否被周围的小朋友或大人所接受。懂礼貌的好习惯不是一生下来就有的，而是从小培养的。孩子越早懂得礼貌待人，就越容易被周围的人所接受。

杜绝"笨孩子"，只和"聪明"的孩子交往

有些父母认为聪明的孩子学习就好，希望自己的孩子尽量和那些聪明的小朋友交朋友。这在无形之中给孩子灌输了这种思想：聪明意味着学习好，不用和那些比自己差的人交往，也不必对他们付出同情心。其实，每个人都有自己的劣势和优势，即便孩子的朋友在某个方面不如自己的孩子，但是，总有值得自己的孩子去学习的地方。

父母不可代替孩子交往

有些父母亲担心子女害羞，或交往能力过差，就想要自己去帮助孩子与人交际。其实，这样的做法是错误的。如果只靠父母的话，那孩子什么时候才能学会独自面对他人呢？因此，父母千万不要去干预孩子的人际交往，而是鼓励孩子大胆一些，广交朋友。

锻炼孩子的应变能力

凡是取得极大成就的伟人，都有着极为灵活的变通能力。他们能够因时制宜，能够根据事态发展的具体情况而做出具体的决策。这也正是我们常说的"特殊情况，特殊对待"。父母应该让孩子学会对事物灵活变通和弹性处理。

当然，这绝非是投机取巧，只是智者懂得根据实际情况做出实际分析，然后做出正确的抉择而已。一条路明明已经走不通，必须换道才能达到目的地。如果还按照往常的方法走下去，一定不能得到自己想要的结果。

有些孩子就有些古板，不懂得随机应变。也因此，他们不能做到遇事沉着冷静，遇到难题不能轻松面对。

为了孩子将来的生活和健康成长，父母必须加强对孩子应变能力的培养。如今这个世界瞬息万变，每天都会发生一些不一样的事情。只有具备一定的应变能力，才能将损失降到最低点。在孩子成长过程中，看似是一番坦途，实则暗藏着种种我们预想不到的危险。比如说：总有一些不法分子会以"孩子亲属"的身份出现在孩子的身边，这时，孩子要如何抉择？再比如，孩子和我们走散了，他们要怎么办？碰到着火了、病重了该怎么办？逛街时迷路了怎么办？遇见坏人的各种攻击时该怎么办？

这些问题都时刻潜藏在孩子的身边，稍有不慎，就有可能发生一些让我们终生遗憾的事情。那么，父母亲应该如何培养孩子的应变能力呢？

培养孩子适应周围环境变化的能力

凡能够很好适应环境变化的孩子都具有灵活的应变能力。这主要体现在他们能够根据环境及状况的变化而做出适当的调整，同时他们会充分地掌控自我，不至于因为环境的改变而失去理智，惊慌失措。

因此，父母就应该早着手教育孩子，增强孩子适应环境变化的能力，让他们能够更好地解决面临的问题。

培养子女面对突发事件的应变能力

孩子对突发事件的处理水平直接决定了他们应变能力的强弱。如果能够很好地解决突发事件，那他们就已经有了临危不乱的心智，并能在最短的时间内对事情做出判断。

另一方面，由于现在的孩子生活较为安逸，很少有机会通过现实生活来提高自己的应变能力。这就导致了在面对一些突发情况时，不知所措。

因此，让孩子掌握一些基本的自救技能和提高他们的心理素质就显得尤为重要了。父母可以让孩子了解一些安全方面的常识。比如：多给孩子讲一些生活中的实例，让他们从中了解到一些保护自己的技能，告诉孩子学会向社会求助或报警请求援手。父母还可以与孩子进行一些安全演习，让孩子知道基本的逃生技能等。

教会孩子认清事物的本质，学会对不同的事物做出不同的反应。

由于很多事情从表面上分不清好坏真假。因此，要提高孩子对陌生人的警惕，告诫孩子不要轻易相信陌生人的言辞。只有让孩子掌握了这些基本的生活准则，孩子才能够在成长过程中积攒足够的应变能力，这样，他们才能够在人生道路上更好地实现自己的理想。

让孩子在玩乐中学习统筹能力

统筹能力是一个人取得成功的必备素质，拥有统筹能力的人能够很好地掌控自己的生活，从来不会让自己的生活陷入一种杂乱无章的状态。他们能很好地规划自己的生活，最大限度地提高自己的做事效率。

如果父母亲想要子女有一个良好的统筹能力，就必须为孩子做好榜样。善于统筹的父母亲能够更好地指导孩子做好统筹规划，帮助孩子在更短的时间里做更多的事情。这就要求父母全面地对子女进行引导，教育子女做事之前进行认真的思考，看有没有什么技巧，有哪些资源可以很好地利用，最后定下一个最为合适最为省力的方法。

那么，父母应该如何培养统筹能力呢？

教会孩子合理地安排时间

想要教育子女掌握好统筹规划能力，就必须教育子女学会合理地规划时间。只有合理地安排时间，才能最大地实现时间的价值，才能在有限的时间里做更多的事情。

教育孩子抓住重点

合理利用时间是要进行培养的一个步骤。学会抓住重点，才能够明确地了解自己要实现什么样的目的，才能有效地避免眉毛胡子一把抓的窘境。大家都知道，钻头之所以能够在很短的时间里就钻穿厚厚的墙壁，其原因就是——抓住重点，将重心集中于一个中心点。

教会孩子合理地安排自己要做的事

这个过程不同于前面所提到的教会孩子抓住中心。教会孩子合理地安排自己要做的事情，一方面可以培养孩子的自主能力，一方面还可以让孩子在这样的过程中逐渐找到一个属于自己的安排风格——既能让事情得以完美的解决，又能让自己感觉到轻松和愉快。

正如孩子做家庭作业一样，如果孩子只是盲目地按部就班，不仅不利于孩子学习成绩的提高，反而还可能让孩子渐渐产生厌烦心理。如果是这样，父母就悔之不及了。反过来说，如果孩子能够做到合理地安排自己要做的事情，就能够在这样的过程中慢慢掌握一定的规律，知道什么是重点，什么要先做。

如果父母还在为孩子整日埋头苦读而得不到好成绩而烦心，如果父母还在为孩子不能很好地完成一些简单的事情而苦恼，那么，父母亲就应该着手培养孩子的统筹规划能力了。

培养子女的统筹规划能力，能够让他们更加清晰地从错综复杂的局面里理清思绪，能够让他们从眼花缭乱的事物中抓住重点，从而快速解决问题。

注重培养孩子的时间管理能力

对于我们每个人来说，时间管理是最为重要的！因为一个善于管理时间的人，总能高效地完成任务和工作，并能取得良好的回报。

由此可见，时间管理的重要性！父母应该注重培养孩子的时间管理能力，只有这样他才会很好地利用时间，而不是做时间的奴隶。

生活中，有很多父母经历过：孩子动作太慢，做起事情来磨磨蹭蹭的。孩子的这种行为实在是让父母着急！在学习当中，有不少孩子都有着喜欢拖拉磨蹭的坏习惯，不仅耽误了自己的时间，还影响了别人。

如何改变孩子的这种坏习惯呢？很多父母认为除了反复念叨和抱怨外，似乎并没有什么更好的办法了。实际上，父母不必过于着急！因为孩子的时间观念并不是天生的，而是在后天的培养和坏环境影响中逐渐形成的。父母只要知道孩子为什么会变得磨蹭，喜欢磨蹭的原因是什么，那就可以对症下药了。

下面，为大家罗列出几点孩子喜欢磨蹭的原因：

没有时间观念

对于那些还年幼的孩子来说，时间是比较抽象的。在他们的潜意识里，时间是无穷无尽的，没有会用完的时候。也因此，孩子体会不到时间的重要性。

除此之外，年幼的孩子随意性很强，自我控制的能力也比较差，他们经常是一边吃饭，一边玩耍；一件事情还没做完，就又想着另一件事情。而且，做事情杂乱无章，缺乏条理，往往是想到什么就做什么。

有依赖性

在家庭教育中，父母什么事情都为孩子做，让孩子养成想干什么就干什么的心理。即便当父母亲看到孩子有磨蹭的行为，出于爱和关心便不断地迁就孩子。他们总认为孩子太小，长大后这种磨蹭的习惯就消失了。

慢慢地，孩子越来越依赖父母亲，甚至觉得反正有什么事情都有父母来做，父母都会解决的！我着什么急呢？

缺乏兴趣

如果孩子缺乏对学习的兴趣的话，那他就没办法把注意力集中到学习上。每当在学习或做作业的时候，都会硬着头皮应付，慢慢地，孩子不仅磨掉了自己的积极性，还会把学习当成一种负担。

天生的原因

有些孩子的"慢"是天生的！在父母发现孩子的"慢"之后，就应该指导和帮助孩子改掉这种坏毛病，而不是一味地责怪孩子。要知道，孩子天生的一些习惯是和父母亲的遗传息息相关的。因此父母不能推掉自己的责任。

缺乏实践能力

在孩子大一些的时候，他们明白了什么是时间，时间并不是没有限制、没有尽头的。但是，他们缺乏对时间管理的能力，也因此，他们不会合理分配学习和休闲的时间，经常是把时间浪费在一些与学习毫不相关，甚至是无关紧要的事情上。这样不仅导致了重要的事情没有完成，还没有什么效率。

现在，父母知道孩子拖沓、效率低的原因了。那么如何帮助孩子改掉这个坏毛病，从而让孩子变得有效率一点，不再磨磨蹭蹭呢?

首先，父母要教孩子对时间有基本认识，让他明白时间是不能重新再来的，是一直往前的。

其次，父母要教孩子认识时钟、钟表等，让他们认识到每天的时间是有限的;制定好一个时间表，并让孩子严格地执行，比如:什么时候该吃饭，什么时候该睡觉，什么时候该起床，什么时候该去上学……当孩子有了一定规律后，那么他的时间管理就会变得好一点，效率也会变得高一些。

最后，当父母与孩子在游戏或玩的时候，也要与孩子约定一个时间段，比如:可以玩多长时间;什么时间就不能玩了;有多少时间是属于孩子，让他自由分配的。

通过这样的教育方式，形成一种习惯，孩子才会更加懂得时间管理的重要性，从而珍惜时间，变成一个高效率的好孩子。逐渐使孩子认识到时间是宝贵的，一去不复返。时间就是生命，时间就是金钱。科学安排时间才能走向成功!

第十一章

寓教于乐父母快乐

让子女爱上运动

有句格言"生命在于运动"。运动不但能锻炼出健康的体魄，还能锻炼自己的"心灵"。因此，父母亲要支持子女加强身体锻炼，让活泼可爱的孩子在运动中拥有强健的体魄，拥有快乐，减少焦虑等。

英国著名的现实主义戏剧家萧伯纳，小时候，他父亲对他说："孩子，以我为前车之鉴吧！我做的事，都不要学！"爸爸这么说，是因为自己喜欢吃肉类、喝酒、抽烟，又从来不运动，所以身体很不好，出现了很多病症。

从此以后萧伯纳就一直很注重生活质量，慢慢地养成了不吸烟、不喝酒、少吃肉，甚至连茶和咖啡都不喝的好习惯。不仅如此，他一直都坚持锻炼身体。比如：天不亮就起床，每天都洗冷水浴，长跑、散步、游泳、骑自行车、打拳等。

在萧伯纳 70 多岁的时候，他还曾和当时世界著名的运动家、美国人丹尼同住在波欧尼岛上的一家旅馆里，他们每天起床后洗冷水澡，然后进行长途游泳，最后躺在海边进行日光浴以及一起长途散步。

晚年的他是一个太阳崇拜者，他整个冬天都在里维拉或意大利进行日光浴。在他故乡的花园里，有一间可以旋转的小屋。这样，他每天都可以得到充足的阳光。

萧伯纳还常说，医生不能治病根，医生只能帮助人们避免生病而已。如果人们能正当饮食，正当运动，那就不会得病。

最终，萧伯纳活到 94 岁的高龄。

这是由于他父亲正好给他做了一个反面的例子，真实的例子告诉他：如果你不控制饮食不运动，那你最后像父亲这样。这样"可怕"的预言一直推动着萧伯纳，促使他养成了一个良好的生活习惯，从而保证了他的生命质量。

因此，劝父母应该让孩子爱上运动，赋予他一个健康的身体。那么，如何让孩子爱上运动呢？请往下读：

陪子女一起锻炼

爱动是人类的天性，但运动的习惯都是后天养成的。在孩子出生后，父母的言传身教尤为重要。如果你热爱运动，那你子女肯定也会受到影响。比如：喜欢足球的爸爸经常带孩子踢足球，慢慢地，孩子就爱上了踢球。喜欢游泳的爸爸经常带孩子游泳，慢慢地，孩子也爱上了那种在水里遨游的感觉。

其实，运动也是一种享受。在运动中，家人的互动更能增添生活乐趣，让亲人更亲近。而且，在运动的过程中，家人都有了一个健康的身体和一个热爱生活的好心态。

所以，做父母的不妨在早上起床后，和孩子一起做晨操；傍晚的时候，带孩子出去散步，一边锻炼一边呼吸新鲜空气。当然，父母应比孩子更热爱运动，给子女树立一个好榜样。只有这样做，孩子才会被家人的态度所感染，从而爱上运动，养成运动的好习惯。

让孩子看精彩赛事

如果父母也是个体育迷，那做到这一点不费吹灰之力，只要经常陪孩子看一些比赛，尤其是大型的精彩赛事。比如：NBA 篮球赛、男子跳水等。

一般来说，孩子看到高水平职业运动员的表现，并看到现场的热烈氛围，就会深受感染，然后很快地会爱上体育运动。

培养孩子持之以恒

每个人都想要一个健康的身体，但有的人在坚持锻炼这方面总是"三天打鱼，两天晒网"的，这样的锻炼方式肯定不会锻炼出一个健康的身体，反而会让人养成一个拖拖拉拉、言而无信的坏恶习与品质。

如果要想收到好的锻炼效果，"三天打鱼，两天晒网"的锻炼方式肯定是不行的，只有长期坚持，才有可能锻炼出一个健康的体质。因此，当父母的一定要给子女制订一个锻炼计划，最关键的还是必须落到实处。

寻找适宜孩子的运动项目

做父母的必须平时要注意孩子的身体状况，尤其是那些比较瘦弱的孩子。父母要多让他们参加一些体育活动，以提高身体免疫力。

处于生长发育期的孩子，身体器官、组织尚未发育成熟，有些负重型、耐力型的体育运动并不适合他们，如拔河、长跑、器械运动等。父母可以先让他们进行跳绳、拍球、踢球、游泳等体育活动。这些运动项目不仅有助于孩子身高的增长，还不会危害到身体。

在生活中，父母应帮孩子给自己制定一个锻炼身体的日程表，在表里，让孩子看清锻炼的目标和内容，还要规定好锻炼的时间和次数。比如：每天早上6点钟起床，然后做早操或跑步，放学后打球或游泳等。

在制订计划时，应从孩子实际情况出发，合理安排，循序渐进。运动量要从小往大加，一步步地增加；动作由简单到复杂，由易到难，让自己有一个逐渐适应的过程。

除此之外，孩子在制订计划时，应考虑到自己的兴趣与特长，然后坚持各种运动项目的全面锻炼，让自己在力量、灵敏度和耐力等方面都得到一定的提高，让身体的各个方面都得到均衡和全面的改善。

给孩子买一些能锻炼身体的玩具

在孩子小的时候，他们还没有要锻炼的意识。所以在这个时候，父母要给孩子买一些他喜欢的玩具，最好是能帮助孩子锻炼身体的玩具。比如：小皮球，既能锻炼身体，又能锻炼孩子的协调能力；买辆小自行车，让孩子通过骑车得到很好的锻炼。

用竞赛的游戏锻炼孩子身体

一般来说，孩子在小时候就有竞争意识。父母在帮助孩子锻炼时，最好进行一些带有竞争性的比赛，挑起孩子想赢得比赛的好强心，从而达到锻炼身体的目的。比如：来一场竞争的足球比赛，看谁进的球比较多。如果父母在孩子兴趣大减的时候，让他一个球，那他一定会很有成就感，从而喜欢上足球运动。除此之外，父母还可以用小小的奖品来"诱惑"孩子，在孩子表现好的时候，送给他一双新鞋子、一顶个性的帽子。不过，最好的奖品还是体育用品。

让孩子在音乐天地里翱翔

俗话说：兴趣是学习一切知识的老师！著名的音乐教育家卡巴列夫斯基曾说过：激发孩子对音乐的兴趣，是把音乐的魅力传递给他们的必要条件。

在家庭教育中，父母要有意识地让孩子学习音乐，让他们在音乐的天地里翱翔。孩子能够对音乐产生兴趣，这不仅有助于开发他的想象力，还有可能激发他的音乐细胞。

在家庭中，父母应该有意识地培养孩子学习音乐。当然了，这并不是说让父母亲一定要将孩子培养成音乐家，也并不是要把孩子培养成第二个郎朗或者李云迪，而是要让他们懂得音乐的美好，用音乐滋润心灵。

那么，父母应该如何培养孩子对音乐的兴趣呢？

首先运用动静的方式

在孩子年幼的时候，他们很天真可爱，活泼好动，自控能力较差，因此，父母要运用动静交替、情景交融等形象生动的方式，让孩子在动、静、听、看、辨、唱的音乐世界中，仔细感受和体验。

选择不同的音乐素材

在对孩子进行音乐启蒙教育时，一定要选取一些孩子感兴趣的素材，这样才能够被孩子所接受和接纳。除此之外，还要选取一些贴近孩子生活，孩子有切身体验的素材。

父母必须准备教学语

什么是教学语？就是父母亲要在培养孩子音乐兴趣的时候，加上一些点缀性的音乐语言。这不仅可以突出音乐活动的特点，还可以激发起孩子的兴趣，从而简捷传授知识。

比如：节奏语，可以用拍击身体动作来表示。在日常生活中，可以让孩子感受音乐速度、力度等，从而培养孩子的节奏感。

手势语，也就是用手势代表语言。手势语不仅可以起到此时无声胜有声的效果，还可以通过手势更直接地向孩子传递信息，以及表达出内心的情感。

体态语，也就是父母用动作来向孩子传递感情，并引起孩子注意，起到"心有灵犀一点通"的效果。体态主要表现在眼睛、脸部、四肢，它可以以一种无声的语言向幼儿表露和传递内心的情感。而且，充满笑容的脸还可以让孩子觉得有亲切感，从而更加有精神。

鼓励孩子主动表现

在日常生活中，父母可以调动起孩子主动求知的积极性，并给予一些空间，让孩子自己来表现。只有孩子自己愿意表现，他才能够更快地融入到音乐中。

在孩子自己表现的时候，父母不要打断他，也不要嘲笑他，而是要让他在自编、自创中探索，产生一种动力和自信感，从而有了学习的兴趣。

比如：在闲暇时，一家人给孩子搭建一个小"舞台"，让孩子在台上尽情地表现自己。不管是唱歌、跳舞，还是演奏乐曲，这都能够体现出孩子的音乐天赋和求知的积极性。

当然了，音乐的表现手法还是有很多。在孩子拥有一定的音乐兴趣后，父母可以放一些音乐，让孩子欣赏。

总而言之，父母要不断提高孩子的兴趣，帮助他们在音乐中融入深厚的感情。通过音乐的艺术形象激发子女对美感的定义，让他们喜欢音乐，融入音乐。

激发孩子绘画的兴趣

绘画是年幼的孩子非常喜爱的一种活动。在日常生活中，年幼的孩子总是到处乱画，在墙上画，在地上画，在书上画；听话一些的孩子，自觉地拿着画笔在纸上画。他们充满了想象力，想画什么就画什么，就算是无规则的圆圆点点，他们也能够画得饶有兴趣。

涂抹乱画是孩子的天性，他们用天真的、好奇的眼睛去看、去认识、去探索这个丰富多彩的花花世界。

那么，父母亲怎么培养孩子学习绘画呢？有几点可供父母参考：

为孩子搭建绘画的空间

在年幼的时候，他们对任何事物都有着新鲜的兴趣。只要他们看到的，就想动一动手指，将看到的留下来，给父母看，给自己看。

因此，父母应该为孩子搭建一个绘画的空间，专门让孩子来作画。这不仅能够让孩子对学习有浓厚的兴趣，还能激发孩子的自信感。当搭建绘画空间后，孩子就可以想什么时候画就什么时候画，想画什么就画什么了。而父母也不用担心孩子会在墙壁上随意涂抹。

当孩子拿笔到处乱画的时候，父母与其粗暴制止，不如给他准备好颜料、纸和笔，任他尽兴涂抹。要知道，孩子学习的动力都来源于模仿。只要父母常用纸和笔引导他画，并对他的进步给予鼓励和肯定，那么孩子不仅会懂得在哪里画，而且还会萌生一种成就感。

选择丰富有趣的绘画素材

可以说，一个人的绘画兴趣与好奇心是密不可分的。如果没有好奇心的话，那么就不会对任何事物产生兴趣。因此，父母亲应该把重心放在选材上，并根据孩子的年龄、性格特点、兴趣爱好、绘画特点来选择绘画素材，最好选择一些孩子平时熟悉的又喜欢的。比如：小动物、交通工具、卡通人物、动物等。

除此之外，父母还可以通过故事情节引起孩子作画的兴趣。比如龟兔赛跑、小白兔运西瓜、井底之蛙，等等。这样的素材，不但可以引起孩子作画的兴趣，还可以让孩子从故事情节中学习，从而激发他们绘画的兴趣，画出一幅美丽的图画。

多种方式培育孩子浓厚兴趣

在家庭教育中，父母需要通过多种方式培育和激发孩子对美术活动的兴趣。因为美术绘画最能激发孩子的想象力、创新力、强化记忆力。

劝父母要用生动的语言来激发子女对美术绘画的浓厚兴趣，然后使用富有童趣的语言，让孩子产生轻松、愉快的心理，并让孩子乐于参与。实际上，绘画和游戏一样，只要玩进去就会有所感悟，并能轻松大胆地表达自己的意愿。

除了要做到用口头语言形象表达外，父母还可以结合体态语言进行事物形象生动的描述，从而达到发展幼儿思维的目的。比如，父亲或母亲带着孩子到户外活动的时候，引导和讲解孩子看到的大树、花草的形态，让孩子产生作画的浓厚兴趣。

其次，父母还可以通过游戏来培养孩子对绘画的兴趣。要知道，绘画教学是一种非常有趣的游戏。如果父母依照几十年前的临摹绘画法，那孩子就丧失了创新和创意性，并且对绘画没有多少兴趣，也达不到教学的目的。

因此，父母亲一定要让孩子自由发挥，使他们具有浓厚的绘画兴趣。在对孩子进行绘画教育的时候，学习内容一定要多样化，比如：父母应该把教学融入到看、想、画、做、玩的过程中，并通过一些趣味性的游戏，激发孩子的想象力，从而引起孩子的作画兴趣，让他们在玩耍中不知不觉地接受绘画技能，增进创新意识。

除此之外，在绘画教育中，父母要根据孩子的心理与生理特点，充分利用丰富多彩的各种形式。比如：在画"飞机"的时候，父母可用肢体语言做"开飞机"的模样，在室内和室外转圈跑开。这样孩子就会从作画中找到乐趣，大大提高兴趣，以及激发自己的创作欲望。

给孩子准备各种绘画工具

父母在对孩子进行绘画教育的时候，要使用多元素的画笔。如果孩子只用铅笔的话，那么孩子就会觉得黑白油油的画没有什么意思，缺乏灵感。

因此，父母应该为孩子准备彩色铅笔、油画棒，还可以准备一些水画墨、蜡笔、粉笔、手指画、印章画、吹画等用的工具。当然了，还可以为孩子准备一些智力玩具，比如：七巧板拼图、彩色木块插图、石子摆图、橡皮泥，撕纸拼画……以此来激发儿童的形象思维能力。

当面对新颖的绘画手段时，孩子不仅觉得好奇心得到了满足，而且在形式上也有了花样，从而体验到成功的喜悦和绘画的浓厚兴趣。

同时，还应尽量鼓励孩子，少指责。当孩子画了一些比较好的作品时，父母就应该把这些画贴起来，或者裱起来，到一定时期的时候，一家人还可以为孩子开个画展，从而激励孩子的积极性。如果孩子画得不好，或者达不到父母的期望时，父母如要批评孩子，这无疑是在扼杀孩子的学习绘画的兴趣与自信！

别让课余生活变成补课

每当暑假要来临之际，父母就开始头痛了，想方设法去选补课班。这是一种社会风气。

如何安排孩子的假期生活呢？如何让孩子在暑寒假期有一个很好的学习环境并取得进步呢？

针对这个问题，有不少父母亲聚集在一起，想听一听教育专家的建议，想要帮助子女过一个有意义的假期。教育专家说：除了在学校学习，孩子还有大量的课余时间和节假日，如果能够在这些课余时间和节假日中，学习到一些东西，那么这无疑是孩子身心健康发展最好的调节剂。

当然了，父母不能任由孩子去挥霍课余时间，将时间浪费掉。但是，父母也不能把孩子的课余生活变成另外一个课堂。这样的话，孩子不仅会感到疲惫不堪，还不利于亲子之间的关系，更为痛心的是在摧残后人。那么，应该如何合理安排孩子的课余时间呢？

下面我为父母提供了几个方法，以供大家参考：

1. 了解国家大事。在寒暑假或课余时间里，父母要让孩子多看一些新闻，让孩子拓宽视野，了解国内国际当天所发生的事件，要认识社会发展，不做"两耳不闻窗外事，一心只读圣贤书"的书呆子。如果孩子没有时间看的话，也要利用吃饭时间，与孩子交流一下。

2. 参加体育锻炼。俗话说得好，身体是革命的本钱。如果孩子没有一个强健的体魄，那就很难在竞争日益激烈的社会中有立锥之地。为了能够帮助孩子，父母就应该主动引导孩子坚持不懈地进行体育锻炼，如跳绳、打乒乓球、游泳等，让孩子增强体质健康成长。运动强度不要过大，但要保证足够的锻炼时间。

当然，孩子参加体育训练的时候，食欲、饭量会明显提高，身体素质也会明显得到增强。这样的锻炼，有利于预防疾病，也更有利于孩子的学习毅力。

3. 进行家务劳动。虽然孩子最重要的任务就是学习，但是作为家庭中的一员，父母一定要让孩子做一些力所能及的家务活，比如：淘米、洗澡、洗衣服、刷碗筷、打扫卫生等。不要让子女做一个"饭来张口、衣来伸手"的小皇帝或小公主。

4. 参加社会实践。在时间和经济条件都允许的情况下，父母亲可以让孩子参加社会调查，参观农场、工厂，做清洁小卫士，野炊等活动。这样的活动不仅可以加深孩子对社会的认识，还能让孩子的语言交际能力和解决实际问题的能力得到锻炼。除此之外，孩子还会懂得合作和分享的道理。

5. 多读课外书籍。大家都知道，书籍是人类进步的阶梯。在家庭教育中，父母要多读点好书，这样不仅可以促进及丰富孩子的知识面，巩固加深和拓展课内学习的知识，还能够发展孩子的兴趣与爱好，从而锻炼并提高自身的素质与能力。

当然，父母还应该让子女知道：书籍报刊的信息量大，知识面广，要有选择性地阅读，要阅读健康、积极向上的好书。必要的话，父母还可以帮孩子订份报纸，培养他们关心时事和国家大事的好习惯。

6.培养孩子的自学能力。在闲暇时，父母要有意识地培养子女的自学能力，并且在一旁指导和监督引导孩子，逐步让他养成自学的好习惯，成为书本的主人。

7.合理地给孩子布置一些"家庭作业"。由于寒暑假时间比较充裕，可以给孩子布置一些"作业"，如：组织家庭会、动手操作、社会调查，等等。

在帮助孩子制订计划时，父母要切忌：尊重孩子的意愿，给孩子留出一定的自由活动时间和空间。比如：可以规定一天的学习时间和空间，当然，也要注意孩子的个性、年龄和能力，不能对孩子的要求过高，从而达不到自己的愿望，还伤害了孩子。

除此之外，父母必须明白：课余时间是属于孩子的天空，父母应做的就是如何让这天空变得绚丽多彩、丰富多彩。父母一定要好好利用课余时间，这对孩子今后的成长大有好处。

实践证明，科学安排时间与内容很关键，对待子女还必须坚持因人制宜，根据个性与特长要因势利导，因材施教。如对独立性较强，反应快、主动性强的孩子做好引导、启迪、鼓励……俗话说："好马不需鞭打，响鼓无须重槌。"只有科学教子方获高效。

第十二章

强化个性教育

顽皮淘气是种个性

人本就各有个性，个性化教育应贯穿始终。没有个性化教育那是悲哀的教育！

实践证明：要想使每一颗年轻的心灵得到全面呵护，必须在每一段青春得到个性化的教育，那么每个孩子才都能绽放出绚烂的色彩。的确，只有这样才能造就贤达之才。

著名作家冰心曾说过："淘气的男孩是好的，调皮的女孩是巧的。"正是因为她怀着对孩子的热爱，才寄语父母一定要正确看待孩子的"淘气"和"调皮"。

许多父母为子女不断制造出的小"麻烦"而应接不暇。别嫌麻烦，这是他们在认知和探索这个未知世界。他们可爱，他们精力充沛，他们拥有强烈的好奇心，他们制造麻烦的过程正是不断走向成熟的过程。在这个调皮捣蛋的过程中，孩子懂得不断地创新，他们的动手能力更是得到了提高和发展。

他们不停地摆弄着各种玩具，从众多相似的玩具中形成初步的概括力；

他们喜欢玩捉迷藏，通过仔细观察，寻找蛛丝马迹，然后寻找目标，养成认真细致观察的好习惯；他们能把一枝树枝当成奔驰的骏马、火车、飞机等，把所看到的一切子虚乌有的东西想象得惟妙惟肖；他们玩的时候产生的舒畅、愉快、好奇的情绪不断激发和调动着他们的大脑神经活动能力。

由此可见，贪玩的孩子智慧多。对此，为了验证这个说法，著名生物心理学家曾做过这样一个实验。在实验室中，他将一批拥有相同遗传素质的老鼠任意分成了三组。

第一组，三只老鼠被关在普通铁笼中一起喂养，视为"标准环境"；第二组，三只老鼠被分隔在三个光线昏暗的小单间里，没有任何刺激，视作"贫乏环境"；第三组，十几只老鼠一起被关在一只宽敞明亮、设备齐全的笼子里，内设各种"玩具"及秋千、滑梯、小桥，视为"丰富环境"。

几个月后，心理学家发现："丰富环境"中成长的老鼠最"调皮"，而"贫乏环境"中的老鼠都最"老实"。通过精密仪器分析发现：三组老鼠大脑皮层的厚度、脑皮层蛋白质的含量及脑皮层与大脑的比重、神经纤维的多少、脑细胞的大小、突触的数量、神经胶质细胞的数量以及与智力有关的脑化学物质等方面存在着明显的差异。"丰富环境"组的老鼠优势尤为显著。实验表明：丰富的环境下，玩得越充分，大脑的发育就发达。

以上实验可以证明：玩耍有助于孩子智力的发展，同样有助于许多非智力因素的发展。玩耍可以满足了孩子好动的欲望，同时激发出他们的求知欲、好奇心及探索精神。善玩的孩子有许多优点，他们聪明、伶俐、乐观、朝气蓬勃、富有幽默感，他们乐于交往，充满幻想，勇敢大胆。所以，孩子的许多教育可以在玩中进行，不可只学不玩或多学少玩。

俄国当代教育家也曾说过，顽皮是孩子智慧的表现，是孩子所拥有的一种"可贵品质"。如果一个孩子一点儿也不淘气，就意味着他内在的智慧和创造力在沉睡，没有得到发展。如果一个孩子在他的童年整天都呆头呆脑地度过，等他长大之后，任何力量都唤不醒他沉睡的智慧和创造力。父母应该看到孩子顽皮的另一面，同时，不要经常像拔除野草那样"拔除"他的恶习。当美好的品质得到蓬勃发展时，那些恶习就会受到排挤而在孩子不知不觉的成长中自然而然地消失。

为了孩子的安全着想，父母总会"好意"地限制他们做一些他们喜欢做的创新。但正是这种"好意"，才阻碍了孩子的尝试的勇气，让他们失去了一次挑战自我的机会。

很多父母亲总是为孩子的淘气感到困扰、焦虑，他们在看那些家有乖巧孩子的父母时，总是投去羡慕的眼光，心里想到："我的孩子要是像人家孩子那样乖该有多好啊，也能让我歇歇。家里让这孩子闹得片刻的安宁都没有。"

难道淘气真的是孩子的缺点吗？

答案是错误的。淘气是孩子与生俱来的一种特质，在他们成长的过程中，片刻离不开淘气。正是在淘气当中，孩子的创造力、逻辑思维能力、动手能力等都有了很大的提高和发展。因为，孩子更喜欢在不停地运动中来进行学习。我们可以说，没有淘气，孩子的智慧及潜能就得不到充分的开发，能力也无法得到很好的发展，局限了孩子的健康成长。

生活中，许多成功人士都会有一个淘气的童年，爱迪生小的时候非常淘气，看到任何事物都感到十分新奇，总想搞个清楚。在他4岁的时候，为了看清野蜂窝的秘密，于是便拿了树枝去捅蜂窝，结果被蜂群蜇得满脸红肿、疼痛不已；6岁那年，爱迪生又对火产生了浓厚的兴趣，却一不小心把马棚给点着了。孵小鸡这种可爱的举动更是他的经典故事。

美国微软董事长比尔·盖茨小时候也非常好动，总是不能静下来。他有个爱好就是坐在木马上摇摇摆摆地晃着，但是这都不影响他日后的成功。如此看来，他们的成功反而得益于儿时的顽皮和淘气。

淘气的孩子是聪明的，他们思维活跃，反应迅速，对于所教的内容能够一点就通，于是他们就常常把剩余精力转移到另外的事情上。正因为如此，经常被老师批评上课不遵守课堂纪律、注意力不集中。淘气的孩子是头脑机敏的。他们机智勇敢，善于在一些突然发生的情况下展示自己的才能，拥有很多绝妙的"鬼点子"，常常出乎父母与老师的预料，敢于对父母和老师的"权威"进行挑战，因此，受到误解和责备。淘气的孩子具有强烈的表现欲，通常他们的运动细胞比较发达，做事并不那么"安分守己"，常常背着父母和老师做一些"出轨"的事，因而遭到老师的责罚。淘气的孩子是具有幽默感的孩子，他们常常会把很严肃的一件事看作非常可笑的事，他们那种纯洁的笑声会感染其他人，也会善意地取笑他人。而这些通常都被老师视为是故意破坏纪律的恶作剧而给以白眼。淘气的孩子好奇心极强，他们通常精力旺盛，不知疲惫地对任何事情都想看个明白，搞个清楚，动手能力极强，一般在研究事物时会因把东西搞坏而受到惩罚。淘气的孩子是乐观向上的，他们热情奔放，主动与人相处，乐于助人，有正义感，但有时也会因好事没做成而带来麻烦。

就是这些淘气，促使孩子成为积极的幻想家。生活中他们总是想尽办法去了解和改造身边的事物，由于他们的大胆和敢于冒险，他们的世界总是充满神奇。这些淘气的孩子具有丰富的创造力，他们不拘一格，做事情从不墨守成规，对事物总是有独到的见解，常常获得丰富的生活体验。由于淘气孩子聪明、好奇、好动、善交往，乐于助人，因此往往会更多地感受到这个世界的多姿多彩。

总而言之，淘气的孩子是非常有"个性"的，正是他们这些"个性"，才让他们成为创造性的人才。因此，作为称职的父母在对待淘气的孩子时，不能把他们视为"异类"，然后批评和指责他们。相反的，父母亲应该懂得发现他们个性中蕴含的独特的美丽与无限的潜能，予以欣赏和鼓励。

必须因材施教，发展特长

现如今的社会，培训班、辅教班、兴趣班、才艺班等满天飞，很多父母不惜金钱热衷于给自己的子女报这个班和那个班。他们认为让孩子辅课、学钢琴、画画、跳舞，不但能够挖掘孩子的潜能，还可以让孩子在以后的工作中掌握一技之长，不至于落后在人生起跑线上。但是，父母都忘了，每个孩子之间都存在很大的差异。

于是，就出现了这样的情况：孩子突然想学钢琴，但弹了没几天就不想弹了，可是钢琴已经买下了，如果不学岂不是浪费了，于是很多父母就逼着孩子去学；孩子练了几天舞蹈觉得不适合想放弃，可父母觉得以后这个会有发展前途，于是就每天"押"着孩子去舞蹈班……

实践证明，父母在这个时期都犯了一个大错误，他们没有意识到每个孩子的个性都是不尽相同的，导致没有尊重孩子的个性与优势的发展。这是不科学的做法。只有父母真正了解子女的特点，才能更好地教育子女，这个方法也就是所谓的"因人制宜、因材施教"。说起"因材施教"，父母一定不会陌生，大家都知道孔子是因材施教的代表，他对学子的教诲，从来都是根据学子们的思想、自身的特点进行有针对性、可行性、适应性等科学的教导。

劝父母应虚心地学习孔子的宝贵教导经验，针对不同个性的孩子，即便是讲述同一个道理、同一项技能，要求也不尽相同。正因为孔子坚持因材施教，做到因势利导，拒绝盲目性，填鸭式教育，必须坚持"个性化教育"的科学理念。

由于每个个体的生理素质基础不同，子女的个性很难由别人塑造，所以个性也就不同。而父母尊重子女的个性发展，其实就是保护了孩子的未来。如果一个有绘画天赋的孩子，硬被父母拖去上钢琴班，最后的结果，很有可能就是鸡飞蛋打——钢琴弹不好，而绘画天赋也消磨殆尽。所以，父母亲尊重孩子的个性因材施教，发现孩子的优势与特点，才能更好地教育子女，给孩子的成长道路上减少一些不必要的挫折。

面对孩子出现的问题，父母要寻找根本原因，针对自己孩子自身的性格特征，采取相应的举措去引领和支持他们解决问题。对此，给父母提供了以下建议，父母可以参考以下方法，对子女采取合情合理的教育。

深入地了解子女的优缺点

父母教子要对症下药，不得任性和主观。应当充分了解孩子各科的学习情况，找出孩子的学习兴趣、爱好所在及不足之处。如学习目的、求知态度、学习方法及在校表现等，然后才能有针对性地进行因材施教。

为此，父母在生活中首先要对孩子的心理进行深入细致的了解，然后根据孩子的个性，找准契机来正确引导孩子。例如自己的子女喜欢明星，父母就可以给孩子讲些明星的励志故事，告诉孩子明星是如何成功的，把表象的盲目崇拜变成从心底的佩服并以此激励孩子。有的孩子个性较强自制力也强，则可以选择让孩子自己制定规则，当孩子受到尊重时，他就会自觉地遵守规则；而对于那些没有自制力或自制力较差的孩子，父母则可以采取表扬与批评相结合的教育方式，制定规则的同时给予孩子适度的监督，督促孩子逐步养成良好的学习习惯。

以宽容培养孩子兴趣

从我对三子三孙一孙女的教养中，我始终认为兴趣才是孩子的老师。只有孩子感兴趣了，才会激发出内心那种好奇心。如果没有好奇心的驱使，即使碰上再高明的老师，学习也不会有多大的主动性。

教育家苏霍姆林斯基说过：有时宽容引起的道德震动比惩罚更强烈。父母对子女过失的宽容，绝不是姑息、放纵，而是在严格要求的前提下，对子女犯错误的理解、尊重，给予反思的充分时间，给以改过自新的机会，使他们最终彻底改正错误。同时宽容也能唤醒子女自我教育的意识，这样父母的教育方式必将在子女心灵深处留下深刻的印迹。所以产生的作用是父母"苦口婆心"式的教育方式无可比拟的。

宽容是一种修养，是一种品质，更是一种美德。宽容也是一种海纳百川的大度。可能正是因为父母的宽容大度，才从小呵护了子女的自尊心、自信心、好奇心，让他们能够满怀信心地主动求知、成长，最后成才。

实践足于证明：宽容是一种很好的教育方式，它能净化人的心灵，只要我们坚持，以宽容培养子女兴趣的育人方式，必将产生相应的教子效果。

不可盲目套用别人的教子模式

每个孩了都有自己的优势与劣势，他们的接受能力也有一定的差异，父母要通过仔细研究找出适合自己对子女的教导方式，千万不能照搬别人的教子模式。

因此，父母只有根据子女自身的特点和实际情况，采取适应性的教育方式，才能使孩子健康成长，不断进步。如果生搬硬套别人的教子经验，往往不会达到父母所期望的教育效果。

必须注重个性化教育

父母亲应有的放矢对子女进行个性化教育。比如：孩子很调皮，但学习成绩一直很不错，如果老师对孩子感到头疼，因为他总是不认真完成家庭作业，老师反映给了家长。当家长询问孩子时，孩子却理直气壮地说："我都会了，老师一遍遍地重复，让我对它们一点兴趣也没有。"这就应该自己在家里找一些具有挑战性的题目让孩子做练习，这样孩子解题能力会更强。

灵活引导孩子

父母亲要保持一颗平常心对待孩子的成长，因为每个孩子性格不同，其学习风格也跟着不同，这就要求父母亲拥有一颗灵活的教育头脑，正常引导子女。每个孩子都有自己优点和不足之处，父母应当通过孩子在生活中的点滴，仔细观察并寻找出孩子的兴趣和优势所在，鼓励孩子在自己的优势上积极进取，教导孩子发挥自己的闪光点，以此来增强孩子克服困难的信心，帮助孩子健康全面地发展。

"从小看老"的科学依据

有句民间谚语叫："三岁看大，七岁看老。"可以说，这是无数前辈观察孩子成长的经验所得。

实际上，从孩子的心理发展规律和个性的形成与发展来看，子女在出生两周左右，就有了心理现象，随着父母与大人的教育、周围环境的影响，等等，孩子的心理活动就会变得复杂起来。无论是感知的能力，还是思维、情感、意志、行为等都会有了初步的形成与发展。

对于这一现象，心理学家通过调查后，发现孩子的个性形成和发展产生于3周岁左右。可以说，孩子的个性、身心健康与否，早在3岁左右就会奠定基础。

科学研究调查结果显示：在 3 岁之前，是一个人大脑发育非常重要的时期。当一个人出生的时候，他的脑重量只有 370 克，经过一年的发育，他的脑重量就已经达到成人脑重量的 60%；经过两年的发育，他的脑重量相当于出生时候的 3 倍，达到成人脑重量的 75%；到 3 岁的时候，他的脑重量已经达到一个成人的脑重量。随着年龄的增长，孩子的脑重量的增长就会越来越慢，并不会发生大的改变。

孩子还在发育的时候，所接触的事物，对他们以后形成的性格、兴趣、学习、事业、家庭、人际关系等都会产生一定影响。

在日常生活中，有很多父母认为：刚出生的孩子知道什么啊！他们又不会说话，又不会动，也不会思考。在刚出生的时候，他们总在睡眠里。所以说，只有等到他们会说话了、会走路了、懂事了、懂得思考了，才可以接收到父母的教导。实际上，这种想法是完全错误的！教育不仅仅说的是学校教育、社会教育，对于年幼的孩子来说，家庭启蒙教育才是最重要的。

为了用事实来证明"三岁看老"的科学性，英国伦敦精神病研究所教授卡斯比同伦敦国王学院的精神病学家们进行了一项试验观察。

1980 年，他们以当地 1000 名 3 岁的孩子作为研究对象。研究人员先是对这些孩子进行一番调查和分析，再将他们分为五种类型：充满自信型、良好适应型、沉默寡言型、自我约束型和坐立不安型。

到 2013 年，当这些被研究的孩子到了 23 岁的时候，研究人员再次与他们进行了面谈，并对他们身边的朋友和亲戚进行了调查。

调查结果令人大吃一惊！原来，他们 3 岁左右时候的言行竟然预示了他们成年后的性格！天啊，很多父母都发出了惊叹声。2015 年，卡斯比教授发表了一篇报告演说，报告中说明了"三岁看老"这个说法的真实性。

卡斯比教授在报告中说，一个人对 3 岁之前所经历的事情就会像海绵一样吸收。这就意味着在 3 岁之前，是孩子性格形成和能力培养的关键期。这个阶段的孩子，很容易受到家人的影响。比如：孩子跟随什么样的父亲和母亲，接受什么样的教育，都会受到影响，并且变成自己的性格。父母的言行举止，孩子都会照学不误。

在孩子 0～3 岁的时候，他们的大脑发育得最快，接受东西的速度很快，感觉器官敏感。在孩子出生的时候，他们的大脑里就有一千亿个神经元，慢慢地，他们的神经元就不会再增加。也因此，有的父母发现 3 岁之前的孩子会不停地动，不是看看这里就是摸摸那里。在父母一不留神的情况下，活泼好动的小家伙就会消失，跑到一个角落或等待着父母来找。其实，这就是孩子的大脑在不断地获得信息的一个过程。

在孩子年幼的时候，父母应该多带孩子去接触外面的世界，以此来丰富宝宝的视野。在孩子可以坐起来或可以爬动的时候，父母也要多让孩子看一些有颜色的东西，比如：可以买一些色彩鲜艳的小球挂在婴儿床的两侧，锻炼孩子的注意力，等等。

同时，父母亲还要多与孩子进行情感交流，比如：抚摸孩子的身体，让他感受到爱；偶尔与孩子对视；父母可以经常逗孩子笑……这对子女以后的性格养成有着重要的影响。

因此，在日常生活中，父母对子女的教育越早越好，最好在胎教的时候就对孩子进行情感交流。要知道，孩子的接受能力是成人想不到的。越早对孩子进行教育，那孩子养成某种习惯和品质就越牢固，在孩子三岁之前的时候，父母一定要承担起培养孩子的重任，抓住三岁这一关键期，从而赢得孩子未来的成功和胜利。

培育孩子思维的灵活性

在日常生活中，父母与家人经常会看到这样的现象：有的孩子在上小学的时候，成绩虽是名列前茅，到了初中或高中后，学习成绩直线下降……而有的孩子在上小学的时候，调皮捣蛋，不爱学，每次考试成绩都排在班级最末几位，可到了初中或高中后，学习成绩一路飙升。特别是在男孩中，这种现象最常见！

面对孩子的变化，父母可能感到非常疑惑：这到底是为什么？一个原本成绩优秀的孩子怎么就变成了中等生或差生了？

其实，道理很简单。在孩子小的时候，学习的课程比较容易，只要他们顺从父母——死记硬背，认真听讲，就能轻松获得好成绩。随着年级的升高，学习的知识越来越难，"死记硬背"与"认真听讲"的学习模式已经跟不上了。

要知道，思维是一种思维活动的规律，也就是人们常说的思维方式。当人们在看到某些现象或解决问题的时候，都会使用一种定向的思维方式去思考，而这就是思维规律的一种体现。父母应该努力地、耐心地帮助孩子寻求心理上的一种稳定，应当让孩子早些支配他们大脑的思维规律。当然了，父母最好让孩子感觉到这是与生俱来的能力。当孩子知道自己拥有活跃思维的时候，就会沿着自己的路线发展，从而在大脑中确立自己的思维方式。

像这种教育方式，就是在鼓励孩子运用自己的好奇心和思考，产生和发展创造性思维的过程。比如：孩子问父母："为什么铁不能浮起来，而木块能浮起来呢？"父母最好不要直接回答，而是为孩子提供一些工具——一个装水的容器和天平，再准备一定量的水、木块、不同的铁块重量，然后再让孩子研究。在这样的启发下，孩子就进行了一次思维能力的训练。

在对孩子进行思维能力的训练上，塞德兹做得就非常好。塞德兹认为：培养孩子的兴趣并不困难，困难的是如何去引导孩子今后的路。因此，要想拥有一个100分的孩子，做父母亲的必须明白："引导"占了99分。

在日常生活中，如果是你的儿子在问你们人是什么变成的？你们会耐下心来回答问题吗？面对很多天真好奇的疑问，你们会不会感到厌倦？可塞德兹却尽自己最大的努力，回答自己能回答的，说出自己能查到的内容，为孩子一一解答。

虽然孩子不是特别明白其中的含义，但在问答中，孩子会产生一定的思考，从而把这种思考的习惯带到生活、学习、工作之中。待步入社会，掌握的知识多一些，他对一些复杂的问题就会反复思考一一解答出来了。

在日常生活中，如果孩子提出一些"荒唐"的问题，父母要耐心地回答孩子，并且要鼓励和引导孩子。当孩子有了某些进步的时候，父母一定要给予鼓励和支持，相信孩子的思维会更灵活，学习上也会取得一定的进步。

不合群的孩子也有优势

在我国，"合群"是衡量孩子性格的一个重要的价值取向。无论孩子在年幼的时候，还是在长大以后，都要具备这种"合群"的意识，才能够在团体中、在人际关系中游刃有余。反之，则会被"合群"的人踢出去，成为孤家寡人。

实际上，这种说法并不是绝对性的。要知道，孩子有各自的气质，人格的发展是多元的，不一定每个孩子都会合群。相信在日常生活中，我们经常会看到这样的现象，父母、家人与老师常常这样嘱咐或责备孩子："小朋友们，放学要和老师说再见！""跟小朋友们去玩啊！""这么不合群！""别人跟你说话呢？""你怎么不理人啊……"

其实，有的孩子嘴上不说话，但心里已经说了，这是他们的表达方式，不能代表他不合群。要知道，在人类发展过程中，有很多风险需要承担，而社交活动就是其中的风险之一。

在生活中，有的人愿意或容易承担与生人接触的风险，而有些人却很难。对于那些不愿意或害怕参加社交团体活动的孩子来说，这是一种极大的风险，他们需要更多的时间才能与人正常地互动和沟通。

相信大家都知道爱迪生的故事，他小时候就是一个讨人嫌的孩子，也可以说是"不合群"的孩子。下面简介数语：

在学校里，爱迪生的功课不好，又不听老师的话，也因此，老师都不喜欢他，同学们认为他就是个坏蛋。

爱迪生出生在一个贫困的环境里，他父母用满腔的爱心抚育和爱护着他。

在父母的眼里，爱迪生变成一个"不合群"的小坏蛋，其实并非因为他真的坏，真的不愿意和大家在一起玩，而是因为他脑子里想的和大家想的不一样，甚至是有差距的。

在生活里，爱迪生有着强烈的好奇心和求知欲，可是他的好奇心和求知欲常常为大家带来麻烦。

在学校里，课程安排得非常呆板，老师还常体罚学生；讲课枯燥无味，引不起爱迪生的兴趣。因此，爱迪生总是坐不住，老师在讲，他在下面走动，有时还跑到外面去；有时在外面会收集一些别人丢弃的物品，制造出一些奇奇怪怪的东西，并带入教室。他这样的状态，老师很是头疼，这样一个"不合群"的学生，真是少见。

由于喜欢追根究底，爱迪生对于自己有疑问的东西十分执着。如果一个问题没有得到解决的话，他不会继续做另外一道题。因此，老师称他为"迟钝""糊涂虫""低能儿"。就这样他被老师开除了。

可父母亲深信爱迪生比同龄的孩子会思考，很聪明，就带回家去进行个性化教育，发现孩子的特性与潜能，通过耐心引导竟成为发明家。

事实证明，孩子爱玩、顽皮是天性，只是有的孩子表现得明显一些，而有的孩子表现得不那么明显。当面对那些调皮捣蛋的孩子时，父母或老师们总会采取一味地责怪和批评，说一些伤害人的话，比如："没有出息的孩子""你真是条大懒虫""笨死了""坏孩子"，等等。慢慢地，孩子就会产生一种自卑感，从而影响他的一生。

而爱迪生的父母却不一样，即使老师批评他、侮辱他，说他是个低能儿，但他们却依旧相信自己的孩子，并且抓住他的特长进行培养。

父母不仅给他讲课，还支持他做实验，最后使他成为一个伟大的发明家。在他的一生中，共完成了2000多项发明，其中有1328项都申请了专利。

实际上，世界上很有成就的人，都曾做出一些"不合群"的事情，这只能说明"不合群"的人思考方式与普通人不同而已。有一些从事创造性工作的人，当别人意见与自己的意见相似时，就不会积极发言，赞同观点。而当意见不同的时候，就会立即站起来表明自己的想法。

"不合群"的孩子并不一定是愚笨，相反的"不合群"的孩子很可能是一个具有独特头脑的天才。

这些不合群的人喜爱各种智力练习与难题，甚至会认为有些难题很容易。

不须改变，改善即可

在日常生活中，我们会经常听到一些父母亲抱怨："我的孩子天性这么胆小，以后长大了怎么办？""我的孩子太内向太害羞了，真担心他以后无法适应社会。""我的孩子太吵了，我想送他去学围棋，让他学会定下来。"

由于父母亲担心现在孩子的性格会影响今后的路，便想尽办法改变孩子的天性。可结果，却不像父母亲想的那样。要知道，强行改变孩子的某种特质，只会让孩子无法接受，甚至会引起孩子的反感。

要知道，孩子的一生是不断成长的一生。在成长的过程中，父母没必要去逼他们改变自己，变成另外一个人。这样的做法不仅是违背了孩子的自然生长，还会让孩子感到痛苦和无奈。

这种情况，劝父母亲不要着急。要知道，孩子才几岁，虽然现在胆子比较小，但随着孩子慢慢长大，对事物认知程度提高，孩子或许就会发生改变，变得胆大一些。

当孩子出现一些父母亲不喜欢的性格特点或行为时，做父母亲的应学会接纳孩子，而不是一味地改造孩子。如果父母亲使用的方法不当的话，也许会让孩子变得更胆小。此外，父母亲不要只从消极的方面看待孩子的胆小，从积极方面看，胆小也可以"稳重""成熟"等。

当然了，除了胆小，孩子还有一些其他的"缺点"，父母亲要运用良好的科学教养方法培养孩子正面的性格特点。下面，是教育专家的几点建议，请家长们接纳。

让子女主动改善而不是被动地改造

在家庭教育中，如果父母亲强迫孩子改善，说一些"你不要那么胆小，这样不好""能不能活泼点，改一改你的臭脾气"的时候，一定要自我反思。要知道，谁都不喜欢被命令、被强迫。

当父母亲如果强迫孩子去干一件事情的时候，总容易引起孩子的逆反心理：你让我往东走，我偏要往西走！因此，父母亲应让孩子主观意识上想去改善，从而主动地去做，而千万不要强迫孩子。

让孩子向不同性格的人学习

因为每个人都有优点，父母亲应鼓励孩子多认识一些性格好的人，学习他们身上的这种优点。在长期的熏陶下，孩子的性格也会受到影响，从而逐步改善了自己的性格。

调节食物的营养

食物也可以有效地改善孩子的性格，比如：固执的孩子可以减少肉类食物，可以多吃一点鱼，尽量生吃；蔬菜以绿黄色为主，少吃一点儿盐；焦虑不安、睡眠质量不好的孩子应该多吃富含钙质和 B 族维生素的食物，还要多吃些动物性蛋白质；恐惧、抑郁的孩子可以多吃些柠檬、生菜、土豆、带麦麸的面包和燕麦等。

难道食物真的有效果吗？科学家们说：孩子的大脑需要适当的能量来产生神经信息传递因子的物质，而这些神经信息传递因子正是靠孩子在平时吃的食物中获得。如果营养不够的话，或者是营养过剩的话，都会影响神经信息传递因子的水平，从而影响到与之相应的多种行为习惯。

由此可见，食物与孩子的性格也有着密不可分的关系。这就需要父母亲通过食物的变化来改善孩子的性格特质。

下面给出了不同性格缺陷的孩子应吃的不同食物，比如：

性格不稳定的孩子是由于长期缺钙才造成的，因此在日常生活中，就可以多吃一些含钙、磷较多的食物，如大豆、牛奶、苋菜、炒南瓜子、海带、木耳、紫菜、田螺、橙子、河蟹、虾米等。

斤斤计较的孩子是由于大脑中缺少维生素 B，从而变得爱唠叨，爱计较。因此，应让孩子要多吃辣椒、笋干、鱼干。

做事虎头蛇尾的孩子，是由于身体里缺乏维生素 A 和维生素 C，所以，父母应注意让孩子多吃一些含维生素 A 丰富的猪、牛、羊、鸡肉、鸭肝、牛羊奶、鸡鸭蛋、河蟹、田螺等食物。还可以让孩子多吃一些富含维生素

C 的辣椒、红枣、猕猴桃、山楂、橘子、苦瓜、油菜、豌豆等。

总之，父母与大人们并不需要强行改变孩子的性格，而是应该让孩子做自己的，应尊重孩子的成长特征。

让孩子学会为自己的行为"埋单"

通常情况下，孩子一旦做了什么错事，都是由父母来负责任。我们经常会听到这样的抱怨，比如："也不知道他的父母是怎么教育孩子的？""这孩子的父母真差劲啊！"……

对父母来说，一定要教导孩子能够对自己的行为负责。即使年龄很小的孩子，只要他犯了错，一定要让孩子主动承认错误，并自己去道歉，若造成损失应负责补偿。只有这样，才能让孩子明白犯了错误是要付出代价的。只有付出这种代价之后，他才能接受教训，在他以后的人生中就不会再犯类似的错误。

常言道："一人做事一人当。"当孩子做了损害他人利益的事，必须让他自己主动向人家道歉，并赔偿相应的损失。这样做不仅是为了获得原谅，还能让孩子从小就树立起对自己行为负责任的意识。只有教会孩子对自己行为负责，将来他们才能够顺利地进入社会生活，成为一个对家庭负责、对社会负责的人。

往往一些孩子做事，重视行为过程的本身，而不太重视行为导致的后果。因此，父母要有意识地在孩子小的时候就开始培养他们的责任感，做到让孩子能够对自己的行为结果负责。

所以，培养孩子的责任心是一项长期而艰巨的任务。不仅需要父母亲循序渐进有耐心地对子女进行教导，同时更需要父母去了解孩子的心理发育特点，因人制宜，因材施教。

下面举几个例子供父母参考：

与孩子订立"合同制"

在家庭教育中，父母要让孩子明白该做些什么，不该做些什么，如果做不到将会受到哪些惩罚。孩子还小，做事的时候，往往凭的是兴趣。如果对子女的要求不够明确，他们很难坚持下去。所以，要培养孩子对某种事负责到底，必须说清楚做事的要求，以及完不成会如何惩罚。例如：生活中，把扫地的活承包给孩子，如果没做到，就减少出去玩的时间。这样孩子才懂得，要对自己的行为负责。

让孩子对自己的责任心引以为荣

有这样一个 10 岁的小姑娘，从 5 岁起，她负责倒了 5 年的垃圾。小姑娘在 5 岁的时候，看到妈妈每天倒垃圾很辛苦，所以，那个时候，只要一听到垃圾车的音乐，她就提着垃圾桶去倒。她的父母经常当着女儿的面在外人面前夸奖她能干、勤快、懂事。小姑娘受到表扬后，这个习惯从未间断。

这个小姑娘的家人通过表扬孩子，才激发出她主动倒垃圾的自豪感。慢慢地，小姑娘形成了这种习惯，把劳动看成很光荣，更看成一种责任。

提醒孩子：该做什么的时候就做什么

在擦完手后，8 岁的小明经常忘了把毛巾搭在架子上。为此，母亲让小明自己记下：洗完手，擦完手该做什么，便于提醒自己。经过几次提醒后，小明再也不会忘了把毛巾搭在架子上了。为此受到大人的表扬，这时，小明也为自己的进步感到高兴。

所以，当需要子女记住做某些事时，记得要让孩子自己记下要做的事情。孩子做到后，要不时地夸奖他们，这样，孩子就会为自己的成绩而高兴，慢慢地形成了对自己的行为负责的好习惯。

让孩子设法补救自己造成的过失

当孩子弄坏了别人家的玩具时，一定要让孩子道歉并主动赔偿给对方。也许，对方会认为没什么大不了的，这是常有的事，或者不好意思收下孩子的赔偿。这时，父母亲一定要说服对方收下赔偿，这样可以让孩子懂得：自己造成的不良后果，就该由自己负责到底。

责任心是孩子一生的美好品质，是子女拥有健全人格的基础。孩子的责任心是在日常生活中一点一滴培养起来的。孩子一旦有了责任心，才会对自己负责，对他人负责，将来会对家庭负责，对集体和社会、国家负责。因此，父母一定要在生活中注重培养孩子的责任心。

帮子女扔掉自卑的包袱

在家庭或者学校中，总有一些胆小、内向的孩子，他们不敢在课堂上大声发言；被欺负了不敢告诉别人；有什么意见憋在心里，在没人的角落哭泣；受到挫折了，就会"痛不欲生"……可以说，他们或多或少都会存在自卑的心理。

那么这些孩子是如何形成自卑的？自卑的征兆又有哪些呢？下面，我们罗列出几点，父母亲要对照一下，看看孩子有没有自卑的表现。

语言表达较差

教育专家经过调查研究表示：有80%以上的自卑孩子的语言表达能力较差一点。他们或表现为口吃，表述不连贯，表达时缺少情感或者是词汇量少，等等。教育专家认为，这是孩子过于自卑的情绪影响了大脑中负责语言学习系统的正常运作。

承受力较差

在日常生活中，自卑孩子的承受能力较低，他们不能像正常的孩子那样承受挫折、疾病等压力。当自卑的孩子遭遇到一点点挫折的时候，他们都会"痛不欲生"或出现逃避的行为。

情绪低落

生活中凡是自卑孩子的情绪是低落的。没有任何原因地失落、抑郁寡欢。这或许就是自卑心理促使的。

过度怕羞

自卑的孩子大多是害羞的，有的时候不敢面对小朋友唱歌，不愿意抛头露面，甚至不敢接触生人，等等，而这种表现也是出于强烈的自卑情绪。

总是疑神疑鬼

有自卑心理的孩子非常在意他人的评价，并且十分敏感。别人无意识的一句批评，都会让自卑孩子难于接受，甚至耿耿于怀，如此下去的话，就会让他们发展到"疑神疑鬼"的地步，甚至怀疑他人或责怪自己。

过分追求表扬

有自卑心理的孩子总是觉得"低人一等"，但是他们又渴望得到别人的表扬。为了得到别人的夸赞，他们甚至会采用不诚实、不适当的方式来表现自己，比如弄虚作假、考试作弊等。

拒绝交朋友

一般来说，正常的孩子都喜欢与同龄人交往，并把友谊看得非常重要。但是有自卑心理的孩子恰恰相反，他们不仅仅没有兴趣交朋友，还会觉得陌生的人会伤害到自己。

无法集中注意力

具有自卑心理的孩子无论是在学习中，还是做游戏中，都会无法集中注意力，或只能短时间地集中注意力。

贬低、嫉妒他人

有自卑心理的孩子会出现贬低或妒忌他人，比如：别人有了新的玩具，但自己却没有；当老师表扬了同桌，却没有表扬自己都会产生……

心理学家认为，这是他们为减轻自己的自卑情绪，从而产生的一种宣泄方式。虽然这个方式并没有什么效果，但他们愿意这样抚慰自己。

自暴自弃

具有自卑心理的孩子往往会表现出一种自暴自弃，不求上进的态度。在他们心里认为："反正自己不行，努力也是白搭！"还有一些比较严重的自卑孩子，会出现自虐行为，故意让自己处在险境或困境之中，如果父母与家人指责和批评他们的做法，他们就会以"反正我已经这样了"的态度来为自己辩解。

回避竞争、竞赛

虽然有的自卑孩子非常渴望自己能够成为别人眼中的焦点，想要在考试或体育活动中取得不错的名次。但由于对自己缺乏必要的自信心，从而认为自己绝不可能获胜。也因此，绝大多数有自卑心理的孩子总会回避参与任何竞赛。他们可能会在别人的鼓励下勉强报名参赛，但却会在关键时刻临阵逃脱，甘当"逃兵"。

虚荣心在作怪

随着生活水平的提高，不光大人们追求生活的品质和品位，就连孩子也效仿起来，追求生活的品质了。当发现自己的生活品质不如别人的高，那孩子就会产生自卑心理，觉得自己不如别人。

随着物质生活越来越丰富，孩子很容易形成不当的认知和价值观，比如攀比等。在这种环境影响下，出身于一般家庭的孩子就会产生自卑心理，他们会不敢或羞于谈论自己的家庭；与朋友的相处中会缺乏自信；对父母产生一种抱怨的情绪，如"为什么我会出生在这样的家庭，而不是出生在富贵家庭"等。

对于这种情况，父母一定要正确地引导和监督孩子，让他们将注意力放在学习上。通过好的学习成绩或其他方面来增强自信力。

父母亲还应该让孩子知道：真正的自信要靠自己的努力建立。除此之外，父母还应该用更多的陪伴、鼓励和关爱，让孩子感受到家庭的温暖，从而让孩子信任父母亲，热爱这个家，必要的时候，父母可以让孩子体会自己每天的努力工作和生活的艰辛，最终纠正孩子的攀比和虚荣心理，驱除其自卑的情绪，帮助孩子建立正确的人生观和价值观。

关于如何帮助子女摆脱自卑心理，心理学家给做父母的提出几条建议：

从改变自身形象开始

心理自卑的孩子，说话总是吞吞吐吐的，走起路来也不是抬头挺胸的。父母亲可以从孩子说话的音量、走路的姿势入手，从而改变他们的心态。父亲和母亲要经常注意帮助孩子改变形象，比如：穿整洁大方的服装，讲话爽快，走路昂首阔步等，以此来增强自信心。

用积极的语言暗示孩子

在日常生活中，父母可以用积极向上的语言鼓励孩子，并有意识地对孩子说"你很聪明，你很棒，你一定行"等，以此来增强孩子的自信心。

预演困难

拥有自卑心理的孩子一旦遇到困难，总会下意识地退缩，父母可以帮助孩子预演困难，比如给他设置一个小小的困难，并让他想想解决困难的情节。这种预演法，会一点点地帮助孩子克服自卑恐惧的心理。

每当孩子有进步的时候，父母都要把这一刻记录下来，一边鼓励孩子，一边让孩子为自己加油打气和重温成功的心情。

发挥长处

在帮助孩子消除自卑心理的时候，父母要善于发现孩子的长处和优势。这样孩子才能因为被重视而倍感幸福，从而达到心理平衡。

降低追求

在帮助具有自卑心理的孩子时，父母应有意降低一些要求，不要用对正常孩子的要求来要求自卑的孩子。在消除自卑心理时，父母可以把大的目标分解成若干个小目标，做到每一学期、每一个月甚至每一个星期都有目标和成就的记录。

鼓励子女多参加集体活动

在国外，有这样的一批留学生：喜欢窝在家里，每天的生活圈子很小，仅限于三点一线"上课、打工、回家"。在平时，他们很少参加校友会、社团等社交活动。针对于此类现象，《日本新华侨报》发表了一篇文章，称国外留学生中的"孤独症"在不断扩散。据统计，中国留学生中的"宅人"恐怕已经达到了三成。

实际上，不仅是年纪稍大一些孩子喜欢"宅"，就连小朋友也具有这种特性。现在，教育心理学家说了这样的一番话：性格决定命运！如果孩子从小就不合群，不会和他人进行正常的人际交往，那么他今后的人生道路一定会有磕磕绊绊。

为了帮助孩子走出"宅"的环境，父母亲应该鼓励孩子多参加一些团体活动，让子女融入到大环境中。下面有几点，可供父母亲参考：

引导、鼓励孩子在集体活动中发挥其主动性

在家庭教育中，父母要认真了解孩子的心理要求，根据子女的性格、能力、爱好等来为他们报名参加团体活动，让孩子在活动中展示自己的交往能力，锻炼自己的性格。

实际上，在团体活动的训练中，孩子不仅可以发挥特长，帮助别人，服务于集体，还可以认识到什么叫团体和进行团体协作。

在这样的训练之中，孩子就会慢慢脱离"宅"成为一个有主动性的孩子。当然了，父母还可以帮助孩子练习、彩排，比如：参加跳绳、拔河比赛，应该要注意什么，要配合大家什么。

要为子女创造共同活动，共同体验的环境

在日常生活中，父母亲应该给孩子提供一些玩具、游戏材料、空间与时间，让子女与其他小朋友一起玩乐：可以鼓励他们参与社会及幼儿园、学校等各种类型的丰富多彩的群体活动；可以带孩子在春天的时候郊外踏青，在冬天的时候锻炼身体，还可以利用一些走亲访友等机会，让孩子与亲人、朋友多多接触，从而增进孩子对集体活动的认识与了解，提高子女在生活和学习中的积极性。

要积极发挥荣誉的激励作用

当子女在团体活动中有一点进步，父母一定要给予肯定，比如："宝贝，真了不起！""太棒子！相信你以后做得更好！"这些都是鼓励孩子的动力。因此，父母亲不要放掉任何一个表扬或鼓励孩子的机会。

帮助孩子建立友情，培养孩子的合作能力

在平时，父母可以组织一些小活动，比如"两人三足"、赛跑、下棋等，

让孩子懂得合作才能双赢；可以让孩子找周围的小朋友一起玩，从而建立起他们深厚的友谊。

除此之外，父母还应在一旁引导和帮助孩子，要在孩子的活动中，提出一些具体要求，分配具体任务。

有意识地与孩子交流

在教育孩子的时候，父母亲应有意识地和孩子耐心地交流。比如：问问他感兴趣的事，问问他想做的事，等等。当孩子感到郁闷或不高兴的时候，父母亲在行为上鼓励他，比如，拍拍他的小手，摸摸他的头，用赞语表达对孩子的热情期待。

另外，在孩子参加团体活动的时候，父母要让他们注意以下几点：

1. 对活动现场一些电闸、开关、按钮等危险地方和物品，不要随意触摸、拨弄，以免造成意外。

2. 在团体活动中，要在指定的区域内活动，不要随意四处走动，游览，防止造成意外。

3. 在参加一些社会实践的活动时，父母要告诉子女：自己从未接触过的或不熟悉的事情，不要去尝试。就算是了解和摸索，也要在大人的陪同下。在参加团体活动时，一定要遵守活动纪律，听从指挥和管理人员的要求，统一行动。

4. 参加社会实践活动的时候，父母要引导孩子认真听取有关活动的注意事项，什么是必须做的，什么是可以做的，什么是不允许做的，不懂的地方要询问，了解清楚。

5. 参加劳动的时候，孩子有可能会接触到一些劳动工具或机械电气设备。父母一定要帮助孩子了解它们的特点、性能、操作要领，严格按照有关人员的示范，并且要在他们的指导下进行。

第十三章

注重发现子女的闪光点

影响子女天赋发展的因素

每个人一生下来就具有一定的天赋，而且内心希望自己的天赋得到发现和实现。只要自己肯努力，在一定的环境和条件下，每个人的天赋都一定能开发出来。而天赋的开发，必须通过一定的教育和学习才有可能实现。阻碍孩子天赋发展有五个因素：孩子胆怯、父母的不适当干预、父母言行举止的影响，孩子以自己为中心，缺乏合作意识。

下面，我们详细地来叙述。

孩子胆怯

在生活中，有很多孩子不仅害羞而且胆子小，不敢与陌生人说话，总是畏畏缩缩的样子。实际上，造成孩子胆小的因素有以下几种：父母亲总将孩子要做的事包办，在这样被保护的环境下，孩子很难有独立的机会和发展，更不可能有探索、尝试的机会了。即便孩子有机会了，父母也常会立即剥夺。

父母采取家长制的态势斥责，过度刺激到了孩子。有很多父母抱着"望子成龙、望女成凤"的心情，经常训斥子女，批评孩子甚至是嘲笑孩子。

他们经常会使用一些"胆小鬼""笨蛋""真没出息"等字眼来刺激孩子，让孩子从小产生一种强烈的自卑感和无能感。慢慢地，孩子就会真的认为自己是个"笨蛋""白痴"；孩子的身体虚弱，缺乏信心。有很多孩子胆小，并不是因为他们真的胆小，而是体弱多病受到了限制。因此，他们对一些需要一定体力和勇气的活动缺乏自信，从而变得缩头缩尾、胆小怕事。

父母亲不恰当干预

在大多数家庭中，都是独生子女。也因此，子女周围围绕的都是一群大人。当他们到了 3 ~ 4 岁的时候，他们就需要生活中有一些小伙伴。只有让孩子有正常的人际关系，孩子才不致对外界社会感到陌生和恐惧。虽然有些父母会把孩子送到幼儿园等地方，但还是有意无意地干预孩子交往，甚至有些父母公开剥夺子女选择交朋友和拓展人际关系的权利。在这种教育下孩子又怎么会有朋友呢？所以说，父母不要过于干预孩子的生活，毕竟孩子的路需要他自己走。

父母亲言行举止的影响

做父母的言行举止会潜移默化地影响孩子。如果做父母的自身素质不高、言行粗鲁、脾气粗暴，那孩子也会学习"榜样"，从而变成这样的一个人。相反，如果父母的自身素质比较高，是一个温文尔雅，有着乐观积极心态的人，那么孩子也会变成这样的一个人。

以自我为中心

在孩子的交往中，经常会出现这样的情形，比如：一个孩子有两位好朋友，他们同时都邀请孩子去家里玩，如果这个孩子去了其中一个朋友家玩，那么另外一个朋友就会远离他们，不再和他们做朋友了……

实际上，像这样的情形是有原因的。很多孩子在家庭中都是父母的"太阳""中心"。慢慢地，孩子就养成了以自我为中心的性格。到了学校当"太阳"碰"太阳"、"中心"遇"中心"的时候，必然会产生摩擦和矛盾。像这种"只愿别人顺从自己的意志，不愿分享他人的快乐"的问题，是孩子遇到的典型的人际交往障碍。

缺乏合作意识

在家庭与学校中，有一些孩子缺乏合作意识，他们常常不会得到大家的喜爱。

那么，如何能够解决这些问题，让孩子的天赋得到有利的发展呢？下面，为父母亲们提供两个建议：

发掘天赋

在挖掘孩子天赋的时候，父母一定要热情耐心细心点。

居里夫人的家教观是：要发掘女儿的天赋领域，而不是死记硬背死知识。在女儿们咿呀学语的时候，居里夫人就对她们开始了天赋培养。比如：居里夫人在笔记本上写道：伊蕾娜在数学上聪颖，艾芙在音乐上早慧。

当女儿们上小学以后，她就让孩子每天放学后在家里进行一小时的智力活动，以便进一步发掘其天赋才能。

当女儿们进入塞维尼埃中学以后，居里夫人让女儿们每天补习一节"特殊教育课"，或者是让雕刻家马柯鲁教她们雕塑和绘画，又或者是让穆勒教授教她们外语和自然科学。每星期四下午，就会亲自教她们学习物理学。

经过两年的天赋培养教育后，居里夫人发现：伊蕾娜性格比较文静，做事情也比较专注，不仅如此，她还迷恋化学并立志要当科学家研究镭，这些都是作为一个科学家应该有的素质和条件。而艾芙性格比较活泼可爱，整天都幻想着一些东西。刚开始的时候，居里夫人让她学医，然后再引导她研究镭，最后再激励她从事自然科学方面，但艾芙对这些丝毫提不起兴趣。最终，居里夫人惊奇地发现，原来艾芙的天赋是文艺方面。

在这样不断挖掘孩子天赋的培养下，两个女儿一个成了因"新放射性元素的合成"而获得 1939 年诺贝尔化学奖的优秀人才，一个成了优秀的音乐教育家和传记文学作家。

由此可见，发掘孩子的天赋对孩子今后的人生有多么大的影响，所以，劝做父母的也应该学习居里夫人这种耐心的教育方式。

博览群书

早在 400 年前，培根就曾经说过一句话：读史使人明智，读诗使人聪慧，验算使人精密，哲理使人深刻，道德使人高尚，逻辑修辞使人善辩。总之，知识能塑造人的性格。

由此可见读书的重要性。因此，父母必须引导和鼓励孩子多读些书，以拓展自己的天赋。

注重赏识自己的孩子

教育不是灌输，而是点燃。在每个孩子的身上，都蕴藏着一座具有巨大能量的宝藏。父母应该懂得怎么样去点燃孩子的火把，注重赏识他们，激发出他们身上的天赋。

难道孩子的天赋也需要激发吗？没错。每个孩子都有着来自于各个方面的天赋，只要父母的方式对，这就有利于孩子天赋的激发，如果用得方式不对，那么孩子的天赋就会被压抑甚至扼杀。

享有盛誉的教育实践家和理论家苏霍姆林斯基对于孩子的天赋，做了研究调查。他认为老师与父母眼中所谓的"差生"，是因为没有发掘出孩子的天赋。下面是教育实践家和理论家苏霍姆林斯基列出的几种"差生"。

思维尚未"觉醒"的学生

比如：有一位学生，他最大的障碍是算术应用题和乘法表。由于对乘法表总是记不住、记不牢，这位学生就被定位为"差生"。而这位"差生"后来成为一名物理专家。这位"差生"就是费加———位思维尚没有"觉醒"的学生。

"天赋"还没有被挖掘的学生

巴甫里克就曾被判定为"没有能力掌握知识"的学生，是典型的差生。直到有一天，他的生物老师发现他具有植物学方面的天赋，从而培养他。最终，巴甫里克进了农学院，成为一名农艺师。

理解能力差和头脑迟钝的学生

苏霍姆林斯基认为，前两类"差生"并不是真的"差生"，只是他们的潜力或天赋还没有被发现罢了。从心理学角度看，对于多数学生来说，他们在天赋方面确实有着很大的差异。

在这些学生中，部分人会表现出强烈的学习愿望和兴趣，想要成为一名优秀的毕业生；还有一部分学生是有天赋的，但是还没有人发掘出他们的天赋来，由于各方面因素人们会看不到他们的天赋，因此也就将他们判定为"差生"。巧的是，巴甫里克就属于这类学生。从另一个角度讲，孩子作为一个心智还没有成熟的，天赋有待开发的人，当父母的应该理解到这一层，正如植物的开花时节一样，花期不到。

而第三类学生，他们也不是不能改变这种现状。只是父母不要着急，更不应恨铁成钢，要懂得循序而进、持之以恒，同时要有热情和耐心，总有一天，"柳暗花明"的时刻会到来的。

事实证明，有许多孩子被认为没有天赋，其实是没有受到激发。下面，为大家来介绍一下为什么孩子的天赋得不到赏识。

家庭因素的影响

要知道，家庭教育对孩子的影响是巨大的。在对很多父母的问卷调查中，问题是这样的：孩子在犯错误的时候，父母对孩子说的第一句话是什么？53%的父母回答是"你看某某多好，你能有他一半，我就知足了。""你怎么搞的，又闯祸了？"

如此，父母不能正确评价孩子。他们会认为别人的孩子总是好的，甚至把别人的孩子看作天才，把自己的孩子看作蠢材。这样的态度和做法只会打击到孩子的自信心。

相信所有的孩子听到父母这样的语言，都会感到不开心。是啊！面对父母这样指责和不屑的态度，孩子的天赋又怎么能被挖掘呢？

父母教子方法简单粗暴

在家庭教育中，有的父母会采取简单粗暴的方式对待孩子。比如：当父母向子女灌输一些东西，可是年幼的孩子都接受不了，或者不是特别明白。接着，父母就会说："你怎么连这么一个简单的道理都不明白啊！""你还能干什么？"在这样的言语之下，孩子的天赋不仅得不到赏识，还会因此悲观失望，从而产生逆反心理。

孩子的"思维尚未觉醒"

当子女的"思维还没有觉醒"的时候，父母就要耐心一点，将孩子的思维唤醒。如果孩子自暴自弃，失去了自尊和自信力，那么他就会成长为一个"顽固不化"的人。

实际上，赏识不论是在学习、工作，还是在家庭教育中，都是对人的一种鼓励和宽容，是对人的一种无形的推动力。只要父母能够赏识孩子，这无疑是助孩子一臂之力。因此，劝天下父母要诚信地对孩子赏识，坚信孩子是天下最好的孩子，要为孩子每一点进步感到骄傲、自豪。

当然了，对于那些习惯了"居高临下"教育孩子的父母来说，要做到对孩子的赏识不是那么容易的，这是一个非常艰难而曲折的过程。

下面，为父母亲罗列了几种方法，希望能对父母有所帮助。

保持平常心

教育家陶行知先生曾经说过这样一句话："不要让孩子成为人上人，不要让孩子成为人下人，也不要让孩子成为人外人，要让孩子成为人中人。"就是"平常人"。

我们所说保持一颗平常心，就是让孩子能够做真正的自己。有很多父母都喜欢支配孩子，喜欢按照自己的"私心"去支配孩子的未来，逼着子女去做一些他们不喜欢的、不感兴趣的事情。但是在这样的教育下，父母只能得到两种结果：一是让子女成为一个顺从的人，没有坚强意志的人，一个缺乏创造力的人；二是引起子女的反感，影响了父母与子女之间的关系。

关于家庭教育，台湾著名漫画家蔡志忠先生有着自己的一套方式。他认为——要让孩子快乐地"当自己"。是啊，孩子的快乐是用金钱买不到的，孩子的童年也不会再来一次。如果强迫孩子学习自己不喜欢的项目，那孩子的心理就会有一份痛苦感，对女儿的教养，蔡志忠先生还讲过这样一个小故事：

有一棵小番茄秧，人们告诉它：只要努力，你就可以长得很高，结的果实像西瓜一样大，味道像香瓜一样甜，而且会像苹果一样有营养。听到这话，小番茄秧便很努力地吸取养分，勤奋地做着一些运动，希望能够长成人们所说的那样。可结果，它结出的果实仍然是小小的番茄。慢慢地，小番茄秧不再认为自己是番茄秧，而是一无是处的小植物，接着它变得没有一点儿自信了。

从这个小故事可以看出：让人们对小番茄秧有了过高的期望，小番茄秧先是自信，然后努力，最终失望，导致没有自信心。教育子女也是同样的道理，只要孩子能快乐成长，健康长大，他长成什么样都不重要。如果对子女抱有过高的期望，强迫他实现自己根本实现不了的目标，那孩子就会慢慢迷失自我。

丢掉虚荣心

在家庭教育中，父母必须丢掉自己的虚荣心。子女的成就或许能够满足父母的虚荣心，但在这个过程中，不仅会影响到孩子自然成长的过程，还会压抑孩子天分内的"后续爆发力"。曾经，英国学者用了27年的时间来进行一项研究，研究结果显示：曾经那些被父母标榜为"天才儿童"的孩子，在长大后并没有真的成为"天才"。

他们还承担着更大的痛苦。他们常常被野心勃勃的父母亲用来实现自己的梦想，从而生活在压抑之中。

的确，虚荣心是一种很可怕的东西，这不仅会给子女带来伤害，也会给父母带来不小的痛苦。有位名人曾经说过：虚荣心虽然不是一种恶行，但一切恶行都是围绕虚荣心而发生的。

因此，劝父母不要把孩子当成一种装饰品，当成炫耀的资本，而是要顺应子女的自然成长，给予他们一些常识，让他们真正成为一个优秀的"自己"，一个名副其实的贤才。

必须相信孩子

随着孩子年龄增长，孩子的自主意识就会越来越强。当孩子到 2 ～ 3 岁的时候，他们就不会再让父母给自己穿鞋，而是说"我自己穿"；当父母帮他们搬小凳子时，他们会说"我自己来"……

在这个时候，父母应该对孩子表示信任，从而锻炼他们独立生活的能力和增强他们的自立意识。这样孩子才会有自尊、懂得自律，才可能在日后让父母放心。实际上，父母认为孩子"行"还是"不行"，对孩子的影响非常大。如果父母能够在适当的时候选择赏识和放手，对孩子表示肯定的话，那么孩子的自信心就会慢慢地渗透到生活中，从而变得可以独立一些。

所以，父母早点放手和信任，对孩子有巨大的影响。因为孩子都有很多潜能，如果父母能够正确引导，那孩子的潜能就能更好地发挥出来。反之，如果父母不能够热情地正确引导，那孩子的潜能只能被埋没了。

在日常生活中，父母应该给予孩子以足够的自由，让他们充分运用各种感官，自己观察，自己想办法，自己做决定，自己思考，自己动手操作。

做父母的应让孩子懂得：自己的事情自己做，这对培养和提高子女的智力水平有着很大的好处。在孩子"我自己来"的过程中，父母不仅培养了子女解决问题的能力，而且还培养子女养成独立自主的习惯，避免了子女的依赖性。然而，却有些父母，特别是母亲总害怕孩子累着，害怕孩子吃苦，因此，事事代办，就连洗脸、梳头、刷牙的小事都要在跟前帮忙，让孩子养成了凡事依赖大人的习惯。

实际上，真正有智慧的父母不会凡事"包办"，而是正确引导孩子，并用尽一切方法激发子女做事的兴趣。

如果孩子并不想去做某件事，但父母又想要孩子去做，那么应该怎样办呢？父母最好启发引导孩子，吸引孩子的注意力。比如：如果父母想教孩子洗手绢的时候，就可以让孩子拿出手绢，然后对他说："你看手绢上的小兔子脏了，你来帮它洗个澡好吗？"当听到这样温馨和有趣的事情时，孩子肯定会乐意去做的。

再比如：要想培养孩子养成玩完玩具就收拾的好习惯，就可以在孩子玩完后，对他说："宝贝，天黑了，小熊和那些小娃娃都玩了一天了，你送它们回去睡觉吧，不然它们的妈妈该着急了。"相信听到这样的话，孩子会很乐意将玩具放回原来的地方的。这样的训练多做几次，孩子就主动地把玩完的玩具习惯地放回原处了。

当然了，父母也应该注意：所教的事情要符合孩子的年龄和能力，如果太难的话，孩子会做不了，而且会打击孩子的积极性。

在平时，如果孩子自己有想做事的愿望，这是非常难得的，父母亲应该采取鼓励的态度，放手让孩子去尝试。要知道，让年幼的孩子学做一件事的时候，总是要花费一些时间，也会出一些差错。

这就要求父母一定要有足够的耐心，允许孩子出现错误。如果父母亲表现出不耐烦的样子或是发现孩子犯错误时就去责备，那么孩子就没有了自信心，也不会再尝试做下去了。比如：在孩子刚学做一些事情的时候，父母一定要在一旁照看着，并且可以和孩子进行一样的活动。在做的时候，父母还可以一边给孩子讲解一边示范看。比如：在教孩子洗衣的时候，要告诉孩子："先泡在水里，然后擦肥皂或放些洗衣粉，再用手揉一揉，最后用清水洗净、拧干……"这样一来，孩子就十分清楚每一步该做什么了。在孩子还没有完全学会之前，父或母最好都待在孩子的身边，以免他有什么疑问和难题，不能及时解决。

总之，父母在生活中要积极引导孩子，鼓励孩子学做事的热情与习惯，必要时应给孩子以具体指导和必要的帮助。

为孩子"打气"鼓励

在日常生活中，我们总是看到一些胆小的孩子，他们内向、胆小、没有勇气。有的时候，就是家里来客人了，也会躲避在自己的房间，吃饭的时候就会说"不饿"；在学校，老师提问的时候，他总是低着头，生怕老师会叫到自己，即便是叫到自己了，说话的声音也很低；如果一个人去买东西的时候，不敢和人家砍价，人家说多少就是多少；当与别人发生矛盾了，也不会去争取自己该有的，而是一直忍，任由别人大骂，然后回到家里偷偷哭泣……

相信有这样情况的孩子并不在少数，但父母应知道：孩子形成这样的性格都是有原因的。当然了，父母都是爱孩子的，但是由于平时不注意自己的行为，从而影响了孩子，从而让孩子养成了这样的性格。比如：当孩子与客人攀谈的时候，父母可能会命令他不要"多嘴"或者当他想要表达某种意思的时候，就会嘲笑他的"幼稚"和愚笨……

像这些不明智的举动无疑会伤害孩子的自尊心，从而影响孩子的性格塑造。当子女有这种倾向和表现时，父母应该带领孩子多做一些"平等"的活动，让子女得到这么一个信息：父母重视你。除此以外，父母还可以通过以下几点来给孩子加油打气。

帮孩子学会"取长补短"

因为父母是子女最亲近的人，所以担当的最重要的责任就是当孩子的可靠的"同盟军"。当孩子沮丧的时候，父母就要为孩子加油打气；当孩子遇到困难时，父母就应该全力以赴为他提供克服困难的种种"方法、工具"等，比如：让孩子发现他自己的长处，而不是把自己看成一个没有优点的人，从而变得自卑。

鼓励孩子竞争

当孩子在智力、体质和外貌上"相形见绌"的时候，父母更应该积极帮助他们在其他地方获得自信。现如今，无论是学习还是生活中，都存在着各种各样的竞争。为了能够让子女提早适应，做父母的应该主动为他们制造竞争的机会，从而让他们在充满竞争的世界中学会奋斗，获得成就，变得自信自强。让孩子相信有父母亲这个强大后盾，那孩子的勇气会倍增。不过，在鼓励孩子敢于拼搏的同时，父母也应该教育他们领悟真正的人生价值和竞争的意义。

让孩子学会严于律己

在家庭教育中，父母应该让孩子学会严于律己。如果孩子没有做到的话，父母也不能在众人，尤其是在孩子的朋友面前处罚孩子，也绝不能将处罚孩子当成是发泄情绪的一种方式。

在教育孩子严于律己的时候，父母自己应该做到，从而起到一个带头榜样的好作用，让孩子去效仿和学习，千万不可忘掉以身示教。

培养孩子的"自主精神"

在孩子年幼的时候，父母就应该培养他们的"自主精神"而不是事事包办代替，亲力亲为。如果什么事情都是由父母亲来做的话，那么孩子就不会养成自主的精神，长大以后，就很难在社会上立足。

因此，父母亲及长辈们都要敢于放手，让孩子在锻炼自主的过程中，获得自信和勇气。在孩子还小的时候，父母可以让他们自己穿衣服、铺床、扫地、送垃圾、抹灰等。

注意孩子的"课堂表现"

在孩子踏入学校后，父母亲就应该把他们当作一个小大人。如果孩子的成绩不理想的话，那么父母亲不要去打击孩子或挖苦孩子。因为父母的这种做法会让孩子失去自尊。

在这个时候，父母亲只能去引导和鼓励孩子，必要的话，可以给孩子请一位家庭教师，助孩子一臂之力。这位老师最好是父母亲为师来亲自帮助孩子，把孩子的兴趣激发起来，并耐心指点孩子学习方法，孩子一定会进步的。

相信孩子并注重表扬

对于一个聪明的孩子来说，最不缺少的就是别人的夸奖和赞美；对于一个不怎么聪明的孩子来说，他们也需要别人的鼓励和赞美，所以在适当的时候，父母亲应注重对孩子特长和好的表现给予及时的表扬和赞美。

只有抓住孩子身上的长处，加以肯定和表扬，那么孩子才有可能成为一个真正自信的人。实际上，在孩子的内心深处得到父母的肯定和赞美，一旦得到，他们就会主动调动全身心的潜能，使自己变得更出色。相信没有一个孩子在受到批评和指责的时候，仍然能够喜气洋洋地去学习、上进、斗志昂扬吧！

美国著名的心理学教授曾经做过这样一个实验：他通过对精神气电现象的科学测定，了解孩子在得到赞扬和得到责骂的时候，其学习能力与疲劳曲线的不同变化。实验结果表明：当孩子得到了一定的夸奖与肯定时，他原本因疲劳而下降的热量曲线，会立即快速上升。

夸奖和肯定能够消除孩子的疲劳，从而提高学习效率。相反，当孩子受到责骂和嘲笑的时候，他的热量曲线就会明显下降。

也就是说，不管父母对孩子抱有多大的期望，多么急切地希望"子成龙、女成凤"都不要批评孩子，辱骂孩子，这只会事与愿违！

有些父母只要稍稍对孩子不满，就会说出一些伤孩子心的话，比如："你真笨""你怎么这么没出息""你就是不如人家考得好"等话语，这些话把孩子的心都骂凉了。

在很多情况下，孩子缺乏上进心，缺乏创造力，是因为没有得到周围人的肯定和夸奖。当然了，父母亲对孩子的肯定才是最重要的。对于孩子的某些优点，父母认为这是应该的，本来就有的，也因此他们就忽略不计了。而对于孩子的某些缺点，父母又认为这是不应该存在的，还为此着急。也因此，他们不顾场合，不讲分寸，不讲方式地对孩子一阵批评。

针对这一看法，美国心理学家里维斯博士认为：在孩子完成某一个值得肯定和鼓励的行为时，父母必须即时地给予孩子一些肯定，并且要表扬得恰如其分。如果对孩子的肯定过于夸张，那么就会引起相反的结果。

里维斯博士还发现，在生活中有许多父母经常用"你是一个好孩子"之类的话来称赞子女。这种总体的、笼统的赞美，不仅对孩子没有引导和鼓励作用，还会让孩子产生疑问："我好在哪里？"

所以，父母在肯定孩子时要说得具体一点，比如：孩子洗了手绢，那父母就可以夸赞他洗得真干净，孩子主动收拾了玩具，父母就可以表扬他很懂事，能够主动办自己应办的事了。只要孩子有一些进步，父母就要热情地给予鼓励。

当然了，父母亲对孩子具体行为的夸奖应适度。廉价的赞美也会贬值，有可能还会让孩子形成不切实际的自我估价而盲目自满，这也会影响孩子的健康成长。

关于教育方法，教育家卡尔·威特给了父母一个忠告：孩子不能在责备的环境中成长，也不能在赞美的蜜罐中成长。

作为父母亲，应该明白如何进行适度的赞扬。要知道，表扬是一门艺术。表扬得好不好对孩子会有很大的影响。下面，给父母亲一些小建议。

表扬要具体

父母表扬得越具体，孩子就越容易明白：哪些是好的行为，从而朝着好的行为方向发展。如果是一些泛泛的表扬，比如："你真聪明""你真棒"等词汇，虽然能够暂时提高孩子的自信心，但孩子不明白自己好在哪里，为什么受表扬……除此之外，孩子还容易养成骄傲的心理，听不得半点批评。

表扬要及时

当孩子做了什么好的行为的时候，父母要及时表扬。如果是在事后得到表扬，就无法强化好的行为了。要知道，在年幼的孩子心目中，事情的因果关系联系是非常紧密的。年龄越小的孩子，越是这样认为。

表扬要有针对性

有些父母亲经常会对孩子说："如果你做了这件事，我就会表扬你。""你考试达到90分的话，我们会奖励你。"这种做法，会让孩子认为学习良好行为或好好学习是一种交易，如果能得到一些好处，就愿意为之，如果没有好处的话，就不愿意这么做。

根据孩子的不同性格来表扬

在表扬和肯定孩子的时候，父母应弄清孩子的性格。如果孩子的性格是内向的、懦弱、能力较差的话，那么父母就要多肯定他的成绩，增强他的自信心；如果孩子的性格是虚荣心强、态度傲慢、容易骄傲的话，那么父母就要有节制地表扬。

表扬要适度

在表扬孩子的时候，不要过分夸张表扬，而要把握一定的分寸。要知道，过分的表扬容易让孩子变得骄傲自满，而过少的表扬也不利于儿童身心健康发展。父母亲就要根据不同事件和行为来衡量了。

表扬不仅要看结果，还要看过程

在生活中，有很多孩子总是"好心"办"坏事"。比如：孩子想"自己的事自己干"，吃完饭后，自己刷碗，可结果却把碗摔碎了。这时，父母就会提出批评，甚至打孩子。慢慢地，孩子就不敢尝试自己做事了。

如果父母能够冷静下来，然后对孩子说："你想自己做事很好，但厨房地下很滑，你要小心一点！"这样的话，孩子原来紧张的心情就放松了。慢慢地，孩子不仅喜欢自己的事自己做，还会乐意帮助父母做一些家务。

因此，父母亲要分清孩子的"好心"，再帮他分析造成"坏事"的原因，告诉他如何改进，怎样才会做得更好。

表扬的方式

在表扬孩子的过程中，父母亲会使用各种各样的方法。比如：购买图书、糖果、玩具、衣服、饮料等物质奖励；点头、微笑、搂抱、竖大拇指等动作奖励；恰如其分的语言表扬……这些都能带来良好的效果。父母亲切忌用金钱的形式来表扬子女，这只会影响孩子的价值观，不利于孩子的健康成长。

鼓励探索新事物

著名小说家巴尔扎克认为：打开一切科学的钥匙，毫无疑义的就是问号。世界上大部分的发明来自于发问，而生活的智慧就在于逢事便问"为什么"。

问"为什么"最多的就是孩子了。年幼的孩子对世界不了解，总会有提不完的问题，这是孩子探索新事物、认知世界的方式。比如：孩子看到鹿时，会问为什么它会长得那么多角？此外，还会问：什么鸟飞得最高？

为什么海水是蓝色的等。

孩子在探索活动中得到的不仅是乐趣，还是思维和能力的发展、创造力的发展。在美国父母十分注重让孩子去体验各种情境，去探索新奇的世界。

要知道，让孩子学会思考是学习和探索不可缺少的条件之一。父母要在与孩子相处过程中，以商量的口吻进行讨论，给孩子留下一些考虑的空间，要给孩子制造出一个机会。在与孩子交流的时候，父母还可以根据交流内容问孩子，比如："结果会怎样？""你的想法有什么根据？""这两者有什么关系？""你觉得怎么做会更好？""还有更好的办法吗？"这些问题可以引起孩子的思考。

当孩子回答完这些问题的时候，父母可以说说自己的看法，也可以和孩子讨论，并引导和帮助孩子翻书找答案。实际上，喜欢问为什么的孩子都比较善于观察，也喜欢思考。他们的思维常常处于积极活跃的状态，也因此，他们的学习主动性强，效果也不错。

实际上，孩子从降临到世上的那一刻起，就对周围的世界充满了好奇心。在他们的眼中，一切都是那么神奇。刚出生的婴儿，会用眼睛去观察周围的事物，用小手去触摸身边的东西，用嘴巴去尝试食物的味道，用耳朵去倾听来自不同的地方和方向的声音，这些虽然只是单纯的感觉，但是孩子探索世界迈出的第一步。

正是孩子天生的这种探索精神，让他们有了学习动力和激情。随着孩子年龄的增长，孩子就会产生想要独立的想法。慢慢地，他们会越来越喜欢探索活动，并且努力地在生活中寻找问题的答案，而这也是孩子的心理发展的正常现象。实际上，孩子在参加探索活动的过程中，不仅仅获得了探索的乐趣，还锻炼了思维能力和创造力。因此，父母亲一定要重视孩子的探索精神。

著名哲学家别林斯基曾说过一句话：人的生活就好像广阔的海洋，在它的深处保存着无数的奇迹。因此，父母应该主动引导孩子去探索，让孩子成为一个富有创造力的人。

鼓励孩子的探索活动

年幼的孩子对周围的很多事物都感到十分好奇，他们喜欢冒险，喜欢做一些危险的游戏，并能从中获得乐趣。这时父母不要压制孩子的想法和探索精神，而应该大胆去想，让他们大胆尝试。

在这个过程中，父母千万不要说一些"算了，多危险，不要做了""小心点，你会伤害自己的""你不能做这个，这个太危险了"这类话。

这样的话，孩子原本有的探索心和自信心就会被摧毁，从而不敢继续尝试了。如果父母亲对子女说："没事，来试试吧，但是要注意……"这对孩子来说就是一种潜在的动力和鼓励。慢慢地，孩子就会不断地去探索新的事物。当然了，在孩子探索的时候，父母应教给孩子一些保护自己的方法和知识，以免孩子出现一些不必要的伤害。

宽容孩子的"损坏"

在孩子成长和探索的过程中，他们特别具有破坏欲望。只要到了他们手里的东西，总会有残缺的。有的孩子处于好奇，还会把它们拆得七零八落，这让父母亲哭笑不得。有些父母亲看到孩子做错了事情，就会大声地呵斥和打骂孩子。这种行为只会让孩子变得唯唯诺诺，从而丧失探索新事物的兴趣。

在日常生活中，还有些父母亲或为了保护玩具或为了居家的想法，就不让孩子花大量的时间摆弄玩具，更不允许孩子拆卸。这样的做法表面上看是对的，但这却扼杀了子女的探索精神和创造意识。

因此，劝父母一定要鼓励孩子，尊重孩子的自身发展，让他们自由地去探索未知的事物。

注意观察孩子的细节

刚出生的孩子，由于对世界的未知，便对身边的一切事物充满了好奇。在他们眼中，所有的事物都是新鲜的，与众不同的。

当孩子长到 2 岁的时候，他们就开始对周围一些我们不注意的小物体产生了好奇心。相信许多父母亲都有过这样的经验，每当看到孩子天真无邪的脸庞上那双明亮的眼睛开始滴溜溜地转，就说明他在观察周围的环境：一会儿用他的小手碰碰这儿，一会儿又好奇地摸摸那儿。等孩子渐渐地长大，于是又开始尝试更多新鲜的活动，例如和小伙伴儿们一起追逐、一起游戏。有时会不小心地碰撞到墙面和什么地方，于是号啕大哭，但他哭的同时却也懂得了什么是疼痛。

其实，在孩子很小还不会走路的时候，他们就开始了"观察之旅"，小身板儿在地板上一个劲儿地爬啊爬，只要看到地板上有凹凸不平的地方，就睁大那双好奇的大眼睛仔细观看着，试探性地用小手触摸着。看到沙发的腿儿，就跟发现新大陆似的上去摸摸。地上的一张纸也会吸引了他们的眼光，咧开小嘴的同时，还不忘抓起来就玩，甚至还想尝尝它的"味道"，任凭父母和大人们怎样说都不想放下。

生活中，孩子的观察力的确和我们成年人不同。孩子总会关注到那些最细微的小东西，他们眼中的父母亲总是不够细心。由于大人不关注那些无关紧要的小细节，他们会觉得大人们怎么总是那么迟钝无能。

对于我们来说，孩子的内心世界充满了神秘。很多父母对自己孩子的言行举止，总是感到很困惑。这是因为父母只是根据孩子的外在表现去做常规的判断，而没有对孩子进行仔细的观察，没有去探究子女为什么会这样做。

是啊！有谁会去注意这只小兔子呢？但是小男子汉们看到了，孩子的眼睛确实与我们大人们不同，如果孩子被一个无关紧要的事物所吸引，并且全神贯注地盯着它时，他与这个事物之间就存在一种大人无法理解的沟通和感情，这时候，做父母的应暂且看作孩子的一种本能。

第十四章
注重培养子女的情商

情商与智商

一位著名的成功人士曾经说过：成功由两方面组成——15% 的专业技能和 85% 的为人处世。通俗一点来说，就是现在人们常说的 IQ（智商）和 EQ（情商）。那么，什么是智商？什么是情商？

智商，就是智力商数。在《辞海》中是这样解释智商的：智商是人们认识、理解客观事物并运用自身所学的知识、经验等解决问题的能力，它包括七个方面：观察力、注意力、记忆力、思维力、思维方法、想象力、分析判断力、应变能力。

情商，又称情绪智力，是 1990 年来自美国的两位心理学家共同提出的与智力和智商相对应的概念。一般来讲，人与人之间的情商没有明显的先天差别，它主要指的是一个人在面对事情的情绪、情感、意志，面对挫折等方面的品质，主要是后天培养起来的。

情商水平高的人一般表现为：外向而又愉快，有亲和力即社交能力强，不易陷入恐惧或伤感，对事业比较投入，懂得团队合作精神，为人正直，富于同情心，无论在什么时候都能控制好自己的情绪。

相反，如果一个人性格孤僻、怪异、不易合作；自卑、脆弱、缺乏自信，不能面对挫折；急躁、固执、自负、易怒、情绪不稳定等，那么他的智商再高也很难再有所成就。

在完美生活中，很多了不起的人物，他们不仅是智商高，更为重要的是情商水平高。想必大家都听过海伦·凯勒这位残疾姑娘成长的故事，她的成长经历充分体现出后天培养出的情商对一个人一生的决定性作用。

这里简单地叙述一下海伦成长的过程。

海伦一生下来是一个很健康的宝宝，但在她一岁半时，突然得了急性脑充血病，接连好几天高烧不退，等她醒来后，世界全变了——她什么也看不见、听不到，慢慢地连发声也变得极为困难。

她像一个提线木偶一样，只能安静地待在自己的屋子里，明明有手却不能写画，有什么想法也不能表达。由于这场疾病使她七年在无声无息的黑暗中跌跌撞撞地活着。

七年之后海伦迎来了她生命里的天使——安妮·莎莉文小姐。安妮曾经患有眼疾，也曾在盲人学校学习过，深知黑暗中的滋味。

在安妮的帮助下，海伦学会了娴熟地运用德语和法语，并且结识了许多文学界的朋友。马克·吐温就是其中一位，他还曾为海伦朗读过自己的短篇小说，他们之间建立了真挚而深厚的友谊。海伦的坚强和好学为她赢来了获得更多知识的机会——进入哈佛大学拉德克利夫女子学院进行学习。在学院里海伦各科成绩全部通过，英文和德文甚至还得了优秀。虽然让人难以置信，但是，海伦真的学会了用手在凸起的盲文上熟练地阅读题目，然后用打字机回答问题。4 年后，海伦以优异的成绩从哈佛毕业，毕业后开始了参与盲人服务的社会工作。

每天都有络绎不绝的盲人来访，还有来自全国各地像雪花一样的信件，这些都是海伦亲自完成的。后来她为让更多的聋盲患者接受教育和治疗而进行全美巡回"演讲"。1921 年，在海伦的影响下，美国成立了盲人基金全民间组织，海伦是这个组织的领导人之一。

在繁忙的工作中，海伦一生都笔耕不辍。共有 14 部作品问世，《假如给我三天光明》《我生活的故事》《石墙之歌》《走出黑暗》《乐观》等都非常优秀。最后一部作品写她心中的天使安妮小姐的名叫《名师》。为了完成这本书稿，海伦搜集了她和安妮20年的笔记和信件。

诚然，"世界上最好和最美的东西是看不见也摸不到的，它们只能被心灵感受到"。海伦·凯勒的这句话不仅是说她自己的，更是说世上每一个人的。一个智力正常或者超群的人，如果无法控制住自己的内心，驾驭不了自己的情绪，不会自我调节，那么他无法将自己的智商发挥出应有的水平。古今中外，智力超群却成事不足的人比比皆是。

如果说智商像一艘乘风破浪的帆船，那么情商就是这艘船的船舵，它决定了这艘船前进的方向与速度。如果一个人拥有高智商，同时也拥有高情商，那么他就可以将自己的才能彻底发挥出来实现自己的理想。所以说，情商和智商并重，它们共同决定了一个人一生的成就。

子女的情绪发展模式

情绪是指人们伴随着认知和意识过程产生的对外界事物的一种态度，是以人的愿望和需要为中介的一种复杂的心理活动。在不同的年龄阶段，人的情绪拥有不同的特点，而0～3岁的孩子的情绪尤为丰富，起伏变化非常大。

开心、生气、满意、委屈、安静等这些都是孩子多变的情绪，这些情绪的发生总是让父母亲感到无所适从，有时甚至是头痛。了解孩子情绪发生变化中隐含的信息，是每个家庭迫切关注的问题。许多父母意识到，只有正确了解孩子的各种情绪，才能更好地引导他们积极健康发展。如果孩子无法正常表达自己的情绪，那么就很容易产生一些极端的心理问题。

很多家庭中，父母亲对孩子的智力开发比较重视和熟悉，他们认为正确引导情感教育是不重要的，或者认为孩子还小，还不懂什么是情感，所以对孩子的情绪、情感的发育缺乏有意识的培养和正确疏导。如果孩子智力非常优秀，父母对孩子才艺的培养也很到位，但就是由于他们长期不在家，孩子的幼小的心灵中产生爸爸妈妈不爱我，所以才有不经常回家的念头。于是变得寡言，年纪大的爷爷奶奶也没有意识到孩子的这种情绪，父母常不在家更是发现不了。在这种不健康的情绪下，子女会容易走上极端。如果父母亲能够及时发现，并将孩子这种错误的情绪及时进行疏导，告诉他，并不是爸妈不爱他，而是为了工作为了家庭不得不离开他，并以实际行动，抽出时间多给子女一些关爱和鼓励，多与孩子进行一些沟通，多一些共同活动，那么子女就不会走向极端的道路了。

著名的心理学家曾说过：一个孩子的将来出自20%的智商，剩下的80%则是情商。良好智力发展的基础来自健康的情绪，一个充满自信又乐观的孩子会以一种积极向上的心态沉浸在学习与生活中，这必然能够促使孩子的智力健康地发展。无论是怎样的子女，都会不断地遇到各种各样的疑惑和困难，这时就需要健康的情绪来引导他们，让他们学会自我调节。当孩子心情郁闷、情绪不安时，会阻碍他们的正常思考，影响智力发展。

每个孩子在他的成长过程中，会遇到很多问题，诸如任性、自私、冷漠、孤僻、易怒等，这些都是不良的情绪。所以，父母亲一定要在重视培养智力的同时，要强化对孩子的情感教育。

那么，到底父母应该如何培养孩子良好的情绪呢？以下方法仅供参考。

提高子女识别情绪的能力

人类有诸多情绪：愉快、悲伤、害怕、烦躁、难过、生气、厌恶，等等，孩子或多或少都会体验到各种情感，但有的时候他会形容不出来，需要父母亲为他解释，这样在他以后经历这些情感的时候，才能给父母正确地表达出来自己的情绪，才能与父母、家人等进行更好的沟通。

当子女有情绪时，父母应包容并帮助孩子表达出自己的真实想法："你在生气吗？""爸妈知道你不喜欢洗澡。"多次之后，父母就可以直接问孩子："告诉妈妈，你怎么了？"鼓励孩子说出自己的情绪。

满足孩子对父母的情感需求

现代社会竞争激烈，为了给孩子赚奶粉钱、上学钱，年轻的父母每天都忙于工作，于是把孩子扔给爷爷奶奶甚至保姆阿姨来照顾。但是，孩子对父母情感的需求是其他任何人所不能代替的，所以，父母亲一定要衡量安排好工作与孩子，尽量抽出时间与孩子沟通和互动，否则容易造成孩子性格孤僻、畏缩。

例如：父母双方协调好，白天可以由爷爷奶奶或者保姆阿姨来接送孩子上下学，但是到了晚上，父母一定要陪孩子一起说说话，玩游戏。这当中，可能有些过于忙碌的父母，有时为了弥补经常不在孩子身边，就会特别迁就孩子，答应孩子无理要求。这样也容易形成不良的情绪，父母一定要注意。也可以试着让孩子跟父母通电话，这样可以间接满足孩子的情感需求，同时锻炼了他的语言组织能力。如果工作过于忙而回不了家，或者回家太晚了，父母一定要试着向孩子"请假"，让他们理解大人，并告诉孩子随时都可以跟爸爸妈妈通电话，这对孩子的情感需求具有一定的缓解作用。

培养孩子感恩和回报

"孩子只要接受我们的爱就可以了，我们不用他回报。"现在很多父母都是这种想法和做法。于是爷爷奶奶、姥姥姥爷、爸爸妈妈全家人围着孩子齐上阵，高唱"无私的奉献"，这样让孩子长期处于蜜罐中，他就永远也长不大。这种溺爱会阻碍孩子的情感发展，产生不良的情绪，必须让孩子学会感恩和回报。

平时生活中让孩子学会关心父母长辈，做一些力所能及的事。当家中有人生病时，要教给孩子病人如何不舒服，需要人照顾，例如说话走路干活儿都要轻轻的，千万不能影响病人休息；为病人削个苹果；给病人倒杯水；还要说些安慰病人的话。父母还可以让孩子给大人过生日，这也是培养孩子学会感恩和回报的一个好机会。可以鼓励孩子为父母自己动手做个小礼物，或者给父母捶捶腿捏捏肩膀，或者是说一句祝福的话语，这些都可以培养孩子积极地学会感恩和回报。

培养孩子面对挫折时的积极情感

随着孩子的成长环境越来越优越，很多父母为孩子尽量扫平了一切阻碍，这也就间接导致了孩子的心理承受能力和抗挫折能力越来越差，稍微遇到一点不顺心就大发脾气，任凭父母费了多少口舌都不依不饶的，于是就无形中助长了孩子的不良情绪。

在这种情况下，父母应该鼓励孩子提高自理能力，自己的事情自己做，无论遇到了什么样的挫折，不管是在生活、学习还是交友等方面的问题，都应积极想办法自己来解决。而当孩子犯错误时，只能让他认识到错误即可，不要让他过分自责，谁都难免出错，更何况是孩子。所以，父母亲不可一味地批评惩罚孩子，应该以平静的态度督促和帮助孩子改正错误，秉承"教育为主、惩罚为辅"的教育理念。因为过分严厉的批评和责罚，只会让孩子在面对挫折时，退缩不前，这同样不利于孩子健康的情感发育。

注重"启心"教育

网上流传这样一句话"年轻人犯错，上帝都会原谅"。的确，谁都无法避免发生错误，更何况是小孩子。现在许多父母面对孩子犯错误时，只要一张嘴批评就会情绪失控，简直是"爱之深、责之切"。

有的时候，一些父母的批评针对的是孩子本身而不是他所犯的错误。例如"你这孩子怎么这么讨厌！""摊上你这么个孩子真倒霉！"这些话连大人听了都很难受，更何况是有着脆弱心灵的幼小的孩子。

随着孩子一天天长大，父母对孩子的期望也是日益增长。于是，一些父母亲开始不自觉地拿别人家的孩子和自己的孩子做比较。比如：隔壁的小红和我们家宝宝同岁，人家已经会认二百多个字了！我们家小强才会几个；同楼上的小英比小强还小，都已经学会弹钢琴了；小强班的好几个小朋友已经能说一些简单的英语口语了，小强只会"Hello""Hi"……比来比去，父母的脸色就会越来越差，对孩子的期望也就越来越低。

在这个比较中，我们会发现一个有趣的现象，那就是父母老是拿自己孩子的短处和别人家孩子的长处去比，而忽略了孩子本身的优势所在，比来比去后果就只有一个字：差。于是，父母在面对孩子的时候，那种在孩子小时候教他走路的耐心就荡然无存了，由欣赏变成了指责，美好的憧憬变成了恨铁不成钢。在这种反差过大的态度下，孩子对父母产生越来越重的逆反心理，一来二去中，孩子开始变得沉默寡言，懒于再和父母沟通，甚至一些父母为了达到自己所谓的效果，采取"棍棒教育"式的方法强迫孩子按要求去做。

经常会听到父母这样批评自己的孩子："你看人家亮亮，你再看看你！""人家都能考过，你和人家不一样啊！"这样的训斥，带给孩子一种不安的心理暗示：父母不喜欢我，喜欢别人家的小孩儿。这样就好比将孩子投入一间黑暗的小屋，没有关爱的阳光，没有父母温暖的怀抱。如果孩子在这样的环境中成长，那么将来他会成长成什么样儿呢？很可能会性格孤僻、易怒、烦躁、厌烦他人等，这难道是父母所乐见的？这样连人格都不健全的孩子，你还怎么要求他优秀？

因此，对孩子的"启心"教育就变得尤为重要。下面给父母提供以下建议：

1. 在孩子上学年，与孩子进行一次深入的沟通，列举出上学当中可能会遇到的一些困难和学习的重点，帮助他们明确目标，鼓励孩子给他动力，并表达出父母对孩子的殷切期望。

2. 对孩子的教育尽量是单独的，谈话性的、避免公开的申斥。有些孩子拥有强烈的自尊心，他们会特别"好面子"，自尊心极强。所以，父母对待孩子的教育应尽量避免在公开场合，尤其是在他的老师和同学的面前以及一些熟人面前给孩子一个安心的空间来聆听你们的教诲。

3. 父母身体力行地为孩子做出表率，鼓励孩子要说到做到，做个有诚信的人。

4. 在孩子面前保持威信，不要在孩子面前过于随便；对孩子严格要求的同时注意让他劳逸结合。

5. 不要总给孩子讲自己如何如何地为他付出，更不必拿自己小时候与他现在对比或拿别人家的孩子与他做比较，这样做的后果很可能会招来孩子的逆反心理。一旦遇到事情要就事论事，根据当时的实际情况分析问题，再帮助孩子解决问题，不可过于埋怨，不可盲目比较。

6.经常与老师沟通，随时关注孩子学习生活上的变化。但需提前跟孩子讲明，这样做的目的是关心他，不是监视，也不是不信任，是希望通过老师对他的情况有一个整体的了解，然后有针对性地帮助他解决问题。

7.正确引导孩子多结交一些积极上进的朋友，在孩子成长阶段，除了父母与老师，朋友对他影响是最大的了。尤其有些孩子，不愿意和父母或者老师进行沟通，更愿意与自己的朋友分享一些小秘密。一个积极上进的朋友可以引发孩子共同的学习兴趣。

8.培养孩子独立思考的学习习惯。父母亲不能永远跟在孩子屁股后面，遇到孩子不懂的问题时，父母可与孩子一起讨论，然后通过一些例子去启发他，引导孩子自己动脑思考，提高他的思维与想象能力，而千万不可直接告知他结果或答案。

9.以正确的心态面对孩子的成绩下降。当子女的成绩下滑的时候，他自己已经很难过痛苦，甚至心灰意冷了。这时的父母，应该表示出关切的心情，鼓励他的同时，帮助他重新树立信心，帮助他找到成绩下滑的根本原因，这特别重要，然后共同找出方法解决问题。训斥和责备只会疏远与孩子的距离，以致以后再出现问题，孩子再也不会主动与父母协商了。

除此之外，父母还可以利用古今一些故事对孩子进行"启心"教育。听故事、看故事具有深刻的教育意义。孩子在听故事的过程中不仅能够增长知识、丰富词汇，还能训练他们集中注意力，启发想象，促进思维，从故事中找到"同感"，能够培养美好的情感，养成良好的品德与习惯。

鼓励子女广交不同年龄的朋友

孩子在成长中渴望得到别人的尊重和认可，这个别人不仅指自己的父母，还包括他的朋友、老师、同学，甚至陌生人。这就需要他去接触更多不同类型的人，以提高自己的情商。

原始的人类是群居的动物，依靠集体力量来共同抵御外敌，他们创造语言、传播智慧。而现代社会中，一个人是否具有组织能力和团队意识，是衡量他是否优秀的重要标志之一。因此，让孩子和不同年龄的人交朋友，是子女成长过程中必不可少的一项任务。

对孩子来讲，在他们特有的小型社会中，我们并不特别强调孩子一定要与不同职业的成年人交朋友，因为孩子对新事物的接受能力和分析能力是有限的。父母应当多鼓励与不同年龄的孩子之间进行互动交往，这对孩子的智力发展，特别是思维能力的发展具有非常重要的意义。

例如：当不同年龄的孩子在共同地认知同一事物的时候，年龄大的孩子可能就会自觉地充当"小老师"的角色，然后利用他自己掌握的知识给弟弟妹妹进行讲解，这种自发的行为促使他和弟妹更深入地理解知识，并能够牢固地掌握一定的技能，同时锻炼了他的思维能力和表达能力，以及因此而积累到的"人气"和"威望"，这会极大地鼓舞他们的自信心。

用专业名称来说，这被称之为混龄教育。著名的心理学家曾指出：不同年龄阶段的孩子在一起玩游戏，与同年龄的孩子一起玩游戏有着质的区别。相比之下，我们会发现，不同年龄段的孩子在一起玩游戏中通常较少具有竞争性，相反具有更多的创造性，这为孩子的学习提供了一种独特的方式，所以才更具有教育意义。

其实，很多父母在理智上都会支持自己的孩子去认识新的朋友，但是，当孩子在与陌生人交流的时候，父母那种保护孩子的强烈意识就会战胜让孩子认识新朋友的愿望。很多父母常常会因为爱护之心而阻止孩子干这干那，总对任何外来的人和事物都充满了敌意，所以，孩子的朋友就会越来越少，这样是不容易融入社会的。

著名的教育专家蒙台梭利曾经说过一个教育主张——混龄教育。也就是说，让不同年龄段的孩子在一起接触、交流，从而相互学习接纳。

在混龄教育中，让不同年龄的孩子一起玩耍，会增加他们的互动性和层次性，与异龄的朋友交往是对孩子的一种新的挑战。随着年龄的增长与环境的变化，孩子的角色也在发生着改变。比如：在家里，孩子就是弟弟或妹妹，在其他地方有可能就变成了哥哥或姐姐。

像这种变化，就是让他们不断适应和接受新的角色，而混龄教育的出现，就为幼儿创造了一个比较复杂的、动态的小型"社会环境"，为孩子情感的发展提供了动力和源泉。

事实证明：不同年龄段孩子间的交往对彼此的成长都是很有益的。

对年龄小的孩子来说，视年龄大的为榜样，能够更快、更多地获取知识和经验，提高各项能力；而对年龄大的孩子来说，通过对小孩子的关心、爱护和教导，不仅培养了他的语言组织能力，还拥有了自觉性和责任心，以及互爱互助、热情待人的优良品质。

生活中，很多父母亲怕年龄小的孩子和年龄大的孩子一起玩会被欺负或者学坏，常常阻止这种交往。当然也会有一些大孩子会去"领导"小孩子，当小的孩子不服从时，就会"修理"小孩子，这就需要父母亲做个有心人，通过细心观察了解，帮助孩子明辨是非。有时候，即使小孩子偶尔会吃一点亏，这也间接地培养了孩子的抗挫折能力。

注重改善孩子的不良情绪

当孩子有不良情绪的时候，父母千万别使用暴力手段，而是要帮助孩子消除不良情绪。在孩子情绪差的时候，父母亲必须冷静对待，设法智慧地改善。比如"孩子可能碰到了不如意的事情""我那句话说得不对，影响到了孩子"，等等，父母要用适当的方式来与孩子交流，高效地帮助子女改善不良情绪。

事实证明，父母打骂孩子是违法的、不道德、不通情理的，也是没有意义的。与其批评他、打他，不如教会他如何控制自己的情绪。接受孩子的情绪，并不意味着要接受子女的行为。当孩子看到别人有一件比较好的东西时，难免会想拥有。这时父母不要去打击孩子，也不要去压抑孩子的这种情绪，应该去承认孩子的情绪。

如果孩子感到生气的时候，父母应赞同他的情绪，并表示自己可以理解。这样他们就不会那么冲动，而是先会冷静下来。

在教孩子接受自己的想法时，父母特别要控制好自己的情绪，并确保自己的情绪不会伤害到别人。

无论是孩子还是大人，每个人都有着自己的情绪和脾气。但是，如果一个人不懂得控制自己的坏脾气，那么在他今后的人生道路上，就会伤害朋友，破坏感情，甚至出现更糟糕的事情。因此，心理专家建议：要教育孩子从小学会控制自己的坏情绪。

那么，做父母的该如何帮助子女学会控制自己的坏情绪呢？

首先，要孩子在合理范围内有充分表达情绪的权利。要知道，孩子能够充分地、合理地表达自己的情绪，说明他的心理发育很是健康。孩子年龄虽小，可能他的情绪表达会有一些不那么让人愉悦，或是出现一些过激行为。比如：孩子与别人发生争吵，如果是和孩子发生争吵，这不利于自己的人际关系；如果是与长辈发生争吵，就是不懂事，没有礼貌。

在遇到这些情况的时候，父母不应该视而不见，要及时采取措施，加以管制。并且，要让孩子知道发泄情绪也应有一定的界限！发泄情绪不应该建立在损害他人的利益和损害物品上。当孩子长大一些的时候，就应该鼓励孩子用语言表达自己的情绪，告诉孩子遇到问题的时候，要讲道理，说出原因，不能动不动就乱闹脾气，蛮横不讲理。

其次，要想让孩子养成良好的情绪表达习惯，父母应该做孩子的榜样，以此来影响孩子。

在家庭中，如果父母教育孩子的方式比较粗暴，动不动就打骂孩子，孩子对各种事情没有解释的机会和发言权，那么孩子就会缺乏正确表达情感的机会。慢慢地，孩子就会学到父母身上的坏情绪，从而影响到周围人。

再次，父母的良好情绪对孩子有着一定的影响，如果父母不调节好自己的情绪，那么孩子也会产生一些负面情绪，如生气、失望、厌烦等。

在日常生活中，我们经常会听到一些父母亲对孩子说："你不那么淘气，我就不会这么生气！"或者是："你真让我伤心！"仿佛父母亲的烦恼都是来源于孩子。

可是，父母亲生子女的气是因为孩子不好吗？如果真的是这样，那么父母亲都会做出什么样的反应呢？比如：孩子上蹿下跳、跑来跑去的，有的父母亲认为是活泼可爱；有的父母则表示厌烦，认为是孩子不听话，等等。

但实际上，什么都是有原因的。如果父母能够正确看待孩子的情绪，对孩子的情绪抱着一些合理的观点，那么，孩子的情绪在改善的同时，父母的情绪也会变得好一些。要知道，能够控制情绪的人就只有自己了。

最后，劝父母可以教孩子使用一些消除压力和怒气的办法。比如：父母可以带孩子去操场上打球；去看河流，看花园，游泳，等等。想法帮助孩子学会控制自己的情绪。当然父母一定要有耐心和毅力。要知道，如果孩子学不会控制自己的情绪，就会影响他的今后发展。因此，为了孩子今后的身心健康和发展，父母一定要为子女制订一些计划，以改变和疏导孩子的坏情绪，逐步修养好是有希望的。

培育子女远离嫉妒做个豁达的人

说实话，嫉妒是一根毒刺，如果不及时拔掉的话，就会越长越多，从而影响一个人的身心健康。如果能在子女小时候及时拔掉的话，就会有利于一个人的身心。父母一定要注意观察孩子、管好孩子，不让嫉妒毁了他。

在日常生活中，有多少父母会注意到自己的言行，会顾忌孩子在不在场？而会这样认为：反正是在家中，想说什么就说什么。因此，父母都常把自己工作、生活中的不满、牢骚都来到家里说，以此来发泄。在这样的潜移默化中，子女就会受到父母言行举止的影响，从而学会一些不良行为和心态。

实际上，嫉妒是每个人都有过的一种情绪。孩子也会有虚荣心，有嫉妒心。当孩子身上有了嫉妒意识后，表现的程度也会不同。当然了，有嫉妒心的孩子，往往都会认为：别人不如自己。

那么父母亲应如何让孩子远离嫉妒呢？下面是教育专家给出的一些建议：

要给孩子提供一个良好的家庭环境

在日常生活中，父母亲一定要注意不要当着子女的面议论同事、领导或孩子的老师，尤其是不要贬低他们。要知道，不论是什么样的人，都有自己的长处与短处，而且贬低别人并不能抬高自己。当别人取得良好成绩的时候，我们要保持一种豁达的态度和宽广的心胸，为别人鼓掌呐喊。孩子就会在潜移默化中受到影响，从小学会正确地评价自己和他人，还能为他人取得的成绩而喝彩，这样的心态也可激励自己进步。

要了解孩子嫉妒的原因

当发现子女产生嫉妒的现象，父母应耐心地弄清楚孩子的心里想法。比如：别人拥有了什么东西，孩子也想拥有。慢慢地孩子就会产生一种由羡慕转化为嫉妒的心理。实际上，这是非常正常的现象。父母平时应该多与孩子接触交流，及时掌握子女的心理变化。

要知道，孩子的嫉妒是直接、真实自然的，他们不像成年人那样掺杂着太多复杂的因素，而是一种对自己的愿望不能实现从而产生的一种本能的心理反应。因此，当孩子表露出嫉妒的心理时，父母不要直接对孩子批评，更不要冷嘲热讽。

除此之外，父母必须记住：当孩子向父母祖露自己的嫉妒心时，就是在倾诉，倾诉自己的烦恼、不安、愤怒等不良情绪。听完之后，父母先不要妄加评论，而是先淡定一点，然后和孩子分析，从而有效地缓解孩子的嫉妒心。

教孩子懂得正确的比较方式

在生活中有些孩子他们的嫉妒心很重，总是喜欢与别人相比较。他们总是拿自己的长处与别人的短处相比较，结果就导致了自己骄傲自大；而有些孩子总是拿自己的短处与别人的长处相比，结果就变得越来越自卑。

所以，当父母遇到这样的孩子时，就必须正确地引导孩子，要告诉他们：存在竞争是很正常的。在这个社会中，没有人把精力放在别人身上。无论一个多么差的人，都会存在着一些优点与特长，一个再好的人，也会有缺点。

给孩子的最好礼物是快乐

因为年幼的孩子就应该生活在一个充满梦想和快乐的环境中，享受着阳光，享受着大自然，享受着一群小伙伴的友谊。然而，我们经常会看到这样的情景：有个孩子在楼下玩耍，父或母却在一旁催促："好啦，疯玩什么，快点回去做作业吧！"当孩子背着超重的书包，艰难地走着时，一旁父母就会说："孩子，好样的！吃得苦中苦，方为人上人啊！加油。"

其实，这是一种十分不健康的心态。抱有这种心态的父母大多认为：孩子的童年是不重要的！快乐？那就只有取得良好的学习成绩，考上名牌大学，这才是快乐。但其实快乐可不是这样的。让孩子学业有成、事业成功并不是家庭教育的最大目标。所谓的成功，也不是孩子想要的幸福和快乐。在孩子眼里，能够自由一点，能够想玩什么就玩什么，想在地上打滚，就在地上打滚，这才是快乐。

对孩子来说，他们最想要的礼物是——"快乐"。可以说，快乐是一个人一生的财富，快乐更是一种积极乐观的生活情绪，快乐是能够在面对苦难时轻松一笑。一个快乐的人一般都是用理智的方法来解决问题。美国儿童心理学家经过一项调查研究发现：只有注意培养孩子快乐的性格，才有利于孩子的健康成长。

那么，父母亲应该怎样来培养孩子快乐的性格呢？

注意培养孩子对快乐的体验

在日常生活中的每一件小事上，父母都可以询问孩子的感觉，比如：高兴不高兴？可不可以？为什么？或者是"你喜欢出来玩吗？高兴吗？""你能帮着做家务，父母很高兴。"

让孩子有机会享受"不受限制"的快乐

在生活中，小孩子喜欢大吵大闹或者是喜欢翻寻家里的东西。父母就会想办法制止孩子，还会对孩子说什么："不要吵到隔壁家邻居了。""一会儿对面爷爷就会来敲门了，他身体不好！"

在父母亲的管教有方下，孩子变得越来越没有热情了，变得越来越没有活力了，天性也受到了压抑。

要知道，孩子需要尽情地玩耍，带着童真的想象力尽情地玩耍，需要在冬天的时候去堆雪人，打雪仗；在下雨的时候，观看蚂蚁回家；在陌生的地方和环境中，摸索周围。

也许大人看他们的活动是没有意义的，是不快乐的，但是对于孩子来说，就是最大的快乐。因此，在平常父母尽量不要总把自己的喜欢和不喜欢的强加给孩子，而是要让他们做他们喜欢做的事情。

不要苛求孩子

由于孩子还年幼，他们在各方面的能力有限，会有一些不足。在平时，父母千万不要对孩子过分要求，苛求完美。如果父母总是对孩子表示不满和批评，就会伤害孩子的自尊，从而使他失去自信。

给孩子展示自己的机会

因为每个孩子都有自己的优点和独特的技能，如果能够在父母面前展示自己的特长，获得父母的肯定，那孩子就会觉得很快乐。比如：孩子对父母说："爸妈我给你们讲个故事好不好？"即使父母亲在忙别的事，也应满足孩子这个小要求，并且给予一定的肯定：你讲得真是太棒了。

这对孩子来说，能够与最亲密的人分享故事和想法，是一件比较快乐的事情。慢慢地，孩子的热情、能力通过父母的分享和肯定，从而转化成自信、乐观等品质，这些品质对子女的一生都是一笔财富。

加深与子女之间的亲情

在帮助子女培养快乐性格的过程中，亲情和友谊起着非常重要的作用。因此，父母要在平时多与孩子沟通、交流，还要鼓励孩子与同龄人一起玩耍，让他们学会愉快地与他人进行交流，从而变得快乐一些。

保持家庭生活的美满和谐

家庭和睦，也是培养孩子快乐性格的一个重要因素。教育专家经过调查表明：在一个和睦的家庭成长起来的孩子，长大后性格就会比较乐观、很健康。而生活在一个不幸的家庭的孩子，长大以后性格会比较孤僻、自闭。

为了子女的未来，劝父母一定要为子女营造一个和谐的家庭氛围，孩子才能离快乐更近一点。

要认真倾听孩子的心声

在平时，父母要细心观察孩子，是否有心理压力？压力从何来？并要热情耐心地帮助孩子克服。父母可以抽出一定时间与孩子交谈，并认真倾听，了解孩子真实的心理状况，从而根据不同的心理进行不同的引导。

树立子女的自尊心

在家庭教育中，最重要的一点就是——尊重孩子的一言一行，父母应该帮助子女树立起自尊心、自信心等。

尊重孩子的兴趣和爱好

在平时，父母应注重鼓励和支持孩子发展兴趣与爱好，也可以让孩子多参加一些学校组织的课外活动。如果孩子所学的东西都是自己选择的，有兴趣的，那么孩子也不会觉得是负担，是压力了。

总之，在这样的家庭教育中，相信孩子会有一个快乐的幸福人生。孩子的内潜能就能充分发挥出来，一定是个人才。

用情商来培养孩子

情商并不是天生的，而是在后天的培养中慢慢形成的。一个孩子的情商和性格养成有着两个方面的影响：一是来源于母体；二是受到周围环境的影响，在培养中，父母作为引导者和表率者对孩子的影响力是非常重大的。

孩子从一出生开始，所接受的东西都是家庭里的东西。在养育孩子的过程中，父母与其朝夕相处，对孩子非常了解。父母知道如何引发孩子的兴趣；如何鼓励他；并且合理理解孩子所做出的一些行为和感受。可以说，父母所教给孩子的内容和东西，是学校和老师都替代不了的。

教育专家说：3～12岁是孩子情商培养的关键期，情商培育能影响子女的一生。心理学家在经过一番调查后表示：只要是先在关键期受过正规情商培养的孩子，无论是在学习成绩方面，还是在今后工作中，都比那些没有受过情商教育的孩子表现得更优秀。可以说，情商教育不仅能够让孩子的学习成绩有所提高，还能够让孩子养成一个乐观、自信的性格特征。一个乐观自信的孩子是不怕失败和挫折的；一个乐观自信的孩子是活跃和有创造力的；一个乐观自信的孩子具有获得成功和幸福的能力。

在日常生活中，那些高情商的孩子在各方面都显得比较成熟，他们有良好的人际关系，能控制自己不受到负面情绪的破坏，更容易适应环境，把握机遇，但是，在生活中也有那么一部分孩子，他们在情商方面能力偏低，那么，父母亲知道情商低有什么表现吗？

顽固

在日常生活中，有些孩子的性格比较顽固。他们不仅听不进去别人的意思，而且也不会轻易采纳别人的建议。就算别人说的是对的，性格顽固的孩子也会坚持到底，不回头，不能根据事实和利益进行判断。

怨天尤人

虽然怨天尤人这一情绪是人之常情，但如果是事事抱怨，经常抱怨的话，那就要从自身来反省了。要知道，怨天尤人不仅没有一点儿用处，还是一种消极心态的象征，是弱者不明智的选择。

所以，父母应特别注意：不要在孩子面前抱怨他人他事。

在美国，有近一半父母都希望孩子能够进入"常青藤学府"——哈佛大学、耶鲁大学、普林斯顿大学、哥伦比亚大学、康奈尔大学、布朗大学、达特茅斯大学和宾夕法尼亚大学。

要知道，这些名校的入学标准十分严格，申请的人不仅要学习成绩好，而且具有一定独特性，要有自信，还要有一定的特长。那么，为什么很多父母亲还想让孩子进入这些学校呢？美国的一位著名的企业领袖曾经说过：即便是那些哈佛的新生不去上学，让他们随便干点什么，等20年后，他们还是要比一般人成功。他们成功的关键不在于哈佛教给了他什么，而是在于哈佛选择了什么样的人。

由此可见，这些名校的教育并不是局限于狭隘的知识教育，而是选择或塑造什么样的人，而这才是教育成功的关键。也因此，父母亲都想把孩子送进这个塑造"成功"的钢铁炉。

其实，美国主流社会的精英可不全是出自于这些名校，比如，有些诺贝尔奖获得者都来自于芝加哥大学、加州理工学院，科技人才荟萃的麻省理工学院和斯坦福大学，还有牛津大学和剑桥大学。实际上，不论是在那些常青藤学校，还是其他大学，它们都有一些共同的原则和共性，就是对招生委"附加个性评价"。这样哈佛大学或者是其他大学就能得出申请者的优秀程度。并且能看出这个学生各方面的状况和发展潜力怎么样？在同一所学校，同一届中，同一地域的学生中有多突出？在那么多的竞争者中，申请者又有哪些优势？

由此可见，这些名校关注的并不仅仅是学习成绩，而是在成绩的背后，一个人所具备的各种能力。比如：个人影响力、团队精神、协作能力，等等，这些就是情商的考核。

其实，教育的目标可以分为两个部分：一部分是品格修养；一部分是一个人的各方面能力。而品格和能力又成为孩子的情商部分，这些会影响到他如何交友、如何定位自己、如何学习、如何面对困难等。这些才是他今后生活中需要的能力。

也因此，我们得出一个结论：教育的最终目的是培养一个幸福的人，而高情商是幸福的重要保证。当然了，父母除了引导子女要在情商方面发展和锻炼之外，还需要锻炼自己的情商。

很多父母都认为：孩子只要智商高就是最棒的。其实，情商才是决定孩子成功与否的关键性因素。因此，劝父母要注意自己的教育方式，把子女培养成一个高情商的人。那么，父母亲要如何来培养孩子的高情商呢？

培养子女的自我控制能力

可以说，自我控制能力是一种内在的心理功能，能够让一个人自觉地控制自己的言行举止，从而帮助自己纠正不良行为习惯。因此，父母应特别重视从小培育子女的自我控制能力。

让孩子分清自己的情绪

在家庭教育中，父母要细心耐心地帮助子女分清楚自己的情绪状态，这不仅可以帮助孩子调整好不良情绪，还可以让孩子学会换位思考的能力，深刻地体会到他人的感受。

有意识地培养子女的交往能力

在日常生活中，父母应努力为孩子创造更多的交往机会，让孩子主动走出家门，或者邀请自己的朋友来家里做客，以扩大孩子的社交圈子。当孩子和别人在相处的过程中，父母亲要主动热情地引导和帮助孩子学习和掌握一些交往的技能。

积极引导和帮助子女树立自信心

只有孩子具备了自信心，才会在面对困难和挫折的时候，沉稳应对，并且用良好的抗挫折能力度过困境。不过，培养子女自信心不是一朝一夕就能完成的，而是需要父母耐心一点、有毅力才可以实现。

主动引导孩子应对负面情绪

只要生活在有人的地方，事情就不会少。不管是大人还是孩子，都会有一些负面的情绪。当孩子面临这种情绪的时候，父母应主动地引导孩子宣泄出来，比如跑步、游泳、爬山等运动方式。

在家庭中，父母亲永远是子女最好的模仿对象和榜样。因此，父母可以通过自己的言行举止来影响子女，从而在身教中培养出孩子的高情商。

如何避开情商教育的误区

在每个家庭中，父母都抱着"望子成龙、望女成凤"的期待，但是父母亲在教育孩子的时候，是不是用了正确的培育方法？有没有下意识地培养孩子的情商，让孩子在学习和工作中更上一层楼呢？

实际上，在生活中，我们经常会看到蛮横不讲理的孩子。他们不仅得不到朋友，也不招人喜欢，还令父母很头痛。为此，他们就和父母之间发生了很多的不愉快。

但实际上，我们并不能把错误归结到孩子身上，而应是父母必须反省。因为孩子年幼，他们并不懂得之间的道理，所以就需要父母耐心地告诉孩子一些如何管理情绪的方法。

首先，父母要懂得接受孩子的情绪。"你同学的新文具盒，一定很漂亮吧！"这时，孩子就会回忆文具盒的好。其次，父母可以说："我们家不是有个××东西吗？你可以邀请同学来玩。他肯定没有见过。"接下来，孩子就会转移他的注意力，从而关注其他的东西。

在孩子情绪差、想要发怒的时候，父母应告诉孩子：你可以生气，但是不能用坏情绪去伤害别人或者摔毁别人的东西。给了孩子底线后，孩子即使在最不冷静的时候，也会有着一个警钟。另外，父母应学会把孩子带出那种"一触即发"的环境，并试着分散孩子的注意力。在这样交谈后，如果孩子还是要发脾气的话，那不要理睬孩子，离孩子稍微远一点儿，等孩子的气消了，再去与孩子交谈，并疏导孩子的坏情绪。

其实，要想帮助孩子学会控制自己的情绪，可不是一件容易的事情。有些父母亲在孩子发脾气的时候，就会用更坏的情绪来压制孩子，甚至还会使用暴力来打击孩子。最终，父母和孩子之间总会不欢而散。这样的结果不仅影响孩子的身心健康，还影响了亲子之间的关系。

所以，在培养孩子情商的过程中，劝父母不要希望一蹴而就，更不要压制孩子发泄自己的坏情绪。有的孩子看起来很乖，但总会做出让人惊讶的举动，这就是因为他们的情绪受到压制的原因。

情商培育的重点是让孩子能够正确认识到自己的情绪，从而接纳自己，而不是变成一个表面知书达理，内在就是一个"伪君子"。所以劝父母千万不可走入一个教孩子阳奉阴违的歧途中。

要知道，父母的错误培养方式不仅仅不会达到教育的目的，反而会让孩子变得更令人担忧，令人着急。因此，父母一定要正义地以正确的方式方法来培育孩子。

下面，我们罗列出几种在培育子女情商的过程中，有可能会遇到的误区，以防父母出现这样的错误。

溺爱与专制的家庭教育

在家庭生活中，父母平时应该培育子女坚强自主的性格品质，可是现如今那些溺爱孩子、孙子，包办子孙的父母与长辈们仍然十分普遍。在一方面，父母与爷爷奶奶对孩子照顾得无微不至，生怕渴了、饿着了、困着了、累着了；在另外一方面，又缺乏一些民主意识。

在他们这种极其细微敏感、胆战心惊、生怕出事的教育下，孩子就会变得软弱，事事依靠大人。慢慢地，孩子的性格就会被禁锢了。

在生活中，我们经常会看到这样的情景，比如：孩子摔了一跤，膝盖被碰了一下，父母赶紧上前，又是吹又是拍，有的时候连眼泪都冒出来了。这真让人弄不清楚，这是父母摔跤了还是孩子摔跤了。

从表面上看，父母是心疼子女，害怕他们受伤害，但实际上却是在害孩子，给孩子灌输了弱情商的意识，这种培育方式会使孩子产生脆弱的生理和心理反应。父母的"专制"事件也常见，甚至越来越多，而子女的情商就会越来越低。

因此，劝父母不要对子女过于溺爱，也不能过于专制，这只会让孩子在身体上是"小皇帝""小公主"，精神上却是一个被禁锢的"小奴才"。

鼓励少，打骂多

生活中，在培育子女情商时，鼓励少，打骂常见，这是父母亲所面临的误区之一。这种做法对孩子情商的健康发展非常有害。劝父母必须彻底加以克服，才有机会提高子女的情商。因此，父母大人们一定要切记：要发现孩子的进步，多鼓励，禁打骂，并找到机会引出孩子的"闪光点"，让孩子明白自己的优势，增强孩子的自信力。

重视智商教育，轻视情商培育

在不少家庭中，很多父母与长辈都十分重视对子女的智商教育，甚至过分重视，让子女想躲都躲不掉。但是，他们对培养子女的情商却一无所知。

在有些父母心里，他们一直想着：如何让孩子变得聪明？如何让孩子考得高分？如何让孩子考上大学……可是在这个时候，父母却不注重对子女心智的培养。

要知道，如果父母亲只重视对子女进行文化知识灌输，而忽视对孩子的心智培育，比如：如何接纳自己，如何接纳别人，拥有正确的人生观和价值观，等等，那么孩子怎么会有一个高情商，又如何可以实现父母那些愿望呢？相反的，孩子在这样的教育中，会渐渐变得冷漠、自私、焦虑、任性，等等。

因此，劝父母在重视子女的生活是不是优越、脑袋是不是聪明、学业好不好的同时，更要加强培养子女的责任意识、合作意识、竞争意识、选择能力、承受能力、社交能力，等等。只有对孩子的智商和情商一样重视，子女的各个方面才会齐头并进，全面发展、德才兼备。

不能正确评估孩子的情商水平

在家庭教育中，父母必须正确评估子女的情商水平，从而让孩子的情商得到有力的发展。但是，却有很多父母亲不能正确评估孩子的情商水平，总是用一句"小孩子懂什么"或是"听我的就行"来面对子女。其实这是轻视孩子情商的典型表现。

可以说，现在的孩子的眼睛就像是一架照相机，每天都会拍下无数人的"形象"和事件。当他们遇到某些人或事件的时候，就会发表自己的见解了，比如"爸爸抽烟、喝酒是不对的""因为抽烟喝酒都伤害身体""妈妈穿这件衣服不好看""为什么他们就能看电视，我就只能看书呢"，等等。像孩子这种感受能力和独立的思维就是一种高情商的表现。因此，劝父母要明确子女的高情商，正确对待才是，不要随意抹杀，而是要对子女加以诱导和鼓励。

总而言之，父母亲在培育子女情商的过程中，不要走进以上误区，而是要根据子女的个性与特点，找出一些适合孩子接受的方法，从而正确引导孩子，千万不可忽略，要努力培育出一个高情商的好孩子。

第十五章
走进孩子内心

父母要从心理上教子女应对挫折

在当今竞争创新的社会大潮中，随着子女年龄的增长，孩子懂得越来越多，就会出现一些交往之间的矛盾，学习上的差距，遭遇挫折等烦恼。面对子女这些"成长的烦恼"，父母亲不容小觑，一定要加以重视。

子女在成长发展的征途上，遇到挑战对手，非常发愁，不知该怎么办。如果父母能及时正确地引导就会成为一件好事，让竞争激励他们不断进步、不断向前。但是，不可片面地要求好好学习就能超前，不懂更深层次地去为子女具体分析。其实，父母应告诉孩子：每个人都有优势，而你的优势在哪儿？在给孩子树立信心的同时，告诉他：竞争是难免的，没有人可以永远第一，这样帮助孩子调解心态，以平和轻松的心态去学习、上进、持之以恒地努力，那么你的才智才能够重新焕发光彩。

其实，孩子在学习、生活中遇到挫折和失败都是在所难免的，在面对孩子的失败时最难受的不孩子，还有父母亲。他们面对子女的失败比面对自己的失败还要痛苦。不过，有些父母亲还会采取掩盖和安慰的方法让孩子去逃避失败。殊不知，他们这种消极、错误的心态可能会导致儿女从此一蹶不振，毁了孩子的一生。

的确，每个孩子都渴望成功，在通往成功的征途上，由于各种因素的影响，难免会遭受失败和挫折。如果一个小小的失败，对大人来说显得微不足道，但对孩子来说，却是对他们幼小心灵一个不小的打击。

有许多这样的孩子，他们原本拥有聪明的头脑，开朗的性格，是全班甚至全校的佼佼者，但因为一次考试不理想或是老师某一句话对他的沉重打击，从此就变得消沉起来，致使学习成绩不断下滑，上课注意力不集中，甚至还逃学。

这样在消极的心态下，孩子会变得精神萎靡不振、意志消沉慵懒。不仅如此，孩子做事没有力气，呈现出一副颓废的模样。如果这种错误的心态得不到及时的调整，那么孩子的一生就可能是庸庸碌碌，不敢面对一丁点儿困难。

所以，作为父母大人，一定要及时地帮助和开导孩子正确面对失败与挫折，有以下方法可试。

尽早培养孩子对待失败的正确心态

做父母的要尽早告诉孩子，每个人的一生都难免遇到挫折，先让孩子在思想上有个正确的认识和思想准备。这样，即使遇到失败也会正常对待和接受。将失败带来的损耗降到最小，鼓励孩子要勇敢承担失败，吸取教训，找到原因，以利再战。如果孩子总是逃避失败，就会使他们无法再去获得真正成功，也就无法再拥有自信去面对更多的事。所以，劝天下父母亲一定要引导、帮助和鼓励子女去做从前从未做过的事，在成功中寻找自信，积累自信，对于孩子敢尝试要大量表扬。

正确疏导子女的消极态度

有些孩子在遭遇失败挫折后，突然变得消极、颓废、缺乏自信心；看不开，从此一蹶不振，使用不恰当的对抗行为等，这是他们对待失败的消极态度。如果子女在某件事上经历失败，父母亲绝对不能一味地责怪孩子，讽刺他，更不能挖苦他。孩子需要的是安慰、开导与鼓励，这样才能激起他们重新振作起来的决心与自信心。

引导孩子变失败为成功

事实证明，如果一个人能够从失败中吸取教训，那么失败就是成功之母，因为失败不仅磨砺了人的意志，还使人变得成熟、坚强，激励人不断从挫折中奋起，必然可以将失败转化为成功。所以，父母一定要教导子女勇敢地面对失败，告诉他们失败不仅是成功之母，经历失败才会有成功。

劝子女不必在意外界评价

即使孩子失败了，也应告诉他，一个人不可能总是获胜不败，谁也不会永远领先，要让孩子懂得，即使是没有奖赏的情况下，也应坚定不移迈向成功。

善用鼓励的方法让子女面对失败

孩子的自信心是在许多小成功中慢慢建立起来的，但盲目自信也会影响孩子正确的判断力。当看到孩子做得对的时候，父母及时地给予鼓励是应该的，而当孩子做错时，父母也应该采取鼓励的方法去和孩子一起分析失败的原因，分析自己到底问题出在哪儿，并及时地鼓励孩子积极面对失败。因为失败是客观存在的，别大惊小怪，重要的是要用一种平和心态去面对失败。

通过游戏帮助孩子正确认识成功与失败

因为游戏是孩子比较喜欢的重要活动之一，孩子在游戏中会表现得非常放松。因此，在游戏中引导他们正确认识失败与成功，是一种非常有效的方法。例如简单的"石头、剪刀、布"游戏，规则很简单，孩子也喜欢玩，在游戏中，父母可以先故意输给孩子，然后赢孩子，告诉他们"没有永远的输赢"，鼓励孩子开动脑筋去分析，让他们在亲身体验后在脑中树立正确的"成败观"。

与孩子分享大人的失败经验

当子女面对失败时，情绪可能会不好，这不是孩子的错，而是由于孩子缺乏面对失败的经验。这时，父母可以与孩子分享失败的经验，让孩子知道原来父母也会有许多不会做或做不到的事情，父母也会做错。这样孩子慢慢就会明白，原来每个人都会失败，都有做错的时候，失败和做错并非是什么"丢人"的事。所以，父母不能因孩子失败而打击他，而应该在孩子失败时正确及时地帮助孩子疏导消极情绪。与孩子分享失败经验，帮助子女理解失败是正常的事。告诉子女最重要的不是结果，而是过程，只要孩子努力了，即使失败也没关系。

当然父母都希望子女能够无忧无虑地生活，但在这个充满了竞争和坎坷的现实中，孩子必然会遭受挫折与失败。因此，父母要明白：授人以鱼，不如授人以渔。与其帮孩子阻挡挫折的侵袭，不如教会子女如何应对挫折。

子女的态度是镜子

根据一份调查结果显示：有 70% 以上的父母亲对孩子不满意，他们认为孩子越大越没有小的时候听话、懂事、学习成绩好了。

但实际上，这些都是有原因的，很多时候，孩子的态度就是一面镜子，你笑他也笑，你哭他也哭，你生气他也会生气。

现在的社会在进步，孩子也同样在进步，客观地讲，现在的孩子肯定比上一代、上几代的孩子都要优秀，关键是要看父母亲能否有个正确的心态，肯不肯承认自己修养不够不懂心理学，对待子女有些任性。现在的孩子由于接受的东西更多一些，孩子的个性比较突出，不过不论他们的个性如何突出，首先需要父母亲的尊重和理解。只有父母了解到孩子心理特点，并正确对待，那么就能够了解到子女的思想的变化了。因为生活使孩子受到很大的影响。的确，一个人所能得到的，正是他们自己思想的直接结果，那么，有了奋发向上的思想后，一个人才能兴奋、征服，并可有所成就。

比如：在日常生活中，父母亲应多听听子女的心声，了解孩子的感受。这样的做法不仅可以增进亲子之间的感情，还能够让孩子增加安全感和自信力，并敦促了孩子自由地发挥。

在日常生活中，有的孩子出于自尊心或是别的原因，并不愿意或觉得没有必要给父母说出自己的想法。但是，他们又很想让父母亲明白他们的意图。在这个时候，孩子就会用另一种表达方式对父母进行暗示。

如果父母亲嗅觉不灵敏的话，不注意去关心孩子的反常行为时，那孩子就危险了。因此，劝父母在生活中，应该注意孩子的一些细节。比如：孩子衣着不正常的样子，孩子声调变化及孩子的面部表情，孩子的动作和姿势，等等。

除此之外，父母还应该倾听他所讲的话的意思，并用心思考一下，孩子想说些什么，并提出一些问题，来识别和弄清孩子想要表达的意思和目的。要知道，这些可是能够了解孩子内部感情的有价值的线索。

在生活中，我们经常会听到许多父母亲苦恼地抱怨道："现在的孩子越来越难管。"实际上，很多时候是父母自身的态度不好所造成的。

满足子女的期望心理给予好的定义

在社会中常听到不少父母亲聊起对子女的期望时，有许多话说也说不完，张先生期望自己的孩子能够成为企业家，李先生期望自己的女儿能够出国留学……俗话说，人往高处走，水往低处流。父母拥有这种迫切的心情是可以理解的，但许多经验教训表明，并不是对子女期望越高，孩子就会越成功。

试想，如果一个不懂得如何教育孩子的父母亲整天训斥自己淘气的孩子，总说他有了"多动症"，那么孩子会怎么做？他会在不理解多动症是什么的情况下，真的以为自己有多动症。这样的反馈，根本原因在于父母没有配合孩子，真正理解孩子和帮助孩子。

实际上，对于孩子来讲，他们身上的那种特质是优点还是缺点，全看父母亲如何进行定义。

许多心理学家对少年犯罪进行深入的研究后，发现许多未成年孩子走上犯罪道路的原因之一，在很大程度上是受到不良期望的影响。这些少年犯因为在小的时候偶尔犯过错误后，被贴上"不良少年"的标签，这种消极的定义深深地影响和引导着孩子，他们也越来越觉得自己就是"不良少年"，最终走上了犯罪道路。这个时候，做父母亲的不要轻易使用自己的评判权，要让孩子反省，要让孩子看到光明，然后给他一个积极纠错好转的评价，一个喜欢自己的理由，他才能去正确理解问题，热爱人生。

父母应根据孩子的性格与特征，适当地提出期望，才有利于增强孩子的自信力、进取心，这才能使孩子产生进步的动力。而一切脱离实际情况的期望，不仅起不到积极的促进作用，反而会带给子女压力。

所以，对于父母亲过高的期望，孩子经过刻苦努力仍然达不到，就会越来越失去信心，产生自卑感不说，还会让他们的心理上也存在一种失败的压抑感，这对子女的身心健康发展是十分不利的。

那么，父母在教育中应如何获得积极期望呢？

相信孩子会学得更好

这种信念，是每位父母亲必须具备的教育观之一。例如：当子女第一次考试得了 50 分，而第二次考了 56 分时，父母应看到他有 6 分的进步，鼓励他继续努力，而千万不能只看到他依旧不及格。而应说"这次有了不小的进步，一定会有更大的进步"之类激励的话，这种积极肯定孩子成绩的鼓励，能够让孩子看到自己是可以再进步的。充满信心，激发出他更大的学习劲头。

确定合理的期望值

心理学专家认为：孩子能力的发展包含有两种水平，即现在的发展水平和潜在的发展水平。而父母正确的期望定义，能够让子女在现有发展水平基础上，发挥出潜在的发展水平，形成孩子不断进步的动力，让孩子明确地认识到只要经过自己的努力就一定可以达到目标，激励他们努力"跳一跳"就能"跃过龙门"。

的确，父母的期望激发孩子好好学习的积极动机。当孩子认为通过努力能够达到自己的期望时，就会充满信心地去完成；而当孩子认为自身力量达不到高要求时，自然会望而却步。期望太低缺乏激励性；期望过高，打消积极性。所以说，劝天下父母要合理地期望，对孩子的发展来说尤为重要。

批评表扬多物极必反

事实证明：无论表扬还是批评，都只是一种与孩子沟通的手段，而绝非目的，不能为了表扬而表扬，或为了批评而批评。表扬是为了使子女发扬优点，巩固成绩，批评是为了使子女克服缺点，弥补不足。

当错误地运用表扬或批评时，其沟通的效果可能事与愿违。所谓物极必反，过犹不及。因此，劝父母一定要掌握表扬与批评的艺术，提高子女的道德修养和自我认可的能力。

父母在表扬孩子时，一定要抓住孩子最突出的一项进行表扬，但不可过于频繁，应适可而止。而批评孩子时，要讲究批评的艺术。切记："当孩子犯错时，只批评他一次。"如果下次再犯同样错误，可以换个角度来教育他。例如：孩子回家写作业时，每次写完后都不把书本放到书包里，第一次你可以批评他。再犯，可给他准备一个记事本，让他记住每天需要做的事，逐步培养子女的良好习惯。

所以说，适度地表扬与批评不仅能够增强子女的自信心，而且可以消除孩子的不良行为，同时强化孩子优秀品格的形成。但是，有的爸妈都不善于运用表扬与批评，直接影响了对子女的教育质量。

下面是几个表扬与批评子女时应该注意的问题，以供父母参考。

表扬与批评要有利于孩子的心理健康发展

一些父母亲对表扬与批评的真正含义不是特别清楚，要么就是不够重视表扬与批评，要么就是用法过度，起不到应有的积极作用。其实，表扬与批评作为一种教育的手段，目的是为了鼓励孩子发扬优点的同时监督孩子克服缺点。让孩子在鼓励与批评中明辨是非，分清善恶，知道怎样做是正确的，怎样做是不允许的。

也有这样一些父母亲，比如：当孩子帮助受伤路人送往医院时，本是助人为乐的好行为，父母亲不但不表扬，反而痛斥孩子不要多管闲事；当孩子要求带着家里的劳动工具去参加学校组织的集体活动时，本该是集体观念强的表现，做父母的不但不表扬，反而责骂孩子是"傻瓜"；甚至有些父母把孩子当作"出气筒"，借孩子犯错之机发泄自己心中的怨气。这些做法都是不可取的，错误的教子行为。

表扬与批评要实事求是

父母对子女行为的评价一定要做到客观、公正，对就是对，错就是错，不可夸大其词，一定要实事求是。表扬要适度，否则容易使孩子产生错觉，觉得自己什么都好，慢慢就滋长了骄傲自满情绪，只喜欢听夸奖的话，不愿听批评。长此以往，就会严重影响孩子良好个性的形成。

当子女有了缺点和错误时，要用恰当态度及时进行批评。但批评的前提一定要尊重孩子的人格，不要用"爱之深、责之切"的态度，嘲笑、挖苦孩子，甚至于打骂。过分地训斥和无理地指责，会造成孩子的心理负担过重，伤害孩子的自尊心不说，还让孩子丧失了前进的勇气。更有一些抵触情绪较大的孩子，只要父母批评他，他就会与父母亲大吵大闹，甚至离家出走。这些都是过度批评导致的严重后果。所以，家长制、家长作用最不利于培养子女，是大敌，劝父母千万杜绝。

父母要与子女拥有良好的情感基础

有的父母亲对子女进行表扬与批评时，会引起孩子内心的思考，能够收到良好的效果，而有些孩子却无动于衷，甚至表现出反感的心理。究其原因，可能是父母表扬与批评的方式方法的问题，也有可能是孩子的认知和接受能力的问题，但在很大程度上是因为父母亲与子女间的情感基础出了问题。如果父母与子女感情基础好，无论是表扬和批评，孩子会从心底里认为这是父母表示对自己的关爱，因而乐于接受。如果父母与子女关系不够融洽，即便父母在表扬孩子，他也会听着刺耳；对于父母的批评会偏激地认为是挑自己的毛病，和自己过不去。这样，还谈什么教育效果？所以，父母一定要注意与子女建立良好的亲子关系，让他们感受到关心和爱护。

表扬与批评要符合子女的个性特点

表扬与批评还要从子女的实际性格特点出发，根据孩子的性格、爱好和接受能力的不同，采取最佳方式，有针对性地给予适度的表扬与批评。例如有的孩子喜欢平静交谈；有的孩子讨厌大声训斥；有的孩子只要父母伸出大拇指，表示"你真棒"他就会高兴一整天，而后继续努力……所以，表扬与批评要因人而异，做到有的放矢。

坚持表扬为主的原则

大多数的孩子都渴望得到父母亲给予的鼓励，因此，劝父母要多发现他们的优点，尽量做到多表扬少批评。对表现稍微差一些的孩子，父母适当多表扬一些，注意观察多发现些他们的优点，哪怕是一丝一毫的小进步，也要及时给予他们肯定和鼓励，帮助孩子克服自卑心理。

注意"乖孩子"的心理

很多父母都喜欢乖孩子，因为他们很顺从听话。但就是这些众人眼中的"乖孩子"，常常会做出一些让大人预料不及的举动，比如：乖孩子平时很听话，但有时遇到父母的批评后，就在家里不吃不喝，甚至离家出走或出现一些心理问题。这些子女之所以成为有问题的"乖孩子"，与父母的教育及所处的环境有着根本的联系。

在子女未成年这个阶段，他主要是在家庭这个环境下生活学习。所以，家庭对孩子的要求和期望在很大程度上都影响着孩子努力的方向。在家庭中，孝文化是中华五千年文明历史传统美德的精髓。孝顺，顾名思义，既要"孝"又要"顺"。

所以，孩子对父母的"顺"，可以称之为一种"孝"，而顺从的孩子才叫"乖"。在这种根深蒂固的思想观念影响下，许多父母亲对子女的期望，仍旧是做个人人都喜欢的乖孩子，他们认为只有乖的孩子才是好孩子。在父母这种错误的潜意识下，孩子自然是朝着父母所期望的"乖即好孩子"的方向发展。

从孩子自身发展的天性来说，他们需要通过很多自己的方式来表达和宣泄内心的各种情绪。有的时候，调皮捣蛋是他们宣泄的一种方式，尽管方式有些问题，但如果变得抑郁、焦虑、自闭，压抑了自身情绪的宣泄，就会造成更严重的问题。

其实，无论是生活中还是在学校里，孩子受到一些不公平或者错怪、冤枉是很常见的，心里委屈难受，为此而哭泣、生气也都是正常的现象。但是，有些子女想不开而自伤如服安眠药，甚至企图结束生命的，就是严重病态的反应了。这种事情给父母的启示是多方面的。

1.那些"乖孩子"特别在乎外界对自己的评价，尤其是父母的评价。因此，他们总会按照父母和老师的要求控制、压抑自己的情绪。此时，父母都需要留意的是，这些孩子因平时积攒了太多的压抑情绪，本身的需求长期得不到满足，甚至有的都顺从得意识不到自己到底需要什么，如果有一天，遇到外界的评价不合乎他的意愿，在遭遇挫折后，认为自己不再是老师和同学眼中的"好孩子"时，就很容易因此而压抑自己愤恨的情绪，控制不住就会做出极端的行为。

2.许多著名的心理学家表明：如果一个孩子的性格外向、开朗，愿意与人交往，那么他们会很少出现心理问题或极端的行为。如性格自幼就孤僻、敏感，有事都藏在心里，如果过于内向而拒绝与外界交流，这往往和从小生活的环境以及父母亲平时的教育方法有着密切的联系。十有八九他的早年生活过得很不开心。

3.死结如果不及时解开，就会越缠越多。特别是孩子在学校受了班主任的不正确批评，心理不平衡，情绪越来越低落，会产生极端行为。

所以，父母对"乖孩子"一定要进行分析，这个"乖"到底是哪方面的"乖"；父母一定要经常与子女进行耐心的沟通交流，千万不要过于苛求子女。如果不分对错，就先批评自己的儿女，孩子受挫后是不会和你心贴心地交流的。

当孩子在学校与同学发生矛盾、争吵时，先要有耐心地听孩子讲完事情经过，再一起和他分析事情的对错，指出双方的不当之处，并教会孩子遇到类似事情如何解决的方法；当孩子受到别人欺负而委屈地跑回家时，父母千万不可骂孩子"无用"、"活该"，这类伤人的责骂只会让孩子有委屈而不说。总之，父母要明白：只有让孩子真正放下戒备，说出内心真实的想法，才有利于他身心健康地发展。

童言有忌趋利避害是本能

有一部非常有趣的美国电影，影片中的孩子一生下来就非常聪明，他什么都明白，明白父母包括周围的人所说的话，明白电视的功能，甚至明白他是怎么样来到这个世界上的。

这样聪明的孩子怕吓坏他的父母，就会主动地配合年轻的父母，装作什么都不懂。尽管这个电影有点调侃的味道，但也从侧面说明了一个客观存在的事实：很多时候，孩子的一言一行都蕴藏着丰富的信息，只有用心理解的父母才能体会，才能听得懂。

实际上，孩子的语言特别丰富，他时而啼哭，时而哈哈大笑，这些都蕴藏着丰富的内容在里面，但是成年的父母都无法听懂，反而觉得孩子不会说话是很可怜的，孩子很多心声都听不懂。

其实，父母要听懂孩子的话并非一件难事，也不需要拥有多么丰富的教学经验和心理学基础。只要采用另外一种方式思考，就能理解孩子的心意，比如换位思考。

一般情况下，父母会把自己放在一个教育者高度去思考问题，时刻都想要教育孩子，所以，有的时候，话总是不能突出重点，但如果父母能够与孩子换位思考，从孩子的高度考虑问题，就会明白孩子究竟想要表达什么了。虽然年龄上的差距不可能让父母能够完全模拟孩子的思维，但是，我们人类有很多东西是共同的，例如趋利避害、讨厌批评、渴望表扬，等等，在这些心理上成年人和孩子是一样的。

例如有一天你儿子问："爸（妈），你明天有什么计划？"通常，父母的回答有以下三种：①我不干什么。②我明天出去一趟，有点事儿。③哦，我可能有点事。怎么了？你有什么事吗？是不是需要我帮忙？

从这个选择中我们可以看出，③才是孩子最为喜欢的回答。因为①和②中，父母只是听见了"话"，没听出这句话所隐含的某种试探、某种企求、某种寻求帮助等。类似的问答，尤其在亲子之间、大人之间比比皆是。可惜我们之中的很多人都没有"听懂"它，这样的忽视会疏离了亲子之间的感情，严重者则可能引起一场争执。例如：

儿子：爸（妈），你明天打算干什么？

父（母）：哦，我要去你一个叔叔家，有点事。

一般人听起来，觉得这没有错啊！但是儿子闷闷不乐了，因为他觉得大人不关心他。这时候，儿子还不死心，于是小心翼翼地试探道：你大概要去多长时间呢？大人：我不知道，去了看看再说吧。听起来这样也算合情合理的，但是儿子却更加的不愉快。本来想和大人明天一起放风筝让他教教自己的，现在他不想开口了。这时候，父母呢也是一点儿也不明白儿子怎么突然就闷闷不乐了。其实平时他是很愿意和儿女一起玩的。但有些事情就是这么微妙，有的父母甚至会生气地加上一句："你小孩子管这么多干啥？"这就更加曲解了儿子的原意，这时，儿子如果再还一句："谁要管你了！"于是，本该是美好的亲子互动被一场不愉快的争吵所代替了。

尤其是青春期的孩子经常会喊道"我不要你管"，其实这句话的潜台词很可能就是：我现在不想要你管，但是，以后可能会需要你的帮助，或者我不希望以这样的方式被管教，又或者是我现在心情很烦躁，你让我先安静会儿等这些丰富的信息。

仔细观察就会发现，其实孩子的很多话中都藏有他们真实的想法。所以，为了与子女进行良好的沟通，父母亲需要从学会倾听孩子的"话外音"开始。父母要知道，仔细倾听孩子的话，比你看电视都重要。当孩子想和父母说话的时候，一些父母亲经常忙自己的事情，总是心不在焉地说："啊？你刚才在说什么？"父母这样的问话常常会让孩子觉得非常扫兴，心想："算了！不说了。"于是，孩子悻悻地离开。

无论如何，比起看电视、看书、打牌等，与孩子的沟通才是最重要的。当子女主动与你们说话时，也正是父母了解子女最好的时机；同时，父母倾听孩子后，了解孩子真实的想法这种行为也是在告诉孩子：父母是关心他，在意他的。这样当孩子遇到烦恼的事或高兴的事时，他就更愿意说给父母听，愿意与父母一起分享、分担。

综上所述，需要注意的是：一是父母通常认为一些"无关紧要"的事情，在子女那里很可能就是"事关重大"的事，要知道你不是孩子，不能代替他的感觉；二是如果孩子听到回答后继续"纠缠"，说明孩子的话里有话，有潜台词要与父母亲进行沟通。

溺爱只会让孩子变得麻木

不少家长认为，如今条件好多了，孩子又是独根独苗，无论如何不能让孩子吃苦受累。怀着这种想法，父母亲尽其所能从各方面满足子女的需求，包括一些不必要的，甚至是无理的要求。他们尽力把子女的生活道路铺得平顺，似乎这就能保证孩子幸福健康。但是事实上，这种幸福观很容易导致孩子的灾难。比如：认为父母亲的爱是理所应当，甚至感到麻木，忽视父母亲的爱以及所做的一切。

"溺爱是父母亲与孩子关系上最可悲的事，用这种爱培养出来的孩子不肯把心灵献出一点儿给别人。"这是一位教育家的经验之谈。可以说，溺爱只会让孩子变得麻木。

有很多这样的父母亲，他们无条件地为孩子默默地付出，有的父母亲还隐瞒自己的病情和生活的艰难，只为让子女能够"安心"学习、工作。在这一现象中，尤其是那些挣钱养家的父母亲，本来与孩子沟通机会就不多，在外面常年打工的时候，孩子都在家中玩游戏，为了养家糊口，在外面打拼，到最后，子女很可能会反问你："爸、妈，在我最需要你们的时候，你又在哪里！"

这些事实告诉我们，在教育子女当中，父母亲最好不要过度地爱你的子女，溺爱和纵容只会让他变得越来越自私。让孩子明白你在为他做些什么，让他们明白那些干净的衣服和可口的饭菜以及舒适的环境，这一切的一切都不是理所应该的。但是，在如何告诉他时，也要注意说话的方式。

记住，父母亲千万不要对孩子说"我这是为了你才……"，这是一种最粗糙的表达方式。你可以试着让孩子到外面做兼职、发传单，让他们在外面吃点苦、受点挫折，他们自然就能想到父母亲挣钱的不容易，对他是多么宽容和爱护。

父母一定要明白，你们的宠爱和"都是为了你"的想法和行为会让子女遇到以下障碍，从而让子女对你的宠爱越来越麻木。

人际交往出现障碍

过度被宠溺的孩子总以自我为中心，与别人相处的时候，让其他人都必须听他的，不为他人着想。这种行为的结果，自然就没人愿意和他再来往。久而久之，那些被宠坏的"小皇帝、小公主"自然成了孤家寡人，影响人与人之间正常的人际关系。

性格过于骄横

生活中，凡过度被宠溺的孩子最直接的表现就是性格骄横跋扈。由于父母亲无条件地满足子女所有的要求，甚至一些无理的要求，子女从小就学得目中无人。他们不懂得宽容，不懂得让步，更受不了一点点的委屈。

自私自利

那些长期被父母亲宠溺包围的子女，不懂得将心比心，不会站在别人的角度考虑问题，凡事以自我为中心，自私自利，不去为别人着想。将来走向社会，或许自私能够逞一时之利，但是自私自利这种不道德不健康的性格必然会成为事业上的绊脚石。

经受不住挫折

在父母与长辈们溺爱下长大的孩子，就如温室中的花朵，没有经历风吹雨打，从来不明白什么是挫折。一旦他们脱离了温室，遭受到小小的挫折就开始手足失措。性格上的这种懦弱，让他们无法面对任何挫折。

必须知礼节

父母亲对子女过度宠溺，让孩子不知道尊敬长辈，因为他们根本不懂得什么叫礼貌，一个人连最基本的礼貌都没有，如何与人相处？

因此，劝父母从幼年开始，要恰当地和孩子进行互动，千万不可给予子女过多的照顾和保护，因为你不可能扫除孩子人生道路上的所有障碍，必须让子女明白，自己的事自己去做。如果父母亲什么都包办代替孩子做好，从不注重培养子女动脑动手，那么有一天父母不在孩子身边了，孩子岂不是寸步难行？

你要知道孩子常说"我不要"之缘由

有一些年幼的孩子，总是会发脾气、闹情绪，常说"我不要"。孩子的这种言行让父母亲摸不着头脑。实际上，孩子的一切情绪和脾气都是有缘由的。父母亲想要控制孩子的情绪，就要对症下药，并清楚孩子发脾气的原因。

比如：孩子发脾气有可能是累了或饿了。在这个时候，父母就应该带孩子去吃饭或出行的时候，随身携带一些孩子喜欢的零食——饼干、牛奶、糖果，等等，以备不时之需；孩子发脾气有可能是等父母亲的时间太长了。

当父母亲带子女去购物的时候，要注意控制时间，因为孩子没有那么大的耐性；孩子发脾气，有可能做父母的逼着做了些他不喜欢的事情……

在平时，当孩子说"我不要"的时候，父母亲都是怎么做的呢？是用语言的暴力命令孩子去做，还是像一个移动的摄像头，监视着孩子呢？在这种方式下，父母亲总会生上一肚子气，而孩子呢？也会因为父母亲逼自己做了不喜欢的事情，而变得难过、失落，甚至躲着父母亲。

实际上，这种方式可不是对待孩子"我不要"的最佳方法。对此，不从实际出发，主观地对待孩子是不科学的，只能伤害子女。

当然了，孩子也有其他方面的坏情绪，比如：不爱写作业、说谎、总是喜欢拆玩具，等等。当孩子犯了一些小的错误时，父母不要用暴力的情绪对待孩子，影响孩子，而是要寻找孩子为什么会这样的原因。

有一些父母亲一发现孩子不听话、不懂事，便会开始喋喋不休地责骂，这样的话，反而会引来孩子的反感，让结果变得更糟糕。聪明的父母亲，千万不可这么做！下面，教育专家经过一项调查，总结出了孩子不要的"原因"以供父母与长辈们参考。

"我想要这个，你都不明白"

在家庭教育中，由于年幼的孩子还不能够完全地表达出自己的意见，所以就会因为父母亲不理解自己的想法，而萌生坏情绪。

比如，早餐的时候，父母给孩子准备了牛奶、香肠、面包等。父或母先喂孩子吃面包，可是孩子的食欲是想吃香肠，于是孩子闭着小嘴不吃，咿咿呀呀直叫，于是，一场混乱就开始了。

实际上，孩子不是不想吃饭，而是不想按父母亲的顺序来吃饭，孩子那么年幼，词汇量和逻辑的语言表达能力还比较差。很多时候，他们没有办法用清晰的语言来表达出自己想要的东西是什么。在这个时候，孩子就会觉得十分焦急，因为父母亲"猜"不到自己的心思，那就意味着自己吃不到自己想吃的东西，也因此，孩子就会更加沮丧，情绪就会暴躁。

当孩子哭闹，不吃饭的时候，父母应该耐心一点，试图听懂孩子想要说的话。比如：如果孩子不想吃面包的话，那就不要勉强他，而是换种食物，拿香肠或牛奶喂给孩子。如果孩子吃的话，那他就会感到高兴了。因为父母明白了自己的意思。如果孩子都不吃的话，那就是孩子不饿，那父母也不要强求了。

在这个过程中，不仅会锻炼孩子"想要"的能力，还能增进父母亲与孩子之间的感情。

"这件事我想要自己做"

在生活中，父母亲有没有犯过这样的错误：当孩子刚学会洗脸的时候，只是拿水沾了一下，看不下去的父母拿起毛巾就在孩子脸上擦；孩子刚学会穿鞋带的时候，很费劲地缠了一圈又一圈，在一旁的父（母）坐不住了，便三两下地就把孩子的鞋带给系好了……当子女正对着镜子看神奇的拉链一拉就会合上，一拉就下来的时候，父母会以最快的速度，拉好了孩子的拉链，整整孩子的领子，给孩子扣上帽子，说："走吧！"

可是在这个时候，孩子是什么反应呢？他们先是愣一下，然后哇哇大哭，甚至坐在地上不走。你说："孩子怎么了？"父母先发出这样的疑问，接着，父母就会不耐烦，硬拽着孩子起来，拉着孩子往外走，进行本来就计划好的活动。

在父母拉孩子不走的情况下，原本很好的心情一下子消失不见，甚至会取消出行计划，实际上，这并不怪孩子。

对于孩子来说，洗脸、系鞋带、自己穿衣服，都是一件件神奇的事情，他们能够自己做了，也想独立做。可是，父母大人却剥夺了他们想要做的想法和行为。因此，在遇到这类的情况时，父母亲不要急着去"帮助"孩子，而是让他们自己做，并要鼓励才对。

"不要破坏我的规矩"

相信父母也遇到过这样的情况：当辛苦把孩子的玩具收拾好了，都摆放整齐了，但孩子却不领情，嫌父母多事！甚至大哭大闹，非要让父母把玩具放在他原来的位置上。

此时，劝父母亲要理解孩子的行为，因为孩子有自己的"规矩"，即使玩玩具的时候，也是有自己的"规矩"的。如果父母亲破坏了他的规矩，那孩子肯定会不高兴的。

帮助孩子改变"人来疯"

在现实生活中，有很多这样的孩子，教育专家把他们太爱表现自己的这种现象称为"人来疯"，它是指孩子在客人面前或在人多的场合时，表现出的一种异常兴奋的态度。实际上，家中来客人了，孩子表现得比平时高兴是非常正常的，但是如果表现得过于疯狂的话，那么不仅父母亲头痛，就连客人也头疼了。

当然了，孩子的一切行为都是有原因的。那么孩子的行为如何产生的呢？我们来看一下，以供父母参考，从而帮助孩子改变这种"人来疯"的行为。

1.进入幼儿期后，孩子的自控能力还只是刚刚开始。有的时候，孩子不能控制自己，行为中会有很大一部分的冲动性，且自控行为随着情景而变化，时好时差。

当家中有客人的时候，孩子就会表现自己的优秀，想要得到夸奖。在这个时候，客人也会夸奖孩子或与之嬉戏，而父母亲又显得比较宽容，不太愿意当着客人的面训斥和打骂孩子。当孩子察觉到这种变化的时候，就会"变本加厉"，利用这种机会来解放自己，从而变得难以控制自己的言行。

其实，孩子的这种表现是受到遗传因素、环境、教育等因素的影响，并影响着孩子的行为举止。为了帮助孩子改变这种行为，父母亲可以向孩子提出前后一致的、合理的基本行为规则，比如：当家中来客人的时候，要有基本的礼貌等。如果孩子做到的话，就要及时给予孩子赞扬和鼓励。

当禁止孩子做一件不该做的事情时，要注意引导孩子做另一件可以做的事。在教育孩子的过程中，家庭中的成员都要保持一致，而且这些要求不能随便发生改变。慢慢地，孩子就会有了一定的自控行为，并且提高自己的自控能力。

除此之外，父母还可以帮助子女学会评价自己的行为，比如：将孩子的行为与周围人相比较，逐渐加强他们对自己行为的内部调节。

2.孩子的交往需要得不到满足。在生活中，有很多父母亲因为工作忙和常年在外打工，很少有机会带子女出去走走，把子女留给电子产品或玩具和家中的老人。也因此，子女与父母就没有过多的交流。

当家中来了客人时，他们就会感到好奇、兴奋，希望别人能够注意自己，从而表现自己。如果客人不理睬孩子的话，那孩子就会在心理上产生一种落差，从而做出一些偏激行为，引起大人的关注。当发现父母或客人开始注意自己的时候，就会想尽办法来表现自己。即使他们知道会受到父母亲的责备和惩罚，也愿意这样做。

当子女出现这种情况时，父母亲不妨先自我检讨，再为子女多创造一些与外界接触的机会，比如：多邀请邻居、朋友到家中做客；多带孩子参加一些聚会或集体活动，以减少子女看见生人时的新鲜感。

在遇到朋友的时候，父母应该主动把子女介绍给别人认识，这样不仅可以让孩子受到重视，还能够让子女感受到被尊重。

3. 父母亲与家人的过度溺爱或过度严厉。现如今，家庭中大多数是独生子女，这就使得子女的"自我为中心"心理加剧。很多父母对子女过度溺爱，不管子女的要求是不是合理，就一律同意和满足。慢慢地，子女都会变得自私、任性。即便是在客人面前，父母也不舍得管……

而有些家庭对子女期望高，管教过严，严重抑制了孩子的天性。当有客人在场的时候，父母亲的注意力往往都在家中待客上，也因此，孩子会抓住时机尽情地释放自己。

在这个时候，父母亲应该多了解子女的身心特点，从而改变自己那种过度溺爱或过度严厉的教子方式，逐渐积累适宜个性化的教子方法。在给子女营造和谐的家庭氛围的前提下，多与子女进行沟通，用父母自己的言行举止为子女树立起一个好榜样，让子女能愉快地度过童年，健康地发育成长！

在家庭生活中，像以上三种情况是经常出现的。在父母眼里，认为只要让子女吃好喝好就行了，很少给予孩子精神上的关注。在有些时候，子女会要求父母陪伴，比如：讲个故事或出去玩，但父母亲却用"忙""没时间"等话，搪塞孩子。也因此，孩子出现了苦恼、毁坏东西，用其他方式来达到自己的目的。

虽然孩子受到了父母亲的批评或责罚，但孩子还是"心甘情愿"，因为父母亲注意到自己了。长时间下去，孩子就会形成不良的行为习惯和心理，并且会严重影响到孩子的健康成长。

因此，劝天下父母亲给予子女足够的主动积极的注意，以免子女的表现欲释放不了，从而觉得自己被"冷落"，做出一些极端的事情。

下面我给父母列举了几点，以供参考：

1.经常倾听子女的心里话。父母要经常听取子女的倾诉：力争准确理解并表述出他的感受，让孩子感到父母亲心中有他的位置。这样的话，孩子就不会整天毫无意义地瞎嚷乱闹了。

2.及时肯定子女良好的品行。当孩子养成一些良好品德的时候，父母要给予一定的肯定与赞扬，这样的话，孩子就会了解到自己的优点，从而引起积极的进取愿望和信心。

3.适当带领孩子一起做家务。在日常生活中，父母和长辈还可以适当分配给子女一些简单的家务，让子女在力所能及的劳动中体现自己的价值，并明白一个家庭成员的责任和义务，也可促使子女明白自己的重要性。

4.积极参与子女的活动。在生活中，父母应该尽可能地多与孩子一起阅读幼儿读物，或者是进行一些有关于益智的游戏、体育游戏和手工制作等活动，在玩的过程中，父母亲还可以"助手"或"顾问"的身份，向孩子提出建议，从而引导子女提高活动能力与水平。

在这样的培育和锻炼下，相信孩子会改掉"人来疯"的行为习惯，成长为一个身心健康的好孩子。

叫孩子起床还难吗

随着天气变凉、变冷，很多孩子都有了赖床的毛病。不管父母在一旁有多么着急上火，孩子就是不愿意离开温暖的被窝。但眼看着上学要迟到了，父母必然要强行把孩子拉起来，因而点燃了一场"战争"……

实际上，父母亲也不想这样，但是孩子赖床的毛病，实在是令人着急啊！要是上学迟到了，就会被老师批评，被同学笑话。有的时候，父母还要为子女的这些行为付出代价。唉！看来赖床可不是一件小事。

子女赖床的这个毛病，不仅会让父母亲与长辈们生气，还会影响亲子之间的关系。当子女赖床的时候，建议父母先不要着急，要弄清楚孩子赖床的原因。

孩子睡眠不足

孩子晚上睡得太晚，造成睡眠时间不足。研究人员经过研究发现：子女的生理时钟运转模式与大人不同。在睡眠品质良好的前提下，大人需要睡足 8 个小时才能神清气爽，而孩子需要睡上 9 小时 15 分钟才能恢复体力，年龄较小的孩子可能得睡 10 个小时以上才能恢复体力。

孩子的午睡时间太久

如果孩子午睡时间太长的话，孩子在晚上的时候精力就会比较好，甚至到了凌晨的时候还睡不着。于是，到了早上的时候，孩子就会起不来。

孩子睡得不安稳

有些孩子在睡觉的时候，还会有踢被子、翻来覆去或磨牙的情形。有的孩子还会做噩梦，只要是在半夜醒来的时候，就会很难入睡，而且他的睡眠质量也会很差。还有很多原因会导致睡眠障碍，比如：担惊害怕、心理压力大或身体不适等。

在这个时候，作为懂理有智的父母亲就要多多留意了，要检查一下子女的身体有没有什么不舒服，或者是什么因素会干扰到他的睡眠品质。

孩子抗拒上幼儿园或上学

年幼的孩子不喜欢上幼儿园或上学，所以就会做出反应——赖床。他们是在逃避，是不想被父母亲叫起来。在这个时候，劝父母不要生气，而是要耐心地了解子女为什么不想上，有没有什么原因，比如：被老师批评了？被同学欺负了？或者有其他不愉快的经历。

还是父母曾经以语言暴力对待子女，劝父母反思，若有这样的现象，父母可主动热情地在晚上很好地谈谈。

比如："宝贝，你知道吗？在我小时候，还因为赖床事情和奶奶吵过架呢？不过，我当父母的今天很感谢你。"

"那么，为什么，早上你还因为我赖床生气呢……"孩子有点惊讶地问父母。

"孩子，父母不是要感谢你惹我们生气，而是发生了早上那样的事，我才明白了原来以前奶奶对我们有着那样的用心良苦。其实，爸妈小时候赖床的时候，奶奶早就应该叫我起床的。可是，为了让我们能够多睡一会儿，所以奶奶总是等到最后关头的时候才来叫我们起床。同样道理，爸妈也很想早点叫你起床，但是父母也是想让你多睡一会儿，因为这样，我才会在一大早就生你的气。宝贝，父母一点儿都不想跟你起冲突，所以，我们来商量一个对策。你可以选择每天6点半就开始叫，也可以选择等到7点叫你。当然了，你可以选择早点醒来，等着父母叫你。如果你自己选择一个时间点，并且不用再一直叫你的话，那你就要到时间准时起床。怎么样？或者还可以安个闹钟按时报点。"

后来，孩子会养成好习惯，也不用大人唠叨了，这样就不会发生争吵了，甚至孩子起床后还会帮忙做家务了。

所以，父母应学会与子女沟通的教子方式，不仅可以帮助子女解决赖床的问题。除此之外，我们也能感到孩子的确比大人更宽容。

如果是大人发生那样的冲突，一定会记恨，甚至几天时间都不会把自己的坏情绪发泄出去，从而陷入到冷战中。可是，孩子不一样，即使他们挨了骂，还是会不计前嫌地原谅父母。因此，当孩子赖床的时候，劝父母千万不要用暴力的语言去对待孩子，而是弄清楚子女赖床的原因，耐心地和子女共同找到解决问题的方法。

父母亲应了解身边最流行什么

对于那些年幼的孩子来说，世界上那些稀奇古怪的东西都是令他们着迷和效仿的。在生活中，他们乐于与他人谈论身边的时尚的、新潮的东西。由于和父母亲待的时间最长，父母是他们倾诉的最好的伙伴，所以，他们也愿意和父母亲去交流时下流行的、时尚的东西。

当孩子喋喋不休说一些流行事物的时候，如果父母什么都听不懂，那孩子就会觉得很无趣，还会认为父母亲真是个土老帽。

慢慢地，孩子就会与父母亲的思想产生不平衡，产生差异。接着，就会出现一道道鸿沟。这样的话，父母还怎么走进子女的世界，与孩子交流呢？

对于子女来说，身边最流行的东西，身边的人都在谈论的东西，那就是"时尚"。如果别人不懂的话，那就是老土。虽然孩子的感觉比较直接，但他们的感觉和感受都是真实的。在家庭教育中，被教的人是子女，那么孩子是最有发言权的。

现如今，流行的东西真的是越来越多了，搞得父母亲都跟不上子女的节奏。当孩子说些什么的时候，父母亲总是不知所云。有的时候，父母亲跟孩子聊些什么，但是发现自己根本就不懂，比如流行歌曲。

不管是在校园里、大街上、家中总会听到一些年幼的孩子唱着一些父母亲听都没有听过的歌曲。针对这一现象，记者在四川进行了一项问卷调查，调查结果显示：约60%的小学生喜欢流行歌曲；15.8%的孩子喜欢儿童歌曲。

看到这一结果，父母不由得惊叹起来：小小年纪不听儿童歌曲却听流行歌曲！慢慢地，原本陪着孩子的儿童歌曲就消失了。

前些日子，记者来到成都市的一所中小学，在五年级的音乐课上旁听。上课铃一响，音乐老师便弹奏起了《同一首歌》。可惜的是，小学生们并不配合老师的优美琴声，而是叽叽喳喳着，相互聊天，要么就是播放着MP4里面的歌曲，戴着耳机小声哼唱。

音乐老师告诉记者，低年级的学生还好，无论老师教什么歌都会跟着唱。但是高年级的孩子，由于接触歌曲的渠道多了，也有了自己的一些想法和审美意识，便会自己选择歌曲，也不怎么听老师的话，更别说是课本上的儿童歌曲了。

当音乐老师问道："上周末谁看了快乐男声6进5？"尽管教室里很嘈杂，但孩子还是清晰地听到并回答出来了。当课本要求欣赏的《我的祖国》响起的时候，原本安静下来的学生立即又叽叽喳喳起来，有的还在讲台上扮鬼脸。

"每次让他们听歌，他们就会觉得很好笑！"比如像脍炙人口的《采蘑菇小姑娘》《春天在哪里》《让我们荡起双桨》等歌曲，孩子也不喜欢。记者还发现，只要音乐老师一播放流行歌曲歌碟的时候，喧嚣的教室里立刻安静下来，专心地听着歌曲。有比较熟练的孩子，还会跟着音乐唱起《青春》《我的歌声里》等流行歌曲。虽然这些歌曲老师从来没教过，但是孩子都唱得比教过的歌曲更好、更熟练。

可以看出，与流行歌曲相比，儿童歌曲的魅力大不如从前，已经不再是孩子选择和当作娱乐的对象了。为此，记者进行了一项调查：如果让你上台唱歌的话，你会选择什么样的歌曲？调查结果显示：有70%的会选择当下最流行的。

音乐老师说：现在的流行歌曲已经很大众化了，学生们喜欢跟潮流。什么时候流行什么，他们可比大人清楚，而且唱得非常流畅。就连时下农村的学校，都存在着这样的问题。大家把流行音乐带到课堂上，把儿童歌曲抛在脑后。

音乐老师还说，在不久的将来，说不定流行音乐会取代儿童歌曲的位置。

除了流行歌曲，中小学还流行着另外一种元素，那就是——"穿越体"小说。

近两年，随着穿越电视剧的泛滥，就连中小学生都受到了影响。他们利用"体裁"不限的空当，纷纷写起了穿越体小说。杭州某学校的老师说：从去年开始，学生的作文里频繁地出现穿越小说，有的小说没头没脑，有的则用古怪的语言，真是令人头疼。有的孩子竟然在网上开始连载了。

为此，老师感慨道："穿越体"在班里越来越流行了。有的老师还说："穿越体"还传染了，整个年级都是这样问题，完全没有作文的意义。

相信很多父母亲会忍不住问一句：为什么现在的孩子那么爱写小说？小说写得那么好，作文却写得差呢？某学校语文老师说：现如今，有很多中小学生的生活都是"两点一线"，不是回家就是上学，有的学生会在周末或寒暑假参加培训班，但他们的生活实在过于单调与平淡了，所以就无法发现生活中的素材。再加上平时观察得很不仔细，即便是他们经历过的春游、运动会等，写起来也乏味可陈。

相比之下，小说受到的限制就少了。他们可以把自己的想象力发挥到最大的极致，想怎么写就怎么写，那些不可能变为现实的全部变成了现实。

针对这种现象，记者还采访了小学生，问问他们的意见。有一名小学生说：写作文的时候，是勉强写出来的，没有什么意思。可是写小说就不一样了，不仅可以把自己的小秘密写出来，还能够抒发自己的情感，把生活中不满的或高兴的都写出来。即便是父母与家人想偷窥自己的小秘密，但由于是小说，他们也就"无可奈何"了。

也有的小学生说：每天脑子里都会出现各种各样的幻想，我就想把这些幻想写在纸上，自己看着舒服。

当然了，也有的中小学生喜欢写作。是啊！小说里没有那么多条条框框，没有老师用红笔去勾选。也难怪，孩子都倾向于写小说。

总之，在孩子眼里，父母光知道联合国不行，还要知道"hold 姐"是什么，韩国鸟叔是谁，你不但要了解奥巴马，还要知道"快乐男声的总冠军"是谁。不仅要知道相机、手机，还要知道"最贵的苹果""最方便携带的 iPad"……除了这些流行的事件，还有很多。无论是多少流行的东西，那都是孩子身边的。为了能够更好教育子女，劝父母亲也应该把精力放在孩子身边，观察一下他们身边在流行些什么。只有这样，父母亲与子女之间才能更好地交流。当遇到一些不好的流行元素，父母亲也可以及时地纠正和引导子女。

孩子都不喜欢"土老帽"父母

想想几十年前，孩子可不敢说父母亲土老帽。只要孩子不听话，和父母亲有分歧，父母亲就会用一根棍棒解决问题。在读书的时候，只要孩子有"风吹草动"，父亲就会说："不好好学习，那一辈子就只能面对黄土背朝天。"如果还是不行的话，就会再来上几棍。

如果跟现在的孩子讲一些"要珍惜如此好的条件，刻苦学习"的话，孩子就会回答：时代不同了，没有可比性。如果跟孩子说：不管什么时代都应刻苦学习！孩子就回答：父母亲与孩子之间有代沟。如果跟孩子说：学习语言要多看、多读、多写、多背。孩子就会回答，傻瓜才死读书呢。如果跟孩子说：放学以后，就要回家！孩子就会回答：年轻人就应该多一点自由。如果父母亲再接着说些什么的话，孩子就会说：土老帽，不跟你说了……

难道说，父母亲真是太土了吗？为了解决这个问题，我寻找过很多父母亲。很快，我们就发现了一对"不老土"的父母。他们教育出的孩子十分热情，而且也非常有礼貌。

这个家庭父母说："有的时候，子女总会说你真老土！哈，看来我们是和子女之间有一些代沟。在他们眼里，认为自己什么都对，自己什么都好，外面的什么也都好，只有父母亲什么都不好。对于家庭的管教，他们有一千个理由不接受！不过，我也乐意去和孩子交流、沟通，能够理解他们的心情。"

不仅如此，这对父母还制定了一些家规。当然了，家规是有利于家庭成员之间的沟通。下面，来看一下这家制定了哪些家规。

1. 子女必须尊重和热爱父母亲。每天要上学的时候，孩子就应该与父母亲相吻，说再见，放学回家后，要向父母问好，再相吻。这样的做法，有利于加强子女与父母之间的感情和爱心。

2. 子女放学回家以后或者是在周末、放假的时候，要给父或母亲讲一下在学校的学习、师生及同学关系等情况。这样有利于父母亲有的放矢地与校方沟通，还能够把握孩子的学习和成长情况，再与其交流。

3. 孩子要学会待人接物，当家里来朋友和客人的时候，孩子必须放下手上的事情打招呼，并且给客人或朋友端茶水。如果确实比较忙的话，那么孩子就应该向客人说明自己的情况，得到对方的同意之后，再去忙自己的事情。当家中的客人走了以后，孩子就应该收拾并清洗杯具。

4. 孩子必须学会理财和珍惜衣物。每个星期的固定时间，父母亲会给子女一定的零用钱。在给孩子零用钱的时候，父母一定要对子女说：零用钱要有计划地使用，每笔开支都要有票据或者有记录，到一定的时候就要检查。如果有开支不合理情况，那就要和父母亲商量对策，如何合理地运用钱财。不然的话，父母有权力扣除零用钱。

5. 主动培养孩子的生活能力与责任感。每天早上，孩子都要准时起床，然后为自己准备早餐和准备午餐盒饭。除此以外，如果有时间如坐公交或坐校车，只有赶不上或身体不适的情况下，才可以由父母接送上下学。

6. 保持室内整洁。如果孩子不保持室内整洁的话，就要受到惩罚。当然了，惩罚不能伤害孩子。比如：可以罚他们在收拾房间的时候，让他们打扫整个房子，或者让他们去洗车等。

7. 在子女 18 岁生日之前，不能谈恋爱。晚上的时候，不能出门。如果有事情要出去的话，就要请示家人，如果得到了同意，就可以出去；如果得不到家人同意就不能出门。当然了，要让孩子知道：为什么不能出门。当孩子出现抵触情绪，就要以理疏导孩子的情绪。

从这些家规看，跟孩子嫌弃父母"老土"似乎没有什么关系。但实际上，关系很大。要知道孩子为什么嫌弃父母土呢？就是因为父母不理解自己，不重视自己，不把自己当成"大人"，家庭中缺少平等化。

总体来说：前面子女指出父母老土，就是父母亲与子女缺乏沟通。在后来这样家庭中，子女不仅与父母亲得到了很好的沟通，子女也就明白了父母的原则和底线。

不懂得请教孩子，他有主意

俗话说得好：活到老、学到老。这句话不分性别、不分身高、不分年龄、不分群体。实际上，在家庭教育中，这句话最适用父母亲了。如果父母的知识停在某个阶段，而子女随着时间的增长，知识也变得多了，那么父母亲就无法去传授给孩子知识了。

要知道，现在的科技进步和信息的发展太快，有很多父母亲已经跟不上时代的步伐了。当父母亲正在为某种问题纠结不清、到处寻找答案的时候，说不定孩子能帮助你回答呢！

在生活中，我们会遇到很多这样的情况：有些父母亲已经跟不上时代的步伐，不懂得科技带来的力量和效益，他们不知道网购，不知道有哪些名牌，不知道从深圳到北京坐高铁只需要几个小时，不知道有机器人保姆，不知道有指纹验证，不知道……他们知道的大多是历史，是过去。

在这个时候，接受新时代熏陶的孩子，就有了用武之地，可以帮助父母亲解决问题。当然了，在这个时候，父母不要觉得不好意思，更不要有着"我才是家长，我向一个小孩子问问题说出去真叫人笑话"的观念。

不懂就要问，不懂得必须问孩子，给孩子一个机会，让子女能够发挥自己的长处和优势，告诉父母亲想知道的答案。

实际上，父母"不懂就问子女"不仅能够为孩子带来快乐，还能够让孩子发挥自己的长处和优势，还能大胆地表现自己。在这个简单的问答中，孩子在帮助父母解答问题的时候，还能够学会很多知识。下面就为父母列举几点向孩子学习的东西。

1. "不懂就问孩子"，能够增强子女的荣誉感。

在一般家庭中，父母始终是处于优势，而子女处于劣势。在孩子的心目中，自己是永远也不可能强过父母亲的。因此，父母亲必须改变这种现状。如果在自己不懂的情况下，就要向子女示弱，去请教子女，这样会收到事半功倍的效果。

在有些时候，就算是孩子也不知道，那他也会想尽一切办法寻找答案，并找到一个合适的答案告诉父母亲。在这个过程中，父母亲知道了自己不懂的，孩子也学习到了知识。不仅如此，这还增强了子女的荣誉感，从而增加他们的自信心。

2. "不懂就问孩子"，能够增强孩子的成就感。

当父母亲热情地向孩子问一些比较潮流的东西，孩子就会"还有父母亲不懂"的心理，从而沾沾自喜。除此之外，孩子会把这当成是父母亲对自己的信任和肯定。要知道，信任和肯定对孩子的一生都有着很大的影响力。

3. "不懂行情就问孩子"，能够让子女感受到被尊重和平等的感觉。

在很多孩子眼里，父母亲是无所不能的，无不知晓的。如果连大人提出的问题，自己都能解答的话，那他不仅能找到成就感，还有一种被尊重和平等的感觉。因为他知道，自己不再是小孩子，父母肯听他们的意见和想法了。

跨越父母与子女之间的代沟

什么是代沟呢？

代沟是指子女在渐渐步入社会的过程中，反驳和改变了父母亲原有的观点，有了自己新的见解，从而形成的思想观念和行为习惯。

在日常生活中，当父母亲的意见和孩子的不一样的时候，孩子就会大呼：代沟啊！当父母亲看不惯子女穿的衣服时，孩子就会大呼：代沟啊！当父母亲无法接受子女的言行举止时，孩子就会大呼：代沟啊！当父母亲无法接受孩子的娱乐时，孩子就会大呼：代沟啊！

可以说，代沟已经成为孩子与父母亲划分界限的一道鸿沟了。只要说出这两个字，父母亲就不会多多干扰了。

在日常生活中，总会听到关于"与时俱进"的一些说法，但实际上，最应该做到"与时俱进"的就是父母亲啊！即使父母亲在语言上比较幽默、活泼，但从"体重""棉袄""过英语六级"这三件不同的事情中，都体现出了他们之间的代沟。

如果这种代沟不赶紧解决，持续着的话，那么在今后的家庭中，父母与子女之间会产生更大的代沟和不可逾越的鸿沟。要知道，在子女还年幼的时候，"代沟"不算什么，但等到子女长大了，"代沟"就严格了，不仅会影响父母与子女之间的关系，还会让子女远离父母，并且遇到什么事情都不和父母亲商量。

要想解决代沟的问题，父母亲首先要清楚代沟是从何而来才能够一步步地解决这些问题。教育专家经过调查分析，得出了几点结论。

1. 俗话说得好：熟悉的地方没有风景。孩子长期处于父母亲的教育下，做什么事情都和父母在一起。于是子女就产生一些"避亲""过熟"的心理，不愿意和父母亲沟通。这样的话，代沟就形成了。

2. 在子女成长的过程中，受到了影响。要知道，子女不仅接受着封闭的家庭教育，还接受着开放的、外向的、多因素的外界的影响。当子女接触的东西多了，便产生一种"我懂，父母不懂"的心理。随着自己的那种"自以为深沉""成熟"的心理变化，代沟也就形成了。

3. 子女身心状态的剧变。在几十年前，大家生活的环境，遇到的东西是有限的，也因此，人们的事业观、价值观、道德观、人生观等都是一致的。

但是现如今，父母亲就不能拿几十年前的教育观念来教育子女了。如果还老拿以前的教育方式对待子女，子女就会出现抵抗的情绪。慢慢地，父母亲和子女之间的代沟就出现了。

4.时代的烙印。在父母亲还小的时候，绝对不会想到世界会变成这个样子。毕竟现在世界不一样了，教育观念也需要转变。要知道，现在的孩子的思想转变和接受事物的速度是非常快的。因此，父母亲必须跟上时代和了解时代的变化。

5.由于现时代的竞争和压力，有些父母亲总是处于一种紧张、焦虑的情绪之中。而这种不良的情绪，也会影响到子女，从而让原本快乐的孩子也感受到压抑。而子女不想看到父母的这种状态，出现逃避和躲避的行为，而产生了一种代沟。

总之，劝父母不要用自己的不良情绪去影响孩子，这只会影响父母与子女之间的关系。

6.由于孩子的浮躁，虽是骄傲自满，那见多识广的父母亲肯定是不买账了。当子女知道了某些东西，在父母面前炫耀的时候，其实父母早就已经知道了，但是孩子还是一副不可一世的样子，并认为父母亲是拉不下面子，故意装作知道的。

实际上，出现代沟这一问题，主要原因之一还是父母与子女之间缺乏沟通。在家庭教育中，父母应该多注意子女的周围，多了解孩子，多与孩子交谈，这样父母亲才能够了解到子女的一些真情动态。

当然了，父母亲也应该向孩子说出自己的情绪、心情和对事情的看法，双方共同学习和进步，这样的话，"代沟"就会一点一点地消失了。

家和步调一致避免"帮派林立"

在有些家庭中，如果是一个孩子的话，父母就会把孩子拉到自己的阵营中，形成一个"小门派"。当一方出现错误的时候，"小门派"的人就会出现指责和批评。如果是两个孩子的话，父母就会各拉一个人，形成各自的"小门派"。

在日常生活中，两个"小门派"各占其位，为自己谋得私利和公平公正。不过，也有不一样的"小门派"——父母亲组成一个"小门派"，专门用来讨伐孩子的。实际上，这种"小门派"是最常见的！在家庭教育中，父母常常使用一个唱红脸一个唱白脸的教育方式。

可是，这种教育方式、这种"小门派"对子女有效吗？

是啊！像这种一个唱白脸一个唱红脸的事实太多了，真的是数也数不过来。当子女有了什么优秀的成绩或进步，变得洋洋得意的时候，爸爸就充当红脸，不是找碴子对孩子批评一顿，就是用反感语言来打击孩子。当孩子开始失落、情绪不振的时候，作为白脸的母亲就要及时出现，抚慰孩子受伤的心灵。

在大多数父母亲眼里，他们认为：只有一个拽着绳子的一头，一边紧，一边松，子女才能有一个好心态。可是在这个时候，父母想一想：如果有人打了你一耳光，然后再帮你揉揉，问你疼不疼？你会怎么做？相信有100%的父母亲都会答：当然不干了！谁打我，我就打谁或者是别人打我一巴掌，我还别人两巴掌。

在这个时候，父母再想一想，一个唱白脸一个唱红脸的教育方式，不正是给孩子一巴掌，然后再给他一颗甜枣吗？孩子可不傻，孩子可不是父母给什么就吃什么的。

听到这样的话，或许有的父母亲会说：这性质可不一样，我们这是为了孩子好！的确，每个父母亲都是为了孩子好，都是为了教育出一个了不起的孩子。但是，父母亲你们要明白："每一个孩子都是不同的，每个父亲或母亲的性格、魅力也是不同的。如果大家都用这种教育的方法来教育子女，那么子女岂不是像流水线上的产品，变得一样了？"

很多父母亲都有这样的理念：教子女的时候，就要扮演好自己的角色。父亲就是权威的象征，而母亲就是温暖的象征，只有这样，子女才能够明确父亲的形象，明确自己在家庭中的地位和责任。

实际上每个人的性格都是不同的，子女接触到的人也是不同的，甚至是复杂的。让他们见到真实的父母亲，看到父母的本色的时候，不仅让孩子了解人是一种复杂的高级动物，也能够让亲人之间的感情更加稳固、真实。

如果父母亲刻意去唱红脸、唱白脸，那不仅会让父母亲与子女之间缺少了快乐，还让子女失去了独特的成长空间。不仅如此，像父母亲这种心照不宣的配合，还会让子女误认为：父母之间的感情不好，做事情总是达不到一致，他们的主张总是不同。长时间下去，子女就会认为爸爸很凶、冷血，是一个不爱自己的人。相反，妈妈是一个温暖的人，会关心、体贴自己、爱自己。

曾经有一位英国学者，他走访了 20 个国家，对近一万多名不同肤色、不同经济条件的子女进行了一番调查，调查结果显示：孩子特别重视家庭的精神生活和家庭气氛。

这位英国学者还总结出了，各国儿童对父母和家庭最重要的 10 条要求，其中最重要的，位居第一名的就是——"孩子在场，父母不要吵架"。

由此可见，家庭环境的和谐和父母亲的意见一致对子女的影响有多么的重要。在中国，也有一位儿童教育专家针对于小学和幼儿园的孩子做了一项调查，当问道"你最喜欢什么样的家"的时候，孩子的回答让人瞠目结舌。原来，孩子在意的并不是什么物质条件，甚至对父母亲认为重要的东西，比如吃的、穿的、用的和玩的东西也不在意，而是在意家庭的精神生活。

在调查以后，儿童教育专家进行了排名，和睦、团结、友爱的家位居榜首。孩子最喜欢父母之间和睦相处，不吵架、不斗嘴，家里总是充满温暖，充满爱的。

由此可见，父母之间的恩爱，和睦的家庭氛围对子女的身心健康有着多大的影响。当一个家庭充满着温暖和爱的时候，子女也会慢慢形成一种自信与勇气。如果一个家庭的氛围永远是压抑的、不和谐的，那么子女长期生活在这样的环境中，严重的话，子女还会出现心理问题。因此，劝父母千万别再以为"唱红脸白脸"的教育方式对子女有益处。父母越是将自己脸谱化，越是在伤害子女，伤害这个家。在一个家庭中，最重要的不是物质条件，而是一家人能够和睦相处，开开心心的。

不想让他孤独就教他学会同情

当今社会，越来越多的人都在崇尚个性自由，越来越多的人注重个性。可是在注重个性的时候，子女的弊端也越来越多了。在家庭教育中，父母把所有的爱都给了子女，让孩子拥有自由。可是子女却越来越以自我为中心，对他人漠不关心。比如：当看到别的小朋友摔倒了的时候，他们就会毫不犹疑地踩踏；当看到小花的时候，会随手折断……

有很多父母会禁不住问：现在的孩子怎么了？为什么会有这样的表现呢？但实际上孩子这样做是有原因的！因为父母亲对子女一味地满足，一味地迁就，百依百顺，子女就很容易养成一个自私、任性的性格。

除此之外，父母经常对别人的困难和不幸无动于衷。当子女给予一些同情的时候，父母就会嫌弃孩子多事，等等。久而久之，子女在面对这些事情的时候，比如：乞丐或无家可归的人等，就会变得默然了，甚至会变得没有同情心。

要知道，父母亲是子女的模仿对象。在子女还小的时候，父母亲就应该给子女灌输一些好的品质。由于孩子的年龄小，模仿能力比较强，具有高度的可塑性。因此，劝父母一定要注重培养子女文明礼貌的行为习惯，更要提高自身的修养和素质，一言一行为子女树立良好的榜样。

有的父母亲认为，子女小不懂什么，大了就会好的。所以在生活中很多细节都把子女引领坏了。你们反思一下，作为父母亲你说话文明吗？关心别人吗？爱读书吗？生活规律吗？等等。

所以，劝父母要当个合格的父母，要努力做一个优秀的父母，才能引领好你的子女。

那么应如何做呢？简单说几点：

鼓励子女关爱别的小朋友

子女在 1 ~ 2 岁的时候，还没有形成"自我"概念，对自身感觉和别人的感觉还不能很好地区分出来。比如：当别的小朋友摔了一跤，哭了的时候，孩子也会跟着哭了起来。

在这个时候，父母绝不能取笑和责怪他。要知道，小孩子这种行为，就是日后产生同情心的重要心理基础。如果孩子不能设身处地体验别人所经受的苦恼，那么他也就不会产生同情心了。

培养子女对动植物及物品的爱护

当孩子在玩耍的时候，就会把玩具看作一个小生命。他会和玩具们做游戏、说说话。其实在这个过程中，就是爱心的产生。在这个时候，父母亲可以利用他们的这个心理特点。比如：当孩子在折树枝的时候，父母可告诉孩子："哎哟，小树的胳膊好疼呀！呜呜……"必要的时候，还可以模仿小树的哭声，从而因势利导，让孩子想想：如果自己受伤了，会有什么样的感受？引导孩子去体会别人的痛苦，理解别人的感受。

引导子女关心体贴长辈

在日常生活中，父母亲可以培养子女对老人们体贴，比如，帮祖父母倒水或者递个东西；在吃水果的时候，可以让孩子先给大人挑选。每当子女这样做的时候，父母亲都要及时地给予一定的肯定和赞许，为子女的做法感到自豪，从而让子女产生积极的情感体验。

除此之外，父母亲还可以让子女接触到更多的人，比如可以去亲戚家或者是到邻居家，让他们学习如何与别人和睦相处，互相帮助。

要知道，子女的同情心是与生俱来的，也需要后天培养。如果父母亲不想让子女感到孤独，没有朋友，不懂得与人如何相处，那就要从小培养子女具有同情心，感受别人的感受，从而变成一个热心肠、有爱心的受欢迎的人。

第十六章

父母与子女如何沟通

孩子为何不告诉你他在想什么

在生活和学习中，子女需要的到底是什么，父母知道吗？孩子在想什么，父母了解吗？教育专家做了一项调查研究，研究结果显示：随着孩子的年龄增长，与父母亲之间的距离也越来越远。在子女选择最愿意倾诉的对象中，父母得票最少，排在前面的分别是朋友、社会工作者、心理辅导员……

难道说父母亲不爱孩子吗？当然不是的！这可是对父母亲最大的冤枉！可怜天下父母心，作为父母亲不仅要勤奋工作，还要赡养老人，照顾孩子，并且视孩子比自己的生命还重要。这可谓是上有老、下有小啊！然而，在这样的忙碌中，孩子都产生了心理困惑，而父母亲也禁不住自问：孩子不肯跟父母说心里话怎么办？

实际上，这是因为父母亲没有站在子女的立场和角度想问题。只有从子女的角度和立场上来思考问题，用孩子喜欢的方式与之交流，放下"我才是家长"的架子，友好、平等地与子女交流，才能真正走进子女的心里。

生活中，有的父母说：我们整天跟孩子说："要好好学习，将来考上大学，才有出息！"还有的父母说："我整天跟孩子在一起，陪他做作业，给他准备书包，从上幼儿园到小学每天接送，还不交流吗？""孩子是大人了，应该懂事了！难道让父母亲每时每刻地注意他吗？""天啊！我很想和孩子交流啊……可是我们一交流的时候就会吵架。"

原来，是父母亲把"单纯的说教""抱怨""自以为是的认为""吵架"等都归于沟通。但实际上，这种沟通方式是不正确的，是消极的！这种沟通方式，不仅会让孩子封锁自己的心灵，还会破坏子女与父母的关系。事实证明，子女最需要的还是和谐平等的交流机会，而不是父母亲的"高高在上"的态度。

不管子女有多大，总会有自己的烦恼。在他们的眼里，认为：世界上没有人理解自己，没有人倾听自己的话，没有人在意自己的内心想法。而父母亲都也是这样认为。当然了，他们并不把孩子当作倾诉对象，他们总认为子女还小。在这样的"沟通交流中"，父母与子女的心理距离就会越来越远。

慢慢地，"沟通不畅"就成为父母与子女之间交流的最大阻碍。父母依旧关心子女，担心孩子出现厌学、早恋、网瘾等问题，出现了的话该如何解决？却从来没有想过子女的心理困惑和烦恼该如何解决？

虽然父母亲与子女生活在一起，天天见面却根本不知道子女在想些什么。父母不了解子女的精神世界，就很难有效地与子女交流沟通，子女又如何达到父母的希望呢？

因此，劝父母与子女在一起要友好交谈，经常谈天说笑，以培养亲情、共享欢乐入手，比如：下跳棋、看球赛、听音乐、游泳等。当然了，想要知道孩子心里想什么，只有与他们打成一片加深感情，主动与子女亲近，取得孩子的信任。下面为父母建议具体方法，以供参考：

要取得子女的信任

在日常生活中，父母要多挤些时间与子女相处，并且要轻松与愉快地相处。除此之外，父母还要与子女进行朋友式的交谈与娱乐，并且还可以在一起逗闹和开玩笑，让家庭充满幽默的、亲切的氛围。

在与子女说话交流的时候，父母应该用信任和亲切的目光注视着孩子，让孩子看着你说话。要知道，眼睛是心灵的窗口，对视也是一种交流。

当孩子想要跟父母亲讨论一件比较重要的事情时，父母一定要先放下手头的工作，并对孩子所说的事情表现出兴趣，再耐心一点听孩子说完。这样的话，孩子就会觉得父母亲很重视他，从而主动敞开心扉，向父母亲倾诉一些自己的小秘密和真实想法。

注意，当子女谈得比较投入的时候，父母可以紧挨着孩子坐下，并侧身搂着孩子的肩膀，或者是坐在子女的对面，紧握着孩子的手，用慈爱的目光看着孩子。在与子女说话时，语调应该柔和一点儿，声音温柔一点儿。与此同时，父母还要不断地给孩子一些鼓励。这样的沟通，就能有效地拉近父母与子女之间的关系，从而取得孩子的信任。

对待子女必须真诚

在与子女交往的过程中，父母不要把在外边的"现实""成熟"带到家中，也不要把子女当成陌生人一样，说话生硬，而是要真诚地对待子女。那么孩子也会感受到父母亲的态度，从而变得真诚起来。

敢于向子女承认错误

在教育子女的过程中，父母亲难免会出现一些错误。如果发现自己已经错了的话，做父母的一定要主动地及时地承认，并且向孩子说声对不起。

不过在有些家庭中，父母总是一副"我是家长，我说什么都是对的"的样子，让子女不敢恭维。即便是父母亲真的错了的时候，孩子也会忍气吞声。长期下去的话，父母和子女当然不会进行友好的沟通了。因此，在家庭教育中，父母亲不要不好意思，应该放下自己的架子和面子。

要知道，父母的改变不仅会让孩子感到惊奇，还会增加子女的信任，并激发和加深亲子之间的感情。

始终如一

什么叫始终如一？始终如一的大概意思是说：每当某事或某种情况发

生的时候，父母亲都要用一种方式处理。在教育过程中，对待子女的一致性，是子女对父母亲保持信任的基础。这种信任是让子女预先知道父母的意图，并知道父母会做出什么样的反应。这样的话，他们就会觉得很安全。

如果父母亲总是变换自己的教育方式，那就会让子女觉得不安，甚至感到害怕。因为父母亲的不定性因素太多了，自己不知道如何应对。

总而言之，劝父母应牢记：亲子之间不是老板与下属的关系，而是一种平等的、互相尊重的、互相关心的和彼此信任的关系。只有尊重子女、理解孩子，才能够赢得子女的信任，知道孩子的心中所想。

耐心地倾听子女的内心

在家庭中，父母总是把子女当成不懂世事的小孩子，认为孩子没有什么烦恼和想要说的话。但实际上，这种想法是错误的。每个人都有自己想要说的话，包括孩子。

因此，父母亲一定要耐心去倾听，才能够真正了解到子女的想法和感受，亲子之间的关系才能变得更好。

历史证明，父母亲可以造就一个孩子，也可以毁了一个孩子。虽然子女的主要任务是学习，但是除了学习，更重要的就是拥有一个好的个性。在生活中，孩子活泼开朗，可是在父母的压迫下，孩子变得越来越沉默寡言了，甚至还影响了学习。

在这种家庭教育方式下，子女又怎么会开口跟父母亲讲心里话呢？父母要想一想，平时有没有以下行为：

当孩子有话与你说时，父母总是以"忙"为理由；当孩子兴致勃勃诉说时，总是不耐烦地将其打断；在孩子想要与你交流的时候，父母总是沉默对待。

有很多父母亲对子女在生活上非常关爱，可他们却没有做到真正平等地对待子女，注意孩子自尊等方面。当子女在学习和生活上有什么问题，想要向父母亲诉说的时候，父母就打断，不让子女把话说完。有时候，父母亲认为子女不成器，更是非打即骂。

对于父母亲的这种反应，子女只能将话咽回去。据某一项调查显示：有70%以上的父母亲承认没有耐心听子女说话。

由此可见，父母亲的行为对子女的伤害有多大。当子女的想法得不到父母亲重视的时候，他们只得把秘密、把想说的话埋藏在心底。这样的话，父母亲就不会知道子女所想，不知道如何教育孩子了。

久而久之，不仅是亲子之间的关系有问题，就连沟通也有难题了。教育专家对此情况做了调查。调查结果显示：70%～80%的孩子心理问题与家庭有关，特别是与父母亲对子女的交流沟通方式不当有关。除此之外，父母不让孩子把话说完，也是影响子女的一个原因之一。比如：不利于子女语言表达能力的提高；会让子女产生自卑情绪。要知道，孩子诉说内心的感受，是提高自己的表达能力和增强社会交往能力的一个机会。

在日常生活中，每个人都渴望有人听自己说话，但是在大多数的情形下，人与人之间不能良好的沟通，就是因为有人说话的时候没人听。如果父母亲能对孩子的倾诉多一点耐心，不急于打断孩子的话，那么子女在遇到什么事情的时候，就会向父母亲倾诉，并且与父母亲建立良好的沟通基础。

因此，在日常生活中，父母亲要引导子女说出自己的话，说出自己的想法，并与之交流，比如：倾听一段谈话、一个故事或者一个电影节目。可让子女全身心地投入到谈话之中。交谈需要花费每个人的一些时间，最好让子女与父母亲一起在轻松的气氛中进行。在谈话的时候，可以让子女自由发挥，不要有什么仪式安排或预期达到的结果，并尝试着与子女随意交流观点和看法。

我们可以知道：学会倾听子女的话，是多么重要。试想，如果父母亲不听子女把话说完，就贸然一顿指责，那结果孩子生气了，不理父母亲，让家庭变得不和谐了。

由此可见，倾听子女诉说的重要性。父母多陪伴孩子，耐心地倾听子女的内心想法，不仅对子女的身心健康重要，而且对孩子今后养成良好的性格也很重要。实际上，倾听子女的话是教育孩子最有效的捷径，所以，劝父母必须注意耐心地倾听孩子的话，才能看清孩子的内心世界。

学会与子女交谈的技巧

在日常生活中，父母跟同龄人、跟年老的人谈话比较轻松和好理解，但是与子女聊天的时候，就会发现：要想懂得子女的内心世界，那可不是一件容易的事情。

别说跟小孩子了，就连与十几岁的孩子进行沟通，都是十分困难的。实际上，要想流畅地和子女进行交流，从而破除与子女之间的隔阂，最好的方法就是：善于聆听子女的观点。

大家都知道，巴西"怪脚"加林查是人类足球史上享有盛誉的天才。在他很小的时候，他就显示出足球的天赋，并且取得了超人的成绩。虽然他很成功，但在他小的时候，染上抽烟的习惯；但他父母发现后没有直接批评他，而是通过选择题让孩子自己选择。即便是孩子选择了错误的方向，也会尊重他。在这种交谈的方式中，孩子一步步被父亲牵引着走向了正确的道路。

美国作家罗恩·塔菲尔曾经提出了"平行交谈"，大致的意思就是说：父母亲与子女在交谈时要把谈话的重点放在子女身上，而并不是谈话的内容，双方也不必互相看着对方。这种面对面的谈话方式不仅会让父母与子女都感动轻松，而且还会让子女在轻轻松松中学会求知、学会做事、学会做人，等等。

当然了，在交谈的过程中，父母应该注意从事情到感情，从事情到关系，从一般到特殊等原则，从而让子女与父母之间能有话可谈。

还有一些专家建议，父母亲最好能把一些不太中听的话，或者是想指责子女的话写在纸上。家庭关系顾问迈克尔·波普金曾经说过：一般人都认为白纸黑字更加可信，而且可以一看再看。这样把话写下来，话的分量也会增加一些。

子女与大人一样，如果父母能够倾听他们说什么，他们认为自己是重要的，是在别人心目中有价值的，甚至还有被尊重的感觉；反过来的话，他们也会尊重自己的父母亲，愿意同父母亲分享自己的想法。

在生活中，我们经常看到这样的父母，他们子女不愿意与自己沟通交流，感到很无聊。在子女小的时候，他们习惯于以家长制、以父母的权威来教育子女。现在子女长大了，有了自己的价值观和是非观念了，就不会事事听父母的话了，慢慢地亲子之间就有了隔阂。

其实，父母在与子女的沟通中，有着一个共同点，就是"说"得太多，"听"得太少。在每个家庭中都有自己固定的沟通模式，这个模式是子女从小与父母共同建立起来的。如果在子女小时候，想要告诉父母自己内心想法时，父母没有用心去听，那么在孩子长大以后，就不愿意去与父母亲沟通交流了。

要知道，亲子沟通的关键是"倾听"，很多子女不愿跟父母亲说心里所想的，主要原因就在于父母亲太"霸道"。每当子女刚说了个开头，父母亲就急着下结论，劈头盖脸一顿教训。时间一长，孩子就会觉得是自讨没趣，从而不愿意再沟通交流了。

当然了，父母亲还应该明白的一点是，现在的孩子已经不像几十年前的孩子一样孤陋寡闻了。他们接触的东西多了，有自己的主见。

如果做父母的多一点耐心，能够去倾听子女的话，那么亲子之间的关系就能够有所改善。为了能够与子女友好地沟通与交流，劝父母要学习以下与子女交流的技巧和方法。

全身心地投入

在日常生活中，父母应该走在子女生理和心理发展的前面，关注孩子的言行举止。一旦发现孩子的苦恼，就要主动为他分忧解难。如果孩子遇到什么高兴的事情，就要与其一起庆祝。

不断学习充实自己

在家庭教育中，父母亲应该注重自身的修养，树立自己的威信。试想，如果父母亲是一个不爱学习，不懂得去提升自己，只顾着自己的喜怒哀乐的人，又怎么可能培养出学习成绩优秀的子女呢？因此，为了子女，父母应该不断地学习，以提升自己的素质、水平，从而赢得子女的尊重和爱戴。

多赞美少批评

相信没有哪个孩子是喜欢批评的，即便是子女做错了事情以后，也不希望父母亲批评。在这个时候，父母千万不要用暴力的语言和行为去批评孩子，而是帮助子女分析和解决。当孩子做了什么好事或者改正了自己的错误的时候，父母亲就应该给子女多一些赞美，少一些批评。

不要要求子女十全十美

要知道，世界上没有十全十美的人，不论是多么伟大的人物也是如此。因此，父母亲不要要求孩子十全十美，而是要学会欣赏孩子的优点，也要允许孩子有不完美的地方。

营造一种良好的学习环境

如果想让子女学习好，有着良好的行为习惯，父母亲就应该为子女营造出一个良好的小环境。当然了，良好的环境不需要有多么高档，只要氛围好就可以了。比如：在子女学习时，父母不要在一旁闲谈；在孩子学习的时候，尽量少在家中接待客人。除此之外，和睦、稳定的家庭气氛对子女的学习也很重要，为了子女的将来，父母亲应努力创造这样的一个幸福家庭的气氛。

放下架子改掉陋习

当父母亲有什么陋习的话，一定要加以改正，不要去影响子女。只有父母放下"架子"，在家庭教育中做到自律，一言一行为子女做出表率，做到合情合理，那么子女也会愿意与父母亲热情地沟通交流。

父母怎么做才能抓住子女的心

"孩子怎么还不回家啊！""都这么晚了""孩子怎么能这么讨厌家呢？"……当孩子游荡在外，回家晚，甚至夜不归宿的时候，父母着急上火，并不清楚原因。他们想：孩子怎么会变成这样，怎么会与父母之间距离这么大呢？

实际上，孩子变成今天的这个样子，与父母亲的作风、态度脱不了干系，像孩子的这种情况就是父母让他们失心了。什么叫失心呢？失心就是父母亲与子女之间没有建立起良好的沟通桥梁，子女觉得父母亲根本不了解自己。慢慢地，父母亲和孩子之间的距离就会愈来愈疏远。而"家"对他们来说，也变得愈来愈不重要。

慢慢地，子女就变得不喜欢回家了，连心也不在家里了。像这种人在心不在的情况，持续下去，就会发生离家出走的行为。因此，父母亲应该在孩子还没有"失心"，没有离家以前，就抓住子女的心，以免亡羊补牢，为时已晚，酿成大错啊！

事实证明，子女不愿和父母沟通交流，问题不是完全出在子女的身上，绝大部分是出在父母亲身上。是的，有些父母十分想了解子女的近况，但却忽视了子女的内心感受。要知道，与孩子交流的时候，先要抓住子女的"心"。如果抓不住心的话，那孩子肯定不会把心中所想的告诉父母亲。

有些父母一张口说的就是孩子的生活状况和学习状况，根本没有在意过子女的快乐和烦恼，也没有真正让子女感受到父母的关怀和爱心。即便是孩子想要交流，也会因为父母无法解决问题而不想说。实际上，孩子是想与父母交流的，想要得到父母的一些指导。可是父母总只说一些学习啊等状况，让他们很是反感，从而对父母亲就封闭了心扉。

的确，身为父母都是关心和爱护子女的，他们希望和孩子建立良好的关系。但在生活中，一些父母亲在与子女交谈的时候，经常是不能很好地理解孩子的内心感受，自顾自地说话，结果这不仅没能实现亲子之间交流的目的，还会让子女很反感。事实上，在与子女交谈的过程中，要想取得良好的效果，就要先抓住子女的心，这对亲子之间的沟通十分重要。

要想做到这样，父母亲需要注意如下方面：

1. 父母必须走出只关心孩子学习而忽视子女在其他方面成长的误区，要把注意力放在子女的全面发展，并且给了子女一些鼓励与支持，帮助子女健康快乐地成长。

2. 父母应该设身处地地考虑一下子女的内心感受，多多了解子女的内心深处的真实想法，尽量在沟通交流中说一些孩子真正感兴趣的事情，这样才能引起孩子的注意力，从而把心交出来。

3. 多给子女灌输一些正面引导，多让子女明白父母亲始终是站在自己这边的。比如："我理解你现在的心情。""我知道你现在很恼火，但要知道父母亲在你身边。""我们会一直支持你。"同时，从行动上尽量随子女的个性与爱好去帮助和支持。

的确，会"说话"的父母亲才能够抓住子女的心，只有抓住子女的心意，才能够真正有效地与子女交流，才能达到教育的目的。

掌握向子女表达爱的途径

教育专家经过调查研究后表示：如果子女在一岁的时候，没有得到充足的爱，那么等他长大以后，或多或少都会表现出人格的缺陷。除此之外，教育专家还说：父母与子女的关系具有绝对的依赖性，子女不仅在生理上需要父母的耐心照料，在心理上也渴望得到父母的爱。如果子女在年幼的时候，缺乏父母亲的爱，那么在他们长大后，就不知道如何给予他人关心，如何去爱别人，这种情况会影响子女的一生。

有些父母亲感受疑惑，甚至不认同这样的说法。要知道，天下父母哪个不是一心一意为子女着想的，哪有不爱子女的父母呢？但是，很多父母亲不了解自己的孩子，他们不知道子女需要的是什么样的爱。在这样的家庭教育中，父母感到很头疼，孩子也感到难受。

在日常生活中，很多父母对子女的关心，可谓是无微不至，甚至可以说得上是具有无私的奉献和牺牲精神。为了子女能够更好地成长，很多父母是省吃俭用，节衣缩食，把所有的财力和精力都给了子女，处处给子女创造优越的物质条件，给孩子创造良好的学习条件。他们认为：只要是别的孩子有的，自己的子女也要有，并且不能比别人差。

可就是这样对待子女，有的孩子心理上还出现了障碍，与父母亲的隔阂越来越大了。还有些父母忍不住感叹：教育孩子可真难呀！费了那么多的心血，可孩子还是没有……

当然了，父母亲只给予子女一些物质的优惠条件，那肯定是满足不了需要的。在家庭教育中，父母必须尊重子女，关爱孩子的情感与心态，与子女经常进行亲密和谐平等的交心活动。

曾经，有一个小学生在他的日记中写道："我希望，爸妈能够经常对我笑，能在我睡之前和我说声晚安……"从这句话可以看出：小孩子十分渴望与父母亲进行感情交流。作为父母亲，不要总是觉得自己有多么爱孩子，必须学会怎么说和做才能让子女感受到父母的爱。虽然父母都愿意为子女付出，但是子女却很难体验到父母的爱，从而让家庭中的爱大打折扣。

因此，父母不仅要会爱子女，还要会向子女表达爱。那么，如何正确地向子女表达爱意呢？美国宾夕法尼亚大学英尔学院一位博士经过一番实验后表示：父母亲应该给自己准备一份自我检查表，经常对照检查。下面，我将内容告诉父母：

首先告诉子女"我爱你"；

通过温和的触觉传达对子女的爱意；

关心子女的行踪；

让子女明确什么是对，什么是错；

对子女每一个小小的进步表示认可；

向子女询问对父母亲是否有意见；

耐心地回答子女提出的各种问题；

交给子女一些工作，让他们懂得承担责任；

让子女对自己有足够的信心；

尊重孩子的人格。

除此之外，这位博士还总结出了三点：以供父母参考。

1. 在家庭教育中，父母亲要每天抽出一些时间，与子女热情交流。比如：一家人坐在地板上与子女一起做游戏；可以帮助子女完成学习计划，或者是与子女一起欣赏光盘。

2. 平时教育子女的时候，父母必须用和蔼的语言，这样才会让子女感觉到被认同。当子女向父母表达一种感受的时候，父母亲也应该以同样的心情回应孩子。

3.帮助子女正确表达自己的情绪，父母亲可以限制子女的行为，但是要告诉子女为什么要这么做，这么做的道理又是什么。当子女有情绪的时候，父母千万不要压制，而是让他充分地表达自己的情绪。

除此之外，父母还要交给子女正确表达情绪的方法，而不要让子女用苦恼来解决问题。

为什么孩子总是说个不停

在日常生活中，有的孩子的性格是沉默寡言的；有的孩子是个性开朗的；有的孩子就像是个话痨一样，都是整天说个没完；还有的孩子像个"人来疯"，越是人多的地方，他的话就越多。

有些父母亲认为，像话痨、人来疯的孩子比较聪明，能说是好事，说明孩子思维活跃，反应迅速，但事实上却不是这样的。

教育专家说：虽然孩子会说很多话，思维跨度大，但是说话欠缺条理性和逻辑性。如果父母不加以纠正和改善的话，那么等孩子长大以后，也会说话缺乏中心主题，逻辑条理，让人听了抓不住头绪，还会有理解困难的情况发生。这种情况不仅影响生活，还会影响学习，比如：写作文。如果在写作文的时候跑题，那分数自然会低了。

因此，为了帮助子女改正这些问题，父母亲就必须这样做：

帮子女理清说话的条理

对于话比较多，但欠缺条理的孩子，父母平时要多加引导，让孩子规范自己的语言表达，避免造成一些不必要的重复。在日常生活中，父母亲可以让孩子多写日记，多讲故事，这样的做法可以训练子女表达的逻辑性。

如果子女喜欢用穿插的形式来讲一件事情的话，那父母亲就要跟孩子讲明白：在说话的时候，先要把一件事说完，再讲另一件事情。除此之外，父母还可以配合子女的讲话内容，并加以引导，让孩子能够坚持把一件事情全部说完。

在生活中，虽然有些人喜欢爱说话的孩子，因为他们会认为这是孩子性格好的原因。但如果是不停说的话匣子，那人们也会感到厌烦。

给多话的孩子找个情绪出口

孩子说那么多的话有两个原因，一是想引起大家注意和关心，二是为了表达自己的一种表现欲。在这个时候，父母就要纠正孩子多话的习惯——给孩子找一个情绪的出口了。

在家庭教育中，父母亲可以多鼓励孩子有一些自己的兴趣，并且鼓励他和其他人一起进行活动。比如：书画、手工或者棋牌类游戏，从而转移孩子的注意力，让他减少说话的机会和多话的机会。与此同时，还能够锻炼孩子的头脑，培养他们的才艺。

除此之外，父母还可因势利导，帮助多话的孩子找到适合自己发挥"多话"特性的舞台，比如：让孩子多参加一些学校的辩论会、话剧社团等，从而加强孩子的语言组织能力和思考能力，还能让孩子获得更多的听众，找到自信。

教子女懂得沉默的智慧

作为父母亲，更应该教会子女适时沉默的智慧，要让子女明白：没有人会喜欢整天喋喋不休并且高调张扬的人。父母亲一定要让孩子知道，内敛低调是一种优雅气质的体现，只有懂得聆听他人的人才会更受欢迎。

制定一个"家庭交流时段"

在家庭教育中，最重要的是什么呢？最重要的就是父母与子女之间的有效沟通。如果父母和子女之间没有良好的沟通，那么就会影响亲子之间的感情。

在了女小的时候，父母都会通过讲故事、唱摇篮曲来哄子女入睡。可等孩子越来越大了，知道的东西多了，想的东西也多了，与父母之间沟通却变得越来越少了。教育专家经过一番调查后发现：子女把父母亲的话当作没有任何意义的唠叨，而父母亲把子女看作不懂事的孩子。在父母亲为子女烦、子女嫌父母烦的情况下，亲子之间就形成了一道横沟，变得无法交流了。

要知道，亲子之间的沟通对孩子的成长和家庭都有着十分大的影响。知名教育家曾经说过：父母亲教育孩子的最基本的形式就是与子女交谈。也就是说，如何做有效的沟通，是值得父母亲学习与探讨的。但是，有很多父母亲，都没有办法与子女进行良好的谈话，有的孩子甚至拒绝与父母亲交谈。为此，父母亲都感到束手无策。

其实，这也不是子女的问题，而是父母亲的问题。当然了，也不能说全部是父母亲的责任，只能说是父母亲不会引导子女交流。要想让子女愿意多和父母交流，那父母亲就应该主动地与子女热情地交谈。而不是说一大堆零碎的家长里短。在这个过程中，父母亲可以灌输给孩子正确的价值观和明辨是非的能力，并让子女体会到父母亲尊重他们。

同时，父母和子女还可以一起规定"家庭交流时段"，促进亲子之间的友谊与亲情，那么，如何规定"家庭交流时段"呢？接下来一起来看一下：

每天都要挤一些时间与子女交谈

在日常生活中，父母首先要养成一个好习惯，那就是每天都要抽出一定时间与孩子亲切地交谈。比如：可以谈谈曾经听过的故事；可以谈谈白天看到和听到的事情；可以谈谈电视剧里的剧情和角色等。在交谈的过程中，父母还可以提出各种各样的问题，看孩子如何应对和应答。

这样的话，父母就可以从中发现和了解许多东西，比如：孩子的价值观、思想动态。除此之外，父母亲还可以在子女心情开朗的时候，找到子女的兴奋点。当然了，每个孩子的个性都是不一样的，父母亲根据子女的性格来交谈，从而努力去创造和把握子女谈话的最佳时机。

懂得照顾和尊重子女的自尊心

在与子女进行交谈的过程中，劝父母一定要坚守一个原则，那就是要懂得照顾和尊重子女的自尊心，千万不要伤害子女的自尊，比如：当子女说话的时候，父母万不可打断孩子的话；当父母说话的时候，要对子女客气、有礼貌；当子女提出什么问题时，父母一定要给予一些诚恳的、直接的回答。

在很多时候，父母亲与子女之间的谈话会失败，大多是因为做父母的缺乏对子女的尊重。有些父母总会拿自己的经验说事，有意无意地让子女去接受，不让孩子有自己的意见和想法。但是父母必须知道：如果不尊重子女的想法，不去保护子女的自尊，父母亲就不可能获得子女的信任。即便是子女在什么地方出错的话，父母亲也不要急着去训斥。

如果父母亲能够站在子女的立场上去体谅孩子，理解孩子，那么就会发现，子女的许多想法是非常合乎逻辑、合乎情理的。只有在理解的基础上，子女才能接受父母亲的观点和意见，并在潜移默化中受到父母亲的影响。在这样的交谈中，既能起到良好的教育效果，又能增进亲子之间的情感。

多一些聆听，让子女倾诉

如果父母亲学会了聆听，那么亲子之间的有效交流就成功一半。学会倾听，是沟通的第一步。

当子女放学回家以后，可以主动问问他们：有什么高兴的事情或不高兴的事情。让孩子谈谈在学校的所见所闻。如果孩子愿意说的话，无论他在讲什么，父母亲都应该表现出认真聆听的样子。在此，父母还应切记：不要随便打断孩子的话，而是要让子女感受到父母很乐意听他们的话，从而激发他们的表达欲望。如果孩子不愿意去说些什么话，父母可不要逗孩子，而是要尊重子女。如果孩子想说的话，自然就会说了。

总而言之，世界上最好的家庭教育，就在父母与子女的交流过程中。最成功的教子成才艺术就是最有效的亲子交流。

身体语言比口头语言更重要

在家庭教育中，父母与子女之间的肢体语言也是一种良好的沟通，父母亲的肢体语言，比如表情、口气以及交谈时的动作都是传达感情的方式。

教育学家，心理学家经过调查研究后表示：在人际关系中，身体语言能比口头语言传递更多的信息。在日常生活中，用语言所传达的信息不会超过所有信息的30%，而剩下的70%的信息是通过非语言的方式进行表达的。特别是与年幼的子女沟通时，这种比重相差会更加悬殊。在孩子的语言能力没有成熟之前，父母与子女交流的时候，非语言表达的方式占到了97%的比重。

实际上，孩子对于父母的表情的敏感程度远远超过了父母亲的想象。曾经有心理学家做过这样的一个实验：让人面无表情地看着约6个月大的，正在笑的孩子，没一会工夫，孩子就不再笑了。当这人离开后，让他再次回到这个孩子的身边时，孩子根本就不看，还故意不理会。也就是说，面无表情或抑郁寡欢的父母亲很容易伤害到孩子的心。虽然子女很年幼，但是他们清晰地从父母亲的表情和动作上感觉到大人的态度。

对于那些年龄稍大一点的孩子更不用说了，他们更善于观测和捕捉父母亲的表情。因此，在与子女交往和沟通中，父母不仅要留意身体所传达的语言信息，还应学会如何读懂孩子的身体语言。

比如说：一个5岁左右的孩子撒了谎，对父母亲说："窗帘不是我弄脏的。"当说完以后，他会立刻用一只手或双手捂住自己的嘴巴；如果他不想听到父母的唠叨，那么他会用手捂住自己的耳朵；如果他看到了一些可怕的东西，他就会立即捂住自己的眼睛。即便是他们长大了，这些身体语言依旧会存在，不会消失。当然了，他们的身体语言不会那样明显，也不会那么容易被别人识别。在教育子女的过程中，父母亲可以适当地运用肢体语言，这样就可以强化父母亲口头语言的使用效果。

对于那些年纪偏小的子女来说，父母亲的肢体语言不仅可以使他们得到一些安慰，还会有一种寄托感，比如：一个温暖的拥抱、一个鼓励的眼神，都会使他们觉得温馨。

因此，在日常生活中，父母可以利用肢体语言缓解孩子的心情。比如：当孩子想父母亲，被别的小朋友欺负了的时候，母亲可以把孩子搂在怀里，脸贴着脸，并缓缓地拍着孩子的背部。当然了，父母还可以轻轻地说些安慰话。这样的话，孩子的心情就会平静一些。

在与子女谈话沟通的时候，父母最好蹲着，与子女平视，当子女说话不着边际的时候，父母亲要微笑着等孩子说完，然后再发表自己的见解。在发表见解的时候，孩子可能会调皮一点，还会故意要赖。在这个时候，父母可以刮他的鼻子，或者是摸摸孩子的头，亲亲他们……这样的话，孩子就会感到很开心，并且围着大人又蹦又跳，显得异常的开心。

除了正常的语言交流外，父母亲要在适当的时候给予孩子一个拥抱或者轻轻的吻，这些都可以很好地激发子女的积极性，让孩子体会到父母的温暖。当调皮捣蛋的孩子犯了错误的时候，父母亲的一个严厉的眼神，也许比责骂更有效果。

也可以说，父母亲的一颦一笑，甚至一句话的不同口气，都在向孩子表达自己的感情。在日常生活中，父母亲应适当地运用肢体语言，多给予孩子一份关爱和爱心，这样父母也在教育子女过程中多收获一份欢乐。

在家庭教育中，劝父母要注意的是：如果想与子女交流、沟通的话，就不要用不耐烦的语气和表情来面对孩子。要知道，父母亲的不耐烦，不但得不到孩子的真心话，还会引起子女的反感和抵抗；当子女有时犯了错误的时候，父母千万不要大吼大叫，这样会使孩子感到害怕。就算孩子认识到自己的错时，想要改正，也会因为害怕而忘记或不想去改正。

总而言之，在任何时候，孩子更愿意相信父母亲的表情和肢体动作，而不是父母所说的话。因此，劝父母不要吝啬自己的肢体语言，还是用肢体语言给孩子一份特别的鼓励和关爱吧！

子女最好的成长礼物是父母亲的表情

在日常生活中，我们经常可以看到：如果一个 3 ~ 4 岁的孩子做了一件了不起的事情，就会偷偷看身边的父母。如果父母露出赞赏的笑容，孩子就会感到特别开心。如果父母没有露出赞美的笑容，孩子就会感到很失落。这是为什么呢？心理学家库利经过调查后表示：孩子是依靠观察别人的脸色和反应来确定自己行为的，也就是说，别人的表情就好像一面镜子，让他从中看到了自己的样子，从而形成了对自我的一种认识。这就是心理学上所说的"镜像自我"的道理。在家庭中教育子女也是如此。子女年幼的时候，父母给子女一面什么样的"镜子"，子女就能养成一个什么样的自我。

镜像自我的意思就是说，这是一种自我意识、自我概念、自己对自己的看法。当子女在 2 ~ 3 岁的时候，就可以使用"你""我""他"等代词了；当他们发现玩具的不同时，子女的自我意识就开始萌发和建立了。只不过，年幼的他们对自己的看法，更多地依靠周围人的评价。

事实证明，如果孩子经常得到父母和周围人合理的、积极的和肯定的评价，那么他的"镜像自我"也会是积极的和肯定的，并且是自信的。就是在为人处世上，他们也会朝着积极的方向发展；相反，如果子女经常得到父母和周围人的批评，那么子女就会变得自卑，变得喜欢退缩。

那么，如何帮助子女建立一个良好的"自我镜像"呢？教育专家向父母建议：12 岁以上的孩子，以鼓励为主，但不能盲目地赞美；在批评孩子的时候，不能以偏概全，更不能上纲上线。

在日常生活中，我们经常可以听到父母说："我这个孩子一点优点也没有，学习又不好。"但实际上，这并不是子女的错，而是父母不够细心，对子女的评价标准不科学。要知道，学习成绩并不是评价子女好坏的唯一标准，劝父母亲应该看到子女学习之外的东西，比如：好的行为、好的品质、优秀的技能、做事比较独立、喜欢帮助他人、诚实守信、能够帮父母亲做一些家务、会跳舞蹈、会运动等。

其实，父母亲只要足够的细心，发现子女身上的某一个闪光点或优势，尤其他的不良行为或者习惯有了一点改善的时候，都要及时给予表扬和鼓励，这样的话才能促进子女的身心健康发展。

心理学硕士、情商训练师、中原家长大学堂首席讲师芳子曾经说过：父母亲的表扬、鼓励不仅可以具体地指出子女好的行为，还可以用点头、拥抱、亲吻、微笑、抚摸等体态语言表达对子女的赞许和期待。这样的做法，会让子女感受到父母亲最真诚的态度和爱。

当然了，肯定和鼓励孩子并不意味着当他犯了错误的时候也不批评。这样的行为，也不利于孩子合理地评价自我。

心理学硕士、情商训练师、中原家长大学堂首席讲师芳子还说：当孩子犯了错误的时候，父母要用他能听懂的语言批评他，并让他明白是在哪些方面做得不够好，做得不对。千万不要对他说"你真笨""你总是让我不省心"，更要避免说些伤害到他人格的话，这些话非常容易伤及子女的自尊，甚至让他自暴自弃。

资深教育专家说：除了父母亲的评价会影响子女，周围的人不如父母亲细心与体贴，难免会做出一些不客观的评价或用一些语言来伤害孩子，这都需要父母亲平时多和孩子沟通。一旦发现子女因为某些评价而感到不高兴或失落的时候，父母亲就要及时帮助和引导孩子，让他们认识到某些评价只对事不对人。

在日常生活中，父母也可以多鼓励子女展示自己，尤其在外人的面前，让他展示一下自己的特长和优点。这样的话，孩子就能够获得一些成功感与积极的评价，并有助于积极的"镜像自我"的建立。

随着子女的年龄增长，当他们进入初中以后，自我意识便开始急剧发展。在这个年龄阶段，他们对自己的看法会有一些偏差，会出现一些摇摆。一方面，他们认为自己是与众不同的，别人根本无法了解自己！就算是自己做错了事，也不应该被惩罚，因为做错的事情都是可以原谅的；另一方面，他们觉得自己才是一个中心，才是站在舞台上的人，台下有很多的观众都在关注他。可以说，他们把别人的看法和眼光当成衡量自己的标准，或不允许自己出现什么不好的事情。比如：有的孩子脸上长了一颗青春痘，就不敢去上学；有的孩子被老师批评了，就几天不敢抬头看老师。

由于这是孩子的一个必经阶段，在平时，父母亲应该引导和帮助孩子，正确认识自己，并建立一个良好的亲子关系，客观评价他的行为和语言，多与子女谈一些涉及内心自我感受的事，比如自尊、自卑等。

除此之外，父母还需要把这一时期的孩子当成大人，给他一些与成人之间交流的待遇，尊重他的感受，给予他适度的自由。即便与子女发生了什么冲突，父母亲也应控制好自己的情绪，不要去影响孩子，要知道，做父母的行为举止、表情等，会影响子女的身心健康和发展。

和子女闲谈家常诉说心事

根据一项调查结果，我知道了这样一个结论：平均每天能与父母亲相处两个小时以上的子女，要比其他子女的智商高。针对这项调查结果，很多科学研究人员也做了相似的调查，证明了这个说法是正确的。

不过，随着职场父母的增多，大多数子女都习惯了"在家孤独""宅孩"的感受和生活。大部分父母亲认为：只要给孩子吃好的、穿好的、用好的，子女就会觉得很幸福；他们还认为，只要孩子能够坐在明亮的教室里接受高等教育，那就是幸福……

其实不然，两位职场父母亲总结育子经验的时候说了这样一番话：职场父母亲一定要多挤点时间陪陪子女！你可以把孩子交给保姆，交给老人，但是保姆和老人能代替父母亲吗？当然不能！因此，职场父母不要以忙为借口把子女推给保姆或老人，而是应该挤出一定时间与子女聊天、多沟通才对。

的确，现在的一些年轻父母亲把全部精力放在了事业上，忽略了对孩子的家庭教育。他们认为给孩子创造了良好的物质条件，就是对的！在这种忽略子女情感需求的教育中，子女又怎么能与父母亲谈心、沟通呢！等到子女长大了，父母也有时间了，可是亲子之间却是有隔阂，不想说些什么。

实际上，要想子女感到幸福，父母亲绝不仅仅是提供物质上的满足，而是在提供物质上满足的同时，要与子女在精神上有很好的沟通。比如：每天抽出一定的时间陪陪子女；在周末的时候，带子女出去玩；找一个时间，与子女进行亲子活动，等等。

只有这样，孩子说出自己内心的感受，想要和父母亲共同探讨，并且寻求父母亲的建议和答案。不过，在沟通中，如果不能掌握一定的技巧，那沟通也起不到什么作用。

在生活中，大多父母亲都会遇到类似的情形；有时，父母亲拖着疲惫的身体，努力地打起精神，想要和子女好好沟通，但孩子要么没什么话，要么就会用"代沟""没什么"之类的话语打消父母亲想要交谈的心。

有的时候，还因为无法正常地沟通，让自己有一肚子气。慢慢地，父母越来越不了解子女，越来越不知道该如何教育孩子。因此，劝天下父母要学会与子女交谈的技巧。下面教育专家总结出了几点，以供做父母亲的参考：

父母亲要理解子女

在家庭生活中，父母要多与子女谈谈心，交流交流思想。这样的话，不仅可以及时了解子女的思想状况，还能把握到子女的心理。与此同时，还能够让子女理解到父母亲对自己的关心和爱护。

要知道，这种方式不仅能够促进子女与父母之间的感情，还可使子女对父母产生一种信任感，也有利于子女的健康成长。因此，父母亲要尽量抽出时间来陪子女一起玩，即使是再忙的时候也应该找出一些空闲的时间。比如：和孩子一起看电视；一起骑车到某处游玩，从而培养朋友般的"友情"。如果子女把父母亲当作自己的好友，那么就非常乐意将心里话讲给父母亲听。

父母应随时代更新自己的思想

随着社会的发展迅速，人的思想也会发生不同的转变，比如子女比较年幼，接受事物本来就快。因此，父母亲一定要紧跟时代的潮流，随时更新自己的思想。只有这样，才能够与子女在思想上和行为上接近，不至于产生无法衡量的距离。

在日常生活中，父母亲应该主动与子女交流，比如：当前流行的一些物品、观点主张等，并且主动学习一些子女身边发生的事情和感兴趣的东西。这样的话，父母与子女在一起的时候，才会有共同语言和谈话内容，从而有效地避免两代人之间无话可谈，影响亲子之间的关系。

学会启动讲话

当子女回到家中面露不悦的时候，父母就应该关心一下子女的动态，并且抓住机会对子女好好教育。不过有的时候，父母亲任性地对子女粗暴或纠缠，比如："你怎么了？""没事！""没事为什么一脸的不高兴？""有人欺负你了！"

其实，像这样的语言不仅不会打开孩子的话匣子，还会让子女感到反感或厌烦。在这个时候，父母亲不如说："下课时，和谁玩？""最近的美工课，你们做哪些东西？""听说别的学校组织活动了，你们学校也有吗？"……像这样的问题，比较容易引导孩子打开话匣子。当然了，如果孩子不愿意马上谈话，父母也不要逼迫，而是告诉孩子："好吧，什么时候告诉我都行。"

对于那些生性比较内向的子女，父母亲更需要更长时间的启发，才能够引起他的共鸣。比如：给孩子讲一些故事或者是搂着他静静地坐着。最终，孩子就会受不了父母的糖衣炮弹，从而一一说出自己的想法。

避免粗暴尖刻的语言

在现实生活中，有很多父母亲在不经意之间就伤害了子女的自尊心，比如："你真是个没出息的东西。""你看看人家××，学习多好啊！你怎么就这么笨呢？""你真笨，连这样简单的问题都不会！""我怎么生下你这样的孩子呢？"

类似于这样的言语，不仅不会激励子女，还会严重挫伤孩子的自尊、自信。最可怕的是，孩子的心理创伤会伴随着他的一生。严重的话，子女还会痛恨父母亲的尖酸刻薄！

与子女闲谈家常，诉说心事

对于那些比较内向的子女，父母亲应学会热情启动讲话，主动与孩子漫谈。比如：聊聊晚上想吃什么饭菜，可以与孩子在家玩游戏，等等。

这样可让孩子放松警惕，说出自己的真实想法和意愿。

总而言之，想要让孩子多说，愿意和父母交流，父母应主动多说，这样才能引导和启发子女多说话，愿沟通。

分享子女的各种情绪

柯灵在《香雪海·鸟》中写道："他分享人们的欢乐，也分担人们的烦恼。"孩子可以从充满童趣的分享活动中真切感受到分享带来的快乐，这对他们正确理解分享以及将来形成健全人格都具有十分重要意义。父母亲的每一次分享行为都会影响子女分享意识和行为的形成。

在日常生活中，每个家庭都能和谐相处多好，可是有不少父母在对待子女的言行上欠尊重、不仁道，比如：不让子女看电视就关掉，把孩子赶回房间。或者批评孩子一顿，并警告他，但实际上，这样的方式并不利于父母对子女的教育，更不利于亲子交流。

要知道，亲子之间交流需要花费一些时间。下面，为父母介绍一些方法，让父母懂得分享子女的各种情绪，这样的话，有利于家庭和谐和促进亲人之间的感情。

分享子女的快乐

每位父母亲都希望子女生活的快乐，因为快乐的孩子有一种天生的幽默感，并且性格很乐观，只要有这种孩子的出现，周围就会是一片欢声笑语。

在这个时候，父母亲应该和子女一起分享快乐，并且说一说自己认为好玩有趣的事情。其实，父母亲的关注让子女会更自信和快乐。

分享子女的善良

实际上，善良就是关心别人，和别人一起分享内心的美好感受，尤其是那些总是将自己放置在悲伤和孤独中的人。在家庭教育中，父母亲可以耐心地教会子女一些道理，比如：与人为善。如果能够感受到善良和爱心，那么他就能意识到自己存在的价值，并在社会或生活中体现自己的价值。最为重要的是，与人为善的孩子不仅能够正确认识自己、喜爱自己，还能够和周围的人友善地相处，快乐地面对生活。

分享子女的害怕

对于年幼的孩子来说，他们会害怕很多东西，比如：蜘蛛、打雷打闪、夜里的黑影子，等等。为什么会害怕这些呢？原因是孩子的头脑里总是充满着一些稀奇古怪的幻想。

如果孩子害怕的话，父母就要引导孩子说话，并让孩子认识到，害怕是能够被克服和战胜的，从而避免孩子因为害怕感到恐惧。

分享子女的妒忌

年幼的孩子有点妒忌心是十分正常的。妒忌，不仅传达了子女内心的一种恐慌，也表达了一种对别人的赞同和敬佩。

不过当孩子有了嫉妒心以后，父母应帮助子女正确对待妒忌心，并且让孩子看到自己的优点和长处，从而正确评价自己。除此之外，父母亲还可以让子女通过参加集体游戏，参与别人的交谈和共同做某项工作，帮助他们，并慢慢化解妒忌心。

分享子女的悲伤

不论多大的孩子，总会有一些悲伤的事情，比如玩具坏了、家庭破裂、喜欢的宠物离世；有的时候，是子女的愿望没有得到满足，从而产生的一种悲伤的情绪。

在这个时候，父母亲应当去帮助孩子辨别悲伤情绪，控制好自己情绪，不让坏情绪继续蔓延。在帮助和引导子女的过程中，父母还应该鼓励孩子，接纳和转化不良情绪，重新振作起来。

分享子女的爱

爱能够让子女感到温暖，让孩子有归属感和安全感。对所有的孩子来说，他们都希望父母能花更多的时间来陪伴自己，欣赏和关爱自己。在忙碌的日子里，或许父母很难经常陪伴子女，但是父母亲要做到让子女时刻感觉到父母亲对他的爱。只有在爱中成长的孩子才会更加懂得爱他人、爱自己。

分享子女的生气

生气是最难控制的情绪之一。在家庭教育中，父母要告诉子女，每个人都有生气的时候，这是人所产生的一种情绪。所以，做父母的应该给子女讲述生气的体验，让他们进入其中的情景，从而有助于他们正确认识生气的情绪，学会以合理的方式控制自己，并且减少不良情绪对自己和周围人的影响。

分享子女的孤独

在家庭教育中，父母亲还应该帮助子女学会面对孤独。比如："每个人都没有永久依附的人，我们教导子女学会自己成长。""要学会享受孤独……"

同时，当父母的还应该给子女灌输一些坚强、独立的思想，让子女的内心有种强大的力量。

巧妙解答子女的疑问

在日常生活中，子女总会问一些稀奇古怪或者是令父母亲答不上来的问题。有时，孩子还会问一些敏感性的问题，这让父母很是头疼和尴尬，也因此，父母亲不会直接回答孩子的话题，有的父母亲甚至采取回避孩子的方式。

面对父母亲的躲躲闪闪和转移话题，子女又会觉得很奇怪或者是自己去寻找答案，从而闹出不少笑话。实际上，当子女有什么疑问的话，父母亲要尽量回答子女，大方地、大胆地回答。这样孩子不仅会懂得某些方面的知识，还会变得性格坦然。

年幼的孩子能说出诸多结婚、接吻一类的词，但并不真正理解意味着什么。当他们目睹电视上的情爱的场面时，或许能朦胧地觉得那是表示友好，但不明白为什么。如果孩子有这样的疑问，他希望得到坦诚的回答。父母最好对孩子说："只有彼此相爱的大人们才可以这样做，孩子是不能模仿的。"让他们明白这是成人的行为。

在日常生活中，有的父母习惯说脏话，慢慢地孩子也学会了说脏话。当孩子说脏话的时候，父母又批评孩子。这时候，孩子就会委屈地说："为什么你能说脏话，我就不能说？"对于稍大一些的孩子来说，或许他们理解说脏话的原因。但此时，父母亲一定要告诉子女：说脏话，只会引起别人的反感。并告诉子女：咱们一起改正这个错误，并欢迎孩子监督。

可能在不少父母亲看来，孩子的问题也许无聊，小孩都会一而再，再而三地提出质疑。一位父亲说："既要工作，又要应酬，有时候又得与老师沟通。当下班回来时，听见小孩问一些无聊的问题，会觉得很烦。"

相信有同感的父母亲也不少。然而，不管什么时候，父母都应当尽量当子女的最佳听众，对于子女提出的问题，诚心诚意地回答。如果不给子女创造问问题的机会的话，恐怕他的问题就会逐渐减少。而其中最大原因是得不到满意的答案、被拒回答、受责骂，等等。此外，如果他感受不到对方的真诚，则态度也会有180度转变，成为不爱开口的小孩。如果父母亲巧妙解答了孩子的问题，那孩子就会明白了，并且不会再问这样的问题。

那么，父母亲怎么才能巧妙地回答孩子提出的各种问题？

1. 对年幼的孩子要以拟人化、童话的方式。

2. 当孩子问父母亲问题的时候，父母亲最好诚实地、直面地回答，不要闪闪躲躲，这样只会让孩子产生更多的疑问：为什么爸爸妈妈不告诉我呢？那我去问别人吧！接着，更多问题就会随着一个问题而来。

3. 如果孩子发问，最好能当场立刻回答。这对于子女而言可使其学习欲高涨，而且能充分理解。父母亲实在答不出来可以说："爸妈现在不知道怎么回答你，等我去问问别人之后再来告知你，好不好？"

但是，记住父母与子女约定之后就一定要遵守。即使孩子忘记了，家长应该去问问其他人或翻阅书籍以找出正确答案，千万不可失信。

第十七章

引领子女走出迷茫

青春期叛逆是正常现象

青春叛逆期是子女从幼稚走向成熟，从"一张白纸"走向"绚烂多彩"的人生过程。在这个过程中，孩子会逐渐建立自己独特的个性，成就一个完整的自我。

在家庭教育中，父母亲最担心的就是遇上子女的青春叛逆期。因为在这个时期的孩子不好管教，不听话，甚至会反抗父母。

孩子开始了叛逆，他有着自己的小世界，并沉迷其中，不论父母说什么，他都不会放心里。他的变化，不仅让父母苦恼，也让周围的人很是苦恼。

但是，青春叛逆期是孩子一生中不可欠缺的重要环节。在子女成长的过程中，存在着两个比较明显的叛逆期：一个是孩子2～3岁的时候所经历的第一叛逆期和孩子14～17岁的第二叛逆期。

处于青春期的子女，他们的自我意识进一步发展，并逐渐形成了自己的一种价值观。当然这种价值观与父母亲的价值观有些偏差，因此受到父母的反对，更得不到父母亲的理解。于是，子女就会在同龄孩子中寻找共鸣，从而远离父母亲了。

在这个时候，父母亲想要介入孩子的生活，那可不是件容易的事情。要知道，他们一定会反抗，向往独立的。比如：他们不喜欢和父母亲交谈；他们喜欢与父母亲作对；他们认为自己是个大人，能承受所有的事情，随之离家出走，走上犯罪的道路。

其实，青春期的叛逆正是子女顺利成长的一种标志，是正常的生理和心理反应。相反，在青春期不懂得叛逆的孩子才是最危险的。

在欧美一些国家，他们十分重视子女说"NO"，因为他们认为这是孩子长大的过程，所以，鼓励子女要有自己的想法。可与之相比的是，中国的父母亲并没有意识到这些，他们总是认为孩子应该做的就是"听话""懂事"。当子女进行反抗的时候，他们就会急得火冒三丈，立即以更强势来压住孩子。

这个时期，如果父母亲能够给予子女足够的自由，放手让他自己做，理解他。那么孩子也不会变成这样：不愿意与父母沟通，上课不听讲，沉迷于武侠小说中。当然了，人人都喜欢那些富有传奇色彩的人生，正是因为一些孩子在现实生活中得不到满足，无法感受到自我，才从而将自己放置在书中，在书中遨游。如果父母亲能够引导和帮助，听听青春期孩子的话，那么子女或许不是这样的。

实际上，子女的成长需要更多的"独立空间"——不仅要有自己独立的房间，还要有能够决定自己的自由。在这个时候，父母和大人就应该保持适当的沉默，让子女尽情做自己。要知道，青春期的孩子会对父母亲"喋喋不休的唠叨"感到厌烦，因此，他们才会寻找一些"志同道合"的朋友，随之离父母更远。比如：他们会找同龄的朋友，会找一些能够理解他们的亲戚。

与这样的人来往，对子女是十分有益的。在他们面前，孩子可以畅所欲言，毫无顾忌。而这些"大人"在与孩子的交往中，也能够倾听他的烦恼，并给予孩子一些理智的建议，从而利于孩子顺利度过青春期。

那么，如何面对子女的青春叛逆期呢？教育专家总结出了几点，以供父母亲参考：

父母做帮助者，不是决策者

在家庭教育中，父母亲应该把自己退居到子女的背后，不要对子女做出什么决策性的行为，而是应该征求子女的意见，比如："你是怎么认为的呢？""你打算如何处理呢？""你打算什么时候开始做呢？"

当知道子女的观点、实施方法和实施时间后，父母亲再进行判断，并对不正确的部分加以修正。在与子女交流的过程中，一定要注意自己的语气，比如：我认为那样做可能会导致不好的结果，你认为爸或妈的意见对吗？

青春期的子女是聪明的，他们有着自己的判断力，所以父母亲要把孩子当成一个大人，用正确的态度对待他们。在家庭教育中，劝父母一定要记住：你只是帮助者而不是决策者。同时，交流会越来越多，亲子之间的关系也会越来越好。

找到问题本质，不急于表面求成

在日常生活中，比如，天变冷了，父母让子女穿厚一点，可孩子不认可，反说："你怎么那么烦！""以后少管我闲事！""我不傻！"相信父母都遇到过，其实子女不是傻，也不是不听话，只是他们认为，当时天冷可以挺得住，毕竟少穿些衣服，体形会好看些。

如果父母亲这样说："知道你是想保持身材，这是好事情！当然了，喜欢漂亮是你的权利！不过，你最好还是穿厚些，怕你感冒了，影响课程，会让自己难受，也会让父母担心。"

所以，当遇到这样的情况时，最好以商量方式解决问题，即便商量失败，也不要发生争吵！可在不少家庭中，父母只要发现子女不听话，便会大吵大闹，弄得家庭气氛不是很好，还破坏了亲子之间的感情沟通。

如果商谈不成功，父母亲也不用着急，让他遭一次难，他会明白大人的好意，至少以后他会考虑父母的建议。

总之，请父母要明白：子女的青春期叛逆只是孩子成长的一个阶段，劝父母不要急于去改变孩子，而是要顺应子女的自然成长。

做子女的"知心人"

当我们一天天老的时候，孩子一天天在成长。于是，就有了更年期撞上青春期的说法。处于青春期的子女，他们需要被尊重、被信任。与此同时，他们还渴望独立，脱离父母的羽翼和怀抱。也因此，在青春期里，他们经常和父母亲对抗，有着逆反的心理。

于是，父母与子女之间就有了你骂我不听、你打我跑的情况。有些父母亲很是苦恼，就咨询教育专家的指导或咨询一下成功教子的父母亲，学习一些经验。在跌跌撞撞中，父母终于明白了：对待有逆反心理的子女，就是要把他们当大人看，成为子女的"同辈人"，如知心哥哥或姐姐似的。于是，父母亲收拾好自己的情绪，准备与子女平等相处。

可是，这样的"平等"还没有持续几天，父母就厌烦了："这孩子，真是不知好歹！"接着，父母亲还是拾起了传统的"巴掌教育法"。其实，父母亲的想法没有什么错，想要与子女平等相处，改善和子女的关系，帮助子女平稳地度过青春期。

因此，父母亲一定要使用正确的教育方式对子女的个性进行耐心教育疏导，从而帮助子女度过青春期，促进子女的健康成长。其实，在子女内心深处，都希望自己的父母亲作为自己的"大哥哥、大姐姐"，不仅能够理解自己，还能够为自己的困难出出主意。

那么，父母应如何做子女的"同辈人"呢？下面我们来看一下吧：

1. 在家庭教育中，父母应意识到：子女成长的过程是漫长的，不是一朝一夕就能有翻天覆地的变化。再加上每个家庭环境的不同，教育方式不能是统一的。比如：一家人本来就不怎么交流，如果父母亲突然心血来潮，召开家庭谈心会，孩子还会觉得父母的转变是不自然的，有什么目的性的。也因此，孩子不愿多说。如果父母亲一着急的话，还可能让谈心会变成批斗会。

2. 父母亲要逐步接近孩子。在一开始的时候，父母亲可以告诉孩子很喜欢他的爱好，比如：某个电视节目或某本书、听流行音乐等，从而引起孩子的注意。接着，就趁机向孩子请教一些这方面的问题。

3. 逐渐过渡到其他方面的沟通。在与子女有了一定程度的沟通后，父母就可以采用一些具体的方法促进亲子之间的关系了，比如：财务自主。其实，处于青春期的孩子，他们的心理上要求独立，但是经济上又要完全依赖父母亲，这让他们很是苦恼！对那些已经有了一定自制力的孩子，父母不如把每个月的零花钱一次性给他，由他自己安排。如果他很快花完了一个月的零花钱，那么，父母就不能再给。这样一来，孩子不仅有了自主权，可以支配自己的零花钱，也会体验到父母的艰辛。再比如：召开家庭会议。周末或定期召开一次家庭会议，让孩子来主持，和他一起商量家庭的事务。在这个时候，父母和孩子之间就能进行交流。

4. 父母亲要及时转变角色。在日常生活中，我们常看到这样的一种现象：女孩子比较信任爸爸，而男孩子比较信任妈妈。也就是说，青春期逆反的中学生，女孩顶撞妈妈的比较多，男孩顶撞爸爸的比较多。

因此，在子女成长过程中，父母亲除了要注意自己的言行举止外，还应该在子女面前明确自己的"身份"。如果家中有男孩又有女孩的话，那么父母亲就应该把握好自己的"身份"，针对不同的孩子做出不同的反应。

5. 营造一种民主的平等的家庭关系。当父母亲让子女发言的时候，无论孩子说什么，父母亲都要耐心倾听，并通过子女的言行举止，来了解孩子。在倾听的过程中，父母应该让孩子把话讲完，避免随意地指责或草率评论引起的不愉快。

当子女表达出自己意见后，父母应积极地回应："你说得不错！不过我要补充一点，看是不是会更完善。"这样一来的话，孩子不仅说出了自己想说的，还促进了亲子之间的交流。

同时，父母亲还可以在周末的时候与子女一起玩游戏。比如：让孩子利用周末尝试做一次"父母亲"，由孩子安排家庭成员的活动。这样的做法不仅展示了孩子能力，还加强了与父母的情感，并要在家庭中发扬民主，鼓励子女申辩，让孩子懂得不管是要做些什么事情，都要"有理"，这样才能够走遍天下，从而培养子女语言表达能力和独立分析问题的个性。

6.心平气和地沟通交流。在日常生活中，有些父母大人不讲方式，不论场合，随时随地批评子女。其实，这是非常错误的做法。因为有些批评不仅刻薄，而且也不完全正确。伤到子女的自尊心，引起了子女内心的埋怨与愤恨。

因此，父母在批评子女的时候，一定要弄清楚缘由，讲究场合，注意方式方法。比如：就事论事，不翻旧账；不当着陌生人或亲人的面批评孩子；不要说一些"你比某某差""你真笨"等之类的话语，以及伤及子女的自尊；不说赌气发狠的话；当孩子冲动的时候，父母亲一定要采取"冷处理"的做法，等子女冷静思考和平息冲动后，再对其做批评。

所以，在教育子女的过程中，劝父母切忌用一些打骂、体罚、说些不好听的话来教育子女，而是应该要通过表扬、赞美的方式，让子女朝着积极向上健康的方向发展。

总而言之，父母亲只有在家庭中充当子女的"大哥大姐"，孩子才会将自己的话说出来，千万不可采用家长制的气势来教育子女。

感情有理恋爱也无罪

现如今，随着社会越来越开放，恋爱已不再是一个讳莫如深的话题。有些父母亲在子女上大学的时候就催促子女恋爱，在校学生到了法定年龄，即便是结婚也为法律所允许。那些"校园巡视岗""恋爱禁止令"等是否适合存在于思想开放的今天呢？

现在的学校中有不少同学在谈恋爱，而且行为非常大胆，他们对异性的倾慕不再是偷偷埋藏在心中，而是把"我喜欢你""我想你""我爱你""I LOVE YOU"等公然表露在纸上，在上课、吃饭的时候，他们手牵手出双入对，每逢到特殊的日子，比如：生日、情人节也会有浪漫的举动——送礼物、玫瑰花、巧克力，在宿舍楼唱歌，等等。

对于他们的这些做法，有些父母亲不赞同，他们认为学生的任务就是学习，杜绝子女上学谈恋爱！实际上，父母亲这种杜绝的做法是不对的！

实际上，要知道：感情有理，恋爱无罪。

只要父母亲能够正确引导子女恋爱，那么子女就不会做错事，不会影响到自己的学业。那么，父母亲又该如何引导子女恋爱呢？教育专家总结出了几点，以供父母亲参考：

用理智战胜情感

在青春期这个阶段，父母应告诉子女：你现在是读书的黄金时间，从走进高中的那天开始，就在向高考靠近，向大学的门口迈进。你已经没有退路，你要对自己负责，对明天负责，同时也要对你的爱情负责，对对方负责。

老实说，爱一个人就是要给他幸福。如果一个人还没有能力给他幸福生活，那就要努力去创造良好的条件，足够给他幸福的条件。只要把爱的种子珍藏在心底，把精力用在学业和个人修养上，在工作中奋发，才能够在不久的将来，赢得甜蜜的爱情。

把爱情变成动力

在现如今，青年人正当的爱情就是动力，就是一种责任感。确实不少同学"相约在大学"！相信他们是理智、是有责任感的。不少同学为了爱情梦，在高考前不写信、不见面的承诺。只要一想到那个美丽的约定，就立即有了精神，现在的一切都是为了以后，在校倍加努力，双双考进了自己想要去的大学。

把爱恋变成友谊

实际上，把爱恋变成友谊是一种值得倡导的异性交往方式。看到这里，应该会有人感到疑问：异性间有纯洁的友谊吗？答案是肯定的。

下面，我们来看看这几个同学是怎么对待自己的情感的：

第一对：在平时，他们总是自顾自地学习，在同学面前，他们的关系很一般。如果不是有人透露出来，根本没有人知道他们在一起了。在他们眼里，只要真心地在一起，无论别人怎么说、怎么看，他们都会从容面对。

随着时间的变化，他们也分班了，也就走得远了。不过，他们还是很要好的朋友。后来再说起这段恋情时，女孩说："我最终还是选择学习，这是永远不会改变的。"男孩说："在需要学习的时候要提升自己，在需要恋爱的时候就去恋爱。"

第二对：男孩和女孩都是班级里的活跃分子，在同学眼里很耀眼，是大家注目的焦点。两人有着太多的共同语言，说一些别人不知道的东西，去一些别人没去过的地方。很自然地，他们就被同学看作一对了。但实际上，他们并没有在一起，不过他们还会开自己的玩笑，就像自己不是大家的谈论对象一样。

最终，毕业了，他们还是没有走到一起。当大家感到疑惑：不会吧！他们的关系那么好呢！听到这样的疑问，女孩说："我可以拿他当我最好的朋友看待！"男孩说："我们的关系很铁！她是可爱的女孩，只要她需要帮忙的，我就会立即赶到。"

第三对：男孩与女孩是同桌，学习成绩差不多，各有天赋，即便是性格也极为投缘，相互探讨是经常的事，还能相互开玩笑。慢慢地，不知道怎么的班上就开始传他们的"绯闻了"，男孩与女孩觉得莫名其妙。

后来，大家换座位了，男孩与女孩就分开了，从那以后，他们再也没有说过一句话，就连同学之间最基本的联系都没有了。只要是两人见面的时候，就借口避开。

在他们中间好像竖着一堵无形的墙一样，让他们再也不交谈。对他们来说，好像"避开"就能证明自己的清白一样。可是，事实是这样吗？

后来，女孩说："这是我一生的遗憾！如果当初我能够勇敢一点儿的话，那么我就不会失去一个很好很好的朋友了。可是，已经无法从头再来……"

虽然故事中的三对都有着自己的处理方式方法，但他们的初衷都是单纯的友谊关系。如果真的在意这段友谊的话，为什么要去在意别人的眼光和言论呢？

实际上，父母亲只需要把事情想得简单一点儿，想得单纯一点儿，把自己的视野放得宽阔一点儿，放得高远一点儿，就能好好地处理子女和异性的交往问题。爱，是一个十分圣洁而又严肃的话题，爱包括的东西太多，不是一下子能说清楚的。但是在爱里，最重要的就是：为爱负责！在青春期里，同学们朦朦胧胧的爱情不是洪水猛兽，而是一串甜甜酸酸的葡萄。只要父母亲正确地引导和帮助孩子，相信他们会正确地理解爱、感受爱的。

帮子女走出网瘾

现代社会，随着网络的普及，越来越多的孩子开始喜欢上网，有些孩子甚至有了网瘾：他们整天除了吃饭、睡觉，就端坐在电脑前上网玩游戏，学校不上，朋友不交，与家人也没有任何交流。父母亲对他们说什么也没有用，给家庭造成极大的痛苦，也给社会带来了很多问题。很多家庭父母亲想弄明白子女为什么这么喜欢上网？其实，造成子女"网瘾"的原因是很多方面的：

孤独感增加

这个结论也许会让家长们感到不可思议，因为他们把大多的精力都投在了子女身上，子女怎么会觉得孤独？这就需要家长们想想自己平时的做法：用学习成绩来衡量子女的成功与否，日常生活很少关心子女的精神世界……这么做只会增加子女的孤独感。

其原因完全是父母亲很少与子女交流，也很少与学校交流孩子的情况。可能是因为家人对自己的爱不够，孩子才将精力都用在虚拟的网络世界中。

如果父母亲用真爱去唤醒孩子的心灵，孩子又怎么会不回头呢？在生活中，有很多孩子喜欢成天"泡吧"，有的时候还夜不归宿。为什么会这样呢？是因为他们觉得家里没意思，家里人根本不需要他，而且听他们吵架就烦……

试想，当孩子不愿意回家的时候，不愿意面对父母亲的时候，他们不去网吧又去哪里呢？所以说，父母亲应该用爱去填满孩子空虚的心，让孩子知道有人爱他。为了让孩子早日走出网瘾，父母亲就要多抽出一些时间，和孩子交流思想，交流自己的所见所闻，营造一个和睦健康的家庭。

其实，有的网瘾只是孩子心理问题的一种外在表现形式，实际上他们可能患有孤独症、抑郁症等。如果家长给孩子需要的关爱，孩子还会天天沉迷于网络吗？可以说，孩子有网瘾，家长有多半责任。

自我迷失感加剧

在网络这个神奇的虚幻世界里，到处充满了信息，孩子常常感到手足无措，一不小心闯入游戏，便会"流连忘返"。不仅如此，在网络世界里，孩子无法确定自己的角色，更难以确定自己的位置，所以，在网络里，孩子会逐渐忘却自己在现实生活中的真实角色。

自我约束力降低

孩子本身的自制力弱等因素也会使孩子形成网瘾。由于网络中彼此不见面，平常不敢说的话可以说了，不能做的事也可在网上实现。因此，网络充分地暴露和宣泄压抑在人们心灵深层的需要和欲望。但这种无谓的宣泄带来的后果却是自我约束力的下降，沉迷于其中，正常的生活、学习、工作就无法继续。

父母亲在孩子走出网瘾过程中扮演着很重要的角色，必须打破原来一味地打骂埋怨或放纵溺爱的传统做法。劝父母亲一定要耐心地定期与孩子交流，创设有利于孩子健康成长的环境，满足孩子正常的人际交往、游戏等方面的需求。具体来说，父母亲就应该做到如下几点：

1. 更新观念，提高对网络时代的认识，学会上网。父母亲不懂网络，就不能正确引导孩子上网，督促孩子健康上网。另外，父母亲还可以在电脑上设置防火墙，防止孩子受到不良文化和信息的影响。

2. 父母亲要掌握一定的心理学治疗知识。很多父母亲面对子女网络成瘾，往往是苦口婆心地劝说、哭诉，最终又束手无策。正确的做法应该是正确面对，并用适当方法去改变子女，善于"弹性说服"，又应设身处地为孩子着想，了解孩子的需要，帮助他们走出网络成瘾这个迷阵。

3. 父母亲应间接转移孩子的注意力。可以带子女出去旅游，既能开阔孩子的眼界，又能锻炼子女的动手能力、交流能力。

这样适当地转移子女的注意力，就是对孩子最大的帮助。

4.父母可以在社区中或者联合其他家庭，营造健康的网络文化交流环境。在孩子的业余时间，组织孩子搞些有益的网络竞赛，宣传网络技能，通过家庭的比赛和交流，引导子女正常使用网络。有的父母就会说：那可以多组织活动培养孩子兴趣，培养自己的兴趣。的确，父母亲要和子女共同进步，共同发展自己的爱好。只有这样，子女才能够和父母亲很好地交流。

欣赏他的初恋情人

虽然"早恋"已经不是新鲜的问题，但却是每个孩子和父母亲都会遇到的问题。当孩子早恋了，当父母的该如何应对呢？是予以打击还是鼓励呢？有的父母亲就说：孩子当然不能早恋了！这会影响学习的。有些父母说：其实也没什么，现在的孩子都早熟。再说了，现在不是都倡导平等、尊重吗？如果孩子早恋了，那父母亲就应该尊重他们。

要知道，青春期的青涩恋情是每个孩子都会经历到的，不能为了杜绝而去压制，去寻求外界的帮助。

仔细想一想，少男少女们的初恋大多是难以坚持长久。为此，西方心理学家契可尼做了个有趣的试验，实验证明：人对已完成了的、已有结果的事情极易忘怀，而对中断了的、未完成的、未达目标的事情却总是记忆犹新。

比如：在一次考试中，需要答100道题，其中有99题都完成得很好，到最后一道题的时候就难住了。等到下课铃响了，你交卷后走出考场与同学们对答案，发现99道题都是正确，可最后一道却被你深深记住了，因为你没有做出来。接着，那99道正确的题就被你忘记了，而记住了那道让你有挫败感的题目。

同样的道理，初恋也是如此。作为父母亲应该尊重子女的健康成长，尊重子女的初恋情人。

当父母知道子女陷入失恋痛苦，父母亲应该根据科学的劝告，给孩子讲一下心理学家契可尼的试验，让他明白：初恋之所以令人刻骨铭心，正是因为初恋的未完成性。如果停留在这种记忆中反复追寻，就可能导致迷失自我。特别是在失恋刚开始的时候，如果没有朋友或其他事情来转移孩子注意力的话，孩子最容易产生孤独感、寂寞感，从而加剧痛苦，甚至影响自己的学习成绩。在这种情况下，父母亲的一般劝慰是难以奏效的。

如今的孩子智商比较高，求知欲强，接受的信息很多。那些深陷失恋痛苦的孩子，更是经过深思熟虑，才会变成如此模样。要知道，头脑简单的孩子是不会有长久的痛苦的。

当面对这个阶段的孩子，劝父母千万不能简单粗心地对待，而是应当用关爱的态度和科学的语言与子女促膝谈心，让他们懂得事态的严重性，从而真正解开心理的疙瘩，重新振作起来，以乐观的态度去面对新的生活。

总之，在遇到子女早恋的时候，父母一定要尊重他们的初恋，从而加以引导，以免酿下不必要的错误。

给个爱情的标准让子女决定

当子女进入青春期后，他们的独立意识逐渐增强，随之就想摆脱老师与父母亲的束缚，更广泛地接触社会，他们需要一个空间来隐藏属于自己的私密。在这个阶段中，爱情是他们比较容易遇到的。

一旦子女遭遇到爱情的时候，父母就会陷入重重焦虑之中，甚至茶饭不思，夜不能寐。父母亲对孩子的爱情到底在纠结什么呢？我们来看一下：

孩子懂得真正的爱情吗？

在孩子一遇到爱情的时候，父母就会心生疑问：他们懂什么是真正的爱情？其实，这是父母亲对子女情感的误解。每个人只有在经历爱情以后，才会懂得爱情的滋味，就像丹尼尔和麦乐蒂一样，他们在相爱之前也不懂得真正的爱情，但是在尝到了爱情的滋味后，他们就懂得了。

实际上，年幼的孩子所遇到的爱情才是真正的爱情，因为他们不会与金钱、房子、地位联系在一起，而只是单纯的爱恋之情。

担心影响孩子的学业成绩

在子女遇到爱情的时候，大多父母亲最担心的是影响到学业。他们不希望子女把精力和时间放在爱情上，而是将全部精力和时间用在学习上；他们希望子女按照大人的想法"考上大学或研究生以后再谈恋爱"。很显然，父母亲没有遵循子女的自然成长，也因此得到了很多失望。

子女的身体、情感、语言、思维、学业……每一个方面都是按照生命的自然规律在进行着，只有这样，子女的成长才是完整的，劝父母不能在这些项目中进行挑选，比如"父母希望子女身体、思维、语言、学业……都能够获得不错的发展，但不希望孩子过早地恋爱"。像父母亲这样的要求，是剥夺了子女生命完整发展的权利。

当然了，在遇到爱情的时候，子女会在这方面花费大量时间与精力，从而影响子女的学业或其他方面，比如：花费大量时间发短信，导致学业考试分数下降或因为一些小误会、矛盾就导致情绪不稳定等。其实这些现象在恋爱初期都会出现。

在这个时候，如果能够获得父母亲的指导和帮助，孩子就能够慢慢平静下来，从而合理安排时间和精力，调整好学业与情感的平衡。在自我调节中，需要孩子具有良好的自我管理能力。如果子女从小没有养成管理自己的能力，那么就很难达成这样的效果。无论怎样，父母都不应该因为孩子早恋而诋毁、羞辱和贬低子女的爱情。

担心孩子朝三暮四

在日常生活中，我们经常会听到一个小男孩说"今天我喜欢宁宁""今天我不喜欢宁宁了，我喜欢嘟嘟，她是个可爱的女孩"……

面对孩子的朝三暮四，父母亲如何来理解小孩的感情呢？实际上，年幼的孩子所接触的爱情本来就是动荡不安的，他们只是用"练习"的方式来练习爱情，来练习人际交往。在练习中，包含了不断认知各种特点的异性，找到最适合自己的人。

可以说，朝三暮四已经成为这个年龄阶段爱情的特点。他们有权利和机会进行自己的选择，这样的经历是他们心智和情感成熟的必备条件。

在这个时候，劝父母亲不要把子女的朝三暮四与成年人的朝三暮四相混淆。如果对待爱情的态度是认真的，那么人们就有权利进行多次选择。如果用情感作为玩弄性的手段和游戏的话，那么这样的情感是被人所唾弃的，是不道德的。

担心子女被对方拒绝

在日常生活中，我们还会看到小男孩向小女孩表白，却被拒绝了。这个时候，男孩就会哇的一声哭了起来，来找父母，想得到父母亲的抚慰。在这个时候，父母亲就忍不住问了：如果孩子被对方拒绝会有什么危险和影响吗？

的确，一个才几岁的男孩懂什么？他连自己都保护不好，怎么去保护小女孩呢？不过，小女孩可没有给他表现的机会，而是用无言来拒绝了他。因此，男孩就有了挫折感。

不过，挫折会让孩子明白一个道理：这个世界不是以自己为中心的！这也是孩子脱离以自我为中心的契机。在这个时候，父母亲需要做的就是帮助和指导孩子鼓起勇气，不要放弃追求别人，并且要让孩子明白：你有喜欢和不喜欢的权利，那么别人也有喜欢和不喜欢的权利。

所以，当子女遇到爱情的时候，父母亲应给子女一个爱情的标准，让子女明白：什么该做什么不该做。那么，如何来帮助和指导子女呢？下面，我们来看一下电影中麦乐蒂的父母是如何做的吧！希望父母能够学习。

尊重子女的爱情

麦乐蒂的父亲文化不高，经常酗酒，但他非常懂得尊重孩子的情感。有一天，父子俩谈起了丹尼尔，说："你真的喜欢他？哦！你找到了很好的小伙子，他是个非常好的小伙子，不过他太年轻了，所以会有些麻烦……20岁才能结婚。"

在这句话中，父亲对男孩进行了肯定，也尊重了女儿。在实际生活中，有很多父母亲为了否定子女的爱情，还会连着否定孩子喜欢的异性，比如："这么小就和你谈恋爱，他肯定不是什么好东西！""他这样只会拖累你！""他有什么值得你喜欢的？比他好的多的是！"……像这样的说法就是对孩子的不尊重。

接纳子女的感受

一天，麦乐蒂哭泣着问父亲："我喜欢和丹尼尔在一起，我们只想要幸福，为什么就不可以？为什么你不帮助我！"

因为麦乐蒂无法明白：为什么要等到20岁才能够结婚？为什么要完成学业才能够结婚？为什么自己的爱情会遭遇同学的嘲笑？这一切的一切都让她陷入了深深的痛苦之中。

看到麦乐蒂的反应，父母却没有说任何话，因为他们无法帮助才刚10岁的麦乐蒂理解这个过程，但他们选择接纳孩子无助的情感，从而让麦乐蒂感受到了父母的接纳与理解。

告诉子女现实社会的原则

看到麦乐蒂父亲的教育方式，相信父母们也应该明白了些什么吧。在陪伴子女经历爱情的过程中，劝父母们该做的就是：引导和帮助子女懂得并遵守现实世界的规则，还要尊重子女的情感。

其实，早恋是每个孩子都可能面临的成长问题，父母不要把早恋当作洪水猛兽，避之不及。只要能够倾听子女的心声，真诚地与子女交流，悉心指导孩子的行为，子女也会在早恋的经历中成长、成熟。

青春期子女的地盘让其做主

俗话说得好：可怜天下父母心。对于大多数父母亲来说，真的是把自己的所有贡献给了子女。可是，最终却换回了什么呢？一个"不"字。

一方面，父母为子女有了自己的主见和独立性感到高兴；一方面，父母又觉得子女要脱离自己的控制，因此感受到了失落和伤心。随着子女的年龄增长，父母的说教管理方式越来越没有用处。尤其是遇到青春期的子女，父母亲就更没有招数了。为此，父母亲头痛不已。

几十位父母坐在一起共同探讨了关于"如何维护亲子之间的关系"的问题，其中有的父母亲提出的问题颇具代表性。

一位母亲说：自从孩子上了初中后，就像变了一个人一样。脾气越来越火暴，一句话不对就立即发火了。现在的孩子，真像一只带刺的刺猬，碰不得。

另外一位父亲也表示：孩子也有类似的问题。在日常生活中，孩子和父母亲都可以压制自己的情绪，可等到积攒到一定程度的时候，可就压制不住自己的情绪了。有的时候，就会对子女施以暴力。完了以后，再坐下来谈。

父母亲就这个问题讨论热烈，但意见相当一致，那就是：无论如何，都不能对子女使用暴力。盛华教育的殷永胜校长说：子女只要能够和父母亲坐下来进行沟通，哪怕气氛再不怎么好，也说明孩子正在寻求解决的办法。在家庭当中，最主要的是相互尊重，不要把子女看成自己的私人财产，想要干什么就干什么。

处在青春期的孩子，他们大多是比较叛逆的。所谓叛逆心理，就是说子女有了维护自尊或者是抗拒的一种态度和行为状态。

在日常生活中，父母了解孩子青春期叛逆的种种表现吗？长沙特殊教育学校校长沙素能在此总结几点，以供父母参考。

1. 独立性和依赖性的矛盾。在青春期的孩子，他们最突出的心理特点就是出现成人感，由此增强了自己的独立意识。比如：在生活上，他们不愿受父母亲过多地照顾或干涉，不然的话就会产生厌烦的情绪；对一些事情是非曲直的判断，不愿意听从父母亲的意见，并有着自己强烈的表现愿望；对一些传统的、权威的结论持异议，他们还会提出过激的批评之词。

不过，由于孩子的社会经验和生活经验不足，就会经常碰壁。于是，他们又不得不从父母亲那寻找方法、途径或帮助。除此之外，由于孩子在经济上不能独立，就会再次去依赖父母亲。

2. 成人感与幼稚感的矛盾。在青春期的子女，他们认为自己已经成熟，长成大人了。因而在一些思维认识、行为活动、社会交往等方面，表现出像大人一样的行为。在心理上，他们渴望别人把他看作大人，尊重他，理解他。但由于年龄不足，社会经验和生活经验及知识的局限性，他们在思想和行为上会出现一些盲目性的行为，甚至会因为冲动做一些傻事蠢事。

3. 开放性与封闭性的矛盾。处于青春期的孩子，他们需要与同龄人，特别是与异性、父母的平等交往。可以说，他们渴望别人敞开心扉来对待自己。但由于每个人的性格、想法不一，他们的这种渴求总是找不到合适的对象，从而无法释放自己。因此，他们就只好诉说在日记里。这些在日记中写下的心里话，又由于自尊心，不愿被别人所知道。于是，他们就形成既想让他人了解自己，但又害怕被别人了解的矛盾心理。

4. 渴求感与压抑感的矛盾。青春期的孩子由于性的发育和成熟，出现了与异性交往的渴求。比如：他们会想要接近异性，想要了解一些性知识，并且喜欢在异性面前表示自己，甚至出现朦胧的爱情念头等。

但由于学校、父母和社会舆论的约束和限制，使得青春期的子女在情感和性的认识上存在着既十分渴求又不好意思表现的压抑的矛盾状态。

5. 自制性和冲动性的矛盾。青春期的孩子在心理上独立性、成人感出现的时候，他们的自觉性和自制性也得到了加强。在与他人交往的过程中，他们一边希望自己能随时自觉地遵守规则，力尽义务，但在另一方面又难以控制自己的情感，有时还会鲁莽行事，使自己陷入一种矛盾之中。

其实，青春期是孩子成长的过程中经过的一个"坎儿"。在孩子进入青春期后，他们的情绪忽高忽低。同时，他们的逆反心理很强，不愿听从父母的劝解。有时候，他们还会故意犯错，以显示自己的不同。

在这个时候，如果父母亲不能及时对子女进行正确引导，孩子很难顺利度过人生的这个关键时期。如果只是一味地对孩子严加管束，那么只会与孩子产生矛盾，使冲突不断升级。在这里教育专家总结出了一些正确的方法，供父母参考：

了解子女的心理特点

处于青春期的孩子认为自己长大了，随着时间的发展，他们的独立活动的愿望变得越来越强烈，总想摆脱父母亲的管束，从而按照自己的意愿办事。如果别人稍加干涉的话，孩子就会产生不满和反抗的情绪，这都是青春期的逆反心理在作祟。

因此，劝父母在对待青春期的孩子时，要给予更多的理解和关怀，用爱来消除与子女之间的隔阂。当看到孩子的叛逆行为时，父母不妨在心里告诉自己："孩子正处于青春期呢，我不和他较劲。"

这样的话，父母的心情会很快平静下来，而那些唠叨和指责的话语也就不会脱口而出，引起子女的厌烦和对抗情绪。

了解子女的想法

记住，无论孩子是对抗还是发泄某些负面情绪，都会有他自己的理由。在这个时候，父母亲首先要做的是尽快了解孩子的情绪和缘由，然后对症下药，进行引导和帮助。

在帮助孩子的时候，父或母应该停下手里的事情，耐心地听孩子把事情的来龙去脉说完。在孩子诉说的过程中，父母一定要耐心一点，不要随意打断孩子的话，也不要对孩子的想法妄加评论，更不应该长篇大论地讲大道理。

尊重子女的感受

青春期的孩子自尊心十分强，特别渴望得到父母的理解。由于心理上还不成熟，孩子总是会做出一些不恰当的言行举止。在这个时候，父母亲不必接受孩子的所有行为表现，但一定要尊重子女的感受。比如：当孩子做出了什么好的行为时，父母一定要给予赞赏。当孩子做出了什么不好的行为时，父母就应当对孩子进行提醒和规劝，但不要过多干涉。

当孩子感到委屈向父母倾诉时，父母千万不要用不耐烦的语气敷衍孩子，更不要用伤害自尊心的话语来刺激子女。要知道，孩子倾诉和发泄不满的情绪，只是需要一位忠实的听众而已。

尊重子女的选择

劝父母亲不要总端着架子，对子女的行为指手画脚。这样的做法只会激起子女的逆反心理。无论孩子做的事情是对还是错，父母亲都要正视，以平等和民主的教育方式消除子女的逆反心理。

除此之外，父母还可以把对问题的分析和见解坦诚告诉孩子，至于应该怎么做，做成什么样，那就是孩子自己的事情。父母亲应该尊重子女的选择，相信子女有独立解决问题的能力。

即便是子女的处理方式有些不妥，父母亲也应该尊重他们，并且在适当的时候给予一些帮助。

必要时父母要约束子女的行为

当孩子处于青春期的时候，父母不要和青春期的子女一般见识，但对于孩子的一些不良习惯和偏激的行为，绝不能姑息。切记：在帮助孩子的时候，要讲究方式方法，杜绝硬来。

表面上少关注子女的学习

处于青春期的孩子，大多处于初中阶段。在这个阶段，他们的学业负担比较重，承受的压力也不小。不用父母多说，他们也知道学习才是头等大事。因此，父母亲不要只把注意力放在孩子的学习上。

要知道，父母亲关注得越多，孩子就会越反感。久而久之，孩子还会出现厌学或逃学的行为。这样的话，麻烦就大了。

在这个阶段，劝父母应该在表面上少关注孩子的学习，但在孩子不知情的情况下，可以多与老师联系、沟通，及时了解孩子的心理和学习动态，听老师的一些建议，以便能帮助和引导孩子。

关注孩子的兴趣

前不久，有一部电视剧热播，叫《青春期撞上更年期》。的确，当子女处于青春期的时候，很多父母亲恰也到了不惑之年，难免会和孩子有一些"碰壁"。对孩子的一些兴趣、爱好，父母亲都很难理解，更谈不上赞同了。

不过为了孩子，为了能够走进子女的内心，帮助孩子顺利度过青春期，劝父母应该陪孩子一起成长。在这个时候，父母亲不妨从孩子关注的事物入手，对孩子感兴趣的新鲜事物、社会现象，尝试着去了解和接受，与孩子在一起进行交流和讨论，让孩子感到父母的理解和包容。只有这样，父母亲才能拉近与子女之间的距离，增厚亲子之间的感情。

毋庸置疑，面对青春期的子女，劝父母亲一定要耐心，切记与孩子发生冲撞，而是要强化尊重子女的青春期，让孩子在自己的地盘上有意"胡闹"，但要求父母一定要在一旁监督，只要遇到什么不好的情绪和行为，就要立即劝教，讲道理，加以修正。

性：是个疖子捂不得

在情窦初开的时节，子女本应该享受和体验一些纯粹的爱情。然而，许多媒体中充斥着性元素，刺激和影响了孩子的心理，并让他们过早地跨越了单纯的爱情，跨入了爱情与性的混乱时节。可以说，这是孩子性心理早熟的表现，也是孩子过早尝试行为的诱因之一。

在现实生活中，个别初中生竟然偷食禁果。相信这样的子女，怎能不让父母亲担忧！如果子女真有犯傻现象，真的会是父母亲难以承受的。可是在这个时候，我们父母亲要想一想：为什么孩子会对性好奇？为什么会偷食禁果？说到底，还是因为孩子对性的不了解。

因此，父母一定要给子女灌输一些性知识，并要让子女懂得：如何对自己的情感和行为负责任，懂得把持与异性交往的底线。那么，父母应该怎么做呢？下面，教育专家、心理学家总结出了这几点，以供父母参考：

正确教育子女

在家庭生活中，父母要针对青春期子女的性心理发展特点，在理解的基础上，及时对孩子的言行举止进行正确的教育与引导，保证孩子顺利度过青春期，成为一个有志青年。

因此，首先要告诉子女：学业第一。处于青春期的孩子，他们虽然出于性心理急速发展的阶段，性冲动也会经常发生，但是作为父母亲要孩子明白：学业是他们在这阶段最重要的任务。除此之外，父母亲更要耐心地激发子女正能量，让孩子珍惜青春年华，树立远大目标，并努力向前，争做复兴中华的栋梁之材。

其次，父母要多鼓励子女自信乐观，劝孩子树立自己的自信心，千万不要用纷繁的杂事困扰孩子的心灵，并且要为子女一生的身心健康打下良好的基础。比如：在闲暇的时候，应该多学习、勤运动，开阔自己的视野和境界，让自己身体矫健头脑聪颖，打造光明的前途和未来。

再次，让子女建立贞洁观。为了让孩子的青春无悔，为了让子女在青春期充满活力，为了孩子的身心健康，父母应该帮助和引导他们树立科学的贞洁观，并告诉子女一定要自觉、自律、洁身自好！

最后，让子女做到文明交往。在平时，父母亲应教导子女懂得对于异性的好奇和好感，要通过正确的途径去表达。与异性交往时，要秉承互敬、互动、互相尊重的原则。

为了更好地保护自己和做到文明交往，让子女必须了解：男女同处一室的时候，门要虚掩；不可以随便让别人抚摸；不去陌生人家里；不去陌生的场所；不在别人家过夜；在外出的时候，要告知父母自己的去向和回来的时间，以免父母亲与家人担心。

性学家指出：大多数孩子在 3 ~ 4 岁就对性别问题产生浓厚的兴趣。如果父母发现自己的子女有这类举动，一定要耐心和孩子讲解和讨论，并告诉他：什么该做，什么不该做。比如：当电视剧或电影中出现男女拥抱接吻的镜头时，就可以对年幼的孩子说："叔叔、阿姨相爱了。"

性教育要从小抓起

经过一项调查结果表明：上海、北京、广州的 2250 名高中生，对"女孩来月经，男孩开始遗精，是否有了生育能力"竟然有 40% 的人"不知道"和"不是"。从这个调查结果中，我们可以知道，学生缺乏最起码的性安全知识，实在是令人担忧。

实际上，在美国的一些学校从小学就开始着手进行性教育；在日本的一些学校，从小学的时候就开始讲解生理课了。而在我国，课本上那些仅有的几节生理卫生课，老师也会害羞或尴尬地跳过，但同学们都十分好奇。

生理和心理专家们说：对于子女提出的问题，父母亲一定要科学地进行解释，不要信口雌黄，从而误导孩子。比如：男孩的"小鸡"是多余的，小孩子不能去摸，等有时间用剪子剪掉……如果是实在难以回答的话，那么父母亲就要和孩子一起查字典及有关书籍，让孩子自己去看，从而让孩子养成一个"不懂就要问"的好习惯。在日常生活中，父母亲在对孩子灌输一些性知识的时候，也要进行性道德教育，两者不可偏废。

根据子女的年龄对孩子进行不同的性教育

对于那些还未上学的年幼的孩子来说，父母亲主要做的就是帮助子女认识到自己的性别。比如：父亲可以在说话、睡觉的时候，自然地让孩子认识到自己的身体，不要有意地或刻意地把女孩扮成男装或将男孩扮成女装，以免孩子对自己的性别形成不好的朦胧意识，从而影响子女的性取向。

5～7岁的子女，他们就会对为什么女孩和男孩不一样的问题感到迷惑不解，从而向父母亲提出各种问题。在这个时候，父母就要如实回答。

伊琳娜·姆洛季克这样认为：你可以在子女提问的时候，或者是在其他特定的情况下向孩子做出准确的解释。要知道，在日常生活中，孩子最信任的就是爸爸妈妈。因此，父母亲可以用平常的语气谈论此类话题，就像谈论天气或图书那样自然。

在讲的过程中，父母应根据自然现象，根据事实来给子女讲解。如果孩子不明白的话，会更觉得神秘，从而自己去摸索。

对于7～14岁的子女，父母亲就要对孩子进行较系统的性知识教育了。在与青春期之前的孩子谈到性时，父母亲可借助自然现象、童话、寓言故事，采取比喻的手法或拟人的手法，把性教育穿插其中。

同时，父母亲还可以在看《动物世界》等节目的时候，用动物的生理活动进行比喻，从而帮助子女理解性知识，避免直接、详细地介绍人类的性行为时，彼此感到尴尬。另外，在对子女进行性知识教育的同时，还必须给他们讲解一些关于性道德问题，帮助子女控制自己萌发中的性冲动，以免犯下错误。

在家庭中，父母必须注意自己的言行举止，千万不可给子女留下不好的印象。

一丝不挂

在家庭中，父母最好别让子女看到自己一丝不挂的样子，尤其是爸爸和女儿或儿子在家的时候，要知道，裸体的异性会引起子女的性冲动，这种感觉会给子女日后带来极大的烦恼和困扰。

激情亲吻

在家庭中，有些父母因为爱孩子，总是会亲吻子女，但是当孩子长大一些的时候，劝父母亲不要长时间亲吻孩子的嘴巴。这样的话，会让孩子产生一种奇怪的情感。

一项调查表示：处于生长过程中的女孩，如果长期与父母亲睡一张床，那么等她结婚以后，很容易出现某种心理障碍。当然了，男孩子也不能长期与母亲睡在一张床上。

做爱不设防

无论是在任何情况下，父母亲都不能让子女看见自己在过性生活。在有性生活的时候，父母亲一定要确定房门是锁紧的，以免引起子女好奇和效仿。

追星不是错而在于引导

每个孩子在年少的时候，都有过追星的经历。心理学者指出：孩子的追星行为就像是"青春痘"一样，是青春期不可避免的现象。当孩子进入青春期的时候，他们的社会角色意识才开始觉醒，他们十分渴望得到自我认同和社会认同。

也因此，他们会找到一个能够满足他们这种认同感的途径，而追星就是途径之一。在这些孩子眼里，明星是受公众追捧的，是风光无限的，所以就喜欢追星了。在追星的过程中，子女通过模仿明星的服饰、爱好、习惯，等等，想象自己也像个明星一样，获得一种满足感。当遇到和自己一样追星的人的时候，他们就会获得一种归属感。

针对这股"追星"热潮，社会上进行了一番长时间的讨论。心理学专家刘教授表示：一些青少年崇拜明星到了一种盲目和疯狂的地步，实际上这是一种"心理缺陷"。为什么会这么说呢？是因为这些孩子在现实中缺少朋友与家人的关心，关系也不是很亲密。长期下去的话，孩子会在追星过程中产生归属感的同时，会逐渐减少对亲情的培养。有的时候，会因为追星而做出一些极端的事情。

要知道，追星中的大多是 11 ~ 17 岁的子女。在这个时期，孩子对崇拜的明星会产生一种"光环效应"，把明星看得完美无缺，认为明星做的所有的事情都是对的，并将其当作效仿的对象。

实际上，追星并不是一种错！追星是因为崇拜，想要学习明星的努力，学习明星某种特质，才会开始喜欢。可是，有的人会在追星的过程中迷失自己，甚至不惜用生命去追星。说到这里，相信父母脑海中会浮现"追星族"杨丽娟的身影。

可怜天下父母心！为了实现女儿的梦想，杨丽娟父亲杨勤冀一家在追星的泥潭里越陷越深。最终，杨勤冀自杀身亡。

对于杨勤冀的不幸不能把所有的责任都推到女儿身上，而是他自己造成的结果。如果在女儿出生以后，他能够好好地教育女儿，给她灌输一些正确的追星观念，那杨丽娟也不会变成今天这个样子：为了追星杨丽娟早就不上学，在家中啃老。追星 13 年来，杨勤冀把 40 年来的福利房卖掉了，欠下 10 多万的债务，生活极端寒酸痛苦。就这样，杨丽娟被父母捧成了至高无上、自私自利的公主。父母的溺爱是惨剧发生的罪魁祸首。

实际上，追星有利有弊，关键是要看父母如何引导子女。随着现代人生活节奏的加快，社会竞争的激烈，生活压力也越来越大。对于子女来说，他们的学习压力越大，就越需要寻找一个突破口，释放自己的压抑情绪。而能够抚慰自己精神压力和创伤的，唯一一个就是追星。在这样的一种快餐时代，追星成为子女的精神寄托。

在生活中，有一些孩子的盲目行为浪费了大量时间，还浪费了大量的金钱。他们把收集明星资料、照片、唱片、服装、化妆品等放在最重要的位置，他们把明星的海报、照片等放满了房间里的各个角落，就连文具、书本、背包上，都能找到明星的身影。慢慢地，子女的学习成绩就会下降，注意力难以集中，缺乏与人交流，等等。

在这个时候，父母要正确对待子女的追星，并应正确引导孩子追星。比如告诉孩子：父母并不是反对你们追星，而是要看你们能不能把握好追星的度。追星不只是把注意力放在明星的相貌、嗓音等一些浅层次的东西上，而是要研究他们为什么会唱得好？为什么跳得好？他们是如何从一个普通人变成万人瞩目的明星的？在他们的背后，付出了哪些令人心酸的东西？他们在变成明星的时候，他们是如何努力克服的？

俗话说得好：台上一分钟，台下十年功。只有正确引导子女，才能够让子女明白成为一个明星有多么的不容易，才能让孩子学习明星身上值得学习的东西。毕竟，父母是过来的人，能够辨认是非，并且能够做出正确的判断。要想不让子女在追星上出现什么不好的事情，劝父母一定把好关！

阅读可帮子女安全度过青春期

在 1998 年，美国心理学会乔治米勒奖的得主莱蒂·哈里斯说过这样的一句话：如果人生可以重新来过的话，我希望跳过青春期。

为什么一个专门研究青少年发展的心理学者会这样说呢？原来，莱蒂·哈里斯认为青春期是一段尴尬的年龄。在那个年龄阶段，孩子的年龄不大也不小，既不是大人也不是孩子。不仅如此，在青春期的时候，身体内的荷尔蒙大量涌出，使得情绪很不稳定，身体也开始变化。

但是无论这些怎么变化，都不及大脑内的变化。在青春期的时候，人的神经回路密集地与别的回路连接，心智也开始开窍了。曾经那些听不懂的话，也非常清晰了。对于大多人来说，青春期是一个青涩难挨的生长期。

青春期是人格形成的关键期。那时候的孩子血气方刚，大脑还没有成熟，而且容易冲动，稍稍有矛盾就会用拳头解决。如果在这个时候，孩子不能够压制住自己的情绪，那就会发生让自己后悔的事情。

为了解决这个问题，在许多国家都会选择让孩子进行大量阅读，从而抚慰青春期孩子的情绪。在美国，孩子在每个学期都要读 14 本书。那么为什么要让青春期的孩子阅读呢？阅读对孩子来说，有这么大的作用吗？

没错！因为阅读是一个将别人的经验和智慧吸收，转化为自己的思想的最快方法。要知道，人生是有限的，但是知识是没有终点的。因此，当我们无法去经历和了解世界上所有的事情的时候，最快的方法就是阅读，从中可学到一些东西。

除了生命有限这个原因外，还有一个原因就是：当面对一件事情的时候，人们无法正确地去对待去理解，在这个时候，书籍就有一定的帮助，比如让子女可静下心来，多想想，考虑事情的后果，等等。

俗话说得好：书中自有黄金屋。不仅如此，书中还有珍贵的人生真理和人生智慧。心理学家经过试验后得出了一个结论：一个人会因为所读的书形成一个个经验，并且影响着自己的言行举止。在这个积累的过程中，这些东西就会使你累积成人格，最后塑造一个完整的自己。

当过了青春期的时候，孩子就会变成一个小大人，大人看他们的眼光不同了。当过了青春期的时候，孩子就会让自己的知识得到了一个充实，培养出关键性思考以及独立判断的能力。当过了青春期的时候，孩子的头脑就会更清晰，并且变得成熟起来。懂得做人做事的道理，从而逐渐形成自己的人生观和价值观。

毋庸置疑，阅读给一个人带来的好处和影响是很大的。试想：如果不把注意力转移到书籍中，而是一直郁郁寡欢，偷偷躲在被窝里乱想，那么他还能够取得什么成就呢？

的确，阅读是受教育的根本，而青春期恰恰就是阅读的最好时机。如果错过了这个时期，那么将是一大遗憾。正如唐朝颜真卿所说的：三更灯火五更鸡，正是男儿读书时。黑发不知勤学早，白首方悔读书迟。

即便是有些书籍父母根本没有读到过，为了子女，也应该抽空读一下，从而跟子女有话说。

在日常生活中，尽管父母亲都认为阅读是有益的，但是他们还是忍不住问一句：经常读书的人和不爱读书的人到底差别在哪里？对此，教育专家经过研究，得出了一个结果：经常阅读、不停思考的人，精神世界和对事物的看法都与不爱读书的人有着天壤之别。

下面，让父母来详细了解一下阅读的益处吧！

1. 具体准确性。一个人读书多，就会明事理。他们知道：在什么地方该做什么事；在什么地方该说什么话；对待不同文化程度的人，说不一样的内容，等等。

2. 具有独立思考性。当读了一些书以后，就不会盲目地相信某些报道，会有自己的思考和不同见解，并且会知道报道的可信度有多高。

3. 培养学习兴趣。如果孩子喜欢读书的话，就会具有一定的探索精神和好奇心。随着年龄的增长，孩子就会把这种精神带到学习中去，从而促进学习能力。

4. 增强语言能力。如果子女喜欢阅读，那么孩子的语言能力就比较强。不仅如此，他在听、说、读、写等方面也比那些不爱读书的孩子能力强。

5. 知识面广。喜欢读书的子女，他在阅读文学、历史、科学、地理、政治等方面的书籍时，都有着自己的理解和受益，并且对学习大有裨益。

6. 语言文学能力强。喜欢阅读的孩子，他的语言文学能力都比那些不爱读书的孩子强好多。不仅如此，他们在背诵课文等方面，也不会过于费力。

7. 有人生经验。有良好阅读技能的孩子能经得住人生考验，懂得如何应对危机和困难。在面对一些挫折的时候，在处理上也会比较沉稳、成熟、有条理。

8. 有远大的理想。喜欢读书的孩子视野远大，心胸广阔。在书中，他们能够获得丰富的体验和启发。

9. 富有同情心。爱读书的孩子有悲天悯人的仁爱心，能够为他人着想。

当遇到一些可怜或不幸的家庭时，会给予一些同情与力所能及的资助。

10. 富有想象力。喜欢读书的孩子，他们不仅视野比较开阔，而且好奇心比较强。在日常生活中，他们总是会有着无限的创意，即便是在很平常的生活中，也会制造一些惊喜。

俗话说得好：书中自有黄金屋。书是浩瀚的海洋，只有让子女遨游其中，他们才能够与思想深刻的人交流、对话。这样孩子对人生的态度还会变得成熟一些。在日常生活中，每个男孩子都会有一些侠义情节，他们崇拜英雄，崇拜一些在某些领域取得一席之地的人。比如：余秋雨的一系列作品，从义学的角度来说的确不错，这可以帮助孩子与有思想和有深度的人交流；《平凡的世界》这样的作品，这会让孩子接触到一个艰辛的年代，让孩子知道什么叫作奋斗，什么叫苦难，从而感受到自己的幸福。总之，在日常生活中，父母亲应该以身作则，做子女的表率，培养子女阅读的好习惯，这样才能够让子女安全地度过青春期，使得子女健康地稳重地步入社会，走向成才、成功之路。

如何预防青少年自杀

现代社会越来越多的人精神出现问题，有些甚至走向自杀的行列。在这些人群中，青少年自杀的报道频频传来，他们有的是和父母亲发生争吵或一些摩擦，有的是因为学习上长期困扰，有的是因为在学校的不愉快事件折磨，等等。

当面对这些压力和精神上的苦恼时，有些青少年不能应付，无法解决，便以逃避的方式——自杀来解决问题。他们认为只要一死，所有的烦事都会结束了。但实际上，他们的这种笨做法只会给家人带来灾难。

法国《世界报》曾经有过这样的报道：法国每年大约有 650 名青少年自杀。可以说，自杀已成为 15～25 岁青少年的第二大死亡原因。

在美国，有一项调查结果显示：有 1% 的未成年企图自杀，但他们中只有 1% 的自杀成为现实。根据美国疾病控制和预防中心的报告，大家可以知道：每年大约有 8% 的 10 ～ 24 岁的人，企图自杀。自杀已经成为除汽车事故和凶杀之外的第三大死亡原因了。在这些青少年中，患有抑郁症的人的自杀概率更高一些——抑郁症是有自杀倾向青少年的直接或者间接的"杀手"。在美国，患有抑郁症的青少年有 75 万人，在他们中有 60% ～ 80% 的人没有得到诊断和治疗。

这项调查结果中显示：性格内向、孤僻、固执己见的人或者受到挫折无法接受的、思想不够成熟的、心理总是得不到平衡的、自身控制能力差的人出现自杀倾向的概率比较高。

实际上，一般有自杀倾向的青少年总会给家人有意无意地露出蛛丝马迹。比如：在生活中，他们会不止一次地跟父母或朋友说"活着没什么意思""真想离开这个世界"等这样的话；有的时候，孩子也会采用较为隐蔽的含蓄方式表达自己想要自杀的倾向。比如："我实在受不了啦！""我是一个无用的人！""我是一个多余的人！"等等。对于这类语言，父母需要抱有高度的警觉性，特别应注意孩子说话的用意和潜在含义。

当然了，孩子也会出现一些异样的行为。比如：他们可以从以前的懒散变得无拘无束；从以前的小气变得宽容大度；突然把所有的事情安排得井井有条。有的孩子还会表现出心神不定，甚至惶惶不可终日的精神状态。他们在做事的时候，总是心不在焉，答非所问，一副闷闷不乐的样子。

除此之外，孩子还会出现以下情况。当孩子出现这样的情况时，劝父母千万要警惕了。比如对喜欢的活动丧失兴趣，食欲下降，睡眠质量不好，总是焦虑不安。

另外还有以下表现：

不注意外表的修饰；

容易出现无助、失落的情绪；

注意力很难集中，总说自己头痛、身体疲惫、胃痛等；

和朋友家人的关系慢慢地疏远；

有破坏物品、旷课等行为；

离家出走。

那么，孩子为什么会出现自杀的念头与倾向，就因为这些因素吗？当然不是了，影响孩子、改变孩子情绪的因素有很多。

孩子的个人心理因素

从青少年的身心发育特点上看，他们正处于个体身心发展的变化时期，他们的心理发育还没有很成熟，当他们在面临考试、升学、就业、交友、恋爱等诸多选择的时候，会出现很多矛盾，并且会出现一些不好的情绪，比如：失望、悲伤、悔恨、痛苦、激愤等，有的时候，还会出现严重的挫折感、不满足感。

由于他们还年幼，承受压力不如成人，随着情绪长期地堆积和压抑，孩子就很容易出现心理冲突和心理问题的"危机期"。

除此之外，还有一些青少年的性格比较内向、孤僻、自我封闭、不爱与人交往或者出现冲动、过激、偏执等，在这种特质之下，孩子的承受能力就变得差一点了。当孩子内心深处的孤独感、痛苦感达到一定程度的时候，就会容易产生轻生的念头。

外界环境因素

孩子出现自杀倾向，还源于外界环境的影响，比如来自学校的压力。在青春期孩子大多生活在学校，由于现在的竞争比较激烈，加上老师、学生的相互比较，孩子自然而然就出现压力了。随着多方压力的"迫害"，孩子就会出现"焦虑"的情绪。

所以长期生活在激烈的竞争中和压力下，孩子会经常感到焦虑、紧张、恐惧、身心疲惫等不良情绪。美国有一项研究结果表示：学校的压力源，一是学生与老师的关系；二是同学之间的关系；三是感情与考试；四是来自于学校的批评与处罚。

前不久，有这样一个新闻，说的是沈阳市13岁小女孩选择自杀，原因是不写作业被老师重罚。由此可见，为了维护自己的尊严和逃避现实，小女孩选择了自杀。看到这样的消息，令人们不由得惊叹：看来，学校的压力真的是很大。

除了学校环境的影响，家庭环境的影响对子女也很重要。比如：在家庭教育中，父母的态度和教育方法不恰当，过分溺爱子女或是喜欢用暴力对待子女，两个极端更是可恶至极！

很多父母对子女期望值过高，一旦子女所做的事情或学习成绩达不到父母的期望，那父母亲就会"变脸"，让孩子感到压力。长期生活在这样的环境之中，孩子必然会感受到家庭的巨大压力，从而长期处于一种紧张、焦虑和不安之中。

还有的孩子身处在一个家庭比较复杂的环境中，比如多子女家庭、离异家庭、父母亲关系不和睦，等等，就很容易让子女感到一种孤独、无助的感受。在长期没有倾诉和说心里话的环境中生活，孩子就会变得自闭，变得抑郁。

神经和精神疾患

当然了，有些子女的自杀倾向和精神方面的问题有关系。比如：孩子有精神方面的病症或抑郁症，又或者是出现幻觉。

对于那些有着高度自杀倾向的人，父母一定要给予他们治疗。除此之外，父母亲必须把周围那些危险的工具收起来。比如：把门窗锁紧或装上防盗网；不要让他用腰带；不要让他穿有鞋带的鞋子；把家里的丝袜收起来；不要让他接触腐蚀性清洁剂以及餐刀、盘子等锋利餐具。

下面，再为父母介绍一些防止青少年自杀的方法，要从根本上注意的方法：

1. 父母亲在关心子女有没有认真完成家庭作业、有没有上课不听讲的时候，也要给孩子树立正确人生观和价值观。

2. 父母亲在为子女营造一个稳定的、和谐的、舒适的家庭和学习环境时，也要注意：不要对子女过分保护和溺爱。现如今的家庭，大多是独生子女，在家庭教育中，父母总是会选择溺爱孩子，生怕孩子受了委屈。可是，在这样的家庭教育中，孩子就丧失了很多东西，比如：孩子不能独立，不能够与人正常地进行交往，胆小、怕事、不大方，等等。

3.在日常生活中，父母要扔掉"我才是家长"的作风，把孩子当成自己的朋友。当孩子在学校或社会上遇到某些事情，比如：受了委屈、不平等待遇等，就会及时跟父母亲沟通。在这个时候，父母就要及时与子女谈心、交心，以此来疏导孩子的负面情绪。

如果父母亲总是一副高高在上的形象，孩子就会不敢与父母沟通，而会采取自己的方式来解决问题，这样就很容易走向极端，发生不应该发生的事情。

总而言之，对于正处于叛逆期的青少年，劝父母亲不要一味地溺爱、迁就孩子，如果父母亲只给予子女一些物质上的满足，而没有给予孩子精神上和思想上的满足，那孩子就会朝着畸形化发展，从而导致悲剧的发生。

第十八章

人身安全教育

冷静对待突发事件

每位父母都希望子女生活在一个安全的、稳定的、幸福的世界里。为了实现这个愿望，父母亲都做了诸多努力。可是，生活毕竟不是温室，不是生活在一个固定空间里，而是要面向社会，接触到很多人的。

在子女成长的过程中，总会遇到一些这样的那样的危险。可是，一向躲在父母亲羽翼下的孩子一旦遇到危险的话，会怎么做呢？父母亲又能及时赶到，帮助子女解决吗？这个就很难说了。因此，父母亲不应该把子女包裹得太严实，而是应该告诉孩子：当遇到突发事件的时候，要冷静面对。只有冷静下来后，头脑才会清晰，才会懂得如何去处理突发事件。如果一遇到突发事件就慌慌张张，三魂没了七魄，那就只能会让事情变得更糟糕。

同样，在教育子女的过程中，父母亲自己先要学会面对突发事件的时候首先要冷静，只有冷静才能解决好问题。在父母亲的言传身教中，子女也才会学习到冷静的品质。

近年来，经常发生一些校园暴力事件。这些事件都告诉父母亲：除了要教会子女善良、诚实、懂礼貌，更要提高子女的自我保护能力。要知道，年幼的孩子对危险具有一种天生的感知能力，但是他们的自我保护能力比较差。

对于那些已经上学的孩子来说，父母不能每时每刻在他们身边，老师也没办法照顾到所有的孩子，因此，伤害、欺骗、暴力等频繁发生。

面对这些手无寸铁、善良无辜的孩子，父母亲除了要呼吁相关部门加大打击违法犯罪的力度外，还必须提前教给子女一些必要的自我防护知识。这样的话，即便是在面对一些突发事件和危险时，孩子也能够冷静面对，机智保护自己。

父母亲先要教会子女在游戏中如何面对突发事件。因为一旦真的发生突发事件再去对子女开展教育就很晚了。

仅跟孩子讲述一些自护自救的方法是远远不够的，孩子当时可能记住了，过一会儿可能会忘记。唯一能使孩子掌握的途径是通过角色游戏和演练，在游戏和演练中，向孩子提出问题，测试他们的反应能力，引导子女如何发现障碍与危机，如何应对与化解危机，从而增强子女的自我保护能力。

孩子毕竟是孩子，最重要的一点是在这些练习中，还要演练父母与子女之间如何保持通信联络的内容。随时告诫孩子，突发事件来临时，需要冷静地寻求警察和亲人等的帮助。

又比如，孩子独自在家，有陌生人来时，应该如何面对？父母亲一定要耐心地一次次对孩子灌输安全知识。

当然了，父母要教子女根据不同的情况来面对。下面来讲个小故事：

小孩在门铃响起的时候，总是第一时间就冲过去开门，这是他乐意做的事情。父母发现小孩子的防护意识并不强，于是想出一个好办法。

万圣节这天，妈妈单位举行了万圣节活动，母亲扮演了绿巨人，她将绿巨人的面具戴上回家，在按响门铃的时候，依然是小孩子冲出来开门。

开门后孩子认不出是妈妈，看到绿巨人很惊讶，但是老师也说了，绿巨人是动画片里的人，不可能真的出现的。于是孩子想到了妈妈讲过的不要轻易给陌生人开门的事情，很害怕，便想把门关上。

这时妈妈取下面具，再一次笑着对孩子讲了如何安全应对敲门的办法，也讲了当真的坏人出现时，再关门实际上就已经来不及了。

这样对孩子的教育，将保护自己的安全常识记得很牢。

在平时，父母就应该教育子女：不能给陌生人开门。不管陌生人如何说都不要开门，可以隔着门告诉他：爸爸在睡觉，让他过一会儿再来。或者给警察、父母亲或邻居打电话，告诉他们有个陌生人在家门外，让他们不要挂断电话，直到陌生人离开为止。

此外，父母还应告诉孩子，在遇到突发事件的时候，能帮助孩子的人很多。找警察，是最基本的常识，但仅此还不够。例如警察不在附近，还应让子女知道，公园、商场、电影院等地方的工作人员都可以求助，多一个机遇就多了一个生存的希望。

教给子女防火知识

在日常生活中，父母也应该给子女灌输一些防火的观念。下面列举一些防火观念与一些具体方法，以供父母参考来教育子女。

家中谨慎防火

据一项调查结果显示：近年来，我国每年都会发生 4 万多起火灾，其中有 10% 的火灾是由于小孩子用火不当造成的。由此可见，学习了解一些消防知识对减少火灾发生的可能性和保护子女的生命安全是多么重要！

在日常生活中，父母一定要告诉子女：当大人不在家时，千万不要擅自使用天然气或液化气；不要私自玩火。比如：点燃废纸、烧柴草，在黑暗处划火柴、点油灯、蜡烛照明、弹火柴棍、烧马蜂窝、在野外堆烧废塑料、轮胎等废物，这些都十分容易引发火灾。

防止因蜡烛引发火灾

别看蜡烛个头小，但它的威力可不能小觑。在日常生活中，由于蜡烛的使用不当也引起了不少火灾，尤其在宿舍之类的地方。在用蜡烛时父母应让孩子注意：蜡烛一定要固定好，最好放置在烛台上。如果是没有烛台，也要做一个简单的"烛台"，比如：瓶盖、窗台等；当人不在房间时，必须吹灭蜡烛；更不要手拿着蜡烛去床上、床下、衣柜等狭小的空间内寻找物品，因为这样最容易引燃物品。

夏天使用蚊香千万小心

在夏天的时候，家里时常用到蚊香，所以就要小心了。有的人会说，蚊香可不比蜡烛，它只是一点点的亮光，又不是火焰。其实，小小的蚊香威力也极大呢！一盘点燃的蚊香，香头的温度可高达 200 ~ 300℃，很可能点燃其他物品。

夏天在使用蚊香的时候，一定要注意做到：蚊香要放在金属支架上，而且还应离桌椅、床、蚊帐等容易被点燃的物品远一点，要保持一定的距离；不要把蚊香放在易被人碰倒或被风吹到的地方。在燃灭蚊香之后，最好将其放在水中沾一下，以防"死灰复燃"。

电器突然起火怎么办

在日常生活中，有很多人都会有这样的举动。当看到冒浓烟或冒火的时候，第一反应就是浇水灭火，但实际上这种做法十分危险，特别是对于着火的电器。

在面对电器失火燃烧的时候，应该这样处理：

如果电器散发出像燃烧橡胶或塑料的味道，甚至冒白烟的时候，就意味着电器要燃烧了。在这个时候，应该立刻拔掉电源插头，再找来专业的维修师，经过检查和维修后才能使用。

千万不要向失火电器泼水，即便是拔掉了电源也不能泼水。因为机内的元件仍然还是发热的状态，而且电器里还会有剩余电流，如果泼水的话，很容易导致人触电。

如果是电视、电脑等显示器发生燃烧的情况，应该及时拔掉插头或关掉总开关，然后再用灭火毯或湿地毯、毛巾等盖住电视机。这样的做法，不仅能够阻止烟火蔓延，还能够防止爆炸。即便是爆炸的话，也不至于屏幕的玻璃碎片四溅。

当对起火的电器做了一定的处理后，不要去触摸或查看，而是等待消防员到场处理。

灭火器使用攻略

在日常生活中，有些孩子出于好奇，就拿灭火器来做游戏。但实际上，这种行为是非常危险的。为什么会这么说呢？要知道，灭火器喷出的泡沫可能会导致人冻伤。再者说，如果真是遇到了什么紧急或突发事件，但灭火器没有了，就会造成严重后果。

因此，劝父母要告诉子女，不能随意使用灭火器，并且告诉孩子一些如何使用灭火器的方法和知识。

在平时，常见的灭火器有三种：干粉式灭火器、二氧化碳式灭火器和泡沫式灭火器。这三种灭火器在面对不同种类的着火时，有着不同的使用方法。

如：干粉式灭火器。干粉灭火器使用起来十分方便，并且有效期比较长。在一般家庭中，大多使用的是这种类型的灭火器。它适用于扑灭可燃液体和各种易燃、可燃气体火灾以及电器设备等。

在使用干粉灭火器的时候，应该注意：在使用之前，将瓶体颠倒几次。这样的做法，可以让筒内干粉松动。接着，除掉铅封，拔掉保险销，左手握着喷管，右手提着压把，在距火焰约2米的地方，右手用力压下压把，左手拿着喷管左右摇晃，然后喷射干粉覆盖燃烧区，直到将火扑灭。在火熄灭后，要注意：由于干粉的冷却作用比较小，火势还有可能再复燃，因此，不可掉以轻心。

泡沫式灭火器。泡沫灭火器适用于扑救各种油类火灾和纤维、橡胶、木材等固体可燃物火灾。

在使用泡沫灭火器的时候，应该注意：人要站在上风处，尽量靠近火源，因为泡沫灭火器的喷射距离只有2～3米，在喷射的时候，要从火势蔓延最危险的地方喷起，然后慢慢移动。在喷射的过程中要注意：不要留下任何火星；手要握住喷嘴木柄，以防被冻伤。由于二氧化碳在空气中的含量过多，对人体是有害的，因此在喷射后要马上通风。

二氧化碳灭火器是一种新型的压力式气体灭火器，腐蚀性小，毒性低，灭火性能高，适用于各种易燃、可燃液体、可燃气体火灾、扑救仪器仪表、图书档案、低压电器设备以及 600 伏以下的电器初起火灾。

二氧化碳灭火器有开关式和闸刀式两种。在使用时要先拔去保险销，再一手掌握喷射喇叭上的木柄，一手按动鸭舌开关或旋转开关，接着提握器身。要注意的是：闸刀式灭火器一旦打开后，就无法关闭了，因此在使用前要做好一切准备工作。

油锅起火怎么办

2009 年 7 月的一天，杭州市发生了一起火灾，火灾的原因就是：14 岁的孩子独自在家做饭，油锅突然起火了。为了避免这种事情再次发生，在日常生活中，父母一定要对子女说不要独自做饭。即便是独自做饭的时候，也应该懂得一些如何处理油锅起火的方法。

当油锅起火了，一定要马上用锅盖把油锅盖上，如果使用煤气灶做饭的话，一定要赶快关上开关；如果是炭火，应马上将油锅端离火源，等锅里的油火燃烧一段时间后就会自然熄灭。

不要使用泡沫灭火器或用水灭火。要知道正在燃烧的油如果遇到了水的话，会引起更大面积的燃烧，甚至爆炸，导致伤害到人体。

可以往油锅里放些青菜。因为青菜放入油锅里，就会起到充分隔绝空气的作用，也能起到冷却作用。这样的话，正在燃烧的油就会迅速熄灭。除此之外，还可以往锅内放入沙子、米等，从而将火压灭。

在火势不大的时候，用湿抹布覆盖火苗，也可以防止油锅继续燃烧。

帮子女进行适当的体格训练

柏拉图曾经说过这样的话：为了让人类有成功的生活，神提供了两种途径——教育与运动。由此可见，运动在人生中所占据的位置。有一项研究结果表明：运动不仅可以使人心情愉快，还可以增加大脑的血液流动，促进海马四神经营养因子基因的表现，从而帮助记忆。比如：运动能够提高学习成绩与学习效率。

笔者在任中学校长时实施过零时体育计划。也就是说，在没正式上课之前，让学生早上 7 点到学校，跑步，70% 才开始上课。

一开始的时候，孩子和父母亲都采取反对的举动，要知道，孩子本来就不愿早起上学。如果去操场跑几圈再上课的话，那岂不一进教室就瞌睡了？可结果却让父母感到震惊，孩子不仅没有打瞌睡，反而更清醒，他们的记忆力专注力都增强了，就连上课的气氛也变好了。

因为人在运动的时候，身体内会产生多巴胺、血清素和正肾上腺素，这三种神经传导物质都和学习有关。多巴胺是一种正向的情绪物质。只要是人想要快乐，那么大脑中就一定要有多巴胺。可以说，人类平时所感到的快乐都是多巴胺在起作用。也因此，我们会看到那些运动完的人心情都十分愉快，打完球的孩子精神也非常亢奋，脾气也变得很好。

血清素跟人的情绪、记忆有非常直接和密不可分的关系。血清素增加，人的记忆力就会变好，学习目的效果也变得好了。在市面上，有许多抗忧郁症的药都是为了阻挡大脑中血清素的回收，从而使得大脑中的血清素比较多，让整个人的精神面貌看起来好一点。

正肾上腺素跟注意力也有着十分直接的关系，它在面对敌人决定要战或要逃的时候分泌得最多。正肾上腺素可以使孩子专注力增强，也可以让孩子的心情变得快乐，上课专心、记得快、学得好，自信心与自尊心也提高了。

学校将学生最不喜欢、最头痛的课，比如数学排在上午第二节课或下午第六节的时候，结果发现上午那一组的学生学习得比较好，好到 2 倍以上。这是为什么呢？经过调查发现：原来早上运动完的神经传导物质还停留在大脑里，所以上午第二节课孩子的注意力比较集中，但是到下午就已经消耗殆尽了。

一个学期下来，这组学生的理解和阅读能力比正规上体育课的学生高出了 10%，而且打架等暴力事件也减少了。

当父母亲看到这些数据，看到运动对子女的学习和行为有帮助的时候，就不再反对零时体育计划了，相反地家长会把孩子早早送到学校参加运动。

据说，美国早已实施这个零时体能运动了。

由此可见，运动不仅对子女的学习有帮助，还有助于子女的身心健康和性格塑造。2004年，由小儿科医生、认知科学家等组合的团队对学生健康做了一个评估，评估结果表示：一周只要运动 3 ～ 5 次，每次 30 ～ 45 分钟，就能提升孩子的记忆力、注意力和教学行为的正向效果。

所以说，我们应该增加一些体育课节数，让孩子用最自然的方式来提升他的体能与学习效果。其实，运动还是坏情绪的宣泄渠道，也能够让大脑分泌多巴胺，从而让子女走向正确的学习道路和拥有一个好的情绪。

在我国，大多数学校和父母亲不重视体育。在学校里，老师们常常把体育课调成英语或数学课，但实际上，这样的做法不仅让孩子没有了快乐，还让孩子的注意力下降了。

在 2000 年以前，希腊人就看到了体育的重要性。在孩子 16 岁的时候，他们就对孩子进行体育教育和锻炼，他们认为：有了强健的身体，知识才会有意义。如果子女失去了健康和生命的话，那么再多的知识也无用了。

在生活中，有很多孩子有这样的苦恼，比如：老师占用体育课；父母为了子女把全身心用在学习之中，不准放学后打篮球。在这样的家校教育下，孩子被剥夺了生命的唯一快乐。有的时候，子女甚至不知道为什么每天还要睁开眼睛。

实际上，有很多父母亲都有这种思想，错误地认为运动是浪费时间和体力，还不如把精力放在学业之中。其实，运动跟智慧有着非常直接的关系。

有个实验证明：每天一个小时体育课的孩子比没有体育课的孩子的考试成绩好；大学生在参加运动计划后，他们的学习成绩也会有所上升；连 50 岁的中年人在参加走路计划后，他们的心智和身体素质也比原来提升了 10%。

科学家很早就知道运动跟情绪有着密不可分的关系，他们认为运动可以抑制大脑中杏仁核的活化，阻止负面情绪的产生，那些运动完的人，他们的情绪都很亢奋，产生忧郁情绪的概率少之又少。

比如：打篮球是一项很能锻炼身心和大脑的运动，它需要眼快、手快、脚快，还有决策快。当球员拿到球的时候，只有零点几秒的时间来决定自己投篮还是传给别人？如果自己投的话，那么大脑必须马上计算投进篮的概率以及投不进的话被别人拿去的后果。因此，鼓励孩子运动是促进大脑功能的整合，对孩子的身心健康，甚至对将来的人生道路也有着一定的影响。

从以上的调查研究中，我们可以知道：每个人都得运动，尤其是孩子。再一方面，运动可以保持心情愉快；在另一方面，可以增加大脑血液的流动，促进海马回神经营养因子基因的表现，从而帮助一个人的记忆，让学习成绩变得更好。

所以说，孩子运动不仅不是浪费时间，还对学习有益。在日常生活中，劝父母可以经常带子女或者让孩子陪伴去打球、游泳，做各种运动。

实践证明：运动除了能够提高学习成绩之外，还能够治疗一些慢性疾病，比如：多动症和抑郁症。

对于那些注意力缺乏和患有多动症的人来说，运动也是自我控制的"良药"。从目前看来，医生给多动症患者所用的利他林，就是为增进大脑中多巴胺的量。如果运动可以分泌出多巴胺的话，那我们为什么不用大脑本身分泌出来的多巴胺呢？要知道，自己的身体所分泌出来的多巴胺对大脑可没有任何伤害性的危害。而那些外来的多巴胺，则会伤害伏隔核，伤害身体。

确实，经过很多调查研究，治疗师们发现：武术、体操等运动，对那些患有过多动症的孩子来说，非常有帮助。为什么会这样说呢？因为这些运动需要一个人能够全神贯注，而且武术、体操比那些枯燥跑步机有趣得多。也因此，年幼的子女出于好奇或其他原因，会比较愿意持续下去。

在生活中，我们会遇到很多调皮捣蛋的孩子，一般情况下，父母就会给予一些暴力或痛骂一顿。其实，要治他们，只要给孩子一个运动空间和一点自由时间，他们就会变得不捣蛋了。

不知道大家有没有听过"猎人—农夫"的多动儿理论。大致讲的是在一万年前后，人类走向农耕时代，开始定居下来。慢慢地，由于环境的变化人类也在变化着。

在远古时代，如果人不能够眼观六路、耳听八方，那么就会被其他动物吃掉，如果看到事情发生的话，不立即采取行动，而是三思而后行的话，那么自己的果实也很容易变成别人的晚餐。

这个"多动儿"理论，认为多动儿本身没有什么毛病，只是生错了时空而已。也因此，他们会变得容易分心、冲动、冒险，等等，但其实这是远古打猎采集的时候，生存者必须具备的特征之一。当人类进化到农业社会后，这些特征才显得有些格格不入。也就是说，他们是"猎人"，但是要在"农夫"的社会里生活，所以就会被人看作"异类"了。

现如今，学者们把多动症的人称之为"有爱迪生基因者"，并不认为它们是一种病。要知道，在爱迪生念小学的时候，还被老师当作一个无可救药的人。甚至让他不要上学了，以免干扰到别的孩子上学。可惜的是，他的老师判断错了，因为爱迪生是有史以来拿专利最多的那个人。

我们要知道，多动儿并不是不能学习，而只是不能够安静下来而已。如果让他们处在祖先生活的大自然环境中，相信他们会做得非常好。

也因此，有很多医生都不建议"多动儿"吃药，并告诉他们"你没有病"。除此之外，还建议他们用运动的方式来减少药物的服用，甚至替代药物。

总之，进行一些适当的体格训练，总是对孩子有益的，因此在日常生活中，劝父母对孩子进行训练和引导为好。

运动时如何注意安全

在进行各项运动的时候，安全是最重要的。在帮助子女锻炼的时候，父母亲是十分担心安全的。再加上平时都工作忙碌，有些父母亲不让孩子热身，就让子女玩。也因此，孩子总会出现一些小小的意外。

下面，笔者来介绍一下生活中的运动安全隐患和注意事项，以供父母亲参考：

要小心"童车病"

什么是"童车病"呢？童车病就是年幼孩子在骑了一段童车后，两条腿便出现了不正常的发育现象，比如：有的孩子膝盖内侧特别膨出，小腿向外撇；有的孩子两条小腿向内弯曲，膝关节不能靠拢……这些就是由骑车引起的，也因此被称为"童车病"。

实际上，引起"童车病"有两个原因：

第一个原因：有些童车的设计不合理，不符合年幼孩子的生理保健要求，比如：车座离脚蹬距离不对，有的过长，有的过短。

第二个原因：有些父母亲"急不可待"，让那些刚学会走路的孩子就去骑童车，甚至让童车代替了手推婴儿车。要知道，正在学走路的孩子正处于生长发育旺盛阶段，身体里的骨结构以软骨成分为主，骨组织里所含的水分和有机物质比较多，含钙量比较少。在这个阶段的孩子，他们的骨骼富有弹性，可塑性强，肌肉的力量相对来说比较薄弱，而且骨骼容易弯曲变形。也因此，孩子在童车的陪伴下就出现了一些发育异常。

在日常生活中，父母亲还应该注意：不要让穿着开裆裤的孩子骑车。要知道，童车坐垫的质地比较坚硬，这样会摩擦和压迫孩子的会阴部，从而让孩子的会阴部出现红肿疼痛的感觉，从而遭受到细菌的侵害，产生尿道炎、尿急、尿频等症状。因此，劝父母亲一定要谨记，不要让2岁以下的孩子骑车。即便是要骑的话，时间也不要太长，要控制在10～30分钟。对于稍大一点的孩子来说，比如，2～4岁的孩子，父母亲要经常检查孩子的双腿，一旦发现什么发育异常，就要及时纠正和解决。

学游泳

经过一项实验调查结果，教育专家、心理学家和学者表示：孩子学游泳的年龄要控制在5周岁，因为5周岁是孩子正式学游泳的最佳年龄。

为什么是5周岁呢？因为学游泳需要一定的理解能力、自控能力和解决问题的能力，5岁以后的孩子比较容易理解教练的指令，从而适应陌生的环境和课程安排，学习能力比较快。

如果孩子处于 3 ~ 5 岁，父母亲又十分想给子女报游泳训练班，那么最好选择"一对一"或者小班教学，课程安排相对宽松、自由一点儿的训练班。

在正式学习游泳之前，父母不妨给孩子营造一个与水亲近的机会。从亲近水的这点来说，是没有什么年龄限制的。

有一些孩子，从一出生的时候，便开始"游泳"了。当然了，只要父母亲把安全卫生措施做到位，那"亲水"对于孩子的成长发育来说，绝对是有益无害的。父母亲陪孩子在水池中"疯玩"的时候，会让孩子慢慢体会在水中的平衡感。爱上水的宝贵体验，并利于让他愉快地投入到今后真正的游泳课。如果孩子喜欢在水里玩，不想出来的时候，父母亲不要用暴力的手段斥责他，而是应该巧妙地引导孩子。

轮滑

随着天气转暖，广场、小区甚至是商场里出现了轮滑俱乐部。看着小朋友脚上飞转的"风火轮"，别说孩子，就连父母亲的心里都有些蠢蠢欲动。

不过，在玩轮滑的时候，父母应注意：孩子的适合年龄在 4 周岁左右。要知道，玩轮滑需要孩子的身体具备一定的平衡感，要有下肢协调控制能力，甚至还需要有敏捷的肢体反应。除此之外，父母亲还应该意识到：在这样快速的运动中，发生危险的可能性很大。即使没有冲撞、没有摔跤的危险，年幼的孩子也可能会因为用力不当，从而造成肌肉、骨骼的损伤。

一般来说，年满 4 周岁的孩子身高和体重都达到了玩轮滑的要求。在这个阶段的孩子，他们十分活泼好动，运动功能也进一步完善。因此，父母亲可以让孩子尝试轮滑运动。在那以前，父母还可以让孩子玩滑板车、踢毽子和跑步，这些都能锻炼到孩子的下肢，让他们的身体更强壮。

当然了，即便是孩子年满 4 周岁，父母也要注意孩子玩轮滑的时间与强度。在训练的过程中，不要让孩子长时间持续练习，而是应该保持"多次少时"的原则——每次都在 1 小时左右，尽量不超一个半小时，年纪越小的孩子时间强度也越低。除此之外，劝父母必须切记"平时不玩，逮到一次机会使劲玩"的运动方式，这种过度的疲劳对孩子的身体损害很大。

跆拳道、武术

大家都知道，武术、跆拳道对孩子的身体塑造都有一定的效果，但年幼的孩子还无法领会其中的奥妙，而且过了年龄段后，又影响了孩子柔韧性。因此，父母想要孩子学习这两个项目的锻炼，那就要在孩子5周岁左右开始训练。

因为5周岁左右的孩子，他们的身体协调能力和柔韧性等发展得比较快，注意力、控制力、思维能力和行为控制能力都有了明显提高，这就为学习提供了良好的条件。但在这个阶段，他们的学习和运动能力还不是很好，因此，他们只能学习一些简单的武术动作和动作组合，运动量也不能过大。

在学习之前，父母要教给他们"跳一跳够得着""每天进步一点点"等方式，轻轻地让孩子学习。在日常生活中，父母还可以教孩子一些关于柔韧性的小游戏。比如：用手摸地、用头部够膝盖，等等。

至于跆拳道，一般的教学机构都招4～5岁的孩子，当然也有一些体育训练机构安排学习内容难度相对大一些，所以，招收一些7～8岁的孩子，在学习跆拳道之前父母亲要记得告诉孩子，在学习跆拳道的时候，可以在训练中大声喊出来——这会让孩子更有自信。

随着天气的变化，有些孩子在冬季不愿意参加体育锻炼。有的孩子还在体育锻炼过程中患上感冒等。在这里，我们给父母介绍一下在冬季进行体育锻炼时需要注意的事项：

1.选择好服装。在锻炼的过程中，应该穿着柔软暖和的衣服，适合运动的鞋子。

2.选择好热身活动的项目。一般以简单的徒手操、四肢运动为宜。

3.选择好适合的场地。在选择场地的时候，不要选择在烟雾弥漫、空气污浊的地方进行健身锻炼，而是应该选择向阳、避风的地方进行锻炼。在大雾天气的时候，不适合在户外进行锻炼。

4.选择好锻炼时间。在锻炼的时候，应该避免在冬季的清晨，因为冬季的清晨空气质量较其他季节差。除此之外，还不适合选择过早和过晚的锻炼方式。

另外，再为大家介绍一些锻炼中的"七注意"供父母参考：

1. 要注意坚持循序渐进的原则。在进行体育锻炼的时候，父母亲应该指导孩子：按照由慢到快、由简单到复杂，逐步提高活动的密度和强度。

2. 应注意养成用鼻子呼吸的习惯。在运动过程中，父母亲应该教导孩子养成用鼻孔呼吸的习惯，因为鼻孔里有很多鼻毛，它能滤清空气，使气管和肺部不受尘埃、病菌的侵袭。

3. 应时刻注意安全。在运动过程中，不能让孩子之间互相嬉戏打闹，避免推、挤、摔等危险行为的发生。除此之外，孩子不能携带刀具等坚硬物品参加锻炼。

4. 要注意运动负荷。在引导和监督孩子锻炼的时候，应根据子女的身体状况安排运动量。一般不要进行短时大量活动，避免大汗淋漓。

5. 要注意防寒保暖。开始锻炼的时候，不要让子女立即脱掉外衣，而是等到微热后再逐渐减衣。

6. 体质虚弱或者有慢性疾病的孩子，应遵照医生和父母亲的嘱咐，要注意合理适量进行锻炼，避免运动过度。

7. 如果是年龄比较小的孩子，最好由大人或教师陪同监护进行锻炼。

预防孩子日常生活中的中毒事件

由于子女的身体机能还没有发育完全，他们的消化系统跟大人还是有一定区别的，因此，尽量避免让孩子和大人的饮食习惯相同。不过，在日常生活中，有很多父母和长辈们会忽略这一点。也因此，孩子很容易在日常饮食中发生食物中毒事故。

那么，避免子女食物中毒该怎么做呢？针对这个问题，教育专家和饮食专家指出，在日常生活中为避免孩子食物中毒应该注意以下四点：

饭菜要尽量现做现吃，避免吃剩饭剩菜

大家都知道，新鲜的饭菜营养价值高，但剩饭菜在营养价值上就大打折扣了。而且越是营养价值高的饭菜，就越是容易受到细菌的侵入，如果加热不够的话，就会引起孩子食物中毒，出现恶心、呕吐、腹痛、腹泻等类似急性肠炎的症状。

因此，父母一定要尽量避免给孩子吃剩余饭菜，尤其是那些剩的时间较长的饭菜。隔夜的饭菜在食用前，一定要检查有没有异味。在确认没有任何异味后，加热到一定程度才可食用。

有些食物本身含有毒素，必须加工后食用

在日常生活中，有些食物本身就含毒素。比如：扁豆中含有对人体有毒的物质，必须将其炒熟、焖透后才能食用，不然的话就会引起中毒事件；豆浆的营养价值十分丰富，但是生豆浆中含有人体难以消化吸收的有毒物质，而这些有毒物质必须加热到 90 ℃以上才能被分解。因此，在喝豆浆的时候，一定要把它煮透。发了芽的土豆也会产生大量的龙葵素，使人中毒。因此，在日常生活中，父母与长辈们一定要注意不要让子女食用有毒素的物质。

尽量不要给宝宝吃市售的加工熟食品

生活中，有许多父母亲图方便，就会购买一些半熟品或熟食。比如：肉罐头食品、各种肉肠、袋装烧鸡等。在这些食物中，都会有一定量的防腐剂和色素，十分容易变质，尤其是在炎热的夏季，而且有些食品的生产者未经许可，加工条件比较差，父母与大人们一定要注意，千万不要让孩子食用这些含毒素的物质。如果选用此类食品的话，一定要认真选择正规的超市购买。

在食用前，一定要经高温加热清毒后，可用。

避免让子女误食过期食品

当给孩子买了一些食品之后，一定要尽快地给宝宝食用，不要长期放在冰箱里或储存在某些地方。有些东西时间长了，就会超过保质期或变质。

除此之外，父母还要看清食品的贮藏条件，有的食品要求冷藏，有的要求冷冻，不能只看时间。要知道，食品在冷藏条件下存放 10 天与冷冻条件下存放 10 天完全是两个概念。

实际上，在日常生活中，有很多东西都会伤害到孩子。比如：铅化学物品，等等。因此，父母亲还要了解一下生活用品的一些特性和危害。下面，我们来看一下吧！

抗菌皂

抗菌皂不是抗菌的吗？怎么会对人体有害呢？相信很多父母亲都会有疑问。实际上，抗菌皂里面会有少量的有毒物质，对人体也有害，尤其是对神经系统正在发育的孩子来说，更有危害。

因此，父母亲一定要避免一切宣称"抗菌"的产品，最好使用自然香皂，让孩子的免疫系统发挥作用，杀死一般的细菌。

运动饮料

当市面上出现一些运动饮料的时候，有些父母就会认为"运动"对孩子有益，便大量购买。有的父母亲还"天真"地以为运动饮料能起到补钾的作用。实际上，运动饮料中含有的化学甜味剂是有害的。因此，父母应该让孩子多喝水，少喝饮料。

加工过的牛奶

有些孩子一出生，父母便会让他们天天喝牛奶。可没想到，牛奶也有隐患，甚至可以导致 10 岁的孩子患上心脏病。在生活中，大多牛奶都是被加工过的，里面含有杀虫剂和其他化学物质。

非处方药品

几乎所有的药品都有一定的毒性，有些孩子使用的药品比成人药品所含的毒性更强，因为这些药品中增加了化学甜味剂和人工色素的含量。

防晒油中的遮光剂

很多防晒油中的遮光剂都能导致皮肤癌。因为它们含有多种有毒物质。

更严重的是，防晒油遮光剂阻挡了紫外线，让皮肤不能正常制造维生素 D，从而影响骨骼生长。

汞合金填充物

不要用汞合金填充物（又称水银填充物），为孩子补牙，如果孩子不小心吸入汞蒸气，甚至将其吞下，那就很容易导致汞中毒。

洗衣剂

在洗衣剂中含有的有毒物质很多，其中的香味剂就属于一种致癌物质。它们不仅对环境有害，还对孩子健康有害。

阻燃剂

在生活中，有些父母会在新型的儿童床垫上喷洒一些阻燃剂。这些物质可以轻易地被儿童皮肤吸收，从而破坏孩子的免疫系统和神经系统。比如，许多服装、地毯、毛毯等产品现在也含有阻燃剂。

空气清新剂

在生活中，我们经常会用到空气清新剂，但空气清新剂里却含有致癌物质，能够导致哮喘和其他呼吸系统疾病。如果真的想净化空气，那么就用橘子皮来代替吧！

人工合成的维生素

在一些药店，有一些儿童专用的维生素。实际上，这些维生素是人工合成的，其中往往会添加一些人工色素和化学甜味剂。因此，父母亲要避免购买廉价的儿童合成维生素，而选择一些蔬菜、水果等，让孩子摄取需要的物质。

下面，笔者来教给父母和长辈们购买的一些小妙招，以防孩子受到细菌的侵害和中毒：

当面对洗衣类用品的时候

我们都知道，洗衣用品所含的成分多为低毒或无毒物质，一般的接触对人体是没有什么明显的中毒迹象的。但酶添加剂可能会引起敏感个体的哮喘和皮肤过敏。除此之外，如果洗衣用品在使用当中溅入眼睛或孩子好奇误食的话，那就糟糕了！

救治措施：当皮肤接触高浓度溶液以后，要立即用清水冲洗，避免洗衣用品溅入眼中。如果溅入眼内的话，一定要马上用清水及时反复冲洗，冲洗时间不少于10分钟。如果误食的话，要立即服用牛奶或温开水，以达到保护胃黏膜的作用。

当面对厨厕清洁类用品的时候

在日常生活中，我们总会用到一些厨厕的清洁类用品，比如：便池清洁剂、洁厕灵、去油净等。这些物质中的主要成分为酸类、表面活性剂和消毒剂，对皮肤、眼、黏膜有腐蚀作用。如果溅入眼睛的话，很容易造成结膜水肿与角膜损伤；如果吸入烟雾的话，还会出现眩晕、头疼、胸部紧迫感和呼吸困难等状况。

救治措施：如果皮肤接触到了这些东西，立即用清水冲洗皮肤，时间约为15分钟。如果衣服受到污染的话，就要马上脱去衣服，并用水冲洗衣服上被污染的部位。如果溅入眼睛的话，要立即用清水冲洗（流动的清水）眼睛，时间约为15分钟。在冲洗的时候，必须将眼睑分开。如果不小心误服了，一定要在10分钟以后，一次口服清水1000毫升或大量饮用牛奶。如果耽误的时间比较长的话，要立即送往医院抢救治疗。

当面对餐具、果蔬洗涤类用品的时候

关于这类洗涤用品有两种：一种是合成洗涤灵；另一种是天然植物型洗涤灵。这些用品一般对人体不会产生毒害作用，尤其是天然植物型洗涤灵，更是一种无毒无公害的绿色产品。但是，如果皮肤长时间地接触这类高浓度洗涤灵的话，也会有一定的刺激作用。如果不小心误食的话，也会引起腹泻、腹痛、恶心及呕吐的症状。

救治措施：在使用合成洗涤灵的时候，要根据被洗物的多少以及餐具上油垢存留的情况，然后再在40℃左右的水中加入几滴合成洗涤灵。在用清水冲洗的时候，一定要用抹布多次擦洗，使餐具上的残留物尽可能减少。

一般的话，需要用清水冲洗 3 ~ 4 遍。使用天然植物型洗涤灵，只要冲洗干净就可以了，这种天然植物型特别适宜清洗蔬菜、瓜果。当这些东西溅入眼睛的时候，一定要及时用清水冲洗。如果不小心吞食，一定要大量服用牛奶或温开水。

像以上所说的情况，都是父母在日常生活中不容易发现的。但是看过这些现象以后，劝父母亲一定要多加小心，以免孩子受到不必要的伤害。

别让电子产品伤着孩子

如今，对于一些 80 后父母来说，积木、毛绒玩具、小汽车等 80 年代的东西已经不能满足孩子的需求了，在这个电子时代，只有 psp、iPhone、iPad 才是时尚潮爸、潮妈为孩子准备的最好玩具。

针对于这种现象，教育专家和心理学家对 117 名父母做了一项问卷调查，调查结果显示：53% 的父母愿意为孩子购买 iPad；14% 的父母表示，如果经济条件允许，会给孩子添置；只有 33% 的父母明确表示，不会给孩子购买。

在生活中，的确有些孩子热衷于新潮的电子产品。针对孩子爱玩、想玩这一现象，教育专家和心理学家们做了一番调查，结果是：有 48% 以上的父母说，孩子喜欢电子产品，是因为能够满足自己的好奇心；有 30% 的父母亲说：孩子喜欢电子产品有两种心态，一是攀比心理，二是自卑心理；剩下的 20% 父母亲表示：平时的工作就够忙的，还有一些家务活和朋友聚会等，根本没有时间照顾孩子。也因此，就给孩子找了个"电子保姆"。

但是，"电子保姆"真的就好吗？要知道，电子产品不是早教机，也不能够代替亲子之间的互动。只有亲子之间的互动产品才是良好的教育方式。电子产品对孩子的身心都有着一定影响。

比如：像平板电脑、手机等电子产品，屏幕较小，不利于孩子的眼睛。如果孩子长期把注意力放在电子产品上，就会出现视觉疲劳。加上孩子的视觉系统发育还不是很成熟，这很容易导致孩子近视或弱视。

资深早教专家表示：如果孩子过早地专注电子产品，会给今后的文字学习造成一定的障碍。长期依赖电子产品，会让孩子懒得去思考问题和动手写字。当然了，电子产品的危害可不止这些，下面，就给父母详细说一下电子产品的危害吧！

沉迷电子产品会让智力下降

世界知名心理学家、德国成瘾治疗协会会长 Wernerfsinger 教授曾经指出：网瘾会降低智力。随着人们上网时间的增加，智力会变得越来越低，最严重的结果会影响到日常的交流。

对于现如今的那些微博控、苹果控，WernerFSinger 教授也指出：虽然不主张让人们戒掉电子产品，但也需要控制避免成瘾。针对 2～3 岁的孩子沉迷电子产品，甚至学会了玩切水果、疯狂的小鸟等游戏，WernerFSinger 表白了自己的立场：如果让孩子过早地接触网络游戏，过早地让孩子玩这些电子产品，不仅会削弱孩子对现实世界的兴趣，还会影响到子女的身心健康。因此，劝父母不要让 6 岁以下的孩子接触电子产品。

除此之外，WernerFSinger 教授还提出一些建议：父母要在子女小的时候，就给他制定一些界限，并且要坚持执行界限。

脑神经细胞容易损伤

大家都知道，电子产品都有一定的辐射。在长期的辐射下，就会影响到孩子的身心健康，让孩子的脑神经体细胞受到损害。尤其是小孩子在玩的时候，经常趴在电子产品上，如 iPad 等电子产品。

影响语言发育

当孩子在玩电子产品的时候，就会受到机械声音的影响。听得多了，孩子就会变得不会交流了。要知道，孩子只有在主动交流中，才能够更好地学到语言。

如果孩子习惯听这些机械语言，那势必会让孩子缺少对真人的声音的感受。如果孩子只顾着和电子产品玩，不和外界交流，那就会影响到自身的语言发育。

影响子女视力

近些年来，带着年幼的孩子来看医生的越来越多——都是奔着视力低下来的，眼科太忙，从校园走出来的小学生，戴眼镜的有 1/3 之多，原来这些孩子都是长期玩 Ipad 等电子产品，从而变成这个样子的。的确，如此小的屏幕下，加上闪烁的光的刺激，再加上小孩子的视觉系统发育还不成熟，很容易产生视觉疲劳，从而引起近视和弱视。

手部容易发生疾病

在玩电子产品的时候，手指只要"拨一拨"，就可以上网玩游戏了。如今触控式屏幕电子产品成为人们追逐的新宠儿，有不少人都喜欢使用触控式屏幕电子产品，比如：智能手机、智能平板电脑、智能计算机等。

可是长时间的手指按压或轻扫屏幕，会让手指变得麻痹，不能伸直就连简单的梳头发动作也很难做到。有关专家研究后表示：在使用触控式屏幕产品的时候，尽量不要超过 10 分钟。如果发现手指红肿或伸直屈曲的时候觉得疼痛、无力，那就要及早去看医生。不然后果很是严重，比如：会出现肌肉萎缩。

那么，如何让子女避免和电子产品接触，让孩子脱离电子产品的"魔爪"呢？下面，教育专家们罗列出了以下几点：

1. 尽量减少家里的电子产品数量，如果有的话尽可能隐藏起来。

2. 父母不要当着孩子的面玩电子产品，要做到言传身教。

3. 父母不要把电子产品当成"交易筹码"，比如"如果你好好吃饭，我就给你玩游戏"之类的。

4. 父母要找一些比电子产品更好的东西推荐给孩子，比如：图书、玩具，还可以进行户外亲子活动等。

5. 如果孩子（年龄稍微大一点的孩子）实在想玩的话，父母就要陪伴引导孩子玩电子产品，从而增强亲子之间的互动性。父母还可以鼓励孩子跟别的小朋友玩，以增强子女的协作能力和社交能力。

6. 父母要多抽出一些时间陪孩子聊天、运动，带孩子去户外走走。这样孩子就会将注意力从电子产品上慢慢移开。

最后，再给父母提供一些小妙招：

在玩 iPad 的时候，父母要教子女使用正确的姿势。首先，别让孩子的头部前倾或后仰，背部要挺直，肩部放松；电子产品的屏幕应该放在眼睛平视平面之下大约 15 度，眼睛距离屏幕应在 0.5 ～ 0.66 米。

其次，父母要监督和引导子女规划好时间。比如：在玩 20 分钟左右，让孩子注视窗外的景物或绿色植物，以缓解可能造成儿童近视的视觉疲劳。

最后，父母要为子女营造一个健康的环境，比如：不要让子女在过于漆黑的房间里玩 Ipad，在玩的时候尽量把亮度调低。要知道，不开灯看电视或电脑，会影响孩子的视力。

对较轻的碰、擦、烧、创伤的处理

在日常生活中，小孩子总免不了磕磕碰碰。也因此，儿童意外创伤是小儿外科门诊最常见的急诊之一。在面对孩子出现什么意外的时候，有些父母亲由于没有经验，就显得有些手足无措，也不懂得及时做出正确的处理，甚至处理错误，反而加重了孩子所受到的损伤。

为了能够正确处理和面对孩子所遭受的损伤，下面介绍几种常见的儿童意外创伤的处理和预防措施，以供父母亲参考：

当孩子遇到碰撞的时候

由于年幼的孩子十分喜欢动，不是动动这里，就是动动那里，上蹿下跳的，一会儿也不想安静。也因此，孩子就会受到一些伤害。

比如：孩子从高处跌落或者是颈部受到比较强烈的撞击，是十分危险的。轻一点的话，可能会造成残疾或瘫痪，严重的话，还有可能危及生命。

当遇到这种情况的时候，父母一定要让孩子平躺，水平躺着的作用可以让背部伸直。父母亲切记：不要移动孩子头部和颈部，也不要让孩子坐着。

首先，父母亲要做的就是固定颈部。可以将毛巾或衣物等卷成圆筒状放在颈部的周围固定，以防止颈部移动。如果必须移动的话，父母亲一定要几个人同时抬起患儿，轻抬轻放，千万要小心。

其次，冷敷、止血。父母可以用冷水将毛巾弄湿或用冰块敷在撞击的地方。如果有伤口的话，父母可以用双氧水消毒伤口；如果有出血情况的话，那父母亲就要准备一些干净的布块加压止血。

最后，保持身体温暖。如果孩子出现出血的情况，并且出的血比较多的时候，孩子的身体会特别冷；所以父母要及时给孩子盖上一些毛毯或被子等物品，让孩子的身体保持温暖。

对于意识清醒的受伤孩子，父母应在一旁用温柔的语言安慰他，消除他紧张的情绪。在这个时候，父母一定要镇定，不能表现出焦急的神态，因为焦急不利于孩子的情绪稳定。

如果孩子由于跌伤，钝器或碰撞引起的脸部或其他部位的红肿，一般不需要特殊处理，只需用冰块冷敷就可以了，切忌用手反复揉搓肿起的包块。对于比较严重的情况，父母亲应该抓紧时间去医院检查治疗。

下面，教父母及大人一些急救措施：

冷敷。用冷毛巾或冰块冷敷瘀血或肿胀处，这样可消除肿胀和疼痛。

消毒。用双氧水消毒伤口，如有出血时，可覆盖干净的纱布，加压止血。

做完以上两步以后，父母一定要保持安静，仔细地观察。对于面部以及头部受伤的孩子，表面上虽然没有什么大的症状，但有可能经过一段时间的变化出现一些比较不好的情况。因此，当孩子出现什么状况的时候，要让患儿安静地休息一天，以便于观察。

擦伤

皮肤擦伤是由于跌摔以后，皮肤被粗糙物擦过，从而造成的浅层组织损伤。这些损伤让皮肤上出现一些擦痕、小出血点和浆液渗出。由于擦伤创面的凹凸不平，坏死表皮组织较多，污染比较严重。如果换药不当的话，空气中的细菌就会侵入身体，从而引起皮肤感染，因与敷料粘连引起疼痛等。对于皮肤擦伤的情况，父母一定要谨慎处理。

当孩子被外界的东西擦伤以后，父母首先要进行清创处理，比如：先用生理盐水洗去创面周围皮肤的脏东西，然后用双氧水及生理盐水彻底清创。如果孩子的皮肤擦伤得比较深的话，那么可以用注射器分别抽吸双氧水及生理盐水，然后喷射孩子的皮肤，以此达到冲洗的目的，彻底清除异物并去除坏死组织。除此之外，还可以用无菌棉球擦干水分，创面周围皮肤用碘伏消毒，碘伏为光谱强力杀菌消毒剂，对细菌、病毒、真菌及霉菌孢子都有比较强的杀灭作用，而且其毒性较低，作用比较持久，应用于伤口或黏膜，不致过敏，不引起剧痛。

尽量暴露，避免包扎：在给孩子上药时，劝父母一定要在创面上涂一点红药水（红汞），因为红药水有防腐的作用，而且刺激性比较小，但要注意不要与碘酊同用，因为如果两者共同使用的话，可生成碘化汞，对皮肤有一种腐蚀作用；尤其是对汞过敏的人，千万不可用。

就算是要包扎的话，也要使用消毒纱布或清洁布包扎伤口，小伤口也可不包扎。但不管是需不需要包扎，都应注意保持创面清洁干燥，创面结痂前尽可能不要沾到水。暴露便于随时观察创面变化，应该及时做到处理纱布药物，而包扎虽可以保护创面，防止外源性沾染，但十分容易造成敷料与创面粘连。在换药时，会因牵拉导致创面再度损伤，增加受伤孩子不必要的痛苦，延迟创面愈合。

面部皮肤擦伤的处理：如果是脸部受到创伤以后，劝父母不要用带有色素的碘伏涂抹，这样会尽可能减少药源性色素沉着遗留。每次在使用消洗液的时候，要重复涂抹。

感染创面的处理：如果创面发生感染等类似情况的话，劝父母可以用淡盐水先将伤口洗净再涂上紫药水；或者是把鲜紫花地丁研细，然后加热消毒后，加一定量的甘油，再加上两倍的水，调成糊状，涂敷在孩子受伤的部位，每天或隔天换药一次。对皮肤及表浅软组织早期化脓性炎症，敷药数次，就可以出现成效。如果担心药物过敏或刺激作用的话，也可以选择一些纯中药的软膏涂于患处，这对皮肤创伤、擦伤、感染和轻度烧烫伤的治疗效果很好。因为纯中药的软膏，对孩子没有什么刺激性。

烧伤

有些小孩子比较调皮，对什么事情都充满好奇心，因此他们总是想去尝试一些什么事情。有的时候，父母稍微走开一下，就会酿成大祸，比如小孩子烧伤。

实际上，如果有这样的烧伤情况出现，父母也不必过于担心，而是应该关心如何防止和处理孩子的烧伤发生与烧伤伤口。

烧伤后正确的做法是：在孩子烧伤的地方立即寻找水源进行冷却疗法。具体方法是：将烧伤创面浸入10℃～20℃的自来水或清水中，用浸湿的毛巾覆盖创面，时间在30～60分钟以上，冷疗一般在烧伤后半小时内进行较好。在日常生活中，相信父母都知道烧伤后进行冷疗还能减轻疼痛，减轻污染。由于流动自来水得来容易，被认为是较好的水源。

疼痛是一个人在烧伤后最痛苦的事情之一。由于皮肤表皮损伤后，真皮表层的神经末梢失去表皮保护受冷、热及空气中有害因子刺激所致。冷疗可以让这些神经末梢暂时失去知觉，从而产生类似低温麻醉效应，减轻痛觉。

在生活中，有的父母亲认为烧伤创面害怕水，而且会引起创面发炎。实际上，这种认识是片面的，甚至是错误的！要知道，大多数烧伤表面有轻重不同的尘土、煤屑、杂物等污染物质。如果利用清水冲洗的话，那么就会减轻污染，并有助于烧伤面积和深度的估算，为及时正确进行烧伤诊断提供一些方便。

除此之外，烧伤疼痛等刺激还有可能导致炎性介质释放入血中加重局部和全身损伤，冷却可以让一个人的血管收缩，从而减轻有害因子损伤反应。但是，由于冷疗使局部组织的血管收缩，导致周围组织循环阻力增加，从而引起组织缺氧，产生一些对身体不利的影响。不过对于一些大面积的烧伤来看，不可以使用冷却法，以免加重烧伤的情况，比如休克。应该及时送到医院治疗。

在民间有一些所谓的偏方，来治疗一些烧伤，比如：酱油、碱面、紫水、涂牙膏、红汞等。实际上，这些方法从某种意义上讲是不合适的。最正确的方法就是在冷疗后，用干净的衣物、被罩等包裹后送到医院治疗。

捉迷藏不可躲在危险的地方

对于年幼的孩子来说，最喜欢玩的就是捉迷藏了，那么躲在哪儿呢？很多小孩子就会选择在门后，他们认为最危险的地方就是最安全的地方，不容易被别人发现。

他们在玩得不亦乐乎的时候，父母亲也忙着做自己的事情，想着捉迷藏不会出现什么危险，就放手去玩吧！可就是躲在门后的这种方式，却为孩子带来了巨大的伤害。

因为孩子躲在门后，很容易把一只手扶在门的一边，"捉人"的孩子一推门便挤住躲藏的手，受伤的罪魁祸首，是因为没有受到生活中良好的安全教育。所以劝父母应经常向子女灌输一些安全类的知识，让孩子熟记。

下面，提供一些玩捉迷藏的安全知识：

在玩捉迷藏的时候，孩子不要藏在门后面。因为这样的做法容易撞头，甚至出现挤手指等现象。

在玩捉迷藏的时候，孩子不要藏在桌子下。因为不仅容易撞头，还容易碰到桌子，从而让桌子上的东西掉下来，砸伤自己。

孩子也不要躲在窗帘的后面。容易让自己缠绕住出不来，甚至出现呼吸困难等。

也不要躲在柜子里，万一门关起来打不开，容易出现呼吸困难，甚至窒息的情况。

更不要躲在床下面，容易被床压住，出不来。

如果躲在窗台上，容易失足掉到窗外，酿成大祸。

总而言之，劝父母一定要在日常生活中，告诉孩子这些安全知识，以免酿成大祸，让孩子与父母后悔一辈子。

严防孩子接触危险地带

暑假期间，孩子都想要一个痛痛快快可以玩的假期。在这个时期没有了老师的看护，没有了父母的唠叨……可是，暑假可没有这么简单！因为父母亲和老师最担心的就是安全问题，要知道，在暑假期间，孩子很容易遇到一些危险，比如溺水、触电、火灾、交通等事故。

于是，父母和大人开始苦恼了，怎么办呢？怎么样才能让子女脱离危险呢？有一些父母亲说："干脆把孩子送去上培训班吧！有人看着安全还省心。"

有的父母说："女儿已经 13 岁了，可我们作为父母亲的，还需要为事业奋斗，要上班，又要照顾孩子，真的是顾不过来啊！现在学舞蹈比较热门，我把女儿就送去舞蹈班了。可是……唉！每当我们把孩子送到学校后，她就会偷偷地逃跑……"

有位家长也说出了自己的苦恼：儿子今年 12 岁了，平时十分调皮和贪玩。放假后，儿子整天在家"找宝藏"，翻箱倒柜的，确实令父母和大人们忍受不了。后来就想着干脆把他送到小区的家教班吧！虽然花点钱但却省了心，反正我们就是不给他接触危险的机会。

在父母亲软硬兼施之下，孩子每天按时到家教班上课，做暑假作业，可是，孩子真的学进去了吗？学到知识了吗？这仍是大问号，这个就是难题了。

实践证明，这并不是个最好的选择。在家庭教育中，父母应该让子女了解到关于安全的一些知识。比如：怎样才能保证孩子在假期中的安全？把孩子关在家里是否安全？孩子外出游玩的时候，需要注意哪些事项？

下面笔者为父母提供一些小方法：

假期中，很多父母担心孩子外出会有危险，所以只要是一上班，就会把孩子一个人锁在家里，直到下班回来，才让孩子出去。其实，家中存在很多容易忽略的隐患，父母需要反复提醒，并告诉孩子：千万小心。

1. 现如今的家庭大多使用煤气或者天然气。的确这些东西也是十分危险的，比如：容易爆炸。在生活中，父母在用完煤气或天然气之后，一定要把开关关死，并告诉孩子：父母不在场的时候，不要乱动。

2. 父母应教给孩子正确使用电器，并提醒孩子：不要用湿手摸电源开关，不要同时使用大功率电器，以免造成什么不必要的危险。如果孩子年龄小的话，父母最好要把水果刀、多功能小刀、剪刀、菜刀等锋利的工具摆放到特定的地方或孩子够不着的地方，防止孩子乱动，受到伤害。

3.在夏天的时候，人的饭量就会下降，因此，冰箱中总是会有一些剩菜和剩饭。在父母上班之前，要告诉孩子：不要吃生冷食物。由于年幼的孩子抵抗力比较弱，乱吃生冷的东西容易生病。

4.如果家住高层的话，父母要特别当心，不要让孩子爬窗户和窗台。前不久，发生过很多起意外事件，都是因为孩子独自在家想出去，最后爬窗户被卡住了。要知道，如果稍不小心的话，那就失去了性命。因此，在父母外出的时候，一定要锁好门窗或者是不要把孩子单独留在家中。

5.有些小区管理不严，会有陌生人进入社区。当孩子独自在家的时候，一定要告诉孩子：如果有陌生人敲门，先从猫眼里看，然后告诉陌生人大人不在家，改天再来吧！无论陌生人说什么话，都不准开门。

6.遇到雷电天气的时候，父母亲必须记住把家里所有电器的电源都关掉，并让孩子待在家里，不要外出。

7.参加户外运动，暑假较长，父母不要总是把孩子关在家里或其他地方，而是应该让他们适当地进行一些户外活动。比如：跳绳、踢足球……

当然了，有些孩子喜欢去河边，想要去玩耍。可是，河边是十分危险的地方，父母必须提醒孩子：千万不能去。那看似平静的河面下暗藏危险，如果孩子一旦不小心失足落水，那后果真是不堪设想。另外，还应告诉孩子：当看到有人落水，不要下水去营救，应该喊周边大人的帮助或拨打报警电话。

8.建筑工地，正在修的道路等都存在着许多危险，比如：上方落石、挖有竖井等，这些地方都不适合孩子玩耍。在日常生活中，父母一定要反复提醒孩子，不要到这些危险地方去玩。

9.在平时，父母还应该告诉孩子：在结伴骑车的时候，不要在马路上追逐打闹。马路上车多、人多很容易发生交通事故。如果是玩滑板、溜旱冰的话，也要在指定的区域里玩耍。过马路的时候，不要闯红灯，要走人行横道，并且一定要从路口过，不能图方便跨越护栏。

10. 天热的时候，动物的性情会大变，容易伤害到别人。如果孩子在广场或大街上玩耍的话，不要逗狗或猫。此外，孩子不要去网吧、台球室等人员杂乱的地方，这样很容易被一些闲散人员带坏。

11. 在野外的时候，孩子不要喝生水，不要吃一些不认识的野果、野菜，不采摘野花。因为这些东西可能会含有毒素。另外，孩子要提高自我防范意识，不要跟陌生人走；不吃、不喝、不接受陌生人的东西。如果发现自己被拐骗的话，一定要冷静下来，先自护，再想办法逃走，要和犯罪分子斗智斗勇，千万不能盲目地使用武力抵抗。

除此之外，让孩子一定要记住 110（警察局）、119（火警）、120（急救）、122（交通警）等常用的报警电话，在遇到危险的时候，一定要在第一时间拨打。

总而言之，安全重于一切！无论是在家还是外出游玩，父母亲都一定要叮嘱子女：要注意安全，提高自身的安全保护意识，自我防范意识，这对于子女一生都是非常有益处的。

教子女上下楼梯别心急

在日常生活中，我们经常会听到一些关于学生踩踏的事件。当然了，导致踩踏事件的就是上下楼梯的问题。

比如，2005 年 10 月 17 日，新疆阿克苏市农一师第二中学附小发生集体踩踏事故，其中 1 名女生死亡、13 人重伤；2005 年 10 月 25 日，四川通江广纳中心校发生拥挤踩踏惨剧，7 名学生死亡；2006 年 11 月 18 日晚 8 时 30 分左右，江西省都昌县土塘中学初一年级学生在上完晚自习下楼时，发生踩踏，造成 6 人死亡，39 名学生受伤；2009 年 12 月 7 日，湖南湖乡市育才中学附小发生拥挤踩踏，导致一名学生死亡，两名学生受伤；9 日 12 时许，新疆阿克苏第五小学发生踩踏事故，有 123 名学生被送往医院，在 41 名受伤住院学生中，1 人病危，6 人重伤……

当看到这些血淋淋的现实的时候，我们不禁感到痛心。原本是朝气蓬勃的、像花儿一样的少男少女，却因为一时的疏忽，导致失去了性命。这不但是学校的损失，是父母的损失，更是国家的大损失。

血的教训使我们不得不产生疑问：孩子为什么会发生踩踏事件？有的教育专家和心理学家就声称：孩子上下楼没有秩序。是啊！如果孩子能够牢牢记住"上下楼梯靠右走，不系鞋带不弯腰，不推不搡看仔细，遇到问题不乱挤"的行走常规，那么悲剧又怎么会发生，造成这么多的灾祸呢？如果在事故发生的时候，能够有同学或老师能够维持秩序，那么惨祸也不会发生……

不管怎么样，过去的已经过去了，我们无法挽回，但我们都能够为将来做打算。比如：在孩子很小的时候，父母就教育子女学习上下楼梯，并教孩子一些安全知识。相信如果都能这样做的话，孩子就会减少一些危害。

劝父母要明白：3～6岁的孩子是身心健康发展的关键时期，同时也是养成良好行为习惯的奠基时期。但由于孩子年幼，他们的安全知识不是很丰富，安全意识不强。也因此，他们喜欢追求新鲜刺激，见到什么都想要尝试一下，就连上下楼梯也不例外。

在日常生活中，上下楼梯是孩子在校园生活中非常容易发生危险的环节。孩子在上下楼梯的时候，总是一步迈两三个台阶或者在扶手上爬着走，有的时候，他们还连跑带跳，边走边聊。而学校的老师，也常常是只能关注到队首队尾，看不到中间的孩子。那么如何才能培养良好的上下楼常规，保证幼儿的安全呢？下面我来说一下上下楼梯的常规：

左上右下

注意力集中，保持安全，一个跟着一个走。

上下楼梯逐级走，不跑，不跳，不推，不挤。

除了这个口诀之外，我们还要采取如下方法，以供父母参考：

动作不灵活——抓住金箍棒

在幼儿园里，老师老会把小班安排在一楼，但年幼的孩子动作不灵活，也比较调皮。即使数量有限的几级台阶也十分容易发生危险，有的年幼的孩子胆子小，不敢上楼梯。

在这个时候，父母和老师就可以引导孩子将上下楼变成好玩的游戏。比如："小朋友都把自己当作孙悟空，把扶手当作金箍棒。"这个方法不仅激发了孩子敢于尝试的愿望，还提供了必要的支持。除此之外，在帮助和引导年幼的孩子上下楼时，速度要慢一些，还可以边走边用儿歌或语言提醒孩子注意安全。比如：小手抓住扶手，眼睛看清台阶，嘴巴保持安静，一个跟着一个走。

一个跟着一个走

年幼的孩子总会在楼道里你追我赶，有的时候，他们还会故意停下来不走。在这个时候，父母可以用游戏的口吻来引导年幼的孩子：一个跟着一个走，不掉队。比如：父母亲可以告诉孩子："我们是一列小火车，每节车厢都要跟紧前一个车厢，不能让小火车停下来哦！"除此之外，父母还可以在家门口的每节楼梯上贴上一些漂亮的脚印或数字，从而引导年幼的孩子边数边走。

多关注和照顾孩子

有的年幼孩子活泼好动，自律能力又比较差，常常会出现一些比较危险的状况。比如：容易摔跟头。要照顾孩子，不让孩子因为遇到困难就停下脚步。

没有父母亲的帮助，孩子也可以

当孩子上了幼儿中班或大班的时候，不仅人数变得多了，就连楼层也相对比较高了。在这个时候，父母和老师就可以通过群体讨论的办法，制定一些上、下楼常规，培养孩子自我保护意识。比如：让孩子讨论："如何上下楼才更安全？""当楼道里可能发生危险的时候，应该怎么办？"

对于中间照看不到的孩子，老师也可以安排几个守纪律的幼儿排在中间，以起到带头的好作用。即便是孩子住在高层，也不会因为上下楼梯而害怕了。在生活中，父母要多和老师交流，让孩子学习和养成上下楼梯的好习惯。比如：小朋友下楼梯一个跟着一个，千万别着急，你不推我不挤，高高兴兴回家里（班级）。

讲清道理

在日常生活中，父母还应经常教导子女：上下楼梯的时候，要靠右边走，在上下楼梯的时候，不准奔跑、拥挤、冲撞，以免摔倒；在学校或家里，不能从高处往下跳或从低处往上蹦；不从楼梯扶手往下滑，以免造成危险。

情景判断

父母亲可以描述幼儿上下楼梯时的情景，分别举出正面（正确）与反面（不正确）的事例，从而鼓励孩子判断：哪些小朋友做得不对？哪些小朋友做得对？并让他说出错在哪里了？对在哪里了？应该向谁学习？批评谁？通过判断对错，让孩子一点点明辨是非，从而学习到良好的生活秩序，并有利于自己的一生。

诵读儿歌

在教育子女注意上下楼梯安全的时候，父母和大人还可以引导和教孩子读儿歌，从而加深孩子的安全记忆。在引导和教孩子诵读儿歌的时候，一定要注意儿歌的语言要简洁，意思要明了，便于孩子的理解和易于记忆。比如：上下楼梯不着急，按序行走不推挤，慢步轻声靠右行，上下蹦跳不可以，楼梯扶手不下滑，健康安全伴随你。

为了教育孩子注意上下楼梯安全，父母一定要采取恰当的教育方式，给孩子讲解一些安全注意事项，从而让孩子树立必要的安全意识，时时刻刻都要考虑如何注意安全。

小心没有盖的窨井

一到下大雨的时候，就会听到类似这样的信息："花季少女被冲入下水道，至今下落不明。""年幼的孩子踩井盖，却不慎掉入井中。""某某在深夜骑车回家，却被无盖的井绊倒摔伤。"

类似这样的新闻，相信大家并不陌生。有的人因为一个小小的井盖改变了自己的人生，有的人因为一个小小的井盖失去了性命，有的人因为一个小小的井盖悔恨不已。

的确，小小的井盖带来的危害是巨大的。在日常生活中，父母一定要经常劝告和教育子女：小心没有盖的窨井；不要踩井盖；遇到井盖要绕道而行。

现实让父母又不得不为城市建设的缺陷而感到愤怒。其实，在这些灾难还没有发生之前，就已经出现了一点小小的事故，但人们并没有把那些小事故看得很重要。如果人们能够及时地把这些错误修正，那么惨剧也不会一次次降临。

警告孩子车后不能待

报纸上曾报道过这样一则新闻：

2012 年 6 月 25 日，深圳市的一名货车司机李某去邻市送货，同行的还有他 8 岁的儿子。行车途中，李某发现车子有些不稳，疑似螺丝松动了，就下车去检查，没想到他的儿子因为好奇，也下车爬到车底下帮爸爸找螺丝。李某毫不知情，排除故障后，李某在未发现儿子不在的情况下，上车发动汽车往前开，从儿子幼小的身体上辗轧过去。当李某发现情况不对时，下车一看，儿子已经倒在血泊中停止了呼吸。

这则新闻实在让人惨不忍睹，货车的体积很大，李某根本看不到车后方和底下，再加上他的粗心大意，才导致了这样惨剧的发生，令人深感痛惜。所以，请父母务必不要让子女待在车子的后方及车底，因为那个位置是司机的盲区，他们根本无法清楚地判断目标。各位开车的父母，一定要特别注意，在启动车之前，请下车仔细观察一下车身周围及车底有无人或物，这样才能减少悲剧的发生。

生活中，交通安全上一些看似简单不重要的视力盲区，很有可能就会让孩子身处险境。虽然现在大多数的父母与长辈们都接送子女上学，放学时路上安全。但是，很多时候他们并不知道该如何做才能正确地保护好自己的孩子。为此，我为大家总结出一些生活中应该注意的细节，提醒父母要特别注意。

让孩子与汽车保持至少两米以上的距离

经常会有新闻报道，说有的孩子在学校门口、人行便道以及马路边上，被车辆撞倒或撞伤，究其原因，大多都是由于司机驾驶车辆的速度过急、过快，而孩子的反应相对较慢，躲避不及时而造成的。

劝父母一定要告诉孩子：当他们在汽车周边行走或玩耍时，一定要与汽车之间保持至少两米以上的安全距离，这是因为与成年人相比，孩子对所处环境中突发事件的判断和躲避都非常慢，因此，时刻注意让孩子与静止或移动的汽车保持一个安全距离，是父母一件不可忽视的责任。

让孩子在没有车的地方玩耍

日常生活中，不可让孩子在有车辆的地方玩耍或逗留时间过长。有些孩子不仅喜欢在车子附近玩耍，有的还会爬到车底下玩耍。这时，如果司机一旦发动汽车向前走，很有可能就会危害孩子的生命安全。这样的事故也屡见不鲜，再加上孩子一旦玩起来，很难会注意到有危险情况的靠近，悲剧就出现了。所以，父母不仅不要让孩子在停留的车辆附近游戏或逗留，当路过有车辆经过的地方时，请拉紧孩子的手，远离车辆。

另外，劝父母还须注意的一点是，很多孩子喜欢在车辆尾部玩耍，由于孩子个子较矮，司机很难看到后面是否有人，车子一旦启动或急转弯就有可能辗轧到孩子；即便是装有倒车雷达的车辆也不可完全轻信雷达，要教会孩子辨别车辆是否在行进，还是拐弯、倒退，让他们在危险发生时尽快地避开危险。

让孩子远离停车场

随着人们生活水平的提高，越来越多的人拥有自己的汽车，停车场的数量远远跟不上车辆的增加，于是，随处可见乱停乱放的车辆。也正因为如此，孩子的活动场所，也越来越难避免会停放一些汽车了。尤其很多居住区的停车位远远达不到需求，于是，车辆停在院子里，就成了家常便饭，人人开始效仿。本该是孩子玩耍的地方，却成了"临时停车场"，这也成为孩子潜在的危险地。

有很多父母和大人们认为停车场相对来说是比较宽敞的活动空间，而且车都安静地停放在那儿，会比马路上安全得多。其实他们忽略了停车场中停放的那些车辆随时都有可能发动开走，这就变成了孩子玩耍的危险地带。

再者，停车场里每个停车位的地方是有限制的，而且司机开车时，无法有效地看清汽车周围的环境，安全性非常差。面对突然出现的奔跑中的孩子，突然摔倒的孩子，还有孩子的各种玩具，诸如球类玩具，司机们很难反应过来，这些都会造成停车场的车祸。

帮助孩子免受汽车尾气的侵袭

有专家调查研究指出：那些身高只有一米左右的孩子，是最容易受到汽车尾气的侵害。汽车尾气主要包括一氧化碳、碳氢化合物、氮氧化合物、二氧化硫、烟尘微粒、臭气等。这些都有可能通过呼吸进入孩子的身体里造成危害。

劝父母不要经常带着子女到尾气严重的路上去，避免和孩子站在汽车的尾部。

还有的是开车的父母亲，开车前，先要确认车的周围及底下有没有孩子、小动物或是其他的障碍物。倒车时速度要缓慢，时刻关注车子后面的变化，避免危险的发生。

警惕驾驶盲区内随时可能出现的孩子

一些马马虎虎的司机，如果遇上有急事，就匆匆忙忙地开车走人，倘若有小孩蹲在车子的视野盲区内玩耍，很有可能就会引发事故。

什么是驾驶盲区？它是指司机在驾驶车辆时，视线受到阻碍而产生的死角和意识不到的地方。盲区多由车子的结构造成，由于市场上出售的车型有所不同，车辆所造成的盲区的大小也各不相同。

盲区主要包括：车辆前部盲区，也就是引擎盖前方看不到的区域，这个盲区范围与车身及座椅的高度、车头的长度以及驾驶人的身高都有很大的关系；车辆尾部盲区，就是车子的后风挡玻璃以下的区域，这个区域车内的反光镜根本观察不到；驾驶位置左、右两后侧45度均为驾驶盲区，这些地方较低，后视镜无法看清楚。还有一些视觉盲区，例如等红灯时左右两侧的大车，让车子看不清左右两边的情况，一旦绿灯亮时，看不清两边的情况下极易撞到抢着过马路的行人。

除了开车前应该查看车子周围的环境外，实际在倒车时，也应该仔细观察车辆周围的情况。避免环境发生改变时，没能及时做出应对。

倒车过程中，不可"只看尾不看头"，更不要过于依赖雷达的提示，即使雷达显示车身周围情况良好，也不可速度较快。如果有同车相随的人，可以让他在车后方进行指挥，这样安全系数更高。

所以，劝父母一定要时刻提醒孩子：要远离汽车玩耍，更不要在移动中的汽车周围做游戏，特别是一些容易发生事故的转弯处，切不可逗留时间过长。

教子女在行走时要与转弯中的汽车保持超过6米的距离

父母亲要叮嘱孩子注意车辆转弯时，一定要保持较远的距离。尤其是那种非常高的大货车在转弯的时候，如果离障碍物较近，车子的前轮能够完全转过去，但是后轮却很有可能碾压上障碍物。劝父母一定要教孩子碰上这种情况，记住要与转弯的车辆保持同样车长的距离，这是一个相对安全的距离，这样孩子以后单独一个人或同其他小朋友在一起过马路时，就知道这个安全常识。

此外，年龄较小的孩子过马路时，必须由大人带领。告诫孩子不可在街上或过马路时，埋头看书或者相互追逐，避免发生意外。

父母带孩子出行时，一定遵守交通规则，步行一定要走人行道，过马路走人行横道，优先选择过街天桥和地下通道。这样可以给孩子起个好的表率，培养孩子养成遵守交通规则，注意安全的好习惯。

不过还需尽量避免孩子自己一个人过马路或在有汽车移动的场所自己

行走。孩子由于年龄小，注意不到周围的情况。父母亲不可放任孩子超出自己的控制范围行走，要随时握住孩子的手。

让孩子远离拥挤的人群

对于年幼的子女来说，他们的抵抗能力差，很容易受到病菌的侵害。那么如何来防止孩子受到病菌的侵害呢？

那就要让孩子远离拥挤的人群了！在家庭生活中，父母一定要好好监督和引导孩子，让孩子脱离病菌的侵害。父母无论是去逛商场还是出去游玩，一定要把孩子看住。在遇到拥挤人群时，要牵紧孩子的小手，免得孩子被挤丢了。尤其面对拥挤混乱的人群时，要尽快把孩子抱起来，避免孩子被踩踏而受伤。

另外，手足口病的病毒传播途径虽有很多种，可最主要的就是通过人群间的密切接触而进行传播的，病毒主要通过患者的粪便污染的食物而进行传播；直接接触患者身上破裂的水疱也会传播病毒；患者咳嗽时，咽喉中的分泌物以及唾液中的病毒，都可以通过空气这个介质进行传播；患者的排泄物在几星期内仍有传染性。

如果孩子真的感染了手足口病，首先身体出现发热症状，体温大概在38℃，或同时出现疱疹。这些疱疹主要长在手足口这些部位。疱疹会突出表皮皮肤，用手摸上去明显有一粒一粒的小疱，直径为 2 ~ 4 毫米，有的发展为小型水疱疹，疱疹周围伴有炎性红晕，疱内液体较少。患者的口腔黏膜内会出现疱疹或溃疡，疼痛显著。一些患者还伴有咳嗽、流鼻涕、食欲不振、恶心、呕吐和头疼等症状。一小部分重症患者尤其是 3 岁以下的患儿，可能会出现脑炎、脑脊髓炎、脑膜炎、肺水肿、循环衰竭等，如果不及时地进行救治，很有可能会危及生命。

著名的儿科医生告诉我们，预防孩子手足口病的关键就是要注意家庭及周围环境的卫生，尤其要讲究个人卫生。做到饭前便后以及外出回家后要立即用肥皂或洗手液洗手；做到不喝生水，不吃生冷食物；平时要加强每个房间内的空气流通；对孩子的玩具或其他用品进行彻底消毒或清洗，勤晒被子和衣服；尽量避免让孩子到人群拥挤的公共场所玩耍。

一旦孩子出现持续发热、疱疹、意识模糊、昏睡不醒、身体抽动、呼吸困难等，劝父母应立即送孩子到医院就诊。

有的孩子可能在很小的时候就曾经感染过这个病毒，产生了一定的抗体。但是，专家指出引起手足口病的病毒不止一种，每种病毒感染后，都会产生相应的病毒抗体。但这并不意味着得过手足口病的孩子就不会再得这个病，如果感染了其他病毒，还是会发病的。

手足口病是常见的多发性传染病，再慎重地提醒父母要及时做好预防工作。

经常晒太阳

紫外线具有杀菌的作用，它可以消灭手足口病的病毒。因此，父母亲应多让子女进行户外活动，适当晒一晒太阳，也能够预防手足口病。但是，晒太阳的时间一定不要过长，以孩子感到舒适为主。

提前服中药

父母可以去药店咨询医生后，为孩子煎制一些具有清热解毒、生津化湿功能的中草药，来预防手足口病。例如：银花、芦根、淡竹叶、薏苡仁，不仅能化湿，还具有抗病毒的作用。所以，劝父母可以经常用薏苡仁做粥，或者煮汤给孩子吃。除此之外，可以给孩子泡一点菊花水、银花水喝。

做到勤洗手

手足口病的病毒是怕碱性的，而肥皂和洗手液的碱性比较强，所以，劝父母一定要告诉子女无论做完什么事情，都要用肥皂或洗手液勤洗手，一定要养成习惯，这样便能够大大地降低孩子感染上手足口病的概率。

千万不要让孩子自己洗澡

洗澡对每个人来说都是一件舒服的事情，它不仅能够洗去身上的灰尘和汗水，还能让身体得到极大的放松；洗澡也是一件很愉快的事情，水对孩子来说具有很大的诱惑力，他们非常喜欢在水里嬉戏游玩，但同时，对于年纪过小的孩子来说，洗澡却也隐藏着不少的危机。

因此，笔者再劝一次父母亲一定要注意，不可让孩子单独一人在浴池或浴缸里洗澡。

因为孩子在洗澡玩水的时候存在一定的危险，例如有些孩子将水扬得到处都是，以至于走路的时候脚下打滑；有的孩子则玩水的时候不小心将水灌进了耳朵，导致了中耳炎的发生，等等。

所以建议父母一定要告诫孩子，不可以自己一个人在浴缸里洗澡，除非具备一定的自理及自制能力。

下面是在给孩子洗澡时应该注意的一些事项：

1. 在给孩子洗澡时，要一刻不离地待在澡盆旁边，即使只是取东西的一小会儿也不行。这是最重要的一点。因为有研究表明，即使是不到1英寸（约2.5厘米）的水也可能致使孩子溺水。所以，在给孩子洗澡时，如果不得不接电话或者开门，一定要把孩子用浴巾包住，然后抱着他一起接电话或开门。

2. 洗澡之前的准备工作要做好，把孩子的洗漱用品放在浴盆周边伸手能拿到的地方，这样可以避免取东西时，把孩子单独一个人留在那里。切记：任何情况下都不要留下孩子一个人在浴盆或浴缸里。

3. 给孩子洗澡时，父母应穿上橡胶制的防滑鞋，以免抱着孩子时不小心滑倒。等孩子能够站着洗澡时，为了避免孩子的磕磕碰碰，可以在浴室里铺上防滑毯。

4. 洗澡或孩子自己玩耍时，注意不要让洗澡水进入孩子的眼睛、嘴巴、鼻子和耳朵。如果不小心，弄进一些水，要及时为孩子清理了在继续洗澡。

5. 浴室的温度保持在23℃ ~ 28℃之间，25℃是最佳温度，温度如果太低，会使孩子生病。

6. 洗澡水的温度调至26℃左右最舒服，比较适宜儿童的皮肤。

7. 洗澡水一定要适中。父母在放洗澡水时，不可直接让孩子待在浴盆中，因为放水时的温度会发生变化。在浴盆或浴缸中给孩子洗澡时，一定要让孩子坐着洗。

8.一些洗发沐浴用品会使孩子的皮肤干燥，所以要尽量少给孩子用。如果用的话，注意一定要给孩子的小屁屁多冲洗几遍，因为这些产品很有可能会刺激孩子的尿道，增加尿道感染的风险。

9.不要让孩子去碰水龙头，如果孩子在碰触的过程中，不小心打开，里面出来的水温不稳定的话，很有可能烫伤孩子。

10.关掉热水器，电线、插座等都要收好，避免漏电或者孩子被电线缠住。

第十九章
不要以爱强迫子女

教子宽严有道

在如今的家庭教育中，有很多父母与长辈都开始接触"爱和自由"的育儿理念了。可是在他们实施的过程中并不是那么顺利，而是产生了一些困扰：如果约束子女，是不是意味着父母没有给子女足够的自由？给孩子自由，是不是意味着"放手不管"孩子？孩子受到约束后，会不会认为父母亲伤害到他了？

实际上，爱和自由并不是说孩子的要求有求必应，即便是遇到什么过分的要求，也一一满足；爱和自由并不是说放手不管孩子的生活和学习，让其为所欲为；爱和自由并不是说要以孩子为中心，对孩子百依百顺，顺从子女的一切要求。

如果让孩子为所欲为，对子女百依百顺，有求必应的话，那这就不是自由和爱了，而是娇宠！在娇宠中培养出的子女会是一个散漫霸道、以自我为中心、自私的孩子。

科学地讲，当发现子女做错了事，或有什么过错言行，父母应使用既宽又严厉的方式指正，父母可全面分析，正反两方面比较后，使孩子认识是非，让他学会站在别人立场上来考虑问题，让他感受对方的不满。这种教育方式，不会让孩子被某种道德和命令所强迫——这是严！比如：孩子说了什么不好的话没有礼貌的时候，大人们先不必责备他，而是先向别人道歉，然后让孩子主动问自己"为什么"，从而修正自己的错误——这是宽。

在既严又宽的教育方式中，在自由和爱的环境中，孩子才能将自我淋漓尽致地显现出来。其实，父母与大人们的责任是观察子女的心智发展，从而为他们提供一个自由和爱共存的环境，而不是时时刻刻压制孩子的思想与限制他们的行为。

实践告知，给予子女自由，孩子才能够拥有独特的思想行为，才能够确定自己的行为是不是好的，是不是对的，对周围的人有没有影响。不过，在给予孩子自由和爱的时候，父母必须记住：要在该严的时候严。这样的话，父母才能在子女面前树立起应有的威信；要在该宽的时候宽，这样的话，孩子才能够不被束缚，并接受到父母与长辈们的良好教育，从而在良好的教育环境中受益。

世界很大，让子女大胆去欣赏

在孩子还年幼的时候，他们对外界的东西充满了好奇，并且想要去探索。在这个时候，父母亲就应该让他们去欣赏外界的一些东西。比如：绘画作品、文字作品、名胜古迹等。只有让子女去欣赏周围，去欣赏世界之大，才能够学会更多的东西，开阔自己的眼界。

实践告知，让子女出去见识世界还是越早越好，关于这点，可能每个人的看法不一样。但是，如果有条件的话，劝父母还是尽早让子女出去经历外面的世界，这可能是给子女的最好礼物。其实我们的前辈也在这方面做过不少尝试和探索，特别是近代洋务运动的时候，中国的有识之士开始睁眼看世界，渴望了解中国以外的世界，于是，他们开始向西方派遣年轻的留学生。如果一个人没有见过什么大世面的话，还一个劲儿地向别人吹嘘，那么就会沦为井底之蛙。因此，父母应该带孩子去见识一下世界的美。

增加子女的见识，开拓孩子的视野。

孩子的见识是在观察实践中增长的

带子女出去玩，广见世面，是家里任何书籍、玩具都代替不了的。让孩子在外面的世界可以细细观察，用他们独特的视角述说着自己的实践发现。

见识世界、欣赏世界，需要孩子亲身去社会中调查、考察、实践，这是一种高效的学习。比如：可带孩子去祖国的名胜古迹，有条件的家长可带子女去国外走走看看。

孩子的见识在交流中提升

在与子女共同活动时，父母应和子女进行沟通和交流，尝试用孩子的视角去欣赏世界，或是创造机会，让孩子与小伙伴进行交流，通过交流，孩子既增长了知识，又增进了彼此的友谊。想法让孩子走出自己熟悉的生活范围，去感受阳光灿烂的外部世界，不仅能增长见识，更是一种高效的学习。

孩子想飞是有志向

生活中，经常听见有些父母说子女："怎么？翅膀硬了是不是……"他们认为子女长大了不太听话。

但实际上，孩子的"翅膀硬了就想飞"是一种志向。试想，一个总是对父母言听计从、没有任何主见的孩子，将来会有什么出息呢？

在当今社会，许多孩子在填报志愿时听取父母意见的孩子有很多。有的孩子选择默默承受默默念完所有课程，成为一个善道的人，找工作赚钱、结婚、生孩子，这才算是满足了父母的愿望；而有的人就像鹏鹏这样，虽然是瞒着父母，"证明自己翅膀硬了"，但也为自己的人生画上了一个圆满的句号。

当然了，在遇到这种情况时，最好还是和父母好好商量，不可伤父母的心，毕竟父母亲所做的一切都是为了子女。如果能让父母亲知道，自己的志向所在，并且能够很好地完成，那也是一件好事啊！

　　一个没有志向的人，必然是一个目光短浅、胸无大志、无所作为、一生平庸的人。相反，一个有远大理想和抱负的人，就必定是一个有大想法、敢于追求的人。现在许多孩子不知道自己为什么学习，学习为什么。如果学习仅仅是为了考高分，在大榜上排名次，最后考个名牌大学。这种目的，只是为了一种虚荣的满足，他的动力太虚弱了。这种孩子考上大学，也多半是高校里的庸才。

　　所以说，父母应该从小培育子女树立远大的理想和抱负，这对子女的成长非常重要。同样的道理，父母不要拿着"翅膀硬了不听话"之类的语言来批评孩子，而是应该庆幸孩子是个有志向的人。

让子女的志向飞起来

　　孩子有何梦想？有什么志向？志向又是什么？针对这些问题，经过一番调查。许多小学生的普遍年龄在 11 ~ 12 岁。调查结果显示：在 95 名接受调查的孩子中，有 94 名孩子明确表达了自己的梦想。梦想着当老师的有 18 名；梦想当老板的有 11 个。其中，有 3 个孩子选择当工程师；2 个选择当演员；2 个孩子相当探险家；还有一些选择记者、飞行员、钢琴家……

　　最令人意想不到的是，有个孩子却说自己没有梦想。当问其原因的时候，他说："社会压力大，谁也说不准以后会怎样，还是随遇而安的好。"

　　心理研究人员、教育学家说：梦想是对未来的憧憬与向往。对于 11 ~ 12 岁的孩子来说，"老师梦"位居第一位并不奇怪，因为老师是他们这个年龄段最具影响力的人物。不过，小小年纪就想着当老板、当公务员等，就显得没有那么"单纯"了，这折射出了"钱与权"在现实生活中的地位和作用。

　　学校的一位老师说："每个孩子都是一张白纸。他们之所以会有着不一样的选择，主要是受到家庭和社会的影响。"

　　在中国人的观念中，职业是有贵贱的，他们会把坐在办公室里的白领看得很高，而把一些建筑工人等看得很低，但其实白领所拿的工资还不如建筑工人高呢！在国外，工作是没有高低贵贱之分的，只要人能有一技之长，能够养活自己，就照样受人尊敬，在这一点上，很值得中国人学习。

一个人只要有了志向，那他才会有生活的目标和激情，才会有活下去的勇气和对生活的信心，从而把自己的人生过得有滋有味。在家庭教育中，父母也要注意对孩子志向的培养。在孩子还年幼的时候，父母就要给孩子传递出一种"行行出状元"的价值取向，不要干扰孩子的志向选择。要知道对年幼的孩子来说，父母和周围人的教育什么，他就会接受什么。因此，劝父母要给予子女一些自由的创造性。

在日常生活中，到处都是不负责任的倾销！不仅仅是公园里的沙画，商场里的填写画，还有书店里也有这成堆成摞的儿童填色书！

殊不知，这些东西对孩子的想象力和创造力是一种束缚和伤害。在这个时候，父母有没有想过：如果孩子沉浸在往这种"圈圈"里填涂颜色，一旦离开这些模式化形象，那孩子还知道如何下笔吗？

要知道，孩子是最单纯的，他们的模仿能力特别强。除此之外，他们喜欢五彩缤纷的世界，他们需要表达和创造。于是，他们就会去摸索、去尝试。他们的这个过程就好像是孙悟空头上戴的金箍一样，戴上的时候容易，想要卸下来那就难了。慢慢地，当孩子面对一张空白的纸的时候，就会变得束手无策，这不仅是失去了自己真实的表达，也失去了自己的创造性、想象力、自信，并变得没有志向了。

还有些父母亲会把孩子填充的"沙画"挂在家里，逢人便说孩子有绘画才能。可是在这样的表扬中，孩子真的会把绘画当成是自己的志向，从而慢慢实现吗？相信这样的概率很小。

还有一些父母是从商的，从小就给子女灌输一些金钱至上的理念；有些父母亲是书香门第，从小就给子女灌输思想，让孩子做老师、做文学家等；有些父母是公务员，在孩子还年幼的时候，就给孩子灌输一些"公务员有保障，是铁饭碗，吃国家饭"等观念；还有一些父母亲是因为自己没能实现自己的愿望，便将愿望施加在子女身上，并让子女为其奋斗……

实际上，这些做法不仅对子女没有任何帮助，还把孩子的志向"圈"了起来。因此，再劝父母应该给予子女一些自由，让孩子自由选择自己的志向，并鼓励他。如果孩子没有什么志向的话，父母可在一旁引导，直到孩子找到他自己的志向为止。

让孩子了解自己选择的大学

在高考志愿填报的前夕，最让父母和孩子头疼的问题，就是如何选择大学，选择什么专业。要知道，如果选择的学校、选择的专业不对的话，就会影响孩子的一生。

在选择专业的时候，劝父母不要按照自己的意愿去帮助孩子选择，也不要强制孩子必须选择哪个大学，而是应该把问题交给孩子，根据孩子的自身条件和学习状况去选择。当然了，在选择的时候，父母一定要给予一些参考意见。在参考意见中，需要明确的就是上大学的目的和所选择院校的一些情况了。

下面就是父母要引导孩子了解一下上大学的目的，一般来说，有以下几种：上大学是探索知识、充实自己、造福社会；上大学是为了改变自身处境，谋求好的社会地位；上大学为满足父母亲的期望，而不是知识与能力本身；上大学是为什么从未认真想过。

如果是属于"上大学是探索知识、充实自己、造福社会"的，那么就应该选择一些基础学科，以便于向更高层次冲刺。

如果是"为了改变自身处境，谋求好的社会地位"的，那么就可以考虑选择一些现在的所谓"热门"专业。

如果是"上大学为满足父母亲的期望""从未认真想过的"，那在选择之前，想一想自己从小到大最感兴趣的是什么，可以将其分分类。

美国哈佛大学心理教授霍华德·加德纳通过研究，认为人的智力可分为八种类型：语言智力、数理智力、音乐智力、空间智力、运动智力、人际关系智力、自我认知智力和自然观察智力。因此，在选择学校的时候，可以通过这几个方面来选择。

在了解上大学的目的以后，父母亲就应该让孩子来了解一些关于报考院校的知识了：

了解学校和专业的实力

北京大学孙东东教授将高校分为综合性大学（名牌综合大学）、以工科为主的综合性大学、准综合大学（多科性综合大学）、师范类院校、专业院校五种类型。对于帮助家长在填报志愿时从总体上把握和认识高校是很有实际意义的。

按照国家教育部公布的高等院校本科专业目录，共分为理工类和文史类两个大类，11 个学科门类，21 个类别，250 多个专业。

理工类（四个学科门类）：理学、工学、农学、医学。

文史类（七个学科门类）：文学、历史学、哲学、管理学、经济学、法学、教育学。

理工类中的"工学"包括 21 个类别：地矿类、材料类、机械类、仪器仪表类、能源动力类、电气信息类、土建类、水利类、测绘类、环境安全类、化工与制药类、交通运输类、海洋工程类、轻工纺织食品类、航空航天类、武器类、工程力学类、生物工程类、农业工程类、林业工程类、公安技术类。

其中"电气信息类"包括 7 个专业：电气工程及其自动化、自动化、电子信息工程、通信工程、计算机科学与技术、电子科学与技术、生物医学工程。

学校实力：我们从《挑大学选专业》这些书中可以了解全国高校大排名。这是根据各个高校的教授、院士、硕士点、博士点、科研成果、科技论文、仪器设备、图书等评分排定，大体能反映高校的办学实力，但不科学和完善，社会各界对此议论也较多。

我们要从主体上认识高校的大体排名位置，还要了解下列情况在排名中的特殊性：高校合并规模越大排名靠前；有医学院的大学排名靠前，理工科院校排名靠前。

专业实力：市面上的很多资料也有对全国高校专业大排名，这只能作为大体的参考依据。要注意校内新开专业、弱势专业尽量不要报考。如学中文专业应报首都师范大学，而不要报北京理工大学。学生物工程应报中国农业大学，而不要报北京航空航天大学。学国际经贸、金融学专业应报中南财经政法大学，而不要报中国农业大学。

在此基础上关注欲报大学及其相关院系和专业的师资状况，查阅有多少教授、副教授、博士点、硕士点。

研究专业内涵

不要从专业名称望文生义，最重要的是要看专业内涵，该专业包括哪些学科，设置哪些课程（课程群），这才是决定将来从事创业和继续深造发展的核心因素。

同一类别专业的课程设置相差并不大，如电子信息科学与技术、电子信息工程、通信工程、自动化计算机科学与技术、电子科学与技术、生物医学工程、测控技术与仪器等专业的 2/3 课程都是相同或差不多的。

在继续深造和就业时，化工、应用化学、制药、药学专业都是没有多少差别的。

辩证处理学校与专业的关系

总原则：选择什么层次的学校由考生的高考实力来决定，选择什么方向的专业由考生的兴趣、爱好、特长、志向来确定。

具体考量时，要对以下三个方面有正确、科学的了解和分析：

A. 学校与考生对成才的意义是倒图钉形的（朝上方量）。学生在综合大学里受到的综合素质培养和熏陶多、视野宽、见识广。学生在专业院校中得到的专业训练强，综合素质养成稍弱。在中国人民大学（哲经法文历管）和中国政法大学学法学专业便属此类情形。

B. 专业的选取上思路要宽，不能死盯一个专业，至少应该是两三个类别或方向。学中文、法律、新闻专业的都可以当编辑、记者，一个学生可能在理科方面喜欢电子、通信，在文科方面对法律有兴趣，在管理方面对工商管理有天赋，这样的情况并不少见，家长们要注意细心发现、科学启发和引导。

此外，现在专业模糊已成趋势，越来越多的学校实行按院系招生，宽口径、厚基础，在大一、大二学完基础课分专业。如北京大学按理科试验班类、数学类、物理类、化学类、经济学类、工商管理类、公共管理招生。同济大学按经济学类、生物科学类、电子信息类、环境科学类、机械类招生。

C.不同层次实力的考生在学校与专业的选择权衡上可以有所不同和侧重。

学习成绩优秀、在市重点中学年级排名前列的学生，有条件优先考虑学校。应首选从理科、文科为主的名牌综合大学，在此前提下选择自己相对喜欢的专业，这有利于综合素质的培养。

学习成绩中等或中等偏上的考生，可以兼顾学校和专业，选择工科性综合大学和多科性综合大学。

学习成绩相对较差的学生，可以考虑选择一个地理位置不太好、名气不太大的学校的中意专业，这是优先考虑专业。

淡化"热门、冷门"观念

长线专业是长期需求的专业，就业和深造的适应面宽，可持续发展性强，不会出现短时异常的过"热"现象。长线专业多属传统理科、工科、人文学科，如数学、物理学、生物学、医学、文学、机械、自动化、化工等。建议那些今后打算深造的优秀学生在大学本科念注重基础的长线专业。

短线专业是短期需求的专业。多居操作性学科，人才适应面比较窄，用人有较大限制；时限性很强，受政策影响大（国家一旦调整某个经济领域，其相关专业的人才就业就受到影响），持续"高热"的时间很短，可突然出现降温变"冷"。如计算机、贸易、金融、管理、法律等。

专业冷热现象是变化的。农、林、水、师前几年冷，现在不冷，财经类前几年热，现在就业比较困难。

就业率不是志愿选报的重要标尺，不要把每年公布的人才需求热门创业当作选择专业的依据。

鼓励上外地院校

北京市现在高考录取率为 75% ~ 80%，如果只在北京上大学，录取率只有 60% 左右。

在京招生的外地院校多数为部委院校，师资力量很强。但在北京竞争名牌大学实力不足，不但分数低，每年还有降分录取的可能。而北京高校即使是一些历史不长、教学科研水平欠佳的院校也是门庭若市。

北京考生往外地迈出一步，就会有很多的选择。建议理科成绩中等，文科成绩中等偏上的学生，可以考虑外地院校。因为北京高校格局中缺少类似南京大学、复旦大学这种档次的学校。

北京考生在京城长大，走出去既可以见世面，又可以锻炼独立生活能力。要相信孩子有能力走出去闯世界，这是人生非常重要的一步，也是必不可少的一步。早走出去比晚走出去好。上大学不走出去，毕业了奔事业总不能只限制在北京吧，到外地上大学也是为出国做准备。

根据实际情况选学校或专业

本着知己知彼、分流报考的原则，做如下具体建议：

学习成绩优秀，在省级重点中学年级排名前列的同学应首选以理科、文科为主的名牌综合大学，在此前提下选择自己相对喜欢的专业，这有利于综合素质的培养。

成绩中等的同学，也应是首选学校，兼顾专业，特别应选择一些地理位置相对不好的名牌学校，这样可选择的余地会变得更宽广，竞争压力相对会更小些，同时也有益于今后的发展。

学习成绩相对较差的同学，可以根据自己的实际情况进行取舍，要考虑好自己是想毕业后找个好的工作还是想以后再进一步深造。如果是以就业考虑，随着近几年对专业技术人才需求量的增加，很多技能型人才颇受用人单位的青睐，因此，与其勉强选读一个本科院校，还不如选择一个自己既感兴趣又好就业的高职专科专业。

准确了解专业内涵

在填报志愿时，同学们除须了解关于专业的分类外，还必须详细了解欲报考专业的实质内涵、研究领域、开设课程、培养目标等。切忌简单地从专业名称的字面上望文生义。现在有些大学为了招生时吸引考生将一些传统专业的名称改成了很"前卫""动听"的名称，如在专业名称加上了"国际""工程""技术"等诱人的字眼，从而吸引大批考生报考。

学校地理位置不是最重要

地理位置是指某一具体高等院校地址所在地。现在考生的父母都不愿意自己的子女"远走他乡"，在北京、上海、天津、广州等大都市，这种现象尤为突出。实际上，在我国"两北一南"地区，集中了大批如兰州大学、吉林大学、四川大学、西安交通大学等无论是教学质量，还是科研水平都排在全国高校前列的综合性大学，建议同学们可以适当考虑。

只有把这些信息都了解了以后，孩子就能够选择自己想要的大学，学习自己想要的知识和专业了。

应以爱走向自己独立

爱是什么？爱是一种精神，它是智力发展的基础，它能够使人变得独立，而独立能够使人积极向上地健康发展。只有拥有爱，才会有独立，以爱走向独立自主。

爱，就如同我们掌握一门技术一样，它也是需要通过一定的学习才能很好地掌握的。父母亲之爱的本质在于用爱去关心子女一点一滴的成长。可许多父母亲可能会有一个错觉，那就是父母亲越爱自己孩子就会越来越依恋他们。

其实不然，正确的理解是：父母亲越爱自己的孩子，孩子也就越不依恋父母亲。父母亲长久以来付出的持久的爱，会让孩子意识到，不管父母亲在哪儿，爱是持久、稳定、不变的。即使是在陌生的环境中，这类孩子更容易产生相对的安全感，且适应能力极快，他们更容易总结出自己的经验，而并非别人教给他的。最基础的原因就是他们已经建立了安全感，拥有这个最坚实的基础，他们也容易对别人甚至陌生人建立一定的安全感。而对于那些没有得到父母之爱的孩子，则会出现这种情况：父母一离开他们视线孩子就开始拼命地哭，并且他以这种哭闹的形式来吸引父母亲的注意力，来引求安全感，也就是到处寻找爱。这样的孩子缺乏安全感的同时，也少了独立性。所以，当孩子的内心得到了爱的满足，他就拥有了安全，这样就会把更多的时间集中在自我发展上。因此说，爱是孩子健康快乐成长的基础。

当一个孩子内心和思想具备了一定的安全感时，他就出现了追求独立的冲动。爱是一种宽容，一种相互理解，父母亲对孩子只要有爱，哪怕不懂教育，也会给予孩子健康发展的基本权利和独立空间，也能让孩子享受自由，让孩子通过自由走向独立成长。

的确，所有父母亲都希望把自己的子女培育成为强有力的人，也就是我们所说的独立自主的人。那就希望父母大人要先了解孩子。年级尚小的孩子一般处于直接经验时期，他们所有对生活的经验大多来源于孩子本身，如果一个孩子在他自己生活的过程中，总结出一些自己的经验，那么，他就成为他自己的主人。孩子每天都在接受很多的知识和经验，父母亲甚至不知道他们是什么时候开始建立的这些概念。

但事实上，许多孩子的自发行为还没有完成就被父母亲所制止了，这种制止行为长期延续下去，就会让这些渴望自由成长的孩子断了自由的翅膀，他们心智发展的机会也变得越来越少。一个一岁半的小孩子看到大人吃饭，也想要自己动手，但是孩子能吗？这时，父母就会感到太乱、太脏了，撒得到处都是不说，孩子也学不会吃饭。

即便是孩子抗争，也得不到自己吃饭的权利。这样孩子自身的发展减少了，自我探索的机会也减少了，取而代之的是别人的意志、看法，行为。长久下去，孩子一开始对自己的注意力，终究被转移到外围的其他地方，偏离了自我探索、偏离生命发展的自然轨道。于是孩子开始变得过于注重别人对他的看法神态和暗示。这样的孩子就失去了个性，失去了最宝贵的创造力。

日常生活中，孩子被父母亲剥夺了自由和玩耍的权利，压抑了自己的自然生成，其实，玩本来就是孩子的天性，何况有一些非常适合儿童，但是女孩们玩水等常会被母亲责骂。

于是，孩子放弃抗争后，一切主动性已经在母亲的压抑中被悄悄地换掉了。即便是父亲鼓励他，但他也不会做。当遇到这种情况时，父亲应该与妻子商量，给孩子一个自由的童年。这里劝母亲们，要解放思想，这样长期压抑下去，会严重影响孩子人格的发展和能力的发展，没有独立的人格，他就不会按照他生命的本来状态去自由发展，这也意味着他没有了独立，更没有独立自主的成长。劝父母在孩子可以独立自主时不要以个人主观意识去阻挡孩子的爱好。

实践早已充分证明：爱，是孩子健康成长最好的精神食粮，拥有父母的爱能让孩子勇敢地去独立，优秀的父母亲所具备的首要能力就是对孩子的爱。

每个孩子都需要精神上的照顾和心理上的理解，也就是关爱他们的成长，这是爱孩子的重中之重。而情绪往往成为衡量爱的关键。父母长辈的好脸色，能够给孩子提供一个情绪安全的环境基础。

随着年龄的不断增长，孩子就会容易受父母亲价值观和其他的一些行为的影响，用自己积累的经验去做事。孩子一旦拥有了足够的关爱，在这种轻松和自由的状态中，孩子的本性就会表现出来，越来越自主的独立性能够促使他的心理、人格、道德和智力积极向上地健康发展。

从落后的教育经验走向理解的爱

在家庭中，如果说父母亲对孩子不够爱的话，那么就会有很多父母亲提出抗议，并进行自我辩护说："没有这回事，我们很爱自己的孩子，我们都为孩子牺牲了那么多精力，那么多的时间！""天啊！要知道，我所做的一切都是为了孩子啊……""如果没有孩子的话，我们也不会拼命！"

针对这种现象，蒙特梭利这样说："每位父母亲都会这样抗议，都会进行自我辩护。可是，为什么当父母亲在爱孩子的时候，而孩子却在无爱中长大了？为什么他们的人生没有得到正常的发展？实际上，教育是双方面的，只不过一个是意识的，一个是潜意识的……"

在日常生活中，父母亲总会不屈不挠地维护自己的意志和看法，而且任由自己的想法去支配孩子。由于孩子的年纪小，没有什么分辨是非的能力，也没有拒绝爱的能力和权利，也因此就听从和接受父母亲的爱了。

蒙特梭利曾经说过：人类的进步与发展就在于"如何把潜意识变为意识"，其中就包括对孩子的教育。只有警惕自己的潜意识，把潜意识提升上来，才叫作真正的爱。

在蒙特梭利幼儿园，如果孩子想要攀爬"蒙特梭利栅栏"，不论他是男孩还是女孩，不论他的年龄有多大，任何人都不能够帮助他，而要离孩子一米远的地方，给孩子一个自由的空间，让他尽情地去玩乐。当然了，如果孩子有什么意外的话，那家长与老师要帮助孩子。

在这样的教育下，孩子就会以自己的能力衡量活动的范围。经过这种衡量，孩子今后就能把握自己的行动，并正确地决定下一步的行动。

很多孩子在父母与大人的"呵护"下长大以后，变成了一个不知道天高地厚，瞎胡闹的人。即便是遇到了什么挫折和失败后，也只会埋怨父母亲没有给他创造一个良好的条件，怨没人帮他。

实际上，儿童有与生俱来的自护能力，但这种能力必须被使用。有一项这样的调查实验：在玻璃板下面放一个带格的有主体感的图，让孩子在上面爬。当孩子在爬过这个图的时候，他就会观察。

要知道，主体的图给人带来视觉上的差异，深浅不一。在遇到浅处的时候，儿童很容易就爬过去了，在遇到稍微深一点的地方，孩子就会停止不前，观察父母或大人的神态，如果父母亲的脸色是紧张的，孩子就不会往前爬，如果父母亲面部表情是愉悦的，那么就相当于是鼓励的意思，那么孩子会勇敢地爬过去。

从这个小实验中我们可以看出：如果父母亲能够理解孩子，自由地爱孩子的话，那么孩子不会变得与父母亲有隔阂的。

众所周知在蒙特梭利幼儿园，有花园、有沙池，有绝大部分的自由，孩子的活动范围特别大，从教室到花园，从房前到房后，从秋千到动物屋……也因此，孩子在里面玩得很开心，并且弄得总是一身脏。可有个别孩子对环境比较陌生不愿意活动。父母来接孩子的时候，看到孩子便有点不高兴地说："孩子衣服怎么这么干净？"也就是说，我的孩子没有自由地玩。可另一个家长看到脏兮兮的孩子的时候，便说："我的孩子这么脏，你们是怎么搞的，为什么把我的孩子搞得这么脏？"

从这两种不同的反应中，就可以看出父母亲的不同观念和思想。实际上，只要父母亲去理解孩子，让孩子自由地玩耍，才能够让孩子变得自由一点，感受到父母对他的爱。

的确，对儿童的教育没有做过任何的研究，那就是爱管孩子。比如：在什么时候、在什么场合，孩子的衣着都要得体；在说话的时候，总是以训斥的口吻跟孩子说话，

在这样的教育下，孩子变得十分胆怯，一点小事也要看父母亲的脸色，等待父母亲的命令。如果稍稍感到可以逃脱父母管教的时候，就使劲地闹，特别好动。可是一旦面对父母亲的时候，就不敢多加放肆了。

从这个事例中我们可以看出：父母亲的教育方式能够决定孩子的一生。这种事事严管的教育方式，使子女变得小心翼翼，变得不敢与人接触，因为他们已经丧失了基本的能力，丧失了一切能够自理和独立的机会。

虽然从表面上来看，父母管严是爱孩子的，但实际上，父母和大人这样做是在害孩子。除非父母亲能够改变自己的教育方式，不然的话，孩子的人生是不容乐观的。

总而言之，要想爱孩子给孩子自由，那就要放下一些陈旧的、落后的观念，比如："我做的所有的一切都是为了孩子。"在爱孩子的时候劝父母亲一定要好好想想孩子能不能够接受，孩子能不能喜欢，这样的做法，能不能对孩子今后的人生有影响，等等。

爱子女必须使孩子成为他自己

从孩子一出生起，父母亲就面临着人生的一个重要课题：让孩子成为他自己！让孩子找到自己。在家庭教育中，父母都有自己的"私心"，不是让孩子按照自己规划的路走，就是想要孩子完成自己未完成的梦。

可是，在这样教育下的孩子又会变成什么样子呢？有这样一个故事，我们先来看一下吧！

一天，村子里跑来一匹马，善良的村民们思前想后决定：将马送到原来主人的那里。可是，马儿不会说话，又怎么能告诉大家主人的地点在哪里呢？为了将马还回去，村民们想了很多的方法，也没有达到目的。

在这个时候一个村民说："让我来试一试吧！"

没想到，这个人的方法很管用，马儿竟然回到了主人的身边。为此，村民们感到很惊奇，纷纷问这个人用了什么方法。

这个人说："其实很简单！我只是松开了它的缰绳，让它在前面走，我在后面陪着。当马儿肚子饿了的时候，我就停下来让它吃草；当马儿口渴了的时候，就让它去喝水；当马儿走到危险的地方的时候我轻轻地拉缰绳，把它牵引到大路上来，等马儿到了路上的时候，我就松开缰绳，继续让它自己牵引前行。就这样，马儿顺利找到了家。"

听到这里村民们才恍然大悟。

从此故事中可以知道：如果强行让马儿怎么样的时候，马儿偏偏会有一股倔强的劲儿。如果把主动权交给马儿的话，马儿就不用人们说，便找到了自己的家。同样的道理，在家庭生活中，有很多父母亲都有这样一个特性，就是：希望孩子按照自己的方式成长，把孩子将来的道路全部安排好了。

表面上看来，这是很爱孩子的一种表现。可是有的时候，孩子就像是马儿一样，并不会告诉父母亲，自己真正需要的是什么，需要父母亲怎样去做，对于年幼的孩子来说，他们能做的就是无条件地接受，不管父母给的条件合不合适，能不能接受，他们都会接受。当然了有的孩子也会因为不能接受就开始对抗父母亲，造成家庭关系紧张。

在日常生活中，有很多的父母亲一开口就抱怨孩子，比如：孩子如何的不听话；孩子们如何的让人操心；孩子如何的不爱学习；孩子如何的气人……

但实际上，教育孩子与种庄稼是一个道理。有句俗话说："种瓜得瓜，种豆得豆"，也就是说，父母给孩子什么样的生长环境，用什么样的方式教育他，最后孩子就成为什么样的人。

前几年，各个培训机构都将心理培训核心锁定在找到你自己，让你成为自己。

的确，孩子总是活在他人的期待中。60年代出生的孩子是活在社会期待中；70年代出生的孩子是活在父母的期待中；80年代的孩子他开始变得迷茫，不知道如何寻求自我……

在各种期待中，孩子变得不像自己，没有自己了。难道这是父母亲想要的吗？应该不是！

曾经有本书中这样写道："你是不是你自己，要看你是否自由，你是否自由要看你是否自己依赖着自己。"

书中还说："最先依赖都是一个表现，最可怕的依赖就是，你自己的人生完全依赖于别人，你认为你的快乐是来自于别人，你认为你的时空是来自别人，你认为你的安全感要来自于别人。"

看完这些，不知道做父母亲的有没有什么触动。在日常生活中，也许父母亲有些地方做得很好，比如：工作领域里做得不错，积累了丰富的经验，寻求到了老板给的肯定以及事业中的安全感……可是，你真的快乐吗？你也希望孩子重复自己的老路？

"不！"

很多父母亲发出了这样的声音，的确，如果父母亲真的爱孩子，那就应该让孩子成为他自己，不为任何人而活。

因此，父母亲应将"让孩子成为他自己的主人"渗透在孩子的日常生活中，渗透在每一个行动中。爱和自由，是父母亲爱孩子的一种表现。

在生活中，我们曾经看到学校里孩子直接叫着老师名字，就像喊伙伴的名字一样自然；在家庭中，子女亲切地叫着父母亲的名字，就像是亲姐妹、亲兄弟一样。在这一刻，我们分明感受到了独立、自尊和平等。

在家庭教育中，父母亲可以给子女灌输一些思想："我是我自己，在这个世界上，没有一个完全像我。有些人有部分像我，但是没有一个人完全像我。我身上的每一点、每一滴都是真实的，这是真正的我。"

除此之外，当父母亲想要做决定的时候，先问问孩子的看法和意见，如果孩子不能接受的话，那做父母的就不要强求，而是要给予孩子一种肯定和尊重。父母亲放开自己的双手吧！让孩子自由飞翔！只有孩子自己，才能明白他想要的到底是什么。

让子女自由做自己的主人

孩子的健康成长，离不开父母亲的关爱，更离不开自由。对孩子来说，自由就是做自己的主人。

可能很多人都有这样的烦恼，觉得自己呱呱落地后，自己的命运就已被家人所安排好，包括以后的人生轨迹都被规划好，自己无权选择地沿着这个轨迹一直走下去。其实人生的命运是靠自己选择和决定，包括我们的子女。我们可以不用遵守那些自己不喜欢的条条框框，自己的世界必须由自己来主宰，自己的命运要掌握在自己手中。

其实，孩子在两三岁的时候，就逐渐显现出什么事情"要自己来"的自我独立意识，他们选择自己动手，不让父母亲参与，因为他们有自己的想法，自己的选择。选择是人类一种心理过程，是人内心一种主观行为。著名心理学家曾说过，一个人在自己自由"选择"的时候，内心更有责任感，更具有热情，这是因为他们自由选择的对象，是那些自己感兴趣同时又愿意积极主动去做的事情。在这个过程中，他们是轻松的、愉悦的、做事的结果自然而然会事半功倍。

但是，传统的教育模式恰恰让孩子失去了"自由选择"的机会。许多父母亲"强行"成了孩子的"主人"，为孩子选择，为子女指明方向，可是，孩子却成了一个任人摆弄的木偶。孩子的情感体验更多的是"我应该怎样""我必须怎样"，而少了本该有的"我愿意怎样""我想要做什么"。久而久之，他们没有了自我意识，遇到任何事情都去询问父母亲，父母指向哪就往哪儿走。倘若有一天，现实突然发生改变，他们面临自己不得不解决问题的时候，无法再依靠父母亲和其他人的时候，就傻了眼，就开始惊慌失措。如同没有复习功课就上考场的考生，只能像热锅上的蚂蚁在那儿干着急，从而产生一定的心理问题，严重者会让孩子的心理变得扭曲。

现实生活中，夫妇俩一心为孩子选择一条他们认为最正确的道路和成功的捷径，却忽视了子女本身的需要和想法。父母用他们所谓的"爱"，使子女压抑了自己内心自由的冲动。在这种长期的压抑中，子女失去了锻炼自己选择的机会，失去了自己积累经验的机会，更失去了如何面对挫折的机会。孩子除了会学习什么也不擅长。我们可以想象一下，子女之所以工作受挫，很有可能是因为没有丰富的生活经验，而爱情受挫，则可能是在与人交流方面存在一些问题。所有的一切，都是由于父母亲的"爱"，掐断了孩子自由的翅膀，所以孩子飞不起来了。

其实，每个人的独立意识本是与生俱来的，一个孩子在13岁左右时，就具备了非常清晰的自我独立意识。而这个时候父母应做的，就是和孩子之间进行平等的交谈，然后让他们自己去考虑、做判断，自己去选择。但是，有很多父母亲却总是怕孩子会出错，总是怕孩子遇到挫折受委屈。于是，把所有他们为子女能做的事情都替孩子做好，孩子就没有一点自由。其中一些有门路、有地位的家庭，千方百计地为子女画好他们的人生轨迹，让子女按部就班地一路稳稳当当、顺顺利利地过一生。还美其名曰：为了不让子女受苦。就这样，子女就成了父母亲的复制品，按照父母亲的要求成为他们希望的样子。

每个人都是有惰性的，当子女意识到父母能够替他们做好了一切的时候，自己也就懒得再去动脑筋，懒得再去思考什么是自由，懒得自己去解决问题，如果遇到了麻烦，反正有父母亲在，有父母扛着。只要自己活得轻轻松松、逍遥自在就行了。长此以往，子女就变得越来越坐享其成，越来越懒惰。

在这种教育环境下长大的孩子，很容易成为一个消极被动的人。因为他们早已习惯了接受父母亲的安排和帮助，从来不会去思考如何通过自己的能力去改变现状。拥有这种消极思想的孩子，总是习惯把做不到或做不好的事情归结为基因的遗传、环境的影响，而从来不去找自己的原因。他们深陷在这种消极被动的状态中而竟无知觉。这样的孩子将来走向社会，做任何事情总是受到社会环境或他人的影响而变得不知所措。如果有人指点，那还好，没人指点的话，他们以后做事还是会畏畏缩缩停滞不前。因为他的人生中已经习惯了等待命运的安排或者别人的帮助，相信事情会自己找上门，而不相信自己能够解决或左右事情。这种消极被动的态度，注定他们一生都处于被动，受制于他人，这样的人很难有所成就。

那么，有的父母亲会说：以后就多给孩子自由空间，他们想干什么就干什么，只要是他们自己选择的就行。这种观点也是不对的，父母亲也不可以放任孩子不管不问，任凭他们自己去发展，若是自由过了火，变得自由散漫，唯我独尊，这会对孩子的成长造成极大伤害。所以劝父母亲们在对待子女自由的这个问题上，也要科学施教，适可而止，对待自己的子女，就要像园丁对待花园里的花儿一样。园丁让花儿自由地生长，但园丁是科学管理：适时地施肥、浇水，不宜过分，也不可疏忽，更不可任性。子女就如花园里的花儿一样，需要父母亲在尊重他们成长规律的前提下，给他们适当的关爱，照顾指引，他们才能最终"开花结果"。

笔者忠恳地劝天下父母亲在日常生活中要耐心地细心地帮助子女学会自己独立思考，锻炼出自己辨别是非的能力，才能在一些事物面前，分得清轻重缓急；并请求父母亲要帮助子女成为能够掌握自己命运的人，也就是真正独立的人。

尊重子女应给一些自由

实践告知，父母给予子女一些自由，可不是给予其放纵或无限制的自由，而是一种对生命的尊重和敬畏，从而让孩子更顺应天性成长。如果父母亲给予子女无限制的自由，不加以理性控制和引导，则很有可能使孩子养成任性、无理、暴力、不守秩序等不良习惯。这不仅会妨碍到别人，也会让孩子受到一些伤害，甚至还可能会因为这无限制的自由让孩子在成长过程中承担更大的过错和责任。这种用"一时的自由"换"不自由"的方式当然不是孩子要的真正的自由。

孩子生活在一个自由的环境中所发挥出的潜力会让父母亲大吃一惊呢！在国外，孩子可以直呼别人的名字，即使是长辈，也可以直呼其名。可在我国，这就被看作一种不礼貌的行为，在我们所接受的教育方式里，这种"目无尊长"是会受到谴责的。实际上，国外的教育并不是让孩子不尊重大人或长辈，他们以此方式更为坦率地与孩子交流，表达的是一种平等和自由，实则这种开阔的自由其实更注重对子女的尊重。

比如说，当国外的父母亲向孩子提问的时候，一般都会先问上一句："宝贝，我可以问你一个问题吗？"如果孩子不愿回答，父母亲也不会批评孩子，而是选择尊重孩子的意愿，大不了就此打住即可。而在我们中国，如果父母亲要问孩子问题，会直接问，不会如外国的父母亲一般，细腻地考虑到孩子的心情与意愿。而且，如果孩子不回答的时候，父母亲一定会生一肚子气，觉得孩子不听话，有的父母亲甚至会批评孩子，以此来发泄自己不被尊重的不满。

当一家人出来聚会的时候，父母亲问过孩子想要去哪里吗？想吃什么吗？当家中来客人时，父母亲宴请宾客的时候，有把孩子当成家中的一分子，让他们行使主人的权利吗？当孩子不喜欢上辅导班的时候，父母亲有尊重他的意见吗……

其实，孩子也是有情感的人，也是渴望平等交流的人。当父母亲的询问不被理睬的时候，我们会生气，那么换位思考一下，长此以往，若我们老是忽略孩子的感受，又哪里是在给孩子自由？又怎么会是尊重孩子呢？当一个人察觉到自己不被尊重的时候，负面情绪很容易升腾起来，久而久之，会导致情绪压抑，严重者会引发交流障碍或心理疾病等。

由此可见，父母亲对子女的尊重，意味着与孩子商量，与孩子交换一些小意愿，征询一些微不足道的小事，可以此来慢慢培养孩子的自由天性。所以，父母与孩子的商量，意味着你乐意尊重他们的想法。当子女获得尊重自然也会回报尊重父母亲。

那么仔细想想，为什么父母亲难以培养对孩子的尊重意识呢？归根结底，还是因为父母亲对尊重孩子认同不高。

总而言之，即使子女比不上我们的年龄，也比不上我们的身高，但是父母亲与子女同样拥有平等交流的权利——与孩子商量，征询孩子的意愿，让子女自由发挥，不强加自己的想法给孩子，这才是父母亲对子女最基础也是最好的尊重。

因为孩子渴望的尊重是希望得到适当的自由。著名教育家蒙台梭利曾经说过："自由是孩子可以不受任何人约束，不接受任何具有命令性质的强制，可以按照自己的喜好进行自己喜爱的活动。"如果父母亲将孩子自由的天性禁锢起来，那么孩子就会失去生命的灵动。

第二十章
教孩子学会面对困境

学会微笑面对失败与挫折

现如今的家庭大多是独生子女，子女是父母亲的心肝宝贝、掌上明珠。也因此，父母亲给予了孩子过度的保护，事事越俎代庖。在父母亲的羽翼下，当孩子遇到挫折的时候，不敢面对，甚至逃避。

在家庭教育中，父母一定要教会孩子：在遇到挫折和失败的时候，微笑着面对。要知道，一个能够在逆境中微笑的人，会比在逆境中哭泣的人，更容易走出挫折。

那么如何去帮助子女用微笑去面对失败和挫折呢？下面，就来学习一下吧：

让孩子正确认识挫折

著名的心理学家马斯洛曾经这样说过：挫折未必总是坏的，关键在于对待挫折的态度。也就是说，挫折并不是一件坏的事情，而是要看面对挫折的态度。如果态度端正的话，那么挫折就是帮助自己的垫脚石。如果态度不端正的话，那么挫折就是打击自己的绊脚石。

要知道，挫折是一种客观存在，任何一个人都会经历挫折的磨难，从而一步步走向成功。在教育中，父母亲应该让孩子直观地了解事物发展的过程，从反复体验中逐步认识到挫折的普遍性和客观性，从而真切地感受到：只有在遇到挫折，亲身经历过以后，才能够走向成功。

除此之外，父母还可以给孩子讲一些小故事，关于伟人遇到挫折时，是如何做的，最终是如何成功的。

只有通过这种真实的故事，孩子才有一种可信度，才能够直观地了解事物发展的过程，认识到生活有顺有逆、有苦有乐。在日常生活中，只有让孩子在克服困难中充分认识挫折，正确理解挫折，才能培养他们勇于克服困难的能力与不怕挫折的信心以及主动接受新事物的能力，并懂得用微笑去面对。

给孩子遭遇挫折的机会

现如今，很多父母亲都把孩子看作心中的"小太阳"，家中的"小皇帝"，对他们是百依百顺；孩子说要买什么，父母就给什么；不满意什么，父母就努力去解决什么。不仅如此，父母亲还想要为孩子铺就一条平坦的道路。

然而，父母不要忘记了：一个人要想生活在社会中，就不可能是一帆风顺的，而是遭遇着各种各样的、不尽如人意的事情。如果总想将子女置于自己的羽翼之下，帮他们遮风挡雨的话，那么孩子永远不可能独自面对狂风暴雨。

因此，劝天下做父母的一定要提高认识，改变陈旧的教育态度，克制住"去帮孩子一把"的冲动，不要怕孩子碰着、饿着、摔着、累着，而是要给孩子一个敢于面对挫折和失败的机会和勇气。

在日常生活中，父母亲应学会敢于让子女做一做力所能及的事情，比如：让孩子独自穿衣、系鞋带、穿鞋、洗手帕、收拾碗筷、叠被子、擦桌扫地等。

只有这样让孩子做力所能及的事情，孩子才能够在做事过程中体验到劳累与失败，从而一步步走向成功。实际上，在这个过程中，还能够锻炼孩子的意志，培养他克服困难、解决问题的能力呢！

当孩子出现了一些挑食、偏食等坏习惯，那父母亲和大人就不可惯着他的，而是让孩子饿一饿，体验一下饥饿和被父母亲拒绝的滋味；在玩游戏的时候，父母亲不要帮助孩子，而是让孩子在活动中体验一下失败的滋味，体验受挫折的感受。

只有这样，孩子才能够具有克服困难的勇气，才能够有总结和解决难题的经验与能力，从而提高子女的自身素质与抗挫折的功能，增强孩子自己坚毅顽强的心理素质。

培养子女乐观的个性

实践证明，只有在困境中依旧能够快乐前行的孩子，才能够走出困境，走向成功。因此，劝父母亲一定要培养子女乐观开朗的个性，让孩子能微笑着面对挫折。

不过有些父母亲却有着不同的行为，比如：当孩子犯了错误或遭受失败的时候，就会使用粗暴的教育方式责怪或打骂孩子。他们以为：只有这样，才可以培养孩子耐受挫折的心理素质和态度。但实际上，这种做法是错误的。

挫折教育不等于"棍棒底下出孝子"。科学家、心理学家、教育专家经过一项实验表明：从小就接受粗暴打骂教育的孩子，长大后会更加害怕挫折，而且会形成一个谨小慎微、胆小怕事的懦弱性格。如果他们真的遇到挫折的话，就会产生一些过激行为。

因此，当孩子平常真的遇到挫折的话，父母亲不应该一味地责怪或打骂或采取"无视"态度。比如"不要再试了，再试也没有用的""做不好就别做了""怎么这么笨，别人早就做完了"之类的话，这些话不仅会强化孩子的不自信，还会让子女再一次感受到挫败感。

在这个时候，劝父母亲不妨来用一些积极肯定的评价，先去关心和鼓励孩子，并给予孩子一些安慰和帮助。比如："虽然你没有达标，但我要表扬你，因为你有勇气，并很努力，就很好了。""你一定要相信你自己，你能行！父母相信你能行。"

这样的做法，就会让孩子意识到自己的努力是受到肯定和赞扬的，自己完全不必害怕失败，从而学会承受和应对困难和挫折。

当然了，除了这些，父母还应该去帮助孩子认真分析原因，从而采取正确的方法，帮助孩子战胜挫折。

除此之外，劝父母一定要记住：孩子抗挫折力的培养并不是一朝一夕就能完成的，而是应该从小培养，慢慢形成。在教育孩子微笑面对失败和挫折的时候，请父母不要着急，只有坚持不懈地培养孩子的抗挫折能力，孩子才能够拥有一双强劲的翅膀，在人生的天空学会自由翱翔！

锻炼强者心态，脱离精神"逆境"

一个有强者心态的人，才能够向挫折、向逆境挑战，从而战胜它们，走向成功。思想家墨子曾经说过这样的一句话："志不强者智不达。"大致意思是说，一个人如果没有追求上进的决心和勇气，那他就不会通达事理。

美国作家欧内斯特·海明威的《老人与海》中有这样的一句话："人，不是为了失败而生。一个人可以被毁灭，但不能被打败。"因此，在家庭教育中，父母要培养孩子勇敢面对逆境的自信心，从而帮助孩子走向成功。

有句话说得好：心态决定命运。在自然界中，狼之所以成为动物界的强者，是因为它在一出生的时候，就强烈地意识到"我要吃肉"。在家庭教育中，父母亲应给孩子灌输一种思想"我要吃肉，决不吃草"。只有这样，孩子才会意识到竞争力，从而变成一位强者。

可惜的是，在家庭中，父母亲却愿意去做"鸡"，走到哪里都要带着孩子，都要去保护孩子，生怕他摔着、累着了、饿着了……可是，孩子长期在这样的安全窝里，又怎么经受得住人生和社会风雨的考验？因此，父母亲应该适当放手，让孩子学会独立生存。

如果在平时，父母亲把子女像供小皇帝、小公主似的养着，不愿意让孩子做辛苦的事情，有些父母亲就连衣服都要帮着孩子穿。孩子吃饭，也要父母代劳，喂给孩子吃……这仿佛表达着父母亲对子女深深的爱，其实孩子的自理能力并没有得到锻炼，父母亲以此种方式剥夺了子女的自主生活，做生活强者的权利。长期下去，不用说让孩子去独立坚强生活了，这种方式养育出来的孩子，可能在社会上立足都很难。

那么，如何把孩子培养成为真正的强者呢？下面建议几点：

1.摒弃"自己是弱者"的心态。一个弱者只会瞻前顾后，前怕狼后怕虎，不去做，不去竞争，这样的话，机会当然会被别人抓住了。

2.善于创造机会。拿破仑这样说过：弱者等待机会，强者创造机会。的确，机会从来不是偶然得到的，也不是等待着你来寻找的，而是被一点点捕捉到的。如果想要获得机会的话，就必须主动伸出手去抓，就得行动起来，为机遇的到来做准备。

在人生中，有很多机会是自己创造的。如果一个人既会利用外界的机会，又能去创造机会，那么他就能获得机会女神的青睐，从而帮助你走向成功。

3.戒掉过于暴躁的脾气。一个过于暴躁的人，是不可能成为强者的。一个强者，绝对不会是一个脾气暴躁的人。

4.鼓励孩子成为强者。告诉子女，机会永远是为那些坚强而有勇气的人准备的。

5.鼓励孩子不要放弃。有位母亲说："我的孩子发现自己是篮球队里最差的一名队员时，他想退出篮球队，我让他把那个赛季坚持下来再说。教练也让他别放弃，为了鼓励他，教练每场比赛都让他参加，在一次比赛中他终于投进了一个球。你应该知道孩子这时候有多么兴奋和自豪。他现在应该意识到如果当初他放弃比赛，他就不会有今天成功的喜悦。"

强者心态不是孩子长大就自然具备了，是父母亲带着孩子在成长的过程中一点一点锻炼出来的。劝父母尤其要注意，"衣来伸手，饭来张口"的溺爱方式不仅无法使孩子脱离精神"逆境"，更会削弱孩子自主的生活能力。父母亲可以通过带孩子一起参加野外生存训练、拓展训练等方式，放手让孩子成为生活中的强者。

以实际行动挑战"不可能"

俗话说得好：苦难是人生的老师，只有通过苦难，才能走向自主。可是，现在的父母亲却不让子女受到外界的伤害。即便是孩子长大了，能走路了，父母亲还会让他们坐车或手抱着……

像这种在过度保护中长大的孩子，缺少了生活的磨炼，独立性就很差。如果父母亲不进行恰当引导的话，那孩子就无法以一个良好的心态面对今后的人生。虽然有些家庭比较富裕，能够给子女优越的物质条件，能帮助孩子解决一切难题，但是总有一天，父母要离开孩子，让孩子独自走完剩下的路。

与其这样，劝父母不如在一开始的时候，就学会放手，让孩子走自己的路。只有这样，子女才能够经历风雨，从而见彩虹。

即使在生活中，孩子失败，也是对孩子一种心理承受力的磨炼。当孩子想要实现某种目标，却没有实现的时候，他们就会产生挫折感，从而导致情绪低落、行为偏差、效率低下、纪律松弛，等等。

在这个时候，父母亲应该给予一些指导，让孩子学会在挫折中奋起，从而在一次又一次的失败中走出来，走向成功。在这个阶段里，孩子就会拥有挑战的勇气和信心，提高独立解决问题的能力。

提高认识勇于面对

在家庭教育中，父母亲要让孩子明白：在人的一生中，总会遇到这样或那样的挫折。当遇到挫折的时候，都应该勇于面对，千万不要逃避，因为挫折也是一种锻炼自己的契机，要增强和培养子女耐挫能力的意识，强化耐受挫折的心理准备。

除此之外，还要告诉孩子：不经风雨，又怎能见彩虹呢！当孩子已经做好接受失败心理的时候，父母就要给予一定的支持和引导，从而让孩子有面对困难的勇气和自信。

榜样激励大胆自评

对孩子来说，榜样的力量是无穷的。也因此，等孩子到了青春期的时候，就会有崇拜偶像的情节。在这个时候，父母亲不如发挥榜样的激励作用：给孩子讲一些古今中外名人遇到挫折，然后走向成功的故事；利用孩子身边比较优秀的同学，并找一些勇于战胜挫折的同学的事迹，用来影响和激励孩子，从而让孩子产生积极模仿、学习的心理。

与此同时，劝父母还要教会孩子：在遇到困难挫折的时候，先要冷静地分析自己，评价自己的行为，然后再做出正确的判断，确定努力的方向，从而付诸实际行动，战胜挫折。

活动体验，实践耐挫

在日常生活中，父母可以结合孩子在生活中、学习中可能或者已经出现的困难和挫折，根据实际内容，开展丰富多彩的活动，让孩子在活动中体验，在体验中成功，加强耐挫能力的培养。

比如：在陪孩子下棋的时候，父母亲可以赢孩子一盘棋；跟孩子比赛跑步的时候，父母亲可以跑在孩子的前面，故意让孩子追不上；当家庭里出现经济或其他困难的时候，要让孩子参与解决，并听听他的意见。

只有这样，孩子才能够实现真正意义上的实践耐挫，从而让孩子体会到战胜困难、战胜挫折的幸福。

意志磨砺，勇于挑战

我们都知道，意志力对耐挫能力的培养起着至关重要的作用。一个人的意志力愈坚强，那么他的耐挫能力愈强。可以说，磨砺意志是培养孩子耐挫折能力的一个重要环节，父母亲可以通过"严格学习要求""严格体育锻炼""严格作业制度""严格要求，养成良好习惯"等多种途径，有意识地培养孩子的意志力，将培养孩子意志力与耐挫能力紧紧融为一体，从而培养孩子良好的心理素质，全面发展。

敞开心扉，释放真我

在日常生活中，劝父母可以平等地、真诚地与孩子进行沟通，并允许孩子大胆说出自己的真实想法。当子女的意见与父母亲的意见不一致的时候，父母千万不要用专制作风，将自己的观点强加在孩子身上，让孩子顺从自己的想法，而是要以孩子敞开心扉、展开自由平等的辩论，要敢于承认自己的错误，并对孩子的正确想法予以一种鼓励和肯定。

如果孩子的想法比较偏执或不正确，在必要的时候，父母亲可以引导和帮助孩子提供心理咨询，并由专业心理专家耐心地与孩子平等地交流，从而开展咨询活动，有针对性地加强个别指导和个别教育，让孩子敞开心扉，完全释放自己。

让孩子感受生活的美好

英国作家狄更斯曾经说过：一个健康的心态，比一百种智慧都有力量。换句话说就是：积极的心态对每一个人都有着非常重大的作用，因为积极的心态总是与乐观、自信、成功联系在一起。生活的美好，处处皆是，关键是我们要有一颗去发现这些美好的心。

在日常生活中，有一些我们看似很严重的事情，也许会成为我们积极生活的障碍，以失败作为借口，自暴自弃。但仔细想想，我们所抱怨的问题，不是出在"耳朵"上，而是出在我们的"心"上。

的确，谁都难免会遇到各种各样的挫折，大人如此，小孩子也不例外。当孩子遇到挫折时，我们该怎么引导孩子去跨越挫折，发现生命中的美好呢？

在榜样中为子女寻找美好的力量是很不错的办法。

那些意志坚定、坚持不懈追求进步的人，是孩子心目中的楷模和英雄。在培养孩子面对挫折时，如果能有这样一个榜样，无疑让孩子的前进树立了一个标杆。

最好的榜样就在孩子的身边。比如我们做父母亲的也许并没有做出轰轰烈烈的巨大成就，但对待工作兢兢业业，对生活充满勇气，面对挫折永不放弃等榜样精神无疑是带给孩子美好的正能量。

当然，榜样的力量还可以在游戏、动画、电视剧以及孩子身边的小朋友当中发掘。这些榜样力量可以更为直观地让孩子意识到生活中虽然有一些挫折和困境，但是只要我们有一颗坚强的心和不放弃的愿望，生活中的美好就从来不曾远离我们。

有句俗话说得好：生活中并不是缺少美，而是缺少发现美的能力。

发现生活中出问题的不是"耳朵"，而是"心"，生活中的美好从来不曾与自己分离，那么，他在遭遇挫折的时候，就不会有那么多的哀怨和唠叨。

虽然每个人都一样，都有着一双眼睛、一个嘴巴、两个耳朵、一个鼻子，但都有着不同的思维方式，对事物的不同见解和看法。或许，也正是因为有所不同，所以才造成了生活中的美。

在日常生活中，有很多人一遇到事情的时候，就会怨天尤人，唠唠叨叨，好像全世界都对不起自己一样。随着这种思想逐渐加深，就会慢慢变得悲观，变得黑暗，从而躲避生活中的阳光。

在这个时候，父母不如换一种思维方式，带领孩子学会发现生活中的美好。比如：花凋谢了，这是一种比较悲哀的事情，这时父母亲应告诉孩子："明年，它依旧会延续自己的美丽。""它用尽全力，就是为了让人们欣赏自己的美，我们应该感到欣慰。"东西坏了，不能用了，这是一件不好的事情，因为这会耽误我们的事情，浪费我们的时间。在这个时候，我们不妨告诉孩子："旧的不去，新的不来。""用新的东西，也是对我们科技进步和智慧结晶的一种肯定。"

点滴的美好是在家庭教育中逐一形成的。父母亲一定要让孩子明白：只有换种思维方式，发现生活中的美，生活才会变得更美好，才能获得源源不断的快乐和幸福。反之，那就只能待在郁郁寡欢中了。

培养子女不断攀登的精神

俗话说得好：人往高处走，水往低处流。这句话的大致意思是说，人就应该有上进心，只有这样才能够不断地攀登高峰，从而走向人生中的一个又一个新的高度。同样的道理，就是在教育子女的时候，父母亲也应该灌输这种思想。

在日常生活中，我们可以经常看到：当孩子做出什么好的事情时，受到了家长或老师的夸奖，那么孩子就会高兴好几天，甚至会受到周围人的夸奖，受到同学的羡慕。在这样的心理激发下，孩子就会不断进步，攀登一个又一个高峰。

因此，在家庭教育中，父母亲不仅要善于发现和保护孩子的上进心理，还要善于激发、调动它，从而鼓励孩子不断向更高目标攀登。

那么，如何激发和调动子女的上进心，鼓励孩子不断地向更高目标攀登呢？教育专家和心理学家总结出了几点，以供父母参考：

给子女树立"偶像"的观念

在日常生活中，父母可以多给孩子讲一些伟人、名人故事；当孩子有了阅读能力以后，父母还可以引导他们阅读一些伟人、名人的传记。

这样的话，孩子就会在潜意识中产生一种强烈愿望，希望自己长大后也能够像那些伟人、名人一样，成为一个了不起的人。

实际上，这种潜意识就是一种朦胧中的理想。他们的这种潜意识越强，那么他们成功的机会就会越大。要知道，一个从小就有远大理想的孩子，一定会是一个让父母亲很省心的孩子。因为他已经形成了自己的一套体系，会自觉地以伟人、名人为榜样，从而约束自己的一言一行。无论是在生活上还是在学习上，孩子都会很努力地获得成功，不用父母为他多操心了。

有的父母说：像这种方式用在自己的年代还可以，用在孩子身上，是不是落伍了。实际上，这是大人的一种错觉。孩子是依然崇拜英雄模范的，是大人所在市场经济代替计划经济的历史变迁中，自己的思想变得实用了、庸俗了，不再像过去那样崇拜英雄、模范了。因此，父母亲才会放弃这种教育孩子成人成才的有效办法。

在日常生活中，劝父母应该从小给孩子灌输一些这样的思想，让子女去崇拜一些伟大的人物，从而激励他们学习向上的品质。

给子女选一个看得见的榜样

在日常生活中，父母就可以给子女选一个看得见的榜样，这个人可以是亲朋、好友、邻居、老师、同学中的一员。总而言之，这个榜样应是孩子非常熟悉的人。当然了，这个榜样要在学业、事业上是成功者，为孩所佩服，孩子愿意以他为榜样。在家庭教育中，父母千万不要忽略榜样的力量。所以，给孩子找一个值得学习的好榜样，可以潜移默化地培养教育孩子，这是有效的。

告诉孩子"你长大了"

孩子过生日、入学、升级、升学，都是非常好的机会。在这个时候，父母亲一定要抓住时机热情地向他祝贺，并不断地向孩子灌输"你长大了，是大孩子了"的思想，同时对他提出殷切的希望。

这样的行为在孩子心中植入一种奇妙的感觉，让他在内心中对自己提出一些新要求，并愿意努力去做好。

在孩子还没上学的时候，如果父母亲能够先领孩子去即将就读的小学或中学参观一下，那就会对孩子产生很好的影响。借选购书包、文具等机会，让孩子参与提意见，他更会意识到这是自己人生中一次重大转折，以十分神圣的心情迎接新生活的到来。

要知道，孩子在小学、初中、高中和大学生活是完全不同的，不过在他们还没有入学之前，不会明白这一点。因此，父母亲应该在他们各阶段毕业前夕，最好能带他去参观下一阶段将要走进的学校，让他在思想上有所准备。这样的做法会激励他渴望新的生活，并为实现进入某个理想的学校去加倍努力。

为了让子女树立雄心壮志，父母可以在闲暇的时候，收集一些各学校的信息，让孩子多了解一些情况。如果父母亲希望孩子有勇气报考某个较好的学校，又怕让孩子感到有来自父母亲的压力，最好不直接说出来，而是在茶余饭后"无意"地去闲谈，"借别人来说事"，孩子"听者有心"，但千万不要将自己意志强加给孩子，让孩子感到压力。

让孩子多参加一些竞赛活动

在日常生活中，父母还应该让子女多参加一些竞赛活动，并让孩子学到新的知识和动力。在孩子参加竞赛之前，父母亲要帮助做一些必要的准备工作。当然了，最重要的是心理准备，比如：要告诉孩子，名次不是主要的，重在参与，经历就是财富。

参加竞赛后，不管孩子是否获得名次，都要帮助孩子认真总结，只要学到了新知识或发现了知识上的欠缺，都应视为收获。

如果能取得名次的话，父母亲应告诫孩子：不要骄傲，应当向高层次努力，争取更好成绩。需要注意的是，父母亲只能够提供一些参考建议，而不是去直观地告诉孩子：在竞赛中，应该做这个，不应该做那个。

不要伤害孩子天真的"理想"

在小学甚至初中阶段的时候，由于孩子的年纪小，涉世浅，当人们问到他"长大以后想要干什么"的时候，会有很多幼稚的想法，今天想当老师，明天想当工人，后天又想当警察，完全没有特定的。

对于那些年纪更小的孩子来说，往往是听了一个故事，看了某个电视剧，就会产生一些自己的想法。不过在这个时候，父母亲绝对不要去当真，更不要去打击孩子的所谓理想。

不仅如此，劝父母还要及时给孩子灌输，只要是自己愿意做的事情，能够对他人、对自己有益处的事情，那就要给予鼓励，并希望他能够做出相应的努力。

如果孩子的选择是错的：父母亲应该对孩子进行正确是非观教育，并认真分析这种认识的来源。

注重父母亲言传身教的作用

如果父母亲想要让孩子好学上进，不断向更高目标冲击，那么父母亲首先要做到这点。

要知道，父母亲是孩子的最好老师。如果父母亲在工作和学习上不思进取，整天只知道吃吃喝喝、打麻将，却让孩子要努力学习，一定要考上重点初、高中，似乎有些不太讲道理。而且，在这样的教育中，子女根本不会听。

相反地，如果父母与长辈仍在工作和学习中不断充实自己，努力学习，那必然会影响到孩子，从而让孩子也变得如此。

坚持就有希望

因为坚持是成功的保证，一个人只有学会坚持，才能达到成功的顶点。很多孩子没成功，就是因为半途而废。谁都有成功的梦想，上高中、上大学的时候热血沸腾，可是到了四五十岁了，有多少人成功了！没有几个人。原因是什么？就是没有坚持下来，自己放弃了，可见坚持对于想成功的人很重要。

这一点笔者最有体悟与感受。

只有坚持才能够看到希望，看到成功。如果不坚持的话，那么再怎么想，成功也不会自己到来。所以在家庭教育中，父母亲应该耐心地帮助和引导子女，坚持到底。比如：在孩子成功的兴趣点上，在孩子的爱好上，告诉孩子要坚持。如果不坚持后果不堪设想！毋庸置疑，"一分耕耘，一分收获"是真谛。只要付出就会有收获，只要坚持就会成功。

第二十一章

应用家训精髓培养完美子女

家训精髓价值高

强国兴邦奠基牢

人类进步创新标

与世竞争重科教

立德树人乃纲要

中华美德传家宝

为了实现中国梦

家训教子很必要

实施家教重实效

尚德促智素质高

子女成才脱贫早

全民小康准达标

子女心灵赖塑造

潜移默化勤引导

要盼子女早成才

确立理想甚重要

自我认识最重要

从小让子女首先学会认识自己的情绪，认识自己的喜怒哀乐及兴趣、爱好、特长。让好的情绪得到充分的展现，让孩子的优势得到充分的发挥。帮助孩子认识他自己，比教会他学知识更重要，首先帮孩子分析他各方面的优势与不足，多深入他的内心世界与其交流，让他认识他自己。

作为父母亲，要热情耐心地指导孩子认识自己的情绪，帮助子女发现他自身的特长，并为孩子创造有利的条件和环境。

教孩子学会认识他自己，帮助孩子认识自己，给孩子更多的机会独立，让他发现自身的价值和潜能。如果处处给孩子创造现成的条件，事事为他们做打算，就会使他们产生依赖，渐渐丧失独立性。我们知道，每一位父母都不可能时时跟在孩子身边，更不可能跟随孩子一生，当我们离开的那一天，孩子该如何在这个社会上生存呢？

为了子女健康成长，父母必须实施科学教子。事实证明，每个孩子往往会按照自己的想法和意愿来要求周围的人和事，当他们的这种要求不能得到满足时，他们的情绪就会坏到极点，这导致父母有时也会手足无措。其实孩子的这种做法是很正常的，父母没有必要斥责他。当然，孩子的这种做法是不利于他成长的，面对这种情况父母应当耐心地开导孩子，帮助孩子培养一个健康的心态。

这就要求父母认真要求自己，不是教孩子狭隘和自私，而是教育孩子不要在追求面前失去自我。与财富、权势、荣誉相比，我们更希望自己的孩子生活得快乐。所以我们不能为了让孩子达到我们设定的目标，而失去孩子的自我，剥夺了他们的快乐。

因为孩子的自信对孩子的成长很重要，而自卑感都会严重束缚孩子的发展。有很多孩子由于家庭经济条件差或者父母离异，而产生了强烈的自卑心理。他们那颗脆弱的心总是蜷缩在某个阴暗的角落里，享受孤独。如果家长不注意教育和开导，久而久之，孩子的心理就容易出现问题。当孩子有自卑之心的时候，要告诉他：这个世界上，没有你不配拥有的东西，只要你努力去争取。

作为父母，我们为了子女能有一个更好的未来，总是给孩子施加各种各样的压力。比如总是督促孩子要考上什么样的大学，将来要如何如何有出息。为此，给孩子报各种特长班、补习班，无情地剥夺孩子的业余时间，结果使孩子的心理负担越来越重。这样做不仅不能达到预期的目的，沉重的负担很有可能把孩子压垮，到时我们只能追悔莫及，这是不是背离了我们的初衷呢？作为父母应该认真反思一下这个问题。

实践证明，急于求成并不等于可以迅速成功，任何一种成功都需要一个过程。告诉子女要认真地对待成长的过程，因为过程往往比结果更重要。让孩子在做事的过程中学到成功的方法，他们会获得更多收获。

孩子毕竟是孩子，他们取得了一点点成绩往往会产生自满情绪，从而影响他进一步奋斗的动力。当孩子在成功后产生这种不良情绪时，要告诉他们"天外有天，人上有人"的道理，让他们明白他永远没有自满的机会。

有时候，孩子总是在心里畏惧困难，以至于他们迟迟不敢行动，其实这些都是孩子的心理障碍。遇到这种情况，父母要鼓励子女大胆去尝试，甚至可以适当给他施加些压力。当孩子真正地迈出第一步的时候，他以后的路就好走多了。

当然，孩子可能在某些方面存在一定的不足，但这并不代表孩子就是一个笨蛋，他或许在另一方面是一个天才。作为父母亲应当敏锐地捕捉孩子的特长，让他的优势得到有效发挥，这也是培养子女成才的一种方式。

父母在教育子女方面，主要是以思想上对他们进行引导，不是对子女思想与行为的管制，也用不着对孩子的未来进行详细的规化和设计。爱因斯坦的父亲就是一个很好的榜样，当他发现孩子与贪玩的小伙伴们"混"在一起的时候，仅仅通过一个故事就改变了爱因斯坦的行为，最终让他成为20世纪最伟大的物理学家。

对于家长而言，最重要的就是怎样想办法让子女发挥自己的优势，避免自己的劣势或者帮助孩子把劣势转化为优势，而绝对不能指责孩子的劣势。指责无法改变的劣势只能让孩子更加自卑，更加找不到自己实际存在的优势。劣势在一定条件下也可以转化成优势，只是你还没有认识到自己。只要创造条件，善加利用，劣势完全可以转化为优势。

在激励子女的过程中，父母首先要客观地认识自己的孩子，要看到子女的价值，也要看到孩子的不足。对于孩子的长处，要尽量提供条件让他最大限度地发挥，对于孩子的不足，也要激励他建立健康的心态。

子女选择走自己的路是没错的，不管这条路有多么艰难，既然他喜欢，就要支持和鼓励他。每一位父母都心疼自己的孩子，不希望自己的孩子忍受苦难，爱子之心可以理解，但这样做并不利于孩子的成长。只有让孩子亲自去经历大风大浪，他才能真正地成熟起来。

机会对孩子的成长也很重要，在他们成长的过程中会遇到无数次大大小小的机会，但并非每一次机会都能抓住。当孩子不得已而失去眼前的一个机会的时候，可能会有一次更大的机会在后面等着他。所以，要教导子女，任何时候都不要因为失去一个小机会而丧失奋斗的动力。

在日常生活中及在成长的过程中子女会受到一些不公正的待遇，这或许也会给子女带来一定的情感伤害，遇到这样的事情，一定要及时开导孩子，告诉孩子以德报怨的道理，让孩子把目光放向未来，而不是沉溺于过去的阴影中不能自拔。

孩子的心理比较脆弱，当遇到一些意外，或难以承受的挫折时，他们往往会心灰意冷，心态消极。如果得不到及时的心理帮助，他们有可能会形成心理上的自闭。作为父母除了给孩子必要的安慰之外，还要教会孩子以一种乐观的心态来看待周围的人和事。

如果孩子之前没怎么经历过挫折，那么遇到困难或挫折时就容易产生一种挫败感。如果这种挫败感足够强烈，那么就有可能会让他们从此一蹶不振，这对孩子的身心发展极为不利。当孩子遇到较大的困难或挫折时，父母要与子女一起面对，帮他认识到现在的困难和挫折在整个人生道路上是微不足道的，帮助孩子解开心结，给予他足够的信心和勇气。

人非圣贤，孰能无过？孩子也一样，他们也不是天生就完美的人，在他们的成长过程中也难免会犯一些错误，或许有些错误甚至是无法弥补的，但是我们不能因为这些错误无法弥补，而让孩子心理上留下阴影。做父母的更多地应给予他们宽容、理解、信心和支持，这样我们的孩子才可以快乐、健康成长。

的确，我们给予孩子的相貌是无法改变的，甚至连家庭条件也不可能一下提升到哪里去。这或许会让孩子失去一些应有的自信，可是你应当告诉孩子，一个人的价值不在于他的长相或者家庭出身，而在于他凭自信和能力为这个社会创造出的值。

成功与失败是孩子成长过程中必然会出现的两种结果，成功带给孩子喜悦、自信和满足感，而失败带给孩子的或许是沮丧、失望和痛苦。不过，失败和成功又是可以互相转化的，当孩子面临多次失败的时候，你也要鼓励孩子再试一次。

孩子在生活中发生丢失财物的事情也是比较常见的，这无可厚非。可是有些家长会对孩子抱怨不已，怒言指责，或许孩子丢失财物自己心中已经很难过了，为什么还要给孩子增加更多的心理负担呢？财物的丢失和孩子的快乐心情相比，前者又算得了什么呢？

在现实生活中，父母亲不要认为孩子的远大理想是一种大而空的高调子，是一种不切实际的虚壳。远大的理想可以改变子女做事的心态，可以让孩子变得更加自信，可以让孩子肩负一种使命感。虽然他与其他孩子的起点是相同的，但他的终点一定会更高远。

俗话说：失之东隅，收之桑榆。孩子可能因为贪玩而耽误了学习，但他也有可能在玩中受到了深刻启发，或许会成为一个小小的发明家；孩子也可能因为帮助同学而影响了写作业，但是他却为此收获了最为珍贵的友谊。所以，当孩子不经意间损失了什么的时候，你一定不要为此惋惜和遗憾，因为在他损失的地方你有可能会看到美丽的花朵。

孩子拥有美丽的梦想是一件好事，但孩子的梦想有时带有一些不切实际的幻想。当孩子渐渐发现这些梦想无法实现的时候，可能会产生一定的心理落差，以致心情沮丧，失去奋斗的动力。这个时候，父母要引导孩子，让子女懂得珍惜现在已经拥有的才是最重要的，并帮助孩子树立可以实现的梦想。

在生活学习中，让孩子学会自信、自立很重要，一定不要让孩子对任何人或任何事产生依赖性。要让孩子明白，无论遇到什么困难，真正能够拯救他的还是他自己，所以认识自己最重要。

要努力做情绪的主人

现在孩子的脾气似乎是越来越坏，这跟父母的娇惯以及爷爷奶奶的溺爱不无关系，当孩子第一次为了不合理的要求而躺在地上耍赖的时候，大人的迁就可能已经为孩子坏脾气的滋生埋下了种子。

情绪控制是情商教育的重要内容，它直接关系孩子成年以后的行为。我们经常会从媒体上看到一些孩子因为不能有效控制自己的情绪而做出的种种极端行为，如果纵容孩子的坏脾气，今天这些事情发生在别人家的孩子身上，明天这种情况就有可能在我们孩子身上出现。对于孩子的错误，如果表现出适当的爱心、耐心与关心，让孩子在实践过程中感知、感受、感悟，最终改变坏脾气也不是一件难事。

孩子虽然比不上大人的事情多，但是他们也有自己的烦恼，这是人之常情。作为父母亲，我们应当密切注意孩子的情绪变化，发现问题要及时与他们沟通，并进行合理的引导和疏通，以免孩子在过重的心理负担下产生问题，影响孩子身心健康发展。

实践证明：成功需要良好的心态，心态失败是最大的失败。孩子在成长的过程中，对很多事情都会有自己的期望值，也会对事情有一个最基本的判断，这并非一件坏事。然而，必须教导孩子，对任何事情的判断都应该在尊重客观事实的基础上，过度地悲观或乐观对事情的结果都不利。

现在的孩子多是独生子女，父母总怕孩子受委屈，孩子要什么，父母也就给什么。久而久之让孩子弄成了任性的坏习惯，如果稍有不顺其意，便大发脾气。孩子的欲望总是在不断得到满足中，又无限地膨胀。作为父母不能一味地满足孩子的各种要求，要学会限制他们不合理的欲望。同时，对于孩子，教会他们合理地控制自己的欲望是十分重要的，这关系到他们成年以后的立身处世，也将会决定他们在这个社会上所处的位置。为了孩子的未来着想，我们做父母的必须帮助孩子戒除贪念。

子女在成长过程中，心态很重要。每个孩子在成长过程中都会遇到一些困难，不过有的孩子遇到困难会保持良好的心态和情绪，有的孩子或许会消极暴躁。心态良好的孩子更容易解决面临的问题，而心态不好的孩子只能让问题变得更糟。遇到这种情况，父母亲要耐心地教导孩子以积极的心态面对问题，逐步培养孩子的性格。

孩子的自制能力也是情商教育的重要部分，这种自制能力会帮助孩子合理控制自己的欲望，从而让他们的人生轨迹更加圆润和流畅。

父母是子女最好的老师，当他们的人生轨迹偏离人生目标时，父母应当给他们科学的引导。

对于男孩来讲，父母就应当注意培养他的男子汉气质，这比培养他的文化知识更重要。文化知识不是一个人生存的必要条件，但是男孩如果没有了男子汉气质，他将会在未来的社会生存中处于劣势。简言之，高智商未必能让一个人成功，低情商却可以毁掉一个人，所以为了孩子的未来着想，一定要培养孩子敢做敢担当的正义情商。

在日常生活中，孩子的烦恼有时候是他自己的情绪和思维造成的，当他们对于过去的事情总是追悔莫及的时候，烦恼就来了。对自己做过的事情后悔是人之常情，孩子当然也不例外，这是一种正常的情绪，但是如果孩子过多地沉浸于其中，就会对其情商的发展不利。正确的思维是教会孩子少说"如果"，多说"下次"。

有个哲人说："欲望是万恶之源，尤其是当欲望变成了贪婪的时候它会结出更多的恶果。"

的确，任何人都是有欲望的，这是人生来就具有的自然属性。孩子有各种各样的欲望也是正常的，而且有些欲望是积极的。比如孩子渴望取得好成绩的欲望，渴望成功的欲望。但是如果任由欲望无限地发展，可能这种欲望就会发展成一种贪婪，这对孩子的成长极为不利。作为父母要合理地引导子女的欲望发展，告诉孩子任何的欲望都有一个限度，超越了它就会带来祸患。

与大人们相比，孩子在很多事情上具有更多的创意，这是因为他们的人生经验并不多，因此他们做事一般不会有太多的束缚。而大人们判断一种事情的好坏，往往会根据已有的经验对其定性，这虽然比较稳妥，但是却束缚了人的创意。父母在教育子女的过程中，往往也会犯这种错误。这里再次提醒各位家长的是不要人为给孩子的心灵上锁。

临危不乱是一种良好的心理素质，这对孩子处理突发的事情十分有利。为了提高孩子在这方面的素质，父母可以模拟一些场景来加强对孩子的训练。

管理自己的情绪是情商的重要内容之一，它从根本上决定着一个人的人际关系。子女在成长的过程中会遇到许多意想不到的事情，当面对这些事情时，如果他们能够平静地处理，那么他们的人生相对就会顺利一些；如果他们不能有效地克制自己，那么就会让事情变得更坏。作为家长，应当通过生活中的点点滴滴教导孩子学会控制自己的情绪。

虚荣心几乎每个人都会有，即便是小孩子也不例外，有这种心态很正常，父母不必大惊小怪。比如：孩子喜欢穿得比别人更漂亮，希望自己比别人有更多的零花钱，希望向别人炫耀父母的身份地位等。即使这是一种正常的心态，但父母亲也不能提倡孩子这样做，更不能纵容孩子这样做。相反，当孩子的这种心态上升为一种攀比心理后，一定要制止孩子这样做，因为它不仅会破坏孩子的心态，还会夺去孩子的快乐。

孩子在学习上或者生活中犯些小错误也是难免的，如果类似的事情发生在我们身边，我们要给予更多的理解和宽容，而不要小题大做，破坏了大人和孩子的快乐心情。

孩子有时候会为了一些问题而与同学争执不下，甚至发展到相互攻击，这对孩子的人际关系十分不利。对于一般问题而言，每个人都有自己的看法和观点，有时候这种观点是难以区分对错的。孩子完全没有必要为了说服对方，而言辞激烈或大发脾气。如果自己的孩子有这种习惯，父母一定要动之以情、晓之以理，并教会子女控制自己的脾气。

喜怒哀乐是人之常情，孩子也有他情绪不好的时候。当得知孩子情绪不好的时候，要及时与他沟通，及时地开导他、帮助他，或者可以带他一块去散心，总之要想尽一切办法帮助孩子走出情绪的低谷，避免孩子因想不开而误入歧途。

年轻气盛，目空一切，是那些过于自信的孩子的通病。而这些坏毛病，在人际交往中会挫伤他人心理，从而导致人际关系的恶化。所以，作为父母亲，针对年轻气盛的孩子，一定不能放任纵容，而应当通过适当的方式对其引导和规劝，让孩子走上健康发展的轨道。

谦虚使人进步，骄傲使人落后。毛泽东的这句至理名言，激励了不止一代人。越是伟人越懂得谦虚，越是普通人越容易沾沾自喜，这就是伟人和普通人的区别。天外有天，人外有人，即便是孩子取得了点儿小成绩，他也没什么值得骄傲的。当孩子为取得的成绩而沾沾自喜时，你不妨告诉他这些。

心如止水，是一个人心态的最高境界。我们不企望孩子一下子就能达到这个高度，但是培养孩子处变不惊、遇事冷静的心态却是十分有必要的。平常多给子女打一些情绪和心态的预防针，当意外发生时孩子就能够平静地度过。

以身作则，教导孩子坚持做人的原则，是父母的重要责任之一。让孩子学会克制自己的欲望和情绪也是情商教育的重要内容，这事关孩子未来的发展。我们可以通过日常生活中的一些小事，潜移默化地培养孩子的自控能力。

培养孩子的技能固然重要，培养子女的博大胸怀更重要。技能只能让子女利用自身这个特殊的资源，而博大的胸怀可以让孩子拥有更广泛的人脉，而这才是孩子在这个社会上立足的根本。

乐观可以带来奇迹，乐观可以带来希望。当孩子对自己的未来感到无比失望的时候，让他保留一份快乐的心情，他就会多一份感动的希望，他的命运或许就会出现转机。

在生活中，由于孩子年轻气盛，对事情后果的判断不足，很容易导致孩子做出一些过激的行为，从而给他们造成伤害。作为家长要密切注意孩子的动向，及时发现和制止孩子不自量力的行为，以防事态扩大，给孩子造成不可挽回的损失。教会孩子有效地掌控自己的情绪，有利于孩子各方面能力的发挥。

在这个社会中，不可能每个人都是主角，总有人在做配角，我们的孩子也不例外。主角固然耀眼而引人注目的，但配角也不可欠缺。当孩子由于各种原因无法扮演主角时，那么就鼓励他去演好一个配角。

诚实是一个孩子最珍贵的品质之一，它比任何的物质财富都重要。但有些家长为了一些小利益，不惜鼓励孩子撒谎，比如说隐瞒身高、年龄等，这些谎言也许会收到一些利益，但会给孩子造成心理上的阴影，更可怕的是还有可能让孩子从此形成爱撒谎的习惯，这种损失不是得到的那点利益所能弥补的。

每个孩子都是天才

面对孩子，我们总是以大人自居，似乎孩子所做的一切都应该听从我们当家长的安排，我们以过来人的经验，以自己的亲身经历，来为孩子设定起跳的高度。所以，孩子很难走出我们为他划定的圈子。但是当孩子达不到家长预期的目标时，我们又会骂孩子是"笨蛋"。所以，天才就是这样被抹杀的，而笨蛋就是这样诞生的。

实践告知，对子女而言，每个孩子也都具备难以估量的潜能，但是作为父母的不能以过来人的所谓经验处处为孩子设限，长此以往孩子将会丧失本来的潜能和应有的创造力。作为家长应当按照子女的天性去培养孩子，去激励孩子，让他们自由自在地发挥，尽情地书写自己的人生。

因为孩子的自我激励是情商的重要内容之一，我们当家长的不仅要培养高智商的孩子，更要注重培养一个高情商的孩子。孩子取得了好的成绩，父母的夸赞是必要的，这会让孩子有一种成功的喜悦和自豪感。但是一定不要让孩子对现有的成绩怀有自满的情绪，这将会限制他潜能的发挥，阻碍他的进一步发展。应告诉孩子，总结经验，不忘初心，继续努力，做得更好！

开发子女的大脑潜能也是父母教育的重要任务之一，大脑能力的发挥决定着一个孩子智能的高低，而这是一个人成功的必要条件。父母除了要提供必要的条件来帮助子女开发自身潜能之外，还要教会子女自己激励自己。

自信对每个孩子来说都很重要。作为家长，从孩子小时候就要注意培养他们的自信。有些孩子可能在某些方面不如别人，因此容易产生一种自卑的心理，这种自卑的心理不仅无益于所面临的问题，而且还有可能影响孩子的心理健康。对家长而言，要适当地鼓励孩子，尽量不批评孩子。孩子在自信的环境中长大，不仅可以有效地发挥自身的潜能，而且有利于形成健康思想的人格，让孩子受益一生。

孩子对于人生的看法，远不及大人有经验，也不及大人们抗挫折能力强。当他们遇到困难的时候，可能会选择逃避和软弱。这个时候，作为父母就应当鼓励孩子勇敢面对困难，他就变得更加成熟了。

千万记住，一定不要骂你的宝贝是笨蛋，其实每个孩子都是天才，如果你能像爱迪生遇到的妈妈那样教育孩子的话，可以说每个人都是能成为天才的。

孩子不聪明并不可怕，因为大部分人都不具备天才的智商。但是孩子可以具有远大的理想和宏伟的志向。理想和志向就像一条绳子一样可以引导孩子迈向成功的方向。因此，当你无法改变孩子的智商时，你可以引导孩子前进的方向。

有句谚语："劈柴不照纹，累死砍柴人。"可能你的孩子学习成绩不好，但可能他有音乐天赋或绘画天赋，那么你就让他学习音乐或绘画。也可能他这几样都不行，那么你就可以让他试试手工制作。如果他手工制作也不行，那么你就让他尝试其他方面，总有一方面适合他，当你对准木纹砍柴的时候，你会发现这简直轻松多了。

说实话，人活着就怕没有目标，更怕没有奋斗的动力。一个人的智商再高，如果没有实际的行动，那也只能是一台没有插电的电脑。教育子女不仅仅是培养孩子的智商，更要注重培养孩子的情商。

因为每个孩子不仅是天才，还都可以创造奇迹，任何一个孩子都不缺少成功的基因，他们所缺乏的往往只是一个坚定的信念。

很多孩子经不起生活与学习中的困难和挫折，他们常常自暴自弃，牢骚满腹，认为自己根本就不是一块好料子。作为父母，应当帮助孩子建立正确的人生观和价值观，以防孩子为一时之念而误入歧途。

作为孩子导师的父母，不需要教给孩子具体怎么做，但一定要帮助孩子确立一个既定的方向。孩子毕竟是孩子，他们的经验和阅历远不如大人丰富，根据具体情况为孩子确定方向会让孩子走向成功的速度加速。

不论是乡下还是城里的孩子，每个人的大脑也都是一个潜力非凡的宝库，而这与他们的出身无关。你没有给孩子提供富裕的家庭背景，也没有给子女提供优越的教育环境，但可以给子女一个奋斗的梦想，给孩子一份宝贵的信心，这同样可以作为他走向成功的动力。当孩子遇到困难的时候，家长一定要鼓励孩子勇敢去战胜困难，当孩子取得胜利的时候，他会感觉到战胜困难原来如此简单。

作为父母，要依据子女的爱好帮助他规划人生。孩子坚持自己的理想，父母应当全力支持。孩子没有明确的目标，父母可以帮助他建立，如果你强按孩子的头让他走进你为他规划的未来的圈套中，那么孩子就会丧失他自己。

父母的言行，会对孩子的成长产生莫大的影响。家长对孩子必须谨言慎行。好的言行，会对子女产生极大的激励作用，不恰当的言行可能会毁掉孩子的一生。另外，为了让子女从小树立公平的意识，家长一定要平等地对待每一个孩子。

孩子的成功不是父母为其提供的，而是通过他自己的努力奋斗换来的，我们要以自力更生的思想激励孩子去奋斗。父母可以为孩子的成功提供必要的条件，但最终的结果还要靠孩子自己去努力。

父母在孩子成长过程中要起到保驾护航作用。当孩子在成长路上遇到困难时，父母应当激励他们、引导他们，减轻他们所受的伤害以及承受的痛苦。

注意好高骛远、心态浮躁是许多孩子的通病，而这正是他们学习道路上的大敌。或许我们的孩子聪明过人，或许他比别的孩子具备更好的教育条件，但无论先天的条件如何优厚，如果孩子不知道后天努力，再优厚的条件也是没价值的。

如果我们提供不了优越的家庭与教育环境，但可以给孩子一份自信和人生的激励。千方百计鼓励孩子开动自己的脑筋，充分发挥他自身的潜能，也同样能够让孩子踏上成功之路。

笔者发现做事缺乏耐心是小孩子的通病，虽是件小事，但却是成长的大敌！凡做事缺乏恒心，心态浮躁，会让很多孩子在奔向成功的路上被抛到后面。所以，注重培养孩子的恒心、耐心、意志和毅力，就等于向孩子传授了成功的秘诀。

如果孩子先天性不全，那么作为家长也不要担忧，因为孩子可以通过另一种方式成功。你应当根据孩子的实际情况，帮助孩子选择最适合的那一种。规避孩子的劣势，发挥他的长处，你的子女可以和别的孩子一样成功。

每个孩子都应该是父母最宝贵的财富，这笔财富是任何金钱都不能换来的。有些父母忙着挣钱，不关心子女的学习和生活，不注意与子女进行交流沟通。每学期只是给他们交足学费，每个月给他们足够的零花钱，其余的一概不管，可是你是否曾想过，这样会毁掉自己的孩子？

作为父母亲也要用发展的眼光和全面的眼光看待孩子。可能在某个阶段孩子的成绩落后了别人，但不代表他以后也会落后于别人；也可能在某些方面落后了别人，但不代表他在其他的方面也落后于别人。

的确，孩子在成长过程中可能会因为受各种因素的影响，而对自己没有足够的自信，这从某种程度上阻碍了他们的发展。作为家长要积极鼓励孩子，给予孩子应有的自信，与孩子一起承受失败的结果和成功的喜悦。

"昔孟母，择邻处。"孩子对新事物非常感兴趣，但他们却缺乏必要的判断能力，因此最容易受周围环境的影响。给孩子一个适合他成长的环境，他就会成长为一只雄鹰。如果没有适合他成长的环境，那么他永远都不能飞向蓝天。

尊敬的家长们，你们应懂得：培养子女的学习兴趣比什么都重要，因为兴趣是最好的老师，只要培养出孩子的兴趣，那么就等于为孩子找到了一个主动教他的老师，孩子就会主动求知。当然，每个孩子的学习兴趣可能不一样，我们要根据孩子的天性，有选择地培养孩子的天性。

换位思考理解他人

作为父母，要教孩子学会换位思考，培养孩子的同情心、奉献精神和团队协作精神。懂得换位思考，懂得理解他人的孩子，将会有一个良好的人际关系。

的确，作为家长应当身体力行，从思想与行为上为子女做出榜样，主动善待老人，甚至善待一位乞丐，让孩子从我们身上学到尊敬和爱。

孩子能否尊重别人的劳动，从一定程度上反映了他的价值观和财富观，懂得尊重别人劳动的孩子在长大后更容易获得事业上的成功。培养孩子的这种观念，可以让子女适当地做些家务活，然后付给他一定的报酬，并且要说明白这是他的劳动所得。久而久之，就能培养子女正确的劳动价值观和财富观，当然也会让他在实践中学会尊重别人、学会尊重别人的劳动。

孩子是祖国的未来，也是父母的希望，每位父母都爱自己的子女。只不过，表达爱的方式不同。嘘寒问暖是爱，教育引导是爱，必要的批评也是爱。虽然"打是亲，骂是爱"已不值得提倡，但是其中却隐含着父母对孩子的期望与责任。不过，作为父母我们应当尽量以一种孩子容易接受的方式去爱他，这样孩子的身心才能更加健康成长。

没有一个孩子不是好孩子，只要给他们一点关注和耐心，真诚的爱会让他们张开美丽的翅膀，变成美丽的天使。当我们总是抱怨孩子不听话的时候，当我们认为孩子对我们态度冷漠的时候，我们可曾反思过，我们当家长的真正给了他们多少爱？

说实话，孩子不仅需要父母提供衣食住行、教育环境，更需要家长关心他的喜怒哀乐。或许家长一直忙于工作，忙于赚钱，这个时候可能忽视了孩子更需要我们的爱。工作赚钱是为了孩子，可以满足孩子的物质需求，但是孩子也有精神上的需求；除钱之外，他们很需要爱。所以，工作再忙，也一定要抽出时间陪陪孩子。

博大的胸怀远比考试的分数重要的多。作为家长，平常十分注重对子女进行智力投资，却忽略了对孩子的情商教育。智商固然重要，但是情商更重要。高智商可以让一个人拥有一技之长，而高情商才能让人拥有整个世界。

劝家长一句：理解他人是情商教育的主要内容。一个人只有懂得理解他人，才能获得别人的尊重，才能受到别人的喜欢，才能拥有良好的人际关系。教育孩子换位思考，孩子学会理解他人是家长义不容辞的责任。

现实生活中，可能是由于独生子女增多的缘故，也可能是受到了父母以及爷爷奶奶的双重疼爱，现如今的孩子表现得越来越专横和自私。他们眼里没有父母、老师、同学和朋友，似乎只有他自己。

这种现象对子女的成长极为不利，父母应当加强培养子女的博爱、分享等情商素质。

孩子如果在宽容、理解和尊重的环境下长大，他们就会学会宽容、理解和尊重，而如果在自私、狭隘的环境中长大，他们就会变得自私和狭隘。所以，作为父母一定要以身作则，给子女提供一个良好的成长环境。

因为自私的孩子不可能拥有良好的人际关系，这将严重制约孩子的发展。教会孩子基本的尊重、理解和分享，当他们从狭隘、自私和无礼中走出来的时候，他们就可以前进一大步。

一个懂礼貌、有修养的孩子，总是会受到众人的欢迎。他既能够给别人快乐，也能够让自己快乐，这是一个好孩子应具有的健康心灵。因此，教会孩子学会尊重别人、理解别人，比孩子拿到奥林匹克竞赛一等奖更重要。

　　在传统的观念中，我们总认为孩子的学习成绩是第一位的，所以家长们常常会忽视子女的情商教育，但是周围不断发生的一些事实，多次向我们证明，低情商的子女更容易被当前社会所淘汰。所以，如果把孩子培养成一个自私、冷漠的学习夫子，还不如把孩子培养成一个成绩平平的快乐宝贝。劝家长们一定要注重培养子女健康的友情观，支持孩子结交良师益友，鼓励他们与朋友之间互相帮助；学会尊重善待他们的朋友，这样孩子才能在一个健康的人文环境中成长。

　　塑造孩子的心灵，是每位家长义不容辞的责任。家长不仅要教会子女了解认识自己，更重要的是要教会孩子理解他人，这是人际交往的基本原则之一。

　　记住，只有教会孩子理解了他人，才能更好地尊重他人，这不仅有利于孩子建立良好的人际关系，还能有效提升孩子的人格魅力。

　　在实现中国梦的伟大征程中，一种神圣的责任感和使命感，是一个人工作的最基本原则，即使孩子的智商再高，如果他不具备最基本的爱国敬业的精神和诚信友善的品德，那么也不能为社会真正地创造价值。所以，在提高孩子学习成绩的同时，绝不能忘记培养孩子的责任感。

　　真诚是一个人立身处世的根本，也是人际交往的基本原则之一。一个真诚的孩子会受到大多数人的欢迎，是拥有良好人际关系的基础，这对孩子走向成功很重要。作为父母要以身作则，用行动来引领孩子，让子女在潜移默化中成长。

　　在日常生活中，从小就开始培养子女做事认真专注的习惯，对细节精益求精的态度，而不是马马虎虎、虎头蛇尾，这可以让你的孩子赢在起跑线上。很多父母只重视子女当下的学习成绩，而不注重对子女的性格、态度与良好习惯的培养。其实文化教育完全可以和情商教育同步进行，从智商到情商的全面培养，才是真正的素质教育，所以养成教育应贯穿在日常生活中。

　　现在有很多孩子，心里只有自己，只知道考虑自己的利益，这难免会使他们变得自私与无情，非常不利于他们的健康发展。作为父母应当注重培养子女的换位思考能力，培养他们慈善之心。

责任感是一种重要的品质，它从某种意义上讲比孩子的情商更重要。孩子在智商方面没有太大差别，而且比较难以通过后天的培养去改变，而孩子的品质却可以通过父母的熏陶和教育得到改善。

培养孩子成为社交高手

交际能力的培养很重要，它是立足这个社会的根本，比学习成绩更重要，甚至在一定程度上决定着一个人能否成功。

因此，作为父母，必须对子女的社交能力给予足够的重视，父母应为子女创造各种社交条件，让子女抓住各种社交机会，还要鼓励子女参加集体活动，这都有利于提高孩子的社交能力。

是的，懂得谦让的孩子上帝会给他幸福。可是现实生活中，我们的孩子中有多少人懂得谦让呢，他们在吃、穿、玩方面总是争先恐后，为了一件小事甚至与同伴大打出手。他们是父母的掌上明珠，是爷爷奶奶怀里的宝贝疙瘩，大人们处处迁就孩子，久而久之就惯坏了子女，使得他们为了自己的利益而抛弃谦让。由此看来，或许孩子不懂得谦让更多的是大人们的原因。所以，我们大人在教育子女的同时是不是也应该好好地反省反省自己？

一个人的热诚、友好和善良，会带给人温暖、信任、可靠，会让人更容易亲近你，而这正是一个人的人格魅力所在，这种人格魅力可以转化为一种吸引力和凝聚力，它让人在人际交往中无往而不胜。所以，培养子女热诚、友好和善良的品质，确实能提升子女的人格魅力，使之成为优秀的人才。

距离产生美，这是一句经典格言。无论是在成人身上，还是在孩子身上都适用。对子女而言，把握适当的距离，可以让他与伙伴之间的关系更融洽。对父母而言，帮助子女掌握与同伴的距离，十分重要。但同时要注意，不要伤害了孩子的感情。

现代社会，人们忙碌的身影，遮挡住了自己的笑声，这是生活中的本来面目。作为孩子，学习是第一要务，但学习生活再苦再累，也要记住他有笑的权利。我们工作的本身就是为了获得更多的快乐，可是现在我们却因为工作，而忘记快乐，甚至忘记了向周围的朋友们问候一声，这让我们的生活渐渐走向单调和枯燥。情绪是会传染的，如果你快乐、乐观，孩子会体会到的，他也会变得快乐、乐观。欢乐和笑声应该是他们成长的主旋律。我们在督促孩子埋头学习的时候，能不能对他们露出一个笑脸呢？要知道，每天淹没在各种学习里的孩子是没有多少笑脸的。

善良、正直的品性，是人际交往中不可缺少的优秀品质，是孩子立足于这个社会必备的素质之一。它不仅可以为孩子带来良好的人际关系，而且也会让孩子拥有更多的成功机会。所以，培养孩子的这种品性是每位家长义不容辞的责任。

总之，人与人交往贵在真诚友善。世界上本没有隔阂与间隙，试着忘记一己之私，忘记别人的过错，真心与人相处，这样才能构成我们和谐的家园，创造出真善美的世界。

后　记

　　为确保文质素养，承蒙多方人士提供宝贵意见，敬请山西大学教授晋城市副市长梁丽萍为本书作了序文，高平市副市长李素仙题跋。通过山西人民出版社领导孔庆萍女士严格审稿后付梓闻世，谨在此表示诚挚的谢意。

　　此书以承传中华美德，"遵道而贵德"的理念为中心，实施个性化教育，倡导因人制宜、因势利导的客观规律。根据新时代新征程的需要，践行社会主义核心价值观，为培养有理想敢担当的筑梦生力军而撰。

　　近几年在北大高平城南实验中学，通过校委会与家委会紧密配合，培养了一批道德高尚、学绩优秀的人才，充分证明"家校配合，科学育人"必将为提高中华民族素养，实现中国梦发挥正能量。

　　但由于水平有限，本书难免有瑕疵之处，恳望专家与广大读者不吝赐教。

作者于 2018 年元月